中国特色社会主义根本政治制度

人民代表大会制度纪实

总　顾　问　王汉斌

编委会主任　乔晓阳

人大代表工作纪实（上）

主　编　任佩文　副主编　吴克非

中国出版集团　｜全国百佳图书

中国民主法制出版社　｜出版单位

图书在版编目（CIP）数据

人大代表工作纪实/任佩文主编；吴克非副主编
. —北京：中国民主法制出版社，2024.2
（中国特色社会主义根本政治制度：人民代表大会
制度纪实/杨积堂，吴高盛主编）
ISBN 978-7-5162-3522-5

Ⅰ. ①人…　Ⅱ. ①任…　②吴…　Ⅲ. ①人大代表—工
作—中国　Ⅳ. ①D622

中国国家版本馆 CIP 数据核字（2024）第 039225 号

图书出品人：刘海涛
出 版 统 筹：贾兵伟
责 任 编 辑：张　霞

书名/人大代表工作纪实
作者/主　编　任佩文　　副主编　吴克非

出版·发行/中国民主法制出版社
地址/北京市丰台区右安门外玉林里 7 号（100069）
电话/（010）63055259（总编室）　83910658　63056573（人大系统发行）
传真/（010）63055259
http：// www. npcpub. com
E-mail：mzfz@ npcpub. com
开本/16 开　700 毫米×1000 毫米
印张/45　字数/459 千字
版本/2024 年 6 月第 1 版　2024 年 6 月第 1 次印刷
印刷/三河市宏图印务有限公司

书号/ISBN 978-7-5162-3522-5
定价/175. 00 元（全两册）

中国特色社会主义根本政治制度
——人民代表大会制度纪实

编 委 会

出版说明

"乔木亭亭倚盖苍，栉风沐雨自担当。"在第一届全国人民代表大会第一次会议上，毛泽东同志向世人宣告："我们正在做我们的前人从来没有做过的极其光荣伟大的事业。我们的目的一定要达到。我们的目的一定能够达到。"

从 1954 到 2024 年，人民代表大会制度已走过 70 年。为记录人民代表大会制度发展历程，宣传中国特色社会主义根本政治制度，阐释中国特色社会主义道路自信、制度自信，中国民主法制出版社于 2017 年策划"中国特色社会主义根本政治制度——人民代表大会制度纪实"项目，计划用 1600 万字 20 册图书，对人民代表大会制度在我国的建立发展进行较完整的记录。

历时 6 年，几易框架，无数次讨论修改，最终收稿 3000 万字。3000 万字分理论和纪实两大部分，详述人民代表大会的制度总论、发展历程、自身建设及立法、重大事项决定、选举任免、监督、代表、会议、对外交往等重要工作。理论部分 340 余万字，其中自身建设、重大事项和对外交往三个板块根据工作实际和写作安排，理论纪实合为一册，归入理论板块。立法、监督、选举任免、代表工作、会议五个板块的纪实部分共计 2600 余万字。两大部分通过梳理历届全国人民代表大会会议议程，记录我国根本政治制度的发展历程；通过收录全国人民代表大会及其常务委员会会议作出的决定、批准的重大事项等文件及各专门委员会的文件、报告，为研究中国特色人民代表大会制度整理、保存重要文献，宣传实现我国全过程人民民主的重要制度载体的工作机制。

为保持项目的完整性和对人民代表大会制度记录的客观性，同时适应新时代资料保存查阅的新方式新手段，经多次组织专家讨论、内部研究，项目用 20 册图书、40 个视频、1 个数据库将这 3000 余万字全部收录，将人民代表大会制度 70 年的历程完整记录、如实呈现。其中人大立法工作纪实、人大监督工作纪实、人大会议工作纪实的具体内容均收入"人民代表大会制度纪实"数据库，目录作为索引以图书形式呈现。

项目实施过程中，从总顾问王汉斌同志、编委会主任乔晓阳同志，到刚入校门的大学生，先后百余人参与其中。从框架搭建、内容研讨、资料收集、板块汇编、归类整理到书稿撰写、初稿审读、编辑加工，我们遇到许多意想不到的困难，好在"众人拾柴火焰高"，各方都投入了极大热情，这些困难也一一得到克服。其间，全国人大图书馆、全国人大有关同志给予了我们雪中送炭般的支持。

人民代表大会制度植根于中国历史文化沃土，蕴含着中华文明丰富的政治智慧和治理经验，体现了天下为公、天下大同的社会理想，九州共贯、多元一体的大一统传统，民惟邦本、本固邦宁的民本思想，德主刑辅、法明令行的法治精神。新的伟大征程上，我们要更加坚定制度自信，不断发展具有强大生命力的全过程人民民主。

2024 年是中华人民共和国成立 75 周年，也是全国人民代表大会成立 70 周年、地方人大设立常委会 45 周年，谨以"中国特色社会主义根本政治制度——人民代表大会制度纪实"向祖国献礼！

"六年磨一剑"，其中一定还有许多疏漏和不足，我们希望"中国特色社会主义根本政治制度——人民代表大会制度纪实"项目能为坚持好、完善好、运行好人民代表大会制度尽微薄之力。

2024 年 6 月

习近平总书记指出，人民代表大会制度是坚持党的领导、人民当家作主、依法治国有机统一的根本政治制度安排，是党领导国家政权机关的重要制度载体。100多年前，中国共产党一经诞生，就把为中国人民谋幸福、为中华民族谋复兴确立为自己的初心和使命，为实现人民当家作主进行了不懈探索和奋斗。在新民主主义革命时期，以毛泽东同志为主要代表的中国共产党人，创造性地提出实行人民代表大会制度的构想。1945年4月，毛泽东同志就说："新民主主义的政权组织，应该采取民主集中制，由各级人民代表大会决定大政方针，选举政府。它是民主的，又是集中的，就是说，在民主基础上的集中，在集中指导下的民主。只有这个制度，才既能表现广泛的民主，使各级人民代表大会有高度的权力；又能集中处理国事，使各级政府能集中地处理被各级人民代表大会所委托的一切事务，并保障人民的一切必要的民主活动。"1954年9月，第一届全国人民代表大会第一次会议召开，通过了《中华人民共和国宪法》，标志着人民代表大会制度这一国家根本政治制度正式建立。

经过70年的实践发展，人民代表大会制度更加成熟、更加定型，焕发出蓬勃生机活力。2021年10月13日习近平在中央人大工作会议上的讲话中强调："实践证明，人民代表大会制度是符合我国国情和实际、体现社会主义国家性质、保证人民当家作主、保障实现中华民族伟大复兴的好制度，是我们党领导人民在人类政治制度史上的伟大创造，是在我国政治发展史乃至世界政治发展史上具有重大意义的全新政治制度。"

70年来，在中国共产党的领导下，全国人大及其常委会、地方各级人大及其常委会不断探索实践、创新发展，人民代表大会制度的理论体系不断完善，人大工作积累了极其丰富的实践成果。这些理论和实践成果，是进一步坚持好、完善好、运行好人民代表大会制度的重要基石。为了深入贯彻习近平总书记关于坚持和完善人民代表大会制度的重要思想，积极发展全过程人民民主，健全人民当家作主制度体系，继往开来，守正创新，开创人大工作新局面，中国民主法制出版社组织立法机关有关同志、从事人大理论研究的相关学者和人大工作领域的实务专家，对人民代表大会制度的理论和实践进行了全面梳理，形成了"中国特色社会主义根本政治制度——人民代表大会制度纪实"项目，并获得了国家出版基金资助。

项目从人民代表大会制度总论、人民代表大会制度发展历程、人大代表选举制度和人大人事任免制度、人大立法制度、人大代表工作制度、人大讨论决定重大事项制度、人大监督制度、人大会议制度、人大自身建设、人大对外交往工作等十个方面，阐述了"中国特色社会主义根本政治制度——人民代表大会制度"的制度创建、自身建设和发展历程，全面梳理了人大行使立法、监督、决定、选举任免等职权的制度体系，并对人大会议制度、人大代表工作、人大对外交往工作做了详尽汇览。

项目在实施过程中，力图在梳理理论体系的同时，尽量根据现有文献和资料，将人民代表大会制度发展进程中和人大工作全过程各环节相关制度成果加以汇总，为现在和未来的人大工作者、人大理论研究者提供尽可能翔实的人大知识宝库。

这是迄今为止收录内容最为完整的一套人大纪实丛书，为了体现中国特色社会主义根本政治制度的伟力，让更多国人了解和熟悉这一制度的逻辑，每一板块我们都进行了导读设计，从而更有利于读者提纲挈领地加以掌握。

今年是中华人民共和国成立 75 周年，也是全国人民代表大会成立 70 周年。我们谨以"中国特色社会主义根本政治制度——人民代表大会制度纪实"项目，向人民代表大会制度致敬，向祖国献礼。

晋晓阳

2024 年 6 月

人民代表大会制度是中国特色社会主义制度的重要组成部分，是我国的根本政治制度。人大代表是人民代表大会的主体，担负着参与管理国家事务、行使国家权力的重大职责和使命。随着人民代表大会制度的不断发展和完善，代表在推动国家政治、经济和社会发展方面发挥着越来越重要的作用，我国的代表工作制度也随之不断完善和发展。本书从相关法律和规定、全国人大代表名录、代表议案和建议工作纪实等三个方面，分五章记录全国人大的代表工作。

第一章"人大代表工作相关法律和规定"为第一方面，收录了《中华人民共和国全国人民代表大会及地方各级人民代表大会选举法》《中华人民共和国全国人民代表大会组织法》《中华人民共和国全国人民代表大会议事规则》《中华人民共和国全国人民代表大会和地方各级人民代表大会代表法》《全国人民代表大会代表议案处理办法》《全国人民代表大会代表建议、批评和意见处理办法》等法律和规定的历次制定或修改版本。这些法律和规定是开展代表工作的基础和依据，通过这些法律和规定的演变进程，展现代表工作发展的主要方向和内容。第二章"历届全国人大代表选举情况及部分全国人大代表事迹简介"是第二方面，收录了自第一届全国人大至第十四届全国人大历届全国人大代表名录及届中的变化情况，并对其中的 65 位典型人物作了简要介绍。提出议案和建议,是代表行使权利、依法履职、开展工作的重要内容。因此,第三章、第四章和第五章作为第三方面,主要围绕代表议案、建议工作展开。以有关法律和规定的制定或修改的重大变化为依据,分三个不同时期,收录了历次全国人大会议期间代表提案、议案、建议的有关文件,记述和展现了相关代表工作的开展情况。其中,第三章为第一个时期,自第一届全国人民代表大会第一次会议开始,代表在全国人民代表大会会议期间,有权向大会提出提案,并由大会设立的提案审查委员会对代表提案进行审查,提出审查意见并向大会报告,最终由大会审议、表决审查意见。第四章为第二个时期,根据1982年重新制定的全国人民代表大会组织法规定,全国人大代表可以依法提出议案或建议、批评和意见,不再采用大会提案的形式。所以,从1983年第六届全国人民代表大会第一次会议开始,代表提案制度正式退出历史舞台。这一时期,代表在会议期间提出议案或建议,由大会秘书处负责研究代表提出的议案,形成"代表议案处理意见的报告",由主席团审议通过。同时,在该报告中对代表建议提出处理意见。第五章为第三个时期,2005年全国人大常委会制定出台了《全国人民代表大会代表议案处理办法》《全国人民代表大会代表建议、批评和意见处理办法》等文件,进一步明确了代表议案以及代表建议、批评和意见的处理方式和程序,最显著的变化是增加了由全国人大常委会办公厅向全国人大常委会报告"代表建议、批评和意见办理情况的报告"的要求。这一时期,全国人民代表大会组织法、全国人民代表大会议事规则、代表法等法律中有关代表议案和建议的内容也都根据代表工作的实际需要分别作出了修改,代表议案、建议制度进入了新的发展阶段,代表议案、建议的办理工作成效不断提升,全过程人民民主的优势得到进一步彰显。

上　册

第一章　人大代表工作相关法律和规定

第二章　历届全国人大代表选举情况及部分全国人大代表
　　　　事迹简介

下　册

第三章　第一届全国人民代表大会第一次会议至第五届
　　　　全国人民代表大会第五次会议期间的代表
　　　　提案工作（1954—1982）

第四章 第六届全国人民代表大会第一次会议至第十届
全国人民代表大会第二次会议期间的代表
议案、建议工作（1983—2004）

第五章　第十届全国人民代表大会第三次会议至
第十三届全国人民代表大会第五次会议期间的
代表议案、建议工作（2005—2022）

/ 第一章 /

人大代表工作相关法律和规定

人大代表依照法定程序选举产生，并依法履职，全国人大及其常委会制定的相关法律和规定是开展代表工作的主要依据。新中国成立以来，在党中央的坚强领导下，全国人大及其常委会依据宪法，制定了全国人民代表大会及地方各级人民代表大会选举法，全国人民代表大会组织法，全国人民代表大会议事规则，全国人民代表大会和地方各级人民代表大会代表法，全国人民代表大会代表议案处理办法，全国人民代表大会代表建议、批评和意见处理办法等法律和规定，并且根据我国经济社会发展情况和人民代表大会制度发展的实际需要，不断修改完善这些法律和规定，夯实了开展代表工作的法治基础，为代表有效履职提供了坚强的制度保障。

　　这些法律和规定，以宪法为根本遵循，共同构成了人大代表工作的制度基础。全国人民代表大会及地方各级人民代表大会选举法，对包括全国人大代表在内的各级人大代表的选举机构、名额分配、候选人的提出、选举程序，以及对代表的监督和罢免、辞职、补选等作出了详细规定。全国人民代表大会组织法设专章对全国人大代表的任期、履职、开展代表工作等作出了专门规定。全国人民代表大会议事规则是关于全国人民代表大会会议制度和工作程序的基本法律，其中对代表议案的提出和审议作出了专门规定。代表法是一部对代表的地位和作用、代表工作和代表活动及其保障等作出具体规定的重要法律，它对代表的权利和义务、代表在代表大会会议期间的工作、代表在代表大会闭会期间的活动、代表执行职务的保障、对代表的监督等作出了全面和详细的规定，是开展代表工作的基础性法律。全国人民代表大会代表议案处理办法，全国人民代表大会代表建议、批评和意见处理办法等，根据相关法律规定，对代表议案、建议的办理作出了更具可操作性的具体规定。本章除收录了现行有效的代表工作相关法律和规定外，还收录了有关法律和规定的历次制定或修改版本，目的是通过这些法律和规定的演变进程，展现代表工作发展的主要方向和内容。

第一节　中华人民共和国全国人民代表大会和地方各级人民代表大会选举法

《中华人民共和国全国人民代表大会和地方各级人民代表大会选举法》是规定选举制度的基本法律。选举是指公民按照特定方式选择国家公职人员的行为。选举制度是规定公民与国家政权之间关系的、由公民通过选择国家公职人员的方式，而赋予国家政权合法性的一系列制度和规范。我国的选举制度主要是由《中华人民共和国全国人民代表大会和地方各级人民代表大会选举法》规定的。新中国成立以来，我国先后进行了九次选举法的制定和修改。

一、中华人民共和国全国人民代表大会及地方各级人民代表大会选举法（1953 年制定）

以普选的方式产生基层人大代表、召开正式的全国人民代表大会和地方各级人民代表大会，是新中国成立后将普选的政治承诺以法律的形式加以落实，将人民当家作主的民主权利法律化，正式建立人民代表大会制度过程中的一件大事。1953 年 1 月 13 日，中央人民政府委员会第二十次会议决议成立选举法起草委员会，起草选举法。1953 年 2 月 11 日，中央人民政府委员会第二十二次会议通过了选举法，确认了新中国成立初期选举制度的基本原则，为在全国范围内实行普选、逐级召开地方各级人民代表大会会议和全国人民代表大会会议提供了法律基础。1953 年选举法为顺利开展初次全国性普选提供了法律依据，也为以后的选举法律制度完善奠定了基础。[1]

中华人民共和国全国人民代表大会及地方各级人民代表大会选举法

（1953 年 2 月 21 日中央人民政府委员会第二十二次会议通过）

第一章　总　　则

第一条　根据中国人民政治协商会议共同纲领第十二条，中华人民共和国全国人民代表大会及地方各级人民代表大会由各民族人民用普选方法产生之。

第二条　全国人民代表大会之代表，省、县、乡（镇）各级人民代表大会之代表，市、市辖区人民代表大会之代表和各民族自治区人民代表大会之代表，均依现行行政区划选举之。

第三条　全国人民代表大会之代表，省、县和设区的市人

---

〔1〕　朱苗、周晏如：《选举法历次修改回顾》，《公民导刊》2020 年第 11 期，https：//www. cqrd. gov. cn/article？ id＝245016。

民代表大会之代表，由其下一级人民代表大会选举之。乡、镇、市辖区和不设区的市人民代表大会之代表，由选民直接选举之。

第四条　凡年满十八周岁之中华人民共和国公民，不分民族和种族、性别、职业、社会出身、宗教信仰、教育程度、财产状况和居住期限，均有选举权和被选举权。

妇女有与男子同等的选举权和被选举权。

第五条　有下列情形之一者，无选举权和被选举权：

一、依法尚未改变成分的地主阶级分子；

二、依法被剥夺政治权利的反革命分子；

三、其他依法被剥夺政治权利者；

四、精神病患者。

第六条　每一选民只有一个投票权。

第七条　人民武装部队和国外华侨得单独进行选举。其选举办法另订之。

第八条　全国人民代表大会及地方各级人民代表大会之选举经费，由国库开支之。

第二章　地方各级人民代表大会代表名额

第一节　乡、镇

第九条　乡、镇人民代表大会代表名额：人口在二千以下者，选代表十五人至二十人；人口超过二千者，选代表二十至三十五人。

人口特少的乡、镇，代表名额得少于十五人，但最少不得少于七人；人口特多的乡、镇，代表名额得多于三十五人，但最多不得超过五十人。

第二节　县

第十条　县人民代表大会代表名额：人口在二十万以下者，选代表一百人至二百人；人口超过二十万者，选代表二百人至三百五十人。

人口和乡数特少的县，代表名额得少于一百人，但最少不得少于三十人；人口和乡数特多的县，代表名额得多于三百五十人，但最多不得超过四百五十人。

第十一条　各乡应选县人民代表大会代表的名额：人口在二千以下者，选代表一人；人口超过二千至六千者，选代表二人；人口超过六千者，选代表三人。

人口和乡数特少的县，其人口在二千以下的乡，亦得选代表二人。

县辖城、镇和县境内重要工矿区，按人口每五百人选代表一人，其人口不足五百人但满二百五十人者亦得选代表一人。县辖城、镇人口和镇数特多的县，所辖城、镇得按人口每一千人选代表一人。

第十二条　人民武装部队应选县人民代表大会代表的名额为一人至五人。

第三节　省

第十三条　省人民代表大会代表名额：人口在二千万以下

者，选代表一百人至四百人；人口超过二千万者，选代表四百人至五百人。

人口和县数特少的省，代表名额得少于一百人，但最少不得少于五十人；人口和县数特多的省，代表名额得多于五百人，但最多不得超过六百人。

第十四条 各县应选省人民代表大会代表的名额：人口在二十万以下者，选代表一人至三人；人口超过二十万至六十万者，选代表二人至四人；人口超过六十万者，选代表三人至五人。

省辖市、镇和省境内重要工矿区，按人口每二万人选代表一人，其人口不足二万人但满一万人者亦得选代表一人。

第十五条 人民武装部队应选省人民代表大会代表的名额为三人至十五人。

第四节 市

第十六条 市人民代表大会代表名额：人口在十万以下者，每五百人至一千人选代表一人；人口超过十万至三十五万者，每一千人至二千人选代表一人；人口超过三十五万至七十五万者，每二千人至三千人选代表一人；人口超过七十万至一百五十万者，每三千人至五千人选代表一人；人口超过一百五十万者，每五千人至七千人选代表一人。

市人民代表大会代表名额，最少不得少于五十人，最多不得超过八百人。

郊区每一代表所代表的人口数，应多于市区每一代表所代表的人口数。

第十七条 人民武装部队应选市人民代表大会代表的名额为

二人至十人。

第十八条 市辖区人民代表大会代表名额：按人口每五百人至二千人选代表一人。但代表总数最少不得少于三十五人，最多不得超过二百人。

第三章 全国人民代表大会代表名额

第十九条 全国人民代表大会代表，由省人民代表大会、中央直辖市和人口在五十万以上的省辖工业市人民代表大会、中央直辖少数民族行政单位、人民武装部队和国外华侨选举之。

第二十条 各省应选全国人民代表大会代表的名额；按人口每八十万人选代表一人。

人口特少的省，代表名额不得少于三人。

中央直辖市和人口在五十万以上的省辖工业市应选全国人民代表大会代表的名额，按人口每十万人选代表一人。

第二十一条 全国少数民族应选全国人民代表大会代表一百五十人。

第二十二条 人民武装部队应选全国人民代表大会代表六十人。

第二十三条 国外华侨应选全国人民代表大会代表三十人。

第四章 各少数民族的选举

第二十四条 全国少数民族应选全国人民代表大会代表一百五十人的名额分配，由中央人民政府参酌国内各少数民族的人口和分布等情况规定之。

在前款规定之外，少数民族选民有当选为全国人民代表大会代表者，不计入一百五十人名额之内。

第二十五条 全国人民代表大会的少数民族代表的选举：中央直辖少数民族行政单位的代表，由各该行政单位选出；其他地区少数民族的代表，由各省、市人民代表大会选出。

第二十六条 地方各级人民代表大会少数民族的代表名额，均包括在本法第二章各节规定的代表名额之内。

第二十七条 地方各级人民代表大会，凡境内有少数民族聚居区者，每一聚居的少数民族均应有代表出席。

一、凡聚居境内的同一少数民族的总人口数占境内总人口数百分之十以上者，依本法第二章代表名额之规定，其每一代表所代表的人口数，应相当于当地人民代表大会每一代表所代表的人口数。

二、凡聚居境内的同一少数民族的总人口数不及境内总人口数百分之十者，其每一代表所代表的人口数，得酌量少于当地人民代表大会每一代表所代表的人口数，最少以不少于二分之一为原则。但人口特少者，亦应有代表一人。

三、因前款规定的需要，致各该级人民代表大会代表名额超过本法第二章各节之规定时，须报经上级人民政府批准之。

第二十八条 各民族自治区的各级人民代表大会代表名额，均依各该民族自治区的行政地位和人口数作适当规定，报请上一级人民政府批准之。

第二十九条 各民族自治区各级人民代表大会，对聚居于境内的其他少数民族代表的选举，适用第二十七条之规定。

各民族自治区和各少数民族聚居区的各级人民代表大会，对聚居于境内的汉族人民代表的选举，同样适用第二十七条之规定。

第三十条　一切散居的少数民族成分，均参加各级人民代表大会代表的选举，应选代表名额以人口比例为基础，其每一代表所代表的人口数，得少于当地人民代表大会每一代表所代表的人口数，但一般不得少于二分之一。

各民族自治区和各少数民族聚居区的各级人民代表大会，对散居于境内的汉族人民代表的选举，适用前款之规定。

第三十一条　各民族自治区的各级人民代表大会，其相当于乡、镇、市辖区和不设区的市人民代表大会代表，由选民直接选举，其他各级人民代表大会代表，均由其下一级人民代表大会选举之。

有少数民族聚居于境内的地方各级人民代表大会少数民族代表的选举，适用前款之规定。

第三十二条　有少数民族居住于境内的乡、镇、市辖区和不设区的市人民代表大会代表的选举，各少数民族选民得按当地民族关系和居住情况单独选举，亦得采用联合选举。

各民族自治区和各少数民族聚居区的各级人民代表大会，对聚居或散居境内的汉族人民代表的选举，适用前款之规定。

第三十三条　有关少数民族选举的其他事宜，均参照本法有关各条之规定办理之。

第三十四条　少数民族地区尚未具备实行普选条件者，其选举方法由上级人民政府另定之。

第五章　选举委员会

第三十五条　在中央人民政府和地方各级人民政府下成立中央和地方各级选举委员会。中央和地方各级选举委员会为办理全国和地方各级人民代表大会选举事宜之机关。

中央选举委员会由中央人民政府委员会任命之。地方各级选举委员会由上一级人民政府任命之。

第三十六条 中央和地方各级选举委员会的组织：

一、中央选举委员会：主席一人，委员二十八人；

二、省（市）选举委员会：主席一人，委员八人至二十人；

三、省辖市、市辖区和县的选举委员会：主席一人，委员六人至十二人；

四、乡（镇）选举委员会：主席一人，委员四人至八人。

中央和地方各级选举委员会的工作人员由各该选举委员会任命之。

第三十七条 中央选举委员会的任务：

一、在全国范围内指导和监督本法之确切执行，并得根据本法之规定发布指示和决定；

二、指导地方各级选举委员会的工作；

三、规定选民登记表、选民证和各级人民代表大会代表当选证书之格式及各级选举委员会印章之形式；

四、受理对于选举中的违法行为之检举和控告，并作出最后处理之决定；

五、登记全国人民代表大会之当选代表，公布代表名单，并发给当选证书。

第三十八条 省、县和设区的市选举委员会的任务：

一、在各该所属区域内监督本法之确切执行；

二、指导下级选举委员会的工作；

三、受理各该所属区域内对于选举中的违法行为之检举和控告，并作出处理之决定；

四、登记各该级人民代表大会之当选代表，公布代表名单，并发给当选证书。

第三十九条 乡、镇、市辖区和不设区的市选举委员会的任务：

一、在各该所属区域内监督本法之确切执行；

二、登记、审查和公布选民名单；

三、受理各该所属区域内对于选民名单的不同意见的申诉，并作出处理之决定；

四、登记和公布代表候选人名单；

五、按照选民居住情况划定选举区域；

六、规定选举日期和选举方法，召开并主持选举大会；

七、分发选民证；

八、计算票数，确定当选代表，公布代表名单，并发给当选证书。

第四十条 在选举后，各级选举委员会须将关于选举的全部文件，送交各该级人民政府保存，并应迅速向上级人民政府和上级选举委员会作选举总结报告。

第四十一条 选举委员会的工作全部完成后，选举委员会即行撤销。

第六章 选民登记

第四十二条 乡、镇、市辖区和不设区的市选举委员会，应在选举前办理选民登记并发给选民证。

第四十三条 每一选民只得进行一次登记。

第四十四条 选民名单应在选举的三十天以前公布之。

第四十五条　对公布之选民名单有不同意见者，得向选举委员会提出申诉，选举委员会应在五日内作出处理之决定；申诉人如对处理意见不服时，得向人民法庭或人民法院提起诉讼，人民法庭或人民法院的判决即为最后决定。

第四十六条　选民于选举期间变更住址者，在取得原地选举委员会之转移证明后，应即列入新居住地点之选民名单。

第七章　代表候选人的提出

第四十七条　全国和地方各级人民代表大会的代表候选人，均按选举区域或选举单位提出之。

中国共产党、各民主党派、各人民团体和不属于上述各党派、团体的选民或代表均得按选举区域或选举单位联合或单独提出代表候选人名单。

第四十八条　全国和地方各级人民代表大会的同一级的代表候选人，只得在一个选举单位或一个选举区域内应选。

第四十九条　地方各级人民代表大会选举上级人民代表大会代表时，其代表候选人不限于各该级人民代表大会之代表。

第五十条　代表候选人名单，应先期公布。

第五十一条　选举人可按代表候选人名单投票，亦可另选自己愿选的其他任何选民。

第八章　选举程序

第五十二条　乡、镇、市辖区和不设区的市人民代表大会代表之选举，应根据上级人民政府的决定，定期举行之。

第五十三条 乡、镇、市辖区和不设区的市人民代表大会代表之选举，得按选民的居住情况划分若干区域，分别召开选举大会进行之。

第五十四条 乡、镇、市辖区和不设区的市之各选举大会，须有选举委员会的代表出席始能举行。选举大会的主席团由三人组成之，选举委员会的代表为主席团的当然主席，其余二人由大会推选之。地方各级人民代表大会进行上一级人民代表大会代表之选举时，由各该级人民代表大会主席团主持之。

第五十五条 乡、镇、市辖区和不设区的市人民代表大会代表和乡、镇出席县人民代表大会代表的选举，采用以举手代投票方法，亦得采用无记名投票方法。

县以上各级人民代表大会之选举，采用无记名投票方法。

选举人如系文盲或因残疾而不能写票者，得请其他选举人代写。

第五十六条 选举大会和各级人民代表大会须有选民或代表过半数的出席，始得开会进行选举。如出席选民或代表不足过半数时，应由选举委员会或主席团定期召集第二次大会进行选举，但第二次如仍不足过半数时，应即进行选举。

第五十七条 投票结束后，由大会推选之计票人员，将投票人数和票数加以核对，作出记录，并由大会主席签字。

第五十八条 每次选举所投票数多于投票人数者无效，少于规定人数者有效。

第五十九条 各级人民代表大会代表候选人获得出席选民或代表半数以上选票时，始得当选。如候选人所获选票不足半数时，应另行选举。

第六十条 选举结果由选举委员会或主席团根据本法确定是否有效，并宣布之。

第六十一条　代表在任期间，经其多数选民或其选举单位认为必须撤换者，得按法定手续撤回补选之。

第九章　对破坏选举的制裁

第六十二条　凡用暴力、威胁、欺诈、贿赂等非法手段破坏选举或阻碍选民自由行使其选举权和被选举权者，均属违法行为，应由人民法院或人民法庭给以二年以下之刑事处分。

第六十三条　各级人民政府和选举委员会的人员，犯有伪造选举文件或虚报票数、隐瞒蒙混等违法行为者，应由人民法院或人民法庭给以三年以下之刑事处分。

第六十四条　对于选举中的违法行为，任何人均有向选举委员会或人民政府司法机关检举、控告之权；任何机关或个人均不得有压制、报复行为，违者应由人民法院或人民法庭给以三年以下之刑事处分。

第十章　附　　则

第六十五条　省（市）人民政府根据本法得制定选举实施细则，报经中央人民政府批准。

第六十六条　本法经中央人民政府委员会通过后公布施行。其解释权属于中央选举委员会。

二、中华人民共和国全国人民代表大会和地方各级人民代表大会选举法（1979 年制定）

"文化大革命"结束后，国家民主政治生活全面恢复，迫切需要尽快恢复和重建选举制度。1979 年 7 月 1 日，五届全国人大第二次会议通过了新的选举法，改革和完善了我国选举制度。1979 年选举法的重要变化，首先是直接选举范围扩大到县一级，但全国人大、省级人大、设区的市、自治州人大的代表仍实行间接选举；其次是规定差额选举，全国和地方各级人大代表的选举都实行差额选举，直接选举的代表候选人名额，应多于应选代表名额的二分之一至一倍，间接选举的代表候选人名额，应多于应选代表名额的五分之一至二分之一。

中华人民共和国全国人民代表大会和地方各级人民代表大会选举法

（1979 年 7 月 1 日第五届全国人民代表大会第二次会议通过 1979 年 7 月 4 日全国人民代表大会常务委员会委员长令第二号公布 自 1980 年 1 月 1 日起施行）

第一章 总 则

第一条 根据中华人民共和国宪法，制定全国人民代表大会和地方各级人民代表大会选举法。

第二条 全国人民代表大会的代表，省、自治区、直辖市、设区的市、自治州的人民代表大会的代表，由下一级人民代表大会选出。

不设区的市、市辖区、县、自治县、人民公社、镇的人民代表大会的代表，由选民直接选出。

第三条 年满十八周岁的中华人民共和国公民，不分民族、种族、性别、职业、社会出身、宗教信仰、教育程度、财产状况和居住期限，都有选举权和被选举权。

依照法律被剥夺政治权利的人没有选举权和被选举权。

第四条 每一选民在一次选举中只有一个投票权。

第五条 人民解放军单独进行选举，选举办法另订。

第六条 华侨代表的产生办法另订。

第七条 全国人民代表大会常务委员会主持全国人民代表大会代表的选举。省、自治区、直辖市、设区的市、自治州的人民代表大会常务委员会主持本级人民代表大会代表的选举。在地方人民代表大会常务委员会成立以前，由地方行政机关主持。

不设区的市、市辖区、县、自治县、人民公社、镇设立选举委员会，主持本级人民代表大会代表的选举。不设区的市、市辖区、县、自治县的选举委员会受本级人民代表大会常务委员会的领导。人民公社、镇的选举委员会受人民公社管理委员会、镇人民政府的领导。

第八条 全国人民代表大会和地方各级人民代表大会的选举经费，由国库开支。

第二章 地方各级人民代表大会代表名额

第九条 地方各级人民代表大会代表的名额，由各省、自治区、直辖市的人民代表大会常务委员会，按照便于召开会议、讨论问题和解决问题，并且使各民族、各地区、各方面都能有适当数量的代表的原则自行决定，并报全国人民代表大会常务委员会备案。

第十条 自治州、县、自治县人民代表大会代表的名额，由本级人民代表大会常务委员会按照农村每一代表所代表的人口数四倍于镇每一代表所代表的人口数的原则分配。人口特少的人民公社、镇，也应有代表参加。

第十一条 直辖市、市、市辖区的农村每一代表所代表的人口数，应多于市区每一代表所代表的人口数。

第十二条 省、自治区人民代表大会代表的名额，由本级人民代表大会常务委员会按照农村每一代表所代表的人口数五倍于城市每一代表所代表的人口数的原则分配。

第三章 全国人民代表大会代表名额

第十三条 全国人民代表大会的代表，由省、自治区、直辖市的人民代表大会和人民解放军选举产生。

全国人民代表大会代表的名额不超过三千五百人。名额的分配由全国人民代表大会常务委员会根据情况决定。

第十四条 省、自治区、直辖市应选全国人民代表大会代表的名额，由全国人民代表大会常务委员会按照农村每一代表所代表的人口数八倍于城市每一代表所代表的人口数的原则分配。

第十五条 全国少数民族应选全国人民代表大会代表，由全国人民代表大会常务委员会参照各少数民族的人口数和分布等情况，分配给各省、自治区、直辖市的人民代表大会选出。人口特少的民族，至少也应有代表一人。

第四章 各少数民族的选举

第十六条 有少数民族聚居的地方，每一聚居的少数民族都应有代表参加当地的人民代表大会。

聚居境内同一少数民族的总人口数占境内总人口数百分之十

以上的，每一代表所代表的人口数应相当于当地人民代表大会每一代表所代表的人口数。

聚居境内同一少数民族的总人口数不及境内总人口数百分之十的，每一代表所代表的人口数，可以少于当地人民代表大会每一代表所代表的人口数，但不得少于二分之一。人口特少的民族也应有代表一人。

第十七条　自治区、自治州、自治县和有少数民族聚居的人民公社、镇的人民代表大会，对于聚居在境内的其他少数民族和汉族代表的选举，适用本法第十六条的规定。

第十八条　散居的少数民族应选当地人民代表大会的代表，每一代表所代表的人口数可以少于当地人民代表大会每一代表所代表的人口数。

自治区、自治州、自治县和有少数民族聚居的人民公社、镇的人民代表大会，对于散居在境内的其他少数民族和汉族代表的选举，适用前款的规定。

第十九条　有少数民族聚居在境内的市、市辖区、县、人民公社、镇的人民代表大会代表的产生，按照当地的民族关系和居住状况，各少数民族选民可以单独选举或者联合选举。

自治区、自治州、自治县和有少数民族聚居的人民公社、镇的人民代表大会，对于居住在境内的其他少数民族和汉族代表的选举办法，适用前款的规定。

第二十条　自治区、自治州、自治县制定或者公布的选举文件、选民名单、选民证、代表候选人名单、代表当选证书和选举委员会的印章等，都应当同时使用当地通用的民族文字。

第二十一条　少数民族选举的其他事项，参照本法有关各条的规定办理。

第五章　选区划分

第二十二条　不设区的市、市辖区、县、自治县、人民公社、镇的人民代表大会的代表名额分配到选区，按选区进行选举。选区应按生产单位、事业单位、工作单位和居住状况划分。

第六章　选民登记

第二十三条　选民登记按选区进行。

无法行使选举权和被选举权的精神病患者，不列入选民名单。

第二十四条　选民名单应在选举日前三十天公布，并发给选民证。

第二十五条　对于公布的选民名单有不同意见的，可以向选举委员会提出申诉。选举委员会对申诉意见，应在三日内作出处理决定。申诉人如果对处理决定不服，可以向人民法院起诉，人民法院的判决为最后决定。

第七章　代表候选人的提出

第二十六条　全国和地方各级人民代表大会的代表候选人，按选区或者选举单位提名产生。

中国共产党、各民主党派、各人民团体，可以联合或者单独推荐代表候选人。任何选民或者代表，有三人以上附议，也可以推荐代表候选人。推荐时，应向选举委员会介绍候选人的情况。

第二十七条 全国和地方各级人民代表大会代表候选人的名额，应多于应选代表的名额。

由选民直接选举的代表候选人名额，应多于应选代表名额的二分之一至一倍；由地方各级人民代表大会选举上一级人民代表大会代表候选人的名额，应多于应选代表名额的五分之一至二分之一。

第二十八条 由选民直接选举的人民代表大会代表候选人，由各选区选民和各单位提名推荐。选举委员会汇总各方面推荐的代表候选人名单和各候选人情况，在选举日前二十天公布并由各该选区的选民小组反复讨论、民主协商，如果所提候选人名额过多，可以进行预选，根据较多数选民的意见，确定正式代表候选人名单，并在选举日前五天公布。

县级以上的地方各级人民代表大会在选举上一级人民代表大会代表时，由各该级人民代表大会主席团汇总大会代表和中国共产党、各民主党派、各人民团体提出的代表候选人名单，组织全体代表反复讨论、民主协商，如果所提候选人名额过多，可以进行预选，根据较多数代表的意见，确定正式代表候选人名单。

第二十九条 县级以上的地方各级人民代表大会在选举上一级人民代表大会代表时，代表候选人不限于各该级人民代表大会的代表。

第三十条 各党派、团体和选民，都可以用各种形式宣传代表候选人。但在选举日须停止对代表候选人的宣传。

第八章　选举程序

第三十一条 在选民直接选举人民代表大会的代表时，各选区应设立投票站或者召开选举大会进行。投票站或者选举大会由选举委员会主持。

第三十二条　县级以上的地方各级人民代表大会在选举上一级人民代表大会代表时，由各该级人民代表大会主席团主持。

第三十三条　全国和地方各级人民代表大会代表的选举，一律采用无记名投票的方法。

选民如果是文盲或者因残疾不能写选票的，可以委托他信任的人代写。

第三十四条　选举人对于代表候选人可以投赞成票，可以投反对票，可以另选其他任何选民，也可以弃权。

第三十五条　选民如果在选举期间外出的，可以书面委托其他选民代为投票，但事先须经选举委员会认可。

第三十六条　投票结束后，由选民推选的监票、计票人员和选举委员会的人员将投票人数和票数加以核对，作出记录，并由监票人签字。

第三十七条　每次选举所投的票数，多于投票人数的无效，少于投票人数的有效。

每一选票所选的人数，多于规定应选代表人数的作废，少于规定应选代表人数的有效。

第三十八条　各级人民代表大会的代表候选人，获得选区全体选民或者选举单位的代表过半数的选票时，始得当选。

获得过半数选票的代表候选人名额超过应选代表名额时，以得票多的当选。如遇票数相等不能确定当选人时，应当就票数相等的候选人重新投票。

获得过半数选票的代表候选人名额少于应选代表名额时，对不足的名额，另行选举。

第三十九条 选举结果由选举委员会或者人民代表大会主席团根据本法确定是否有效，并予以宣布。

第九章 对代表的监督、罢免和补选

第四十条 全国和地方各级人民代表大会的代表，受选民和原选举单位的监督。选民或者选举单位都有权罢免自己选出的代表。

罢免代表，由选民直接选出的，须经原选区过半数的选民通过；由各级人民代表大会选出的，须经各该级人民代表大会过半数的代表通过，在代表大会闭会期间，须经常务委员会过半数的委员通过。被罢免的代表可以出席上述会议或者书面申诉意见。罢免的决议，须报送上一级人民代表大会常务委员会备案。

第四十一条 任何公民或者单位对违法乱纪或者严重失职的代表，都可以提出罢免的要求。

公民或者单位要求罢免代表时，可以向各级人民代表大会常务委员会提出。受理机关必须及时组织调查，并应听取被指控代表的申辩。

对代表的指控经查证属实后，提交原选区或者原选举单位罢免。

第四十二条 代表在任期内，因故出缺，由原选区或者原选举单位补选。

县级以上的地方各级人民代表大会闭会期间，可以由本级人民代表大会常务委员会补选上一级人民代表大会代表。

第十章 对破坏选举的制裁

第四十三条 为保障选民自由行使选举权和被选举权，对有下列违法行为的，应当依法给予行政处分或者刑事处分：

（一）用暴力、威胁、欺骗、贿赂等非法手段破坏选举或者妨害选民自由行使选举权和被选举权的；

（二）伪造选举文件、虚报选举票数或者有其他违法行为的；

（三）对于控告、检举选举中违法行为的人，或者对于提出要求罢免代表的人进行压制、报复的。

第十一章　附　　则

第四十四条　省、自治区、直辖市的人民代表大会常务委员会根据本法可以制定选举实施细则，报全国人民代表大会常务委员会备案。

三、中华人民共和国全国人民代表大会和地方各级人民代表大会选举法（1982 年第一次修正）

1982 年 12 月 10 日，五届全国人大第五次会议对 1979 年选举法进行了修改。一是规定全国人民代表大会和归侨人数较多地区的地方人民代表大会，应当有适当名额的归侨代表。二是规定经省、自治区、直辖市的人大常委会决定，农村每一代表所代表的人口数同镇或者企业事业组织职工每一代表所代表的人口数之比可以小于 4∶1 直至 1∶1。三是规定经省、自治区的人大常委会决定，实行区域自治的民族每一代表所代表的人口数，可以少于当地人民代表大会每一代表所代表的人口数的 1/2。四是规定选举委员会应当向选民介绍代表候选人的情况，推荐代表候选人的党派、团体或者选民也可以在选民小组会议上介绍所推荐的代表候选人的情况。五是规定当选代表名额少于应选代表名额时，不足名额另行选举，以得票多的当选，但是得票数不得少于选票的1/3。六是规定地方各级人民代表大会代表在任期内调离或者迁出本行政区域的，其代表资格自行终止，缺额另行补选。

中华人民共和国全国人民代表大会和地方各级人民代表大会选举法

（1979年7月1日第五届全国人民代表大会第二次会议通过 根据1982年12月10日第五届全国人民代表大会第五次会议《关于修改〈中华人民共和国全国人民代表大会和地方各级人民代表大会选举法〉的若干规定的决议》修正）

第一章　总　　则

第一条　根据中华人民共和国宪法，制定全国人民代表大会和地方各级人民代表大会选举法。

第二条　全国人民代表大会的代表，省、自治区、直辖市、设区的市、自治州的人民代表大会的代表，由下一级人民代表大会选出。

不设区的市、市辖区、县、自治县、乡、民族乡、镇的人民代表大会的代表，由选民直接选出。

第三条　年满十八周岁的中华人民共和国公民，不分民族、种族、性别、职业、社会出身、宗教信仰、教育程度、财产状况和居住期限，都有选举权和被选举权。

依照法律被剥夺政治权利的人没有选举权和被选举权。

第四条　每一选民在一次选举中只有一个投票权。

第五条　人民解放军单独进行选举，选举办法另订。

第六条　全国人民代表大会和归侨人数较多地区的地方人民

代表大会，应当有适当名额的归侨代表。

第七条 全国人民代表大会常务委员会主持全国人民代表大会代表的选举。省、自治区、直辖市、设区的市、自治州的人民代表大会常务委员会主持本级人民代表大会代表的选举。在地方人民代表大会常务委员会成立以前，由地方行政机关主持。

不设区的市、市辖区、县、自治县、乡、民族乡、镇设立选举委员会，主持本级人民代表大会代表的选举。不设区的市、市辖区、县、自治县的选举委员会受本级人民代表大会常务委员会的领导。乡、民族乡、镇的选举委员会受乡、民族乡、镇的人民政府的领导。

第八条 全国人民代表大会和地方各级人民代表大会的选举经费，由国库开支。

第二章 地方各级人民代表大会代表名额

第九条 地方各级人民代表大会代表的名额，由各省、自治区、直辖市的人民代表大会常务委员会，按照便于召开会议、讨论问题、解决问题，并且使各民族、各地区、各方面都能有适当数量的代表的原则自行决定，并报全国人民代表大会常务委员会备案。

第十条 自治州、县、自治县人民代表大会代表的名额，由本级人民代表大会常务委员会按照农村每一代表所代表的人口数四倍于镇每一代表所代表的人口数的原则分配。人口特少的乡、民族乡、镇，也应有代表参加。

县、自治县行政区域内，镇的人口特多的，或者不属于县级以下人民政府领导的企业事业组织的职工人数在全县总人口中所占比例较大的，经省、自治区、直辖市的人民代表大会常务委员会决定，农村每一代表所代表的人口数同镇或者企业事业组织职工每一代表所代表的人口数之比可以小于四比一直至一比一。

第十一条　直辖市、市、市辖区的农村每一代表所代表的人口数，应多于市区每一代表所代表的人口数。

第十二条　省、自治区人民代表大会代表的名额，由本级人民代表大会常务委员会按照农村每一代表所代表的人口数五倍于城市每一代表所代表的人口数的原则分配。

第三章　全国人民代表大会代表名额

第十三条　全国人民代表大会的代表，由省、自治区、直辖市人民代表大会和人民解放军选举产生。

全国人民代表大会代表的名额不超过三千五百人。名额的分配由全国人民代表大会常务委员会根据情况决定。

第十四条　省、自治区、直辖市应选全国人民代表大会代表的名额，由全国人民代表大会常务委员会按照农村每一代表所代表的人口数八倍于城市每一代表所代表的人口数的原则分配。

第十五条　全国少数民族应选全国人民代表大会代表，由全国人民代表大会常务委员会参照各少数民族的人口数和分布等情况，分配给各省、自治区、直辖市的人民代表大会选出。人口特少的民族，至少也应有代表一人。

第四章　各少数民族的选举

第十六条　有少数民族聚居的地方，每一聚居的少数民族都应有代表参加当地的人民代表大会。

聚居境内同一少数民族的总人口数占境内总人口数百分之十五以上的，每一代表所代表的人口数应相当于当地人民代表大会每一代表所代表的人口数。

聚居境内同一少数民族的总人口数不及境内总人口数百分之十五的，每一代表所代表的人口数可以比当地人民代表大会每一代表所代表的人口数少二分之一；实行区域自治的民族人口特少的自治县，经省、自治区的人民代表大会常务委员会决定，可以少于二分之一。人口特少的其他民族，至少应有代表一人。

第十七条　自治区、自治州、自治县和有少数民族聚居的乡、民族乡、镇的人民代表大会，对于聚居在境内的其他少数民族和汉族代表的选举，适用本法第十六条的规定。

第十八条　散居的少数民族应选当地人民代表大会的代表，每一代表所代表的人口数可以少于当地人民代表大会每一代表所代表的人口数。

自治区、自治州、自治县和有少数民族聚居的乡、民族乡、镇的人民代表大会，对于散居在境内的其他少数民族和汉族代表的选举，适用前款的规定。

第十九条　有少数民族聚居在境内的市、市辖区、县、乡、民族乡、镇的人民代表大会代表的产生，按照当地的民族关系和居住状况，各少数民族选民可以单独选举或者联合选举。

自治区、自治州、自治县和有少数民族聚居的乡、民族乡、镇的人民代表大会，对于居住在境内的其他少数民族和汉族代表的选举办法，适用前款的规定。

第二十条　自治区、自治州、自治县制定或者公布的选举文件、选民名单、选民证、代表候选人名单、代表当选证书和选举委员会的印章等，都应当同时使用当地通用的民族文字。

第二十一条　少数民族选举的其他事项，参照本法有关各条的规定办理。

第五章　选区划分

第二十二条　不设区的市、市辖区、县、自治县、乡、民族乡、镇的人民代表大会的代表名额分配到选区，按选区进行选举。选区应按生产单位、事业单位、工作单位和居住状况划分。

第六章　选民登记

第二十三条　无法行使选举权和被选举权的精神病患者，不列入选民名单。

第二十四条　选民名单应在选举日前三十天公布，并发给选民证。

第二十五条　对于公布的选民名单有不同意见的，可以向选举委员会提出申诉。选举委员会对申诉意见，应在三日内作出处理决定。申诉人如果对处理决定不服，可以向人民法院起诉，人民法院的判决为最后决定。

第七章　代表候选人的提出

第二十六条　全国和地方各级人民代表大会的代表候选人，按选区或者选举单位提名产生。

中国共产党、各民主党派、各人民团体，可以联合或者单独推荐代表候选人。任何选民或者代表，有三人以上附议，也可以推荐代表候选人。推荐时，应向选举委员会介绍候选人的情况。

第二十七条　全国和地方各级人民代表大会代表候选人的名额，应多于应选代表的名额。

由选民直接选举的代表候选人名额，应多于应选代表名额的二分之一至一倍；由地方各级人民代表大会选举上一级人民代表大会代表候选人的名额，应多于应选代表名额的五分之一至二分之一。

第二十八条　由选民直接选举的人民代表大会代表候选人，由各选区选民和各单位提名推荐。选举委员会汇总各方面推荐的代表候选人名单和各候选人情况，在选举日前二十天公布并由各该选区的选民小组反复讨论、民主协商，如果所提候选人名额过多，可以进行预选，根据较多数选民的意见，确定正式代表候选人名单，并在选举日前五天公布。

县级以上的地方各级人民代表大会在选举上一级人民代表大会代表时，由各该级人民代表大会主席团汇总大会代表和中国共产党、各民主党派、各人民团体提出的代表候选人名单，组织全体代表反复讨论、民主协商，如果所得候选人名额过多，可以进行预选，根据较多数代表的意见，确定正式代表候选人名单。

第二十九条　县级以上的地方各级人民代表大会在选举上一级人民代表大会代表时，代表候选人不限于各该级人民代表大会的代表。

第三十条　选举委员会应当向选民介绍代表候选人的情况。推荐代表候选人的党派、团体或者选民可以在选民小组会议上介绍所推荐的代表候选人的情况。但是在选举日必须停止对代表候选人的介绍。

第八章　选举程序

第三十一条　在选民直接选举人民代表大会的代表时，各选区应设立投票站或者召开选举大会进行。投票站或者选举大会由选举委员会主持。

第三十二条　县级以上的地方各级人民代表大会在选举上一级人民代表大会代表时，由各该级人民代表大会主席团主持。

第三十三条　全国和地方各级人民代表大会代表的选举，一律采用无记名投票的方法。

选民如果是文盲或者因残疾不能写选票的，可以委托他信任的人代写。

第三十四条　选举人对于代表候选人可以投赞成票，可以投反对票，可以另选其他任何选民，也可以弃权。

第三十五条　选民如果在选举期间外出的，可以书面委托其他选民代为投票，但事先须经选举委员会认可。

第三十六条　投票结束后，由选民推选的监票、计票人员和选举委员会的人员将投票人数和票数加以核对，作出记录，并由监票人签字。

第三十七条　每次选举所投的票数，多于投票人数的无效，少于投票人数的有效。

每一选票所选的人数，多于规定应选代表人数的作废，少于规定应选代表人数的有效。

第三十八条　各级人民代表大会的代表候选人，获得选区全体选民或者选举单位的代表过半数的选票时，始得当选。

获得过半数选票的代表候选人名额超过应选代表名额时，以得票多的当选。如遇票数相等不能确定当选人时，应当就票数相等的候选人重新投票。

获得过半数选票的当选代表的名额少于应选代表的名额时，不足的名额应当在没有当选的代表候选人中另行选举，以得票多的当选，但是得票数不得少于选票的三分之一。

第三十九条 选举结果由选举委员会或者人民代表大会主席团根据本法确定是否有效，并予以宣布。

第九章 对代表的监督、罢免和补选

第四十条 全国和地方各级人民代表大会的代表，受选民和原选举单位的监督。选民或者选举单位都有权罢免自己选出的代表。

罢免代表，由选民直接选出的，须经原选区过半数的选民通过；由各级人民代表大会选出的，须经各该级人民代表大会过半数的代表通过，在代表大会闭会期间，须经常务委员会过半数的委员通过。被罢免的代表可以出席上述会议或者书面申诉意见。罢免的决议，须报送上一级人民代表大会常务委员会备案。

第四十一条 任何公民或者单位对违法乱纪或者严重失职的代表，都可以提出罢免的要求。

公民或者单位要求罢免代表时，可以向各级人民代表大会常务委员会提出。受理机关必须及时组织调查，并应听取被指控代表的申辩。

对代表的指控经查证属实后，提交原选区或者原选举单位罢免。

第四十二条 代表在任期内，因故出缺，由原选区或者原选举单位补选。

地方各级人民代表大会代表在任期内调离或者迁出本行政区域的，其代表资格自行终止，缺额另行补选。

县级以上的地方各级人民代表大会闭会期间，可以由本级人民代表大会常务委员会补选上一级人民代表大会代表。

第十章 对破坏选举的制裁

第四十三条 为保障选民自由行使选举权和被选举权，对有下列违法行为的，应当依法给予行政处分或者刑事处分：

（一）用暴力、威胁、欺骗、贿赂等非法手段破坏选举或者妨害选民自由行使选举权和被选举权的；

（二）伪造选举文件、虚报选举票数或者有其他违法行为的；

（三）对于控告、检举选举中违法行为的人，或者对于提出要求罢免代表的人进行压制、报复的。

第十一章 附   则

第四十四条 省、自治区、直辖市的人民代表大会常务委员会根据本法可以制定选举实施细则，报全国人民代表大会常务委员会备案。

四、中华人民共和国全国人民代表大会和地方各级人民代表大会选举法（1986 年第二次修正）

1986 年 12 月 2 日，六届全国人大常委会第十八次会议修改和补充了选举法的规定，但不涉及选举法的基本原则部分。修改是为了 1987 年底以前县、乡两级人大代表换届选举顺利进行。这次修改集中于地方人大代表的选举，主要包括：简化选民登记手续，确立一次登记、选民资格长期有效的办法；规定"选民或者代表十人以上联名，也可以推荐代表候选人"；缩小了直接选举的差额幅度等。在确定直接选举（或间接选举）正式代表候选人方面，规定选区选民小组（或全体代表）反复酝酿、讨论、协商，根据较多数选民（或代表）的意见，确定正式代表候选人名单，删去了预选的规定。这是因为一些地方提出，将选民集中起来比较困难，预选增加了工作量。

中华人民共和国全国人民代表大会和地方各级人民代表大会选举法

　　(1979 年 7 月 1 日第五届全国人民代表大会第二次会议通过　根据 1982 年 12 月 10 日第五届全国人民代表大会第五次会议《关于修改〈中华人民共和国全国人民代表大会和地方各级人民代表大会选举法〉的若干规定的决议》第一次修正　根据 1986 年 12 月 2 日第六届全国人民代表大会常务委员会第十八次会议《关于修改〈中华人民共和国全国人民代表大会和地方各级人民代表大会选举法〉的决定》第二次修正)

第一章　总　　则

　　第一条　根据中华人民共和国宪法，制定全国人民代表大会和地方各级人民代表大会选举法。

　　第二条　全国人民代表大会的代表，省、自治区、直辖市、设区的市、自治州的人民代表大会的代表，由下一级人民代表大会选举。

不设区的市、市辖区、县、自治县、乡、民族乡、镇的人民代表大会的代表，由选民直接选举。

第三条 中华人民共和国年满十八周岁的公民，不分民族、种族、性别、职业、家庭出身、宗教信仰、教育程度、财产状况和居住期限，都有选举权和被选举权。

依照法律被剥夺政治权利的人没有选举权和被选举权。

第四条 每一选民在一次选举中只有一个投票权。

第五条 人民解放军单独进行选举，选举办法另订。

第六条 全国人民代表大会和归侨人数较多地区的地方人民代表大会，应当有适当名额的归侨代表。

旅居国外的中华人民共和国公民在县级以下人民代表大会代表选举期间在国内的，可以参加原籍地或者出国前居住地的选举。

第七条 全国人民代表大会常务委员会主持全国人民代表大会代表的选举。省、自治区、直辖市、设区的市、自治州的常务委员会主持本级人民代表大会代表的选举。

不设区的市、市辖区、县、自治县、乡、民族乡、镇设立选举委员会，主持本级人民代表大会代表的选举。不设区的市、市辖区、县、自治县的选举委员会受本级人民代表大会常务委员会的领导。乡、民族乡、镇的选举委员会受不设区的市、市辖区、县、自治县的选举委员会的领导。

省、自治区、直辖市、设区的市、自治州的人民代表大会常务委员会指导本行政区域内县级以下人民代表大会代表的选举工作。

第八条 全国人民代表大会和地方各级人民代表大会的选举经费，由国库开支。

第二章　地方各级人民代表大会代表名额

第九条　地方各级人民代表大会代表的名额，由各省、自治区、直辖市的人民代表大会常务委员会，按照便于召开会议、讨论问题和解决问题，并且使各民族、各地区、各方面都能有适当数量的代表的原则自行决定，报全国人民代表大会常务委员会备案。

第十条　自治州、县、自治县的人民代表大会代表的名额，由本级人民代表大会常务委员会按照农村每一代表所代表的人口数四倍于镇每一代表所代表的人口数的原则分配。在县、自治县的人民代表大会中，人口特少的乡、民族乡、镇，至少应有代表一人。

县、自治县行政区域内，镇的人口特多的，或者不属于县级以下人民政府领导的企业事业组织的职工人数在全县总人口中所占比例较大的，经省、自治区、直辖市的人民代表大会常务委员会决定，农村每一代表所代表的人口数同镇或者企业事业组织职工每一代表所代表的人口数之比可以小于四比一直至一比一。

第十一条　直辖市、市、市辖区的农村每一代表所代表的人口数，应多于市区每一代表所代表的人口数。

第十二条　省、自治区的人民代表大会代表的名额，由本级人民代表大会常务委员会按照农村每一代表所代表的人口数五倍于城市每一代表所代表的人口数的原则分配。

第三章　全国人民代表大会代表名额

第十三条　全国人民代表大会的代表，由省、自治区、直辖市的人民代表大会和人民解放军选举产生。

全国人民代表大会代表的名额不超过三千人。名额的分配由全国人民代表大会常务委员会根据情况决定。

第十四条 省、自治区、直辖市应选全国人民代表大会代表的名额，由全国人民代表大会常务委员会按照农村每一代表所代表的人口数八倍于城市每一代表所代表的人口数的原则分配。

第十五条 全国少数民族应选全国人民代表大会代表，由全国人民代表大会常务委员会参照各少数民族的人口数和分布等情况，分配给各省、自治区、直辖市的人民代表大会选出。人口特少的民族，至少应有代表一人。

第四章　各少数民族的选举

第十六条 有少数民族聚居的地方，每一聚居的少数民族都应有代表参加当地的人民代表大会。

聚居境内同一少数民族的总人口数占境内总人口数百分之三十以上的，每一代表所代表的人口数应相当于当地人民代表大会每一代表所代表的人口数。

聚居境内同一少数民族的总人口数不足境内总人口数百分之十五的，每一代表所代表的人口数可以适当少于当地人民代表大会每一代表所代表的人口数，但不得少于二分之一；实行区域自治的民族人口特少的自治县，经省、自治区的人民代表大会常务委员会决定，可以少于二分之一。人口特少的其他民族，至少应有代表一人。

聚居境内同一少数民族的总人口数占境内总人口数百分之十五以上、不足百分之三十的，每一代表所代表的人口数，可以适当少于当地人民代表大会每一代表所代表的人口数，但该少数民族的代表名额不得超过代表总名额的百分之三十。

第十七条 自治区、自治州、自治县和有少数民族聚居的乡、民族乡、镇的人民代表大会，对于聚居在境内的其他少数民族和汉族代表的选举，适用本法第十六条的规定。

第十八条 散居的少数民族应选当地人民代表大会的代表，每一代表所代表的人口数可以少于当地人民代表大会每一代表所代表的人口数。

自治区、自治州、自治县和有少数民族聚居的乡、民族乡、镇的人民代表大会，对于散居的其他少数民族和汉族代表的选举，适用前款的规定。

第十九条 有少数民族聚居的不设区的市、市辖区、县、乡、民族乡、镇的人民代表大会代表的产生，按照当地的民族关系和居住状况，各少数民族选民可以单独选举或者联合选举。

自治县和有少数民族聚居的乡、民族乡、镇的人民代表大会，对于居住在境内的其他少数民族和汉族代表的选举办法，适用前款的规定。

第二十条 自治区、自治州、自治县制定或者公布的选举文件、选民名单、选民证、代表候选人名单、代表当选证书和选举委员会的印章等，都应当同时使用当地通用的民族文字。

第二十一条 少数民族选举的其他事项，参照本法有关规定办理。

第五章 选区划分

第二十二条 不设区的市、市辖区、县、自治县、乡、民族乡、镇的人民代表大会的代表名额分配到选区，按选区进行选举。选区可以按居住状况划分，也可以按生产单位、事业单位、工作单位划分。

第六章　选民登记

第二十三条　选民登记按选区进行，经登记确认的选民资格长期有效。每次选举前对上次选民登记以后新满十八周岁的、被剥夺政治权利期满后恢复政治权利的选民，予以登记。对选民经登记后迁出原选区的，列入新迁入的选区的选民名单；对死亡的和依照法律被剥夺政治权利的人，从选民名单上除名。

精神病患者不能行使选举权利的，经选举委员会确认，不列入选民名单。

第二十四条　选民名单应在选举日的三十日以前公布，并发给选民证。

第二十五条　对于公布的选民名单有不同意见的，可以向选举委员会提出申诉。选举委员会对申诉意见，应在三日内作出处理决定。申诉人如果对处理决定不服，可以在选举日的五日以前向人民法院起诉，人民法院应在选举日以前作出判决。人民法院的判决为最后决定。

第七章　代表候选人的提出

第二十六条　全国和地方各级人民代表大会的代表候选人，按选区或者选举单位提名产生。

各政党、各人民团体，可以联合或者单独推荐代表候选人。

选民或者代表，十人以上联名，也可以推荐代表候选人。推荐者应向选举委员会或者大会主席团介绍候选人的情况。

第二十七条 全国和地方各级人民代表大会代表候选人的名额，应多于应选代表的名额。

由选民直接选举的代表候选人名额，应多于应选代表名额三分之一至一倍；由地方各级人民代表大会选举上一级人民代表大会代表候选人的名额，应多于应选代表名额五分之一至二分之一。

第二十八条 由选民直接选举的人民代表大会代表候选人，由各选区选民和各政党、各人民团体提名推荐。选举委员会汇总后，在选举日的二十日以前公布，并由各该选区的选民小组反复酝酿、讨论、协商，根据较多数选民的意见，确定正式代表候选人名单，并在选举日的五日以前公布。

县级以上的地方各级人民代表大会在选举上一级人民代表大会代表时，由各该级人民代表大会主席团把各政党、各人民团体和代表提出的代表候选人名单提交全体代表反复酝酿、讨论、协商，根据较多数代表的意见，确定正式代表候选人名单。

第二十九条 县级以上的地方各级人民代表大会在选举上一级人民代表大会代表时，代表候选人不限于各该级人民代表大会的代表。

第三十条 选举委员会或者人民代表大会主席团应当向选民或者代表介绍代表候选人的情况。推荐代表候选人的政党、人民团体和选民、代表可以在选民小组或者代表小组会议上介绍所推荐的代表候选人的情况。但是在选举日必须停止对代表候选人的介绍。

第八章 选举程序

第三十一条 在选民直接选举人民代表大会的代表时，各选区应设立投票站或者召开选举大会进行。投票站或者选举大会由选举委员会主持。

第三十二条 县级以上的地方各级人民代表大会在选举上一级人民代表大会代表时，由各该级人民代表大会主席团主持。

第三十三条 全国和地方各级人民代表大会代表的选举，一律采用无记名投票的方法。

选民如果是文盲或者因残疾不能写选票的，可以委托他信任的人代写。

第三十四条 选举人对于代表候选人可以投赞成票，可以投反对票，可以另选其他任何选民，也可以弃权。

第三十五条 选民如果在选举期间外出，经选举委员会同意，可以书面委托其他选民代为投票。每一选民接受的委托不得超过三人。

第三十六条 投票结束后，由选或者代表推选的监票、计票人员和选举委员会或者人民代表大会主席团的人员将投票人数和票数加以核对，作出记录，并由监票人签字。

第三十七条 每次选举所投的票数，多于投票人数的无效，少于投票人数的有效。

每一选票所选的人数，多于规定应选代表人数的作废，少于规定应选代表人数的有效。

第三十八条 在选民直接选举人民代表大会代表时，选区全体选民的过半数参加投票，选举有效。代表候选人获得参加选举的选民过半数的选票，始得当选。

县级以上的地方各级人民代表大会在选举上一级人民代表大会代表时，代表候选人获得全体代表过半数的选票，始得当选。

获得过半数选票的代表候选人名额超过应选代表名额时，以得票多的当选。如遇票数相等不能确定当选人时，应当就票数相等的候选人重新投票。

获得过半数选票的当选代表的名额少于应选代表的名额时，不足的名额应当在没有当选的代表候选人中另行选举，以得票多的当选，但是得票数不得少于选票的三分之一。

第三十九条 选举结果由选举委员会或者人民代表大会主席团根据本法确定是否有效，并予以宣布。

第九章 对代表的监督、罢免和补选

第四十条 全国和地方各级人民代表大会的代表，受选民和原选举单位的监督。选民或者选举单位都有权罢免自己选出的代表。

罢免代表，由选民直接选出的，须经原选区过半数的选民通过；由各级人民代表大会选出的，须经各该级人民代表大会过半数的代表通过，在代表大会闭会期间，须经常务委员会组成人员的过半数通过。被罢免的代表可以出席上述会议或者书面申诉意见。罢免的决议，须报送上一级人民代表大会常务委员会备案。

罢免代表的具体程序，由省、自治区、直辖市的人民代表大会常务委员会规定。

第四十一条 全国人民代表大会代表，省、自治区、直辖市、设区的市、自治州的人民代表大会代表，可以向选举他的人民代表大会的常务委员会提出辞职。

第四十二条 代表在任期内，因故出缺，由原选区或者原选举单位补选。

地方各级人民代表大会代表在任期内调离或者迁出本行政区域的，其代表资格自行终止，缺额另行补选。

县级以上的地方各级人民代表大会闭会期间，可以由本级人民代表大会常务委员会补选上一级人民代表大会代表。

补选出缺的代表时，代表候选人的名额可以多于应选代表的名额，也可以同应选代表的名额相等。补选的程序和方式，由省、自治区、直辖市的人民代表大会常务委员会规定。

第十章　对破坏选举的制裁

第四十三条　为保障选民和代表自由行使选举权和被选举权，对有下列违法行为的，应当依法给予行政处分或者刑事处分：

（一）用暴力、威胁、欺骗、贿赂等非法手段破坏选举或者妨害选民和代表自由行使选举权和被选举权的；

（二）伪造选举文件、虚报选举票数或者有其他违法行为的；

（三）对于控告、检举选举中违法行为的人，或者对于提出要求罢免代表的人进行压制、报复的。

第十一章　附　　则

第四十四条　省、自治区、直辖市的人民代表大会常务委员会根据本法可以制定选举实施细则，报全国人民代表大会常务委员会备案。

五、中华人民共和国全国人民代表大会和地方各级人民代表大会选举法（1995 年第三次修正）

1995 年 2 月 28 日，八届全国人大常委会第十二次会议通过了对选举法的第三次修改。这次修改主要是总结近十年全国和地方选举的经验，完善选举法制。比较重要的修改有：确定了各级人大代表按"代表名额基数＋按人口数增加代表数"确定名额的方法。基数方法能够保证地方人大代表拥有基本规模，按人口数增加的方法又能反映不同地区人口数量的不均衡，保证代表与人口数在总体上的比例均衡，并规定"地方各级人民代表大会的代表总名额经确定后，不再变动"。统一代表与人口数的比例。缩小了选举法中规定的比例，将省、自治区和全国人大代表中农村每一代表与城市每一代表所代表的人口数，从原来的5∶1、8∶1，统一修改为4∶1，自治州、县、自治县仍是4∶1。其他修改还包括恢复预选、完善人大代表罢免和辞职的程序等。

中华人民共和国全国人民代表大会和地方各级人民代表大会选举法

（1979年7月1日第五届全国人民代表大会第二次会议通过 根据1982年12月10日第五届全国人民代表大会第五次会议《关于修改〈中华人民共和国全国人民代表大会和地方各级人民代表大会选举法〉的若干规定的决议》第一次修正 根据1986年12月2日第六届全国人民代表大会常务委员会第十八次会议《关于修改〈中华人民共和国全国人民代表大会和地方各级人民代表大会选举法〉的决定》第二次修正 根据1995年2月28日第八届全国人民代表大会常务委员会第十二次会议《关于修改〈中华人民共和国全国人民代表大会和地方各级人民代表大会选举法〉的决定》第三次修正）

第一章 总 则

第一条 根据中华人民共和国宪法，制定全国人民代表大会和地方各级人民代表大会选举法。

第二条　全国人民代表大会的代表，省、自治区、直辖市、设区的市、自治州的人民代表大会的代表，由下一级人民代表大会选举。

不设区的市、市辖区、县、自治县、乡、民族乡、镇的人民代表大会的代表，由选民直接选举。

第三条　中华人民共和国年满十八周岁的公民，不分民族、种族、性别、职业、家庭出身、宗教信仰、教育程序、财产状况和居住期限，都有选举权和被选举权。

依照法律被剥夺政治权利的人没有选举权和被选举权。

第四条　每一选民在一次选举中只有一个投票权。

第五条　人民解放军单独进行选举，选举办法另订。

第六条　全国人民代表大会和地方各级人民代表大会的代表中，应当有适当数量的妇女代表，并逐步提高妇女代表的比例。

全国人民代表大会和归侨人数较多地区的地方人民代表大会，应当有适当名额的归侨代表。

旅居国外的中华人民共和国公民在县级以下人民代表大会代表选举期间在国内的，可以参加原籍地或者出国前居住地的选举。

第七条　全国人民代表大会常务委员会主持全国人民代表大会代表的选举。省、自治区、直辖市、设区的市、自治州的人民代表大会常务委员会主持本级人民代表大会代表的选举。

不设区的市、市辖区、县、自治县、乡、民族乡、镇设立选举委员会，主持本级人民代表大会代表的选举。不设区的市、市辖区、县、自治县的选举委员会受本级人民代表大会常务委员会的领导。乡、民族乡、镇的选举委员会受不设区的市、市辖区、县、自治县的人民代表大会常务委员会的领导。

省、自治区、直辖市、设区的市、自治州的人民代表大会常务委员会指导本行政区域内县级以下人民代表大会代表的选举工作。

第八条　全国人民代表大会和地方各级人民代表大会的选举经费，由国库开支。

第二章　地方各级人民代表大会代表名额

第九条　地方各级人民代表大会的代表名额，按照下列规定确定：

（一）省、自治区、直辖市的代表名额基数为三百五十名，省、自治区每十五万人可以增加一名代表，直辖市每二万五千人可以增加一名代表；人口超过一亿的省，代表总名额不得超过一千名；

（二）设区的市、自治州的代表名额基数为二百四十名，每二万五千人可以增加一名代表；人口超过一千万的，代表总名额不得超过六百五十名；

（三）县、自治县、不设区的市、市辖区的代表名额基数为一百二十名，每五千人可以增加一名代表；人口超过一百六十五万的，代表总名额不得超过四百五十名；人口不足五万的，代表总名额可以少于一百二十名；

（四）乡、民族乡、镇的代表名额基数为四十名，每一千五百人可以增加一名代表；人口超过九万的乡、民族乡的代表总名额不得超过一百名；人口超过十三万的镇的代表总名额不得超过一百三十名；人口不足二千的乡、民族乡、镇的代表总名额可以少于四十名。

按照前款规定的地方各级人民代表大会的代表名额基数与按人口数增加的代表数相加，即为地方各级人民代表大会的代表总名额。

自治区、聚居的少数民族多的省，经全国人民代表大会常务委员会决定，代表名额可以另加百分之五。聚居的少数民族多或者人口居住分散的县、自治县、乡、民族乡，经省、自治区、直辖市的人民代表大会常务委员会决定，代表名额可以另加百分之五。

第十条 省、自治区、直辖市的人民代表大会代表的具体名额，由全国人民代表大会常务委员会依照本法确定。设区的市、自治州和县级的人民代表大会代表的具体名额，由省、自治区、直辖市的人民代表大会常务委员会依照本法确定，报全国人民代表大会常务委员会备案。乡级的人民代表大会代表的具体名额，由县级的人民代表大会常务委员会依照本法确定，报上一级人民代表大会常务委员会备案。

第十一条 地方各级人民代表大会的代表总名额经确定后，不再变动。如果由于行政区划变动或者由于重大工程建设等原因造成人口较大变动的，该级人民代表大会的代表总名额依照本法的规定重新确定。

第十二条 自治州、县、自治县的人民代表大会代表的名额，由本级人民代表大会常务委员会按照农村每一代表所代表的人口数四倍于镇每一代表所代表的人口数的原则分配。在县、自治县的人民代表大会中，人口特少的乡、民族乡、镇，至少应有代表一人。

县、自治县行政区域内，镇的人口特多的，或者不属于县级以下人民政府领导的企业事业组织的职工人数在全县总人口中所占比例较大的，经省、自治区、直辖市的人民代表大会常务委员会决定，农村每一代表所代表的人口数同镇或者企业事业组织职工每一代表所代表的人口数之比可以小于四比一直至一比一。

第十三条 直辖市、市、市辖区的农村每一代表所代表的人口数，应多于市区每一代表所代表的人口数。

第十四条 省、自治区的人民代表大会代表的名额，由本级人民代表大会常务委员会按照农村每一代表所代表的人口数四倍于城市每一代表所代表的人口数的原则分配。

第三章 全国人民代表大会代表名额

第十五条 全国人民代表大会的代表，由省、自治区、直辖市的人民代表大会和人民解放军选举产生。

全国人民代表大会代表的名额不超过三千人。名额的分配由全国人民代表大会常务委员会根据情况决定。

香港特别行政区、澳门特别行政区应选全国人民代表大会代表的名额和代表产生办法，由全国人民代表大会另行规定。

第十六条 省、自治区、直辖市应选全国人民代表大会代表的名额，由全国人民代表大会常务委员会按照农村每一代表所代表的人口数四倍于城市每一代表所代表的人口数的原则分配。

第十七条 全国少数民族应选全国人民代表大会代表，由全国人民代表大会常务委员会参照各少数民族的人口数和分布等情况，分配给各省、自治区、直辖市的人民代表大会选出。人口特少的民族，至少应有代表一人。

第四章　各少数民族的选举

第十八条　有少数民族聚居的地方，每一聚居的少数民族都应有代表参加当地的人民代表大会。

聚居境内同一少数民族的总人口数占境内总人口数百分之三十以上的，每一代表所代表的人口数应相当于当地人民代表大会每一代表所代表的人口数。

聚居境内同一少数民族的总人口数不足境内总人口数百分之十五的，每一代表所代表的人口数可以适当少于当地人民代表大会每一代表所代表的人口数，但不得少于二分之一；实行区域自治的民族人口特少的自治县，经省、自治区的人民代表大会常务委员会决定，可以少于二分之一。人口特少的其他聚居民族，至少应有代表一人。

聚居境内同一少数民族的总人口数占境内总人口数百分之十五以上、不足百分之三十的，每一代表所代表的人口数，可以适当少于当地人民代表大会每一代表所代表的人口数，但分配给该少数民族的应选代表名额不得超过代表总名额的百分之三十。

第十九条　自治区、自治州、自治县和有少数民族聚居的乡、民族乡、镇的人民代表大会，对于聚居在境内的其他少数民族和汉族代表的选举，适用本法第十八条的规定。

第二十条　散居的少数民族应选当地人民代表大会的代表，每一代表所代表的人口数可以少于当地人民代表大会每一代表所代表的人口数。

自治区、自治州、自治县和有少数民族聚居的乡、民族乡、镇的人民代表大会，对于散居的其他少数民族和汉族代表的选举，适用前款的规定。

第二十一条　有少数民族聚居的不设区的市、市辖区、县、乡、民族乡、镇的人民代表大会代表的产生，按照当地的民族关系和居住状况，各少数民族选民可以单独选举或者联合选举。

自治县和有少数民族聚居的乡、民族乡、镇的人民代表大会，对于居住在境内的其他少数民族和汉族代表的选举办法，适用前款的规定。

第二十二条　自治区、自治州、自治县制定或者公布的选举文件、选民名单、选民证、代表候选人名单、代表当选证书和选举委员会的印章等，都应当同时使用当地通用的民族文字。

第二十三条　少数民族选举的其他事项，参照本法有关各条的规定办理。

第五章　选区划分

第二十四条　不设区的市、市辖区、县、自治县、乡、民族乡、镇的人民代表大会的代表名额分配到选区，按选区进行选举。选区可以按居住状况划分，也可以按生产单位、事业单位、工作单位划分。

选区的大小，按照每一选区选一名至三名代表划分。

第二十五条　城镇各选区每一代表所代表的人口数应当大体相等。农村各选区每一代表所代表的人口数应当大体相等。

第六章　选民登记

第二十六条　选民登记按选区进行，经登记确认的选民资格长期有效。每次选举前对上次选民登记以后新满十八周岁的、被剥夺政治权利期满后恢复政治权利的选民。予以登记。对选民经登记后迁出原选区的，列入新迁入的选区的选民名单；对死亡的和依照法律被剥夺政治权利的人，从选民名单上除名。

精神病患者不能行使选举权利的，选举委员会确认，不列入选民名单。

第二十七条　选民名单应在选举日的二十日以前公布，实行凭选民证参加投票选举的，并应当发给选民证。

第二十八条　对于公布的选民名单有不同意见的，可以向选举委员会提出申诉。选举委员会对申诉意见，应在三日内作出处理决定。申诉人如果对处理决定不服，可以在选举日的五日以前向人民法院起诉，人民法院应在选举日以前作出判决。人民法院的判决为最后决定。

第七章　代表候选人的提出

第二十九条　全国和地方各级人民代表大会的代表候选人，按选区或者选举单位提名产生。

各政党、各人民团体，可以联合或者单独推荐代表候选人。选民或者代表，十人以上联名，也可以推荐代表候选人。推荐者应向选举委员会或者大会主席团介绍候选人的情况。

第三十条　全国和地方各级人民代表大会代表候选人的名额，应多于应选代表的名额。

由选民直接选举的代有候选人名额，应多于应选代表名额三分之一至一倍；由地方各级人民代表大会选举上一级人民代表大会代表候选人的名额，应多于应选代表名额五分之一至二分之一。

第三十一条　由选民直接选举的人民代表大会代表候选人，由各选区选民和各政党、各人民团体提名推荐。选举委员会汇总后，在选举日的十五日以前公布，并由各该选区的选民小组反复酝酿、讨论、协商，根据较多数选民的意见，确定正式代表候选人名单，并在选举日的五日以前公布。

县级以上的地方各级人民代表大会在选举上一级人民代表大会代表时，提名、酝酿代表候选人的时间不得少于两天。各该级人民代表大会主席团将依法提出的代表候选人名单印发全体代表，由全体代表酝酿、讨论。如果所提候选人的人数符合本法第三十条规定的差额比例，直接进行投票选举。如果所提候选人的人数超过本法第三十条规定的最高差额比例，进行预选，根据预选时得票多少的顺序，按照本级人民代表大会的选举办法根据本法确定的具体差额比例，确定正式代表候选人名单，进行投票选举。

第三十二条　县级以上的地方各级人民代表大会在选举上一级人民代表大会代表时，代表候选人不限于各该级人民代表大会的代表。

第三十三条　选举委员会或者人民代表大会主席团应当向选民或者代表介绍代表候选人的情况。推荐代表候选人的政党、人民团体和选民、代表可以在选民小组或者代表小组会议上介绍所推荐的代表候选人的情况。但是在选举日必须停止对代表候选人的介绍。

第八章　选举程序

第三十四条　在选民直接选举人民代表大会的代表时，选民根据选举委员会的规定，凭身份证或者选民证领取选票。各选区应当设立投票站、流动票箱或者召开选举大会进行选举。投票选举由选举委员会主持。

第三十五条　县级以上的地方各级人民代表大会在选举上一级人民代表大会代表时，由各该级人民代表大会主席团主持。

第三十六条　全国和地方各级人民代表大会代表的选举，一律采用无记名投票的方法。

选民如果是文盲或者因残疾不能写选票的，可以委托他信任的人代写。

第三十七条　选举人对于代表候选人可以投赞成票，可以投反对票，可以另选其他任何选民，也可以弃权。

第三十八条　选民如果在选举期间外出，经选举委员会同意，可以书面委托其他选民代为投票。每一选民接受的委托不得超过三人。

第三十九条　投票结束后，由选民或者代表推选的监票、计票人员和选举委员会或者人民代表大会主席团的人员将投票人数和票数加以核对，作出记录，并由监票人签字。

第四十条　每次选举所投的票数，多于投票人数的无效，等于或者少于投票人数的有效。

每一选票所选的人数，多于规定应选代表人数的作废，等于或者少于规定应选代表人数的有效。

第四十一条　在选民直接选举人民代表大会代表时，选区全体选民的过半数参加投票，选举有效。代表候选人获得参加投票的选民过半数的选票时，始得当选。

县级以上的地方各级人民代表大会在选举上一级人民代表大会代表时，代表候选人获得全体代表过半数的选票时，始得当选。

获得过半数选票的代表候选人的人数超过应选代表名额时，以得票多的当选。如遇票数相等不能确定当选人时，应当就票数相等的候选人再次投票，以得票多的当选。

获得过半数选票的当选代表的人数少于应选代表的名额时，不足的名额另行选举。另行选举时，根据在第一次投票时得票多少的顺序，按照本法第三十条规定的差额比例，确定候选人名单。如果只选一人，候选人应为二人。

依照前款规定另行选举县级和乡级的人民代表大会代表时，代表候选人以得票多的当选，但是得票数不得少于选票的三分之一；县级以上的地方各级人民代表大会在另行选举上一级人民代表大会代表时，代表候选人获得全体代表过半数的选票，始得当选。

第四十二条　选举结果由选举委员会或者人民代表大会主席团根据本法确定是否有效，并予以宣布。

第九章　对代表的监督、罢免和补选

第四十三条　全国和地方各级人民代表大会的代表，受选民和原选举单位的监督。选民或者选举单位都有权罢免自己选出的代表。

第四十四条　对于县级和乡级的人民代表大会代表，原选区选民三十人以上联名，可以向县级的人民代表大会常务委员会书面提出罢免要求。

罢免要求应当写明罢免理由。被提出罢免的代表有权在选民会议上提出申辩意见，也可以书面提出申辩意见。

县级的人民代表大会常务委员会应当将罢免要求和被提出罢

免的代表的书面申辩意见印发原选区选民。

表决罢免要求，由县级的人民代表大会常务委员会派有关负责人员主持。

第四十五条　县级以上的地方各级人民代表大会举行会议的时候，主席团或者十分之一以上代表联名，可以提出对由该级人民代表大会选出的上一级人民代表大会代表的罢免案。在人民代表大会闭会期间，县级以上的地方各级人民代表大会常务委员会主任会议或者常务委员会五分之一以上组成人员联名，可以向常务委员会提出对由该级人民代表大会选出的上一级人民代表大会代表的罢免案。罢免案应当写明罢免理由。

县级以上的地方各级人民代表大会举行会议的时候，被提出罢免的代表有权在主席团会议和大会全体会议上提出申辩意见，或者书面提出申辩意见，由主席团印发会议。罢免案经会议审议后，由主席团提请全体会议表决。

县级以上的地方各级人民代表大会常务委员会举行会议的时候，被提出罢免的代表有权在主任会议和常务委员会全体会议上提出申辩意见，或者书面提出申辩意见，由主任会议印发会议。罢免案经会议审议后，由主任会议提请全体会议表决。

第四十六条　罢免代表采用无记名投票的表决方式。

第四十七条　罢免县级和乡级的人民代表大会代表，须经原选区过半数的选民通过。

罢免由县级以上的地方各级人民代表大会选出的代表，须经各该级人民代表大会过半数的代表通过；在代表大会闭会期间，须经常务委员会组成人员的过半数通过。罢免的决议，须报送上一级人民代表大会常务委员会备案。

第四十八条　县级以上的各级人民代表大会常务委员会组成

人员，全国人民代表大会和省、自治区、直辖市、设区的市、自治州的人民代表大会专门委员会成员的代表职务被罢免的，其常务委员会组成人员或者专门委员会成员的职务相应撤销，由主席团或者常务委员会予以公告。

乡、民族乡、镇的人民代表大会主席、副主席的代表职务被罢免的，其主席、副主席的职务相应撤销，由主席团予以公告。

第四十九条　全国人民代表大会代表、省、自治区、直辖市、设区的市、自治州的人民代表大会代表，可以向选举他的人民代表大会的常务委员会书面提出辞职。县级的人民代表大会代表可以向本级人民代表大会常务委员会书面提出辞职，乡级的人民代表大会代表可以向本级人民代表大会书面提出辞职。

第五十条　县级以上的各级人民代表大会常务委员会组成人员，全国人民代表大会和省、自治区、直辖市、设区的市、自治州的人民代表大会的专门委员会成员，辞去代表职务的请求被接受的，其常务委员会组成人员、专门委员会成员的职务相应终止，由常务委员会予以公告。

乡、民族乡、镇的人民代表大会主席、副主席、辞去代表职务的请求被接受的，其主席、副主席的职务相应终止，由主席团予以公告。

第五十一条　代表在任期内，因故出缺，由原选区或者原选举单位补选。

地方各级人民代表大会代表在任期内调离或者迁出本行政区域的，其代表资格自行终止，缺额另行补选。

县级以上的地方各级人民代表大会闭会期间，可以由本级人民代表大会常务委员会补选上一级人民代表大会代表。

补选出缺的代表时，代表候选人的名额要可以多于应选代表的名额，也可以同应选代表的名额相等。补选的具体办法，由省、自治区、直辖市的人民代表大会常务委员会规定。

第十章　对破坏选举的制裁

第五十二条　为保障选民和代表自由行使选举权和被选举权，对有下列违法行为的，应当依法给予行政处分或者刑事处分：

（一）用暴力、威胁、欺骗、贿赂等非法手段破坏选举或者妨害选民和代表自由行使选举权和被选举权的；

（二）伪造选举文件、虚报选举票数或者有其他违法行为的；

（三）对于控告、检举选举中违法行为的人，或者对于提出要求罢免代表的人进行压制、报复的。

第十一章　附　　则

第五十三条　省、自治区、直辖市的人民代表大会及其常务委员会根据本法可以制定选举实施细则，报全国人民代表大会常务委员会备案。

六、中华人民共和国全国人民代表大会和地方各级人民代表大会选举法（2004年第四次修正）

2004年10月27日，十届全国人大常委会第十二次会议第四次修改选举法。比1995年的修改更进一步，恢复了直接选举中的预选；在候选人介绍环节，增加规定"选举委员会可以组织代表候选人与选民见面，回答选民的问题"。本次修改改变了过去候选人公式化的介绍形式，使候选人与选民见面、交流成为可能。

中华人民共和国全国人民代表大会和地方各级人民代表大会选举法

(1979 年 7 月 1 日第五届全国人民代表大会第二次会议通过 根据 1982 年 12 月 10 日第五届全国人民代表大会第五次会议《关于修改〈中华人民共和国全国人民代表大会和地方各级人民代表大会选举法〉的若干规定的决议》第一次修正 根据 1986 年 12 月 2 日第六届全国人民代表大会常务委员会第十八次会议《关于修改〈中华人民共和国全国人民代表大会和地方各级人民代表大会选举法〉的决定》第二次修正 根据 1995 年 2 月 28 日第八届全国人民代表大会常务委员会第十二次会议《关于修改〈中华人民共和国全国人民代表大会和地方各级人民代表大会选举法〉的决定》第三次修正 根据 2004 年 10 月 27 日第十届全国人民代表大会常务委员会第十二次会议《关于修改〈中华人民共和国全国人民代表大会和地方各级人民代表大会选举法〉的决定》第四次修正)

第一章 总 则

第一条 根据中华人民共和国宪法，制定全国人民代表大会和地方各级人民代表大会选举法。

第二条 全国人民代表大会的代表，省、自治区、直辖市、设区的市、自治州的人民代表大会的代表，由下一级人民代表大会选举。

不设区的市、市辖区、县、自治县、乡、民族乡、镇的人民代表大会的代表，由选民直接选举。

第三条　中华人民共和国年满十八周岁的公民，不分民族、种族、性别、职业、家庭出身、宗教信仰、教育程度、财产状况和居住期限，都有选举权和被选举权。

依照法律被剥夺政治权利的人没有选举权和被选举权。

第四条　每一选民在一次选举中只有一个投票权。

第五条　人民解放军单独进行选举，选举办法另订。

第六条　全国人民代表大会和地方各级人民代表大会的代表中，应当有适当数量的妇女代表，并逐步提高妇女代表的比例。

全国人民代表大会和归侨人数较多地区的地方人民代表大会，应当有适当名额的归侨代表。

旅居国外的中华人民共和国公民在县级以下人民代表大会代表选举期间在国内的，可以参加原籍地或者出国前居住地的选举。

第七条　全国人民代表大会常务委员会主持全国人民代表大会代表的选举。省、自治区、直辖市、设区的市、自治州的人民代表大会常务委员会主持本级人民代表大会代表的选举。

不设区的市、市辖区、县、自治县、乡、民族乡、镇设立选举委员会，主持本级人民代表大会代表的选举。不设区的市、市辖区、县、自治县的选举委员会受本级人民代表大会常务委员会的领导。乡、民族乡、镇的选举委员会受不设区的市、市辖区、县、自治县的人民代表大会常务委员会的领导。

省、自治区、直辖市、设区的市、自治州的人民代表大会常务委员会指导本行政区域内县级以下人民代表大会代表的选举工作。

第八条　全国人民代表大会和地方各级人民代表大会的选举

经费，由国库开支。

第二章　地方各级人民代表大会代表名额

第九条　地方各级人民代表大会的代表名额，按照下列规定确定：

（一）省、自治区、直辖市的代表名额基数为三百五十名，省、自治区每十五万人可以增加一名代表，直辖市每二万五千人可以增加一名代表；但是，代表总名额不得超过一千名；

（二）设区的市、自治州的代表名额基数为二百四十名，每二万五千人可以增加一名代表；人口超过一千万的，代表总名额不得超过六百五十名；

（三）县、自治县、不设区的市、市辖区的代表名额基数为一百二十名，每五千人可以增加一名代表；人口超过一百六十五万的，代表总名额不得超过四百五十名；人口不足五万的，代表总名额可以少于一百二十名；

（四）乡、民族乡、镇的代表名额基数为四十名，每一千五百人可以增加一名代表；人口超过九万的乡、民族乡的代表总名额不得超过一百名；人口超过十三万的镇的代表总名额不得超过一百三十名；人口不足二千的乡、民族乡、镇的代表总名额可以少于四十名。

按照前款规定的地方各级人民代表大会的代表名额基数与按人口数增加的代表数相加，即为地方各级人民代表大会的代表总名额。

自治区、聚居的少数民族多的省，经全国人民代表大会常务委员会决定，代表名额可以另加百分之五。聚居的少数民族多或者人口居住分散的县、自治县、乡、民族乡，经省、自治区、直辖市的人民代表大会常务委员会决定，代表名额可以另加百分之五。

第十条　省、自治区、直辖市的人民代表大会代表的具体名额，由全国人民代表大会常务委员会依照本法确定。设区的市、自治州和县级的人民代表大会代表的具体名额，由省、自治区、直辖市的人民代表大会常务委员会依照本法确定，报全国人民代表大会常务委员会备案。乡级的人民代表大会代表的具体名额，由县级的人民代表大会常务委员会依照本法确定，报上一级人民代表大会常务委员会备案。

第十一条　地方各级人民代表大会的代表总名额经确定后，不再变动。如果由于行政区划变动或者由于重大工程建设等原因造成人口较大变动的，该级人民代表大会的代表总名额依照本法的规定重新确定。

第十二条　自治州、县、自治县的人民代表大会代表的名额，由本级人民代表大会常务委员会按照农村每一代表所代表的人口数四倍于镇每一代表所代表的人口数的原则分配。在县、自治县的人民代表大会中，人口特少的乡、民族乡、镇，至少应有代表一人。

县、自治县行政区域内，镇的人口特多的，或者不属于县级以下人民政府领导的企业事业组织的职工人数在全县总人口中所占比例较大的，经省、自治区、直辖市的人民代表大会常务委员会决定，农村每一代表所代表的人口数同镇或者企业事业组织职工每一代表所代表的人口数之比可以小于四比一直至一比一。

第十三条　直辖市、市、市辖区的农村每一代表所代表的人口数，应多于市区每一代表所代表的人口数。

第十四条　省、自治区的人民代表大会代表的名额，由本级人民代表大会常务委员会按照农村每一代表所代表的人口数四倍于城市每一代表所代表的人口数的原则分配。

第三章　全国人民代表大会代表名额

第十五条　全国人民代表大会的代表，由省、自治区、直辖市的人民代表大会和人民解放军选举产生。

全国人民代表大会代表的名额不超过三千人。名额的分配由全国人民代表大会常务委员会根据情况决定。

香港特别行政区、澳门特别行政区应选全国人民代表大会代表的名额和代表产生办法，由全国人民代表大会另行规定。

第十六条　省、自治区、直辖市应选全国人民代表大会代表的名额，由全国人民代表大会常务委员会按照农村每一代表所代表的人口数四倍于城市每一代表所代表的人口数的原则分配。

第十七条　全国少数民族应选全国人民代表大会代表，由全国人民代表大会常务委员会参照各少数民族的人口数和分布等情况，分配给各省、自治区、直辖市的人民代表大会选出。人口特少的民族，至少应有代表一人。

第四章　各少数民族的选举

第十八条　有少数民族聚居的地方，每一聚居的少数民族都应有代表参加当地的人民代表大会。

聚居境内同一少数民族的总人口数占境内总人口数百分之三十以上的，每一代表所代表的人口数应相当于当地人民代表大会每一代表所代表的人口数。

聚居境内同一少数民族的总人口数不足境内总人口数百分之十五的，每一代表所代表的人口数可以适当少于当地人民代表大会每一代表所代表的人口数，但不得少于二分之一；实行区域自治的民族人口特少的自治县，经省、自治区的人民代表大会常务委员会决定，可以少于二分之一。人口特少的其他聚居民族，至少应有代表一人。

聚居境内同一少数民族的总人口数占境内总人口数百分之十五以上、不足百分之三十的，每一代表所代表的人口数，可以适当少于当地人民代表大会每一代表所代表的人口数，但分配给该少数民族的应选代表名额不得超过代表总名额的百分之三十。

第十九条 自治区、自治州、自治县和有少数民族聚居的乡、民族乡、镇的人民代表大会，对于聚居在境内的其他少数民族和汉族代表的选举，适用本法第十八条的规定。

第二十条 散居的少数民族应选当地人民代表大会的代表，每一代表所代表的人口数可以少于当地人民代表大会每一代表所代表的人口数。

自治区、自治州、自治县和有少数民族聚居的乡、民族乡、镇的人民代表大会，对于散居的其他少数民族和汉族代表的选举，适用前款的规定。

第二十一条 有少数民族聚居的不设区的市、市辖区、县、乡、民族乡、镇的人民代表大会代表的产生，按照当地的民族关系和居住状况，各少数民族选民可以单独选举或者联合选举。

自治县和有少数民族聚居的乡、民族乡、镇的人民代表大会，对于居住在境内的其他少数民族和汉族代表的选举办法，适用前款的规定。

第二十二条　自治区、自治州、自治县制定或者公布的选举文件、选民名单、选民证、代表候选人名单、代表当选证书和选举委员会的印章等，都应当同时使用当地通用的民族文字。

第二十三条　少数民族选举的其他事项，参照本法有关各条的规定办理。

第五章　选区划分

第二十四条　不设区的市、市辖区、县、自治县、乡、民族乡、镇的人民代表大会的代表名额分配到选区，按选区进行选举。选区可以按居住状况划分，也可以按生产单位、事业单位、工作单位划分。

选区的大小，按照每一选区选一名至三名代表划分。

第二十五条　城镇各选区每一代表所代表的人口数应当大体相等。农村各选区每一代表所代表的人口数应当大体相等。

第六章　选民登记

第二十六条　选民登记按选区进行，经登记确认的选民资格长期有效。每次选举前对上次选民登记以后新满十八周岁的、被剥夺政治权利期满后恢复政治权利的选民，予以登记。对选民经登记后迁出原选区的，列入新迁入的选区的选民名单；对死亡的和依照法律被剥夺政治权利的人，从选民名单上除名。

精神病患者不能行使选举权利的，经选举委员会确认，不列入选民名单。

第二十七条　选民名单应在选举日的二十日以前公布，实行凭选民证参加投票选举的，并应当发给选民证。

第二十八条　对于公布的选民名单有不同意见的，可以向选举委员会提出申诉。选举委员会对申诉意见，应在三日内作出处理决定。申诉人如果对处理决定不服，可以在选举日的五日以前向人民法院起诉，人民法院应在选举日以前作出判决。人民法院的判决为最后决定。

第七章　代表候选人的提出

第二十九条　全国和地方各级人民代表大会的代表候选人，按选区或者选举单位提名产生。

各政党、各人民团体，可以联合或者单独推荐代表候选人。选民或者代表，十人以上联名，也可以推荐代表候选人。推荐者应向选举委员会或者大会主席团介绍候选人的情况。

第三十条　全国和地方各级人民代表大会代表候选人的名额，应多于应选代表的名额。

由选民直接选举的代表候选人名额，应多于应选代表名额三分之一至一倍；由地方各级人民代表大会选举上一级人民代表大会代表候选人的名额，应多于应选代表名额五分之一至二分之一。

第三十一条　由选民直接选举的人民代表大会代表候选人，由各选区选民和各政党、各人民团体提名推荐。选举委员会汇总后，在选举日的十五日以前公布，并交各该选区的选民小组讨论、协商，确定正式代表候选人名单。如果所提候选人的人数超过本法第三十条规定的最高差额比例，由选举委员会交各该选区的选民小组讨论、协商，根据较多数选民的意见，确定正式代表候选人名单；对正式代表候选人不能形成较为一致意见的，进行预选，根据预选时得票多少的顺序，确定正式代表候选人名单。正式代表候选人名单应当在选举日的五日以前公布。

县级以上的地方各级人民代表大会在选举上一级人民代表大会代表时，提名、酝酿代表候选人的时间不得少于两天。各该级人民代表大会主席团将依法提出的代表候选人名单印发全体代表，由全体代表酝酿、讨论。如果所提候选人的人数符合本法第三十条规定的差额比例，直接进行投票选举。如果所提候选人的人数超过本法第三十条规定的最高差额比例，进行预选，根据预选时得票多少的顺序，按照本级人民代表大会的选举办法根据本法确定的具体差额比例，确定正式代表候选人名单，进行投票选举。

第三十二条　县级以上的地方各级人民代表大会在选举上一级人民代表大会代表时，代表候选人不限于各该级人民代表大会的代表。

第三十三条　选举委员会或者人民代表大会主席团应当向选民或者代表介绍代表候选人的情况。推荐代表候选人的政党、人民团体和选民、代表可以在选民小组或者代表小组会议上介绍所推荐的代表候选人的情况。选举委员会可以组织代表候选人与选民见面，回答选民的问题。但是，在选举日必须停止对代表候选人的介绍。

第八章　选举程序

第三十四条　在选民直接选举人民代表大会的代表时，选民根据选举委员会的规定，凭身份证或者选民证领取选票。各选区应当设立投票站、流动票箱或者召开选举大会进行选举。投票选举由选举委员会主持。

第三十五条 县级以上的地方各级人民代表大会在选举上一级人民代表大会代表时，由各该级人民代表大会主席团主持。

第三十六条 全国和地方各级人民代表大会代表的选举，一律采用无记名投票的方法。

选民如果是文盲或者因残疾不能写选票的，可以委托他信任的人代写。

第三十七条 选举人对于代表候选人可以投赞成票，可以投反对票，可以另选其他任何选民，也可以弃权。

第三十八条 选民如果在选举期间外出，经选举委员会同意，可以书面委托其他选民代为投票。每一选民接受的委托不得超过三人。

第三十九条 投票结束后，由选民或者代表推选的监票、计票人员和选举委员会或者人民代表大会主席团的人员将投票人数和票数加以核对，作出记录，并由监票人签字。

第四十条 每次选举所投的票数，多于投票人数的无效，等于或者少于投票人数的有效。

每一选票所选的人数，多于规定应选代表人数的作废，等于或者少于规定应选代表人数的有效。

第四十一条 在选民直接选举人民代表大会代表时，选区全体选民的过半数参加投票，选举有效。代表候选人获得参加投票的选民过半数的选票时，始得当选。

县级以上的地方各级人民代表大会在选举上一级人民代表大会代表时，代表候选人获得全体代表过半数的选票时，始得当选。

获得过半数选票的代表候选人的人数超过应选代表名额时，以得票多的当选。如遇票数相等不能确定当选人时，应当就票数相等的候选人再次投票，以得票多的当选。

获得过半数选票的当选代表的人数少于应选代表的名额时，不足的名额另行选举。另行选举时，根据在第一次投票时得票多少的顺序，按照本法第三十条规定的差额比例，确定候选人名单。如果只选一人，候选人应为二人。

依照前款规定另行选举县级和乡级的人民代表大会代表时，代表候选人以得票多的当选，但是得票数不得少于选票的三分之一；县级以上的地方各级人民代表大会在另行选举上一级人民代表大会代表时，代表候选人获得全体代表过半数的选票，始得当选。

第四十二条　选举结果由选举委员会或者人民代表大会主席团根据本法确定是否有效，并予以宣布。

第九章　对代表的监督、罢免和补选

第四十三条　全国和地方各级人民代表大会的代表，受选民和原选举单位的监督。选民或者选举单位都有权罢免自己选出的代表。

第四十四条　对于县级的人民代表大会代表，原选区选民五十人以上联名，对于乡级的人民代表大会代表，原选区选民三十人以上联名，可以向县级的人民代表大会常务委员会书面提出罢免要求。

罢免要求应当写明罢免理由。被提出罢免的代表有权在选民会议上提出申辩意见，也可以书面提出申辩意见。

县级的人民代表大会常务委员会应当将罢免要求和被提出罢免的代表的书面申辩意见印发原选区选民。

表决罢免要求，由县级的人民代表大会常务委员会派有关负责人员主持。

第四十五条 县级以上的地方各级人民代表大会举行会议的时候，主席团或者十分之一以上代表联名，可以提出对由该级人民代表大会选出的上一级人民代表大会代表的罢免案。在人民代表大会闭会期间，县级以上的地方各级人民代表大会常务委员会主任会议或者常务委员会五分之一以上组成人员联名，可以向常务委员会提出对由该级人民代表大会选出的上一级人民代表大会代表的罢免案。罢免案应当写明罢免理由。

县级以上的地方各级人民代表大会举行会议的时候，被提出罢免的代表有权在主席团会议和大会全体会议上提出申辩意见，或者书面提出申辩意见，由主席团印发会议。罢免案经会议审议后，由主席团提请全体会议表决。

县级以上的地方各级人民代表大会常务委员会举行会议的时候，被提出罢免的代表有权在主任会议和常务委员会全体会议上提出申辩意见，或者书面提出申辩意见，由主任会议印发会议。罢免案经会议审议后，由主任会议提请全体会议表决。

第四十六条 罢免代表采用无记名投票的表决方式。

第四十七条 罢免县级和乡级的人民代表大会代表，须经原选区过半数的选民通过。

罢免由县级以上的地方各级人民代表大会选出的代表，须经各该级人民代表大会过半数的代表通过；在代表大会闭会期间，须经常务委员会组成人员的过半数通过。罢免的决议，须报送上一级人民代表大会常务委员会备案。

第四十八条　县级以上的各级人民代表大会常务委员会组成人员，全国人民代表大会和省、自治区、直辖市、设区的市、自治州的人民代表大会专门委员会成员的代表职务被罢免的，其常务委员会组成人员或者专门委员会成员的职务相应撤销，由主席团或者常务委员会予以公告。

乡、民族乡、镇的人民代表大会主席、副主席的代表职务被罢免的，其主席、副主席的职务相应撤销，由主席团予以公告。

第四十九条　全国人民代表大会代表，省、自治区、直辖市、设区的市、自治州的人民代表大会代表，可以向选举他的人民代表大会的常务委员会书面提出辞职。县级的人民代表大会代表可以向本级人民代表大会常务委员会书面提出辞职，乡级的人民代表大会代表可以向本级人民代表大会书面提出辞职。

第五十条　县级以上的各级人民代表大会常务委员会组成人员，全国人民代表大会和省、自治区、直辖市、设区的市、自治州的人民代表大会的专门委员会成员，辞去代表职务的请求被接受的，其常务委员会组成人员、专门委员会成员的职务相应终止，由常务委员会予以公告。

乡、民族乡、镇的人民代表大会主席、副主席，辞去代表职务的请求被接受的，其主席、副主席的职务相应终止，由主席团予以公告。

第五十一条　代表在任期内，因故出缺，由原选区或者原选举单位补选。

地方各级人民代表大会代表在任期内调离或者迁出本行政区域的，其代表资格自行终止，缺额另行补选。

县级以上的地方各级人民代表大会闭会期间，可以由本级人民代表大会常务委员会补选上一级人民代表大会代表。

补选出缺的代表时，代表候选人的名额可以多于应选代表的名额，也可以同应选代表的名额相等。补选的具体办法，由省、自治区、直辖市的人民代表大会常务委员会规定。

第十章　对破坏选举的制裁

第五十二条　为保障选民和代表自由行使选举权和被选举权，对有下列行为之一，破坏选举，违反治安管理规定的，依法给予治安管理处罚；构成犯罪的，依法追究刑事责任：

（一）以金钱或者其他财物贿赂选民或者代表，妨害选民和代表自由行使选举权和被选举权的；

（二）以暴力、威胁、欺骗或者其他非法手段妨害选民和代表自由行使选举权和被选举权的；

（三）伪造选举文件、虚报选举票数或者有其他违法行为的；

（四）对于控告、检举选举中违法行为的人，或者对于提出要求罢免代表的人进行压制、报复的。

国家工作人员有前款所列行为的，还应当依法给予行政处分。

以本条第一款所列违法行为当选的，其当选无效。

第十一章　附　　则

第五十三条　省、自治区、直辖市的人民代表大会及其常务委员会根据本法可以制定选举实施细则，报全国人民代表大会常务委员会备案。

七、中华人民共和国全国人民代表大会和地方各级人民代表大会选举法（2010 年第五次修正）

2010 年 3 月 14 日，第十一届全国人民代表大会第三次会议通过的关于修改选举法的决定，明确城乡按相同人口比例选举人大代表。

中华人民共和国全国人民代表大会和地方各级人民代表大会选举法

（1979 年 7 月 1 日第五届全国人民代表大会第二次会议通过 根据 1982 年 12 月 10 日第五届全国人民代表大会第五次会议《关于修改〈中华人民共和国全国人民代表大会和地方各级人民代表大会选举法〉的若干规定的决议》第一次修正 根据 1986 年 12 月 2 日第六届全国人民代表大会常务委员会第十八次会议《关于修改〈中华人民共和国全国人民代表大会和地方各级人民代表大会选举法〉的决定》第二次修正 根据 1995 年 2 月 28 日第八届全国人民代表大会常务委员会第十二次会议《关于修改〈中华人民共和国全国人民代表大会和地方各级人民代表大会选举法〉的决定》第三次修正 根据 2004 年 10 月 27 日第十届全国人民代表大会常务委员会第十二次会议《关于修改〈中华人民共和国全国人民代表大会和地方各级人民代表大会选举法〉的决定》第四次修正 根据 2010 年 3 月 14 日第十一届全国人民代表大会第三次会议《关于修改〈中华人民共和国全国人民代表大会和地方各级人民代表大会选举法〉的决定》第五次修正）

第一章　总　　则

第一条　根据中华人民共和国宪法，制定全国人民代表大会和地方各级人民代表大会选举法。

第二条　全国人民代表大会的代表，省、自治区、直辖市、设区的市、自治州的人民代表大会的代表，由下一级人民代表大会选举。

不设区的市、市辖区、县、自治县、乡、民族乡、镇的人民代表大会的代表，由选民直接选举。

第三条　中华人民共和国年满十八周岁的公民，不分民族、种族、性别、职业、家庭出身、宗教信仰、教育程度、财产状况和居住期限，都有选举权和被选举权。

依照法律被剥夺政治权利的人没有选举权和被选举权。

第四条　每一选民在一次选举中只有一个投票权。

第五条　人民解放军单独进行选举，选举办法另订。

第六条　全国人民代表大会和地方各级人民代表大会的代表应当具有广泛的代表性，应当有适当数量的基层代表，特别是工人、农民和知识分子代表；应当有适当数量的妇女代表，并逐步提高妇女代表的比例。

全国人民代表大会和归侨人数较多地区的地方人民代表大会，应当有适当名额的归侨代表。

旅居国外的中华人民共和国公民在县级以下人民代表大会代表选举期间在国内的，可以参加原籍地或者出国前居住地的选举。

第七条　全国人民代表大会和地方各级人民代表大会的选举经费，列入财政预算，由国库开支。

第二章　选举机构

第八条　全国人民代表大会常务委员会主持全国人民代表大

会代表的选举。省、自治区、直辖市、设区的市、自治州的人民代表大会常务委员会主持本级人民代表大会代表的选举。

不设区的市、市辖区、县、自治县、乡、民族乡、镇设立选举委员会，主持本级人民代表大会代表的选举。不设区的市、市辖区、县、自治县的选举委员会受本级人民代表大会常务委员会的领导。乡、民族乡、镇的选举委员会受不设区的市、市辖区、县、自治县的人民代表大会常务委员会的领导。

省、自治区、直辖市、设区的市、自治州的人民代表大会常务委员会指导本行政区域内县级以下人民代表大会代表的选举工作。

第九条　不设区的市、市辖区、县、自治县的选举委员会的组成人员由本级人民代表大会常务委员会任命。乡、民族乡、镇的选举委员会的组成人员由不设区的市、市辖区、县、自治县的人民代表大会常务委员会任命。

选举委员会的组成人员为代表候选人的，应当辞去选举委员会的职务。

第十条　选举委员会履行下列职责：

（一）划分选举本级人民代表大会代表的选区，分配各选区应选代表的名额；

（二）进行选民登记，审查选民资格，公布选民名单；受理对于选民名单不同意见的申诉，并作出决定；

（三）确定选举日期；

（四）了解核实并组织介绍代表候选人的情况；根据较多数选民的意见，确定和公布正式代表候选人名单；

（五）主持投票选举；

（六）确定选举结果是否有效，公布当选代表名单；

（七）法律规定的其他职责。

选举委员会应当及时公布选举信息。

第三章　地方各级人民代表大会代表名额

第十一条　地方各级人民代表大会的代表名额，按照下列规定确定：

（一）省、自治区、直辖市的代表名额基数为三百五十名，省、自治区每十五万人可以增加一名代表，直辖市每二万五千人可以增加一名代表；但是，代表总名额不得超过一千名；

（二）设区的市、自治州的代表名额基数为二百四十名，每二万五千人可以增加一名代表；人口超过一千万的，代表总名额不得超过六百五十名；

（三）不设区的市、市辖区、县、自治县的代表名额基数为一百二十名，每五千人可以增加一名代表；人口超过一百六十五万的，代表总名额不得超过四百五十名；人口不足五万的，代表总名额可以少于一百二十名；

（四）乡、民族乡、镇的代表名额基数为四十名，每一千五百人可以增加一名代表；但是，代表总名额不得超过一百六十名；人口不足二千的，代表总名额可以少于四十名。

按照前款规定的地方各级人民代表大会的代表名额基数与按人口数增加的代表数相加，即为地方各级人民代表大会的代表总名额。

自治区、聚居的少数民族多的省，经全国人民代表大会常务委员会决定，代表名额可以另加百分之五。聚居的少数民族多或者人口居住分散的县、自治县、乡、民族乡，经省、自治区、直辖市的人民代表大会常务委员会决定，代表名额可以另加百分之五。

第十二条　省、自治区、直辖市的人民代表大会代表的具体名额，由全国人民代表大会常务委员会依照本法确定。设区的市、自治州和县级的人民代表大会代表的具体名额，由省、自治区、直辖市的人民代表大会常务委员会依照本法确定，报全国人民代表大会常务委员会备案。乡级的人民代表大会代表的具体名额，由县级的人民代表大会常务委员会依照本法确定，报上一级人民代表大会常务委员会备案。

第十三条　地方各级人民代表大会的代表总名额经确定后，不再变动。如果由于行政区划变动或者由于重大工程建设等原因造成人口较大变动的，该级人民代表大会的代表总名额依照本法的规定重新确定。

第十四条　地方各级人民代表大会代表名额，由本级人民代表大会常务委员会或者本级选举委员会根据本行政区域所辖的下一级各行政区域或者各选区的人口数，按照每一代表所代表的城乡人口数相同的原则，以及保证各地区、各民族、各方面都有适当数量代表的要求进行分配。在县、自治县的人民代表大会中，人口特少的乡、民族乡、镇，至少应有代表一人。

地方各级人民代表大会代表名额的分配办法，由省、自治区、直辖市人民代表大会常务委员会参照全国人民代表大会代表名额分配的办法，结合本地区的具体情况规定。

第四章　全国人民代表大会代表名额

第十五条　全国人民代表大会的代表，由省、自治区、直辖市的人民代表大会和人民解放军选举产生。

全国人民代表大会代表的名额不超过三千人。

香港特别行政区、澳门特别行政区应选全国人民代表大会代表的名额和代表产生办法，由全国人民代表大会另行规定。

第十六条　全国人民代表大会代表名额，由全国人民代表大会常务委员会根据各省、自治区、直辖市的人口数，按照每一代表所代表的城乡人口数相同的原则，以及保证各地区、各民族、各方面都有适当数量代表的要求进行分配。

省、自治区、直辖市应选全国人民代表大会代表名额，由根据人口数计算确定的名额数、相同的地区基本名额数和其他应选名额数构成。

全国人民代表大会代表名额的具体分配，由全国人民代表大会常务委员会决定。

第十七条　全国少数民族应选全国人民代表大会代表，由全国人民代表大会常务委员会参照各少数民族的人口数和分布等情况，分配给各省、自治区、直辖市的人民代表大会选出。人口特少的民族，至少应有代表一人。

第五章　各少数民族的选举

第十八条　有少数民族聚居的地方，每一聚居的少数民族都应有代表参加当地的人民代表大会。

聚居境内同一少数民族的总人口数占境内总人口数百分之三十以上的，每一代表所代表的人口数应相当于当地人民代表大会每一代表所代表的人口数。

聚居境内同一少数民族的总人口数不足境内总人口数百分之

十五的，每一代表所代表的人口数可以适当少于当地人民代表大会每一代表所代表的人口数，但不得少于二分之一；实行区域自治的民族人口特少的自治县，经省、自治区的人民代表大会常务委员会决定，可以少于二分之一。人口特少的其他聚居民族，至少应有代表一人。

聚居境内同一少数民族的总人口数占境内总人口数百分之十五以上、不足百分之三十的，每一代表所代表的人口数，可以适当少于当地人民代表大会每一代表所代表的人口数，但分配给该少数民族的应选代表名额不得超过代表总名额的百分之三十。

第十九条　自治区、自治州、自治县和有少数民族聚居的乡、民族乡、镇的人民代表大会，对于聚居在境内的其他少数民族和汉族代表的选举，适用本法第十八条的规定。

第二十条　散居的少数民族应选当地人民代表大会的代表，每一代表所代表的人口数可以少于当地人民代表大会每一代表所代表的人口数。

自治区、自治州、自治县和有少数民族聚居的乡、民族乡、镇的人民代表大会，对于散居的其他少数民族和汉族代表的选举，适用前款的规定。

第二十一条　有少数民族聚居的不设区的市、市辖区、县、乡、民族乡、镇的人民代表大会代表的产生，按照当地的民族关系和居住状况，各少数民族选民可以单独选举或者联合选举。

自治县和有少数民族聚居的乡、民族乡、镇的人民代表大会，对于居住在境内的其他少数民族和汉族代表的选举办法，适用前款的规定。

第二十二条　自治区、自治州、自治县制定或者公布的选举文件、选民名单、选民证、代表候选人名单、代表当选证书和选举委员会的印章等，都应当同时使用当地通用的民族文字。

第二十三条　少数民族选举的其他事项，参照本法有关各条的规定办理。

第六章　选区划分

第二十四条　不设区的市、市辖区、县、自治县、乡、民族乡、镇的人民代表大会的代表名额分配到选区，按选区进行选举。选区可以按居住状况划分，也可以按生产单位、事业单位、工作单位划分。

选区的大小，按照每一选区选一名至三名代表划分。

第二十五条　本行政区域内各选区每一代表所代表的人口数应当大体相等。

第七章　选民登记

第二十六条　选民登记按选区进行，经登记确认的选民资格长期有效。每次选举前对上次选民登记以后新满十八周岁的、被剥夺政治权利期满后恢复政治权利的选民，予以登记。对选民经登记后迁出原选区的，列入新迁入的选区的选民名单；对死亡的和依照法律被剥夺政治权利的人，从选民名单上除名。

精神病患者不能行使选举权利的，经选举委员会确认，不列入选民名单。

第二十七条　选民名单应在选举日的二十日以前公布，实行凭选民证参加投票选举的，并应当发给选民证。

第二十八条　对于公布的选民名单有不同意见的，可以在选民名单公布之日起五日内向选举委员会提出申诉。选举委员会对申诉意见，应在三日内作出处理决定。申诉人如果对处理决定不服，可以在选举日的五日以前向人民法院起诉，人民法院应在选举日以前作出判决。人民法院的判决为最后决定。

第八章　代表候选人的提出

第二十九条　全国和地方各级人民代表大会的代表候选人，按选区或者选举单位提名产生。

各政党、各人民团体，可以联合或者单独推荐代表候选人。选民或者代表，十人以上联名，也可以推荐代表候选人。推荐者应向选举委员会或者大会主席团介绍代表候选人的情况。接受推荐的代表候选人应当向选举委员会或者大会主席团如实提供个人身份、简历等基本情况。提供的基本情况不实的，选举委员会或者大会主席团应当向选民或者代表通报。

各政党、各人民团体联合或者单独推荐的代表候选人的人数，每一选民或者代表参加联名推荐的代表候选人的人数，均不得超过本选区或者选举单位应选代表的名额。

第三十条　全国和地方各级人民代表大会代表实行差额选举，代表候选人的人数应多于应选代表的名额。

由选民直接选举人民代表大会代表的，代表候选人的人数应多于应选代表名额三分之一至一倍；由县级以上的地方各级人民代表大会选举上一级人民代表大会代表的，代表候选人的人数应多于应选代表名额五分之一至二分之一。

第三十一条　由选民直接选举人民代表大会代表的，代表候选人由各选区选民和各政党、各人民团体提名推荐。选举委员会汇总后，将代表候选人名单及代表候选人的基本情况在选举日的十五日以前公布，并交各该选区的选民小组讨论、协商，确定正式代表候选人名单。如果所提代表候选人的人数超过本法第三十条规定的最高差额比例，由选举委员会交各该选区的选民小组讨论、协商，根据较多数选民的意见，确定正式代表候选人名单；对正式代表候选人不能形成较为一致意见的，进行预选，根据预选时得票多少的顺序，确定正式代表候选人名单。正式代表候选人名单及代表候选人的基本情况应当在选举日的七日以前公布。

县级以上的地方各级人民代表大会在选举上一级人民代表大会代表时，提名、酝酿代表候选人的时间不得少于两天。各该级人民代表大会主席团将依法提出的代表候选人名单及代表候选人的基本情况印发全体代表，由全体代表酝酿、讨论。如果所提代表候选人的人数符合本法第三十条规定的差额比例，直接进行投票选举。如果所提代表候选人的人数超过本法第三十条规定的最高差额比例，进行预选，根据预选时得票多少的顺序，按照本级人民代表大会的选举办法根据本法确定的具体差额比例，确定正式代表候选人名单，进行投票选举。

第三十二条 县级以上的地方各级人民代表大会在选举上一级人民代表大会代表时，代表候选人不限于各该级人民代表大会的代表。

第三十三条 选举委员会或者人民代表大会主席团应当向选民或者代表介绍代表候选人的情况。推荐代表候选人的政党、人民团体和选民、代表可以在选民小组或者代表小组会议上介绍所推荐的代表候选人的情况。选举委员会根据选民的要求，应当组织代表候选人与选民见面，由代表候选人介绍本人的情况，回答选民的问题。但是，在选举日必须停止代表候选人的介绍。

第九章 选举程序

第三十四条 全国人民代表大会和地方各级人民代表大会代表的选举，应当严格依照法定程序进行，并接受监督。任何组织或者个人都不得以任何方式干预选民或者代表自由行使选举权。

第三十五条 在选民直接选举人民代表大会代表时，选民根据选举委员会的规定，凭身份证或者选民证领取选票。

第三十六条 选举委员会应当根据各选区选民分布状况，按照方便选民投票的原则设立投票站，进行选举。选民居住比较集中的，可以召开选举大会，进行选举；因患有疾病等原因行动不便或者居住分散并且交通不便的选民，可以在流动票箱投票。

第三十七条 县级以上的地方各级人民代表大会在选举上一级人民代表大会代表时，由各该级人民代表大会主席团主持。

第三十八条 全国和地方各级人民代表大会代表的选举，一律采用无记名投票的方法。选举时应当设有秘密写票处。

选民如果是文盲或者因残疾不能写选票的，可以委托他信任的人代写。

第三十九条 选举人对于代表候选人可以投赞成票，可以投反对票，可以另选其他任何选民，也可以弃权。

第四十条 选民如果在选举期间外出，经选举委员会同意，可以书面委托其他选民代为投票。每一选民接受的委托不得超过三人，并应当按照委托人的意愿代为投票。

第四十一条 投票结束后，由选民或者代表推选的监票、计票人员和选举委员会或者人民代表大会主席团的人员将投票人数和票数加以核对，作出记录，并由监票人签字。

代表候选人的近亲属不得担任监票人、计票人。

第四十二条 每次选举所投的票数，多于投票人数的无效，等于或者少于投票人数的有效。

每一选票所选的人数，多于规定应选代表人数的作废，等于或者少于规定应选代表人数的有效。

第四十三条 在选民直接选举人民代表大会代表时，选区全体选民的过半数参加投票，选举有效。代表候选人获得参加投票的选民过半数的选票时，始得当选。

县级以上的地方各级人民代表大会在选举上一级人民代表大会代表时，代表候选人获得全体代表过半数的选票时，始得当选。

获得过半数选票的代表候选人的人数超过应选代表名额时，以得票多的当选。如遇票数相等不能确定当选人时，应当就票数相等的候选人再次投票，以得票多的当选。

获得过半数选票的当选代表的人数少于应选代表的名额时，不足的名额另行选举。另行选举时，根据在第一次投票时得票多少的顺序，按照本法第三十条规定的差额比例，确定候选人名单。如果只选一人，候选人应为二人。

依照前款规定另行选举县级和乡级的人民代表大会代表时，代表候选人以得票多的当选，但是得票数不得少于选票的三分之一；县级以上的地方各级人民代表大会在另行选举上一级人民代表大会代表时，代表候选人获得全体代表过半数的选票，始得当选。

第四十四条 选举结果由选举委员会或者人民代表大会主席团根据本法确定是否有效，并予以宣布。

第四十五条 公民不得同时担任两个以上无隶属关系的行政

区域的人民代表大会代表。

第十章　对代表的监督和罢免、辞职、补选

第四十六条　全国和地方各级人民代表大会的代表，受选民和原选举单位的监督。选民或者选举单位都有权罢免自己选出的代表。

第四十七条　对于县级的人民代表大会代表，原选区选民五十人以上联名，对于乡级的人民代表大会代表，原选区选民三十人以上联名，可以向县级的人民代表大会常务委员会书面提出罢免要求。

罢免要求应当写明罢免理由。被提出罢免的代表有权在选民会议上提出申辩意见，也可以书面提出申辩意见。

县级的人民代表大会常务委员会应当将罢免要求和被提出罢免的代表的书面申辩意见印发原选区选民。

表决罢免要求，由县级的人民代表大会常务委员会派有关负责人员主持。

第四十八条　县级以上的地方各级人民代表大会举行会议的时候，主席团或者十分之一以上代表联名，可以提出对由该级人民代表大会选出的上一级人民代表大会代表的罢免案。在人民代表大会闭会期间，县级以上的地方各级人民代表大会常务委员会主任会议或者常务委员会五分之一以上组成人员联名，可以向常务委员会提出对由该级人民代表大会选出的上一级人民代表大会代表的罢免案。罢免案应当写明罢免理由。

县级以上的地方各级人民代表大会举行会议的时候，被提出罢免的代表有权在主席团会议和大会全体会议上提出申辩意见，

或者书面提出申辩意见，由主席团印发会议。罢免案经会议审议后，由主席团提请全体会议表决。

县级以上的地方各级人民代表大会常务委员会举行会议的时候，被提出罢免的代表有权在主任会议和常务委员会全体会议上提出申辩意见，或者书面提出申辩意见，由主任会议印发会议。罢免案经会议审议后，由主任会议提请全体会议表决。

第四十九条 罢免代表采用无记名的表决方式。

第五十条 罢免县级和乡级的人民代表大会代表，须经原选区过半数的选民通过。

罢免由县级以上的地方各级人民代表大会选出的代表，须经各该级人民代表大会过半数的代表通过；在代表大会闭会期间，须经常务委员会组成人员的过半数通过。罢免的决议，须报送上一级人民代表大会常务委员会备案、公告。

第五十一条 县级以上的各级人民代表大会常务委员会组成人员，全国人民代表大会和省、自治区、直辖市、设区的市、自治州的人民代表大会专门委员会成员的代表职务被罢免的，其常务委员会组成人员或者专门委员会成员的职务相应撤销，由主席团或者常务委员会予以公告。

乡、民族乡、镇的人民代表大会主席、副主席的代表职务被罢免的，其主席、副主席的职务相应撤销，由主席团予以公告。

第五十二条 全国人民代表大会代表，省、自治区、直辖市、设区的市、自治州的人民代表大会代表，可以向选举他的人民代表大会的常务委员会书面提出辞职。常务委员会接受辞职，须经常务委员会组成人员的过半数通过。接受辞职的决议，须报送上一级人民代表大会常务委员会备案、公告。

县级的人民代表大会代表可以向本级人民代表大会常务委员

会书面提出辞职，乡级的人民代表大会代表可以向本级人民代表大会书面提出辞职。县级的人民代表大会常务委员会接受辞职，须经常务委员会组成人员的过半数通过。乡级的人民代表大会接受辞职，须经人民代表大会过半数的代表通过。接受辞职的，应当予以公告。

第五十三条　县级以上的各级人民代表大会常务委员会组成人员，全国人民代表大会和省、自治区、直辖市、设区的市、自治州的人民代表大会的专门委员会成员，辞去代表职务的请求被接受的，其常务委员会组成人员、专门委员会成员的职务相应终止，由常务委员会予以公告。

乡、民族乡、镇的人民代表大会主席、副主席，辞去代表职务的请求被接受的，其主席、副主席的职务相应终止，由主席团予以公告。

第五十四条　代表在任期内，因故出缺，由原选区或者原选举单位补选。

地方各级人民代表大会代表在任期内调离或者迁出本行政区域的，其代表资格自行终止，缺额另行补选。

县级以上的地方各级人民代表大会闭会期间，可以由本级人民代表大会常务委员会补选上一级人民代表大会代表。

补选出缺的代表时，代表候选人的名额可以多于应选代表的名额，也可以同应选代表的名额相等。补选的具体办法，由省、自治区、直辖市的人民代表大会常务委员会规定。

第十一章　对破坏选举的制裁

第五十五条　为保障选民和代表自由行使选举权和被选举

权，对有下列行为之一，破坏选举，违反治安管理规定的，依法给予治安管理处罚；构成犯罪的，依法追究刑事责任：

（一）以金钱或者其他财物贿赂选民或者代表，妨害选民和代表自由行使选举权和被选举权的；

（二）以暴力、威胁、欺骗或者其他非法手段妨害选民和代表自由行使选举权和被选举权的；

（三）伪造选举文件、虚报选举票数或者有其他违法行为的；

（四）对于控告、检举选举中违法行为的人，或者对于提出要求罢免代表的人进行压制、报复的。

国家工作人员有前款所列行为的，还应当依法给予行政处分。

以本条第一款所列违法行为当选的，其当选无效。

第五十六条 主持选举的机构发现有破坏选举的行为或者收到对破坏选举行为的举报，应当及时依法调查处理；需要追究法律责任的，及时移送有关机关予以处理。

第十二章 附 则

第五十七条 省、自治区、直辖市的人民代表大会及其常务委员会根据本法可以制定选举实施细则，报全国人民代表大会常务委员会备案。

八、中华人民共和国全国人民代表大会和地方各级人民代表大会选举法（2015 年第六次修正）

2015 年 8 月 29 日，第十二届全国人民代表大会常务委员会第十六次会议对选举法进行了修正，规定公民参加各级人民代表大会代表的选举，不得直接或者间接接受境外机构、组织、个人提供的与选举有关的任何形式的资助；当选代表名单由选举委员会或者人民代表大会主席团予以公布；代表资格审查委员会依法对当选代表是否符合宪法、法律规定的代表的基本条件，选举是否符合法律规定的程序，以及是否存在破坏选举和其他当选无效的违法行为进行审查，提出代表当选是否有效的意见。

中华人民共和国全国人民代表大会和地方各级人民代表大会选举法

（1979 年 7 月 1 日第五届全国人民代表大会第二次会议通过 根据 1982 年 12 月 10 日第五届全国人民代表大会第五次会议《关于修改〈中华人民共和国全国人民代表大会和地方各级人民代表大会选举法〉的若干规定的决议》第一次修正 根据 1986 年 12 月 2 日第六届全国人民代表大会常务委员会第十八次会议《关于修改〈中华人民共和国全国人民代表大会和地方各级人民代表大会选举法〉的决定》第二次修正 根据 1995 年 2 月 28 日第八届全国人民代表大会常务委员会第十二次会议《关于修改〈中华人民共和国全国人民代表大会和地方各级人民代表大会选举法〉的决定》第三次修正 根据 2004 年 10 月 27 日第十届全国人民代表大会常务委员会第十二次会议《关于修改〈中华人民共和国全国人民代表大会和地方各级人民代表大会选举法〉的决定》第四次修正 根据 2010 年 3 月 14 日第十一届全国人民代表大会第三次会议《关于修改〈中华人民共和国全国人民代表大会和地方各级人民代表大会选举法〉的决定》第五次修正 根据 2015 年 8 月 29 日第十二届全国人民代表大会常务委员会第十六次会议《关于修改〈中华人民共和国地方各级人民代表大会和地方各级人民政府组织法〉、〈中华人民共和国全国人民代表大会和

地方各级人民代表大会选举法〉、〈中华人民共和国全国人民代表大会和地方各级人民代表大会代表法〉的决定》第六次修正)

第一章 总 则

第一条 根据中华人民共和国宪法，制定全国人民代表大会和地方各级人民代表大会选举法。

第二条 全国人民代表大会的代表，省、自治区、直辖市、设区的市、自治州的人民代表大会的代表，由下一级人民代表大会选举。

不设区的市、市辖区、县、自治县、乡、民族乡、镇的人民代表大会的代表，由选民直接选举。

第三条 中华人民共和国年满十八周岁的公民，不分民族、种族、性别、职业、家庭出身、宗教信仰、教育程度、财产状况和居住期限，都有选举权和被选举权。

依照法律被剥夺政治权利的人没有选举权和被选举权。

第四条 每一选民在一次选举中只有一个投票权。

第五条 人民解放军单独进行选举，选举办法另订。

第六条 全国人民代表大会和地方各级人民代表大会的代表应当具有广泛的代表性，应当有适当数量的基层代表，特别是工人、农民和知识分子代表；应当有适当数量的妇女代表，并逐步提高妇女代表的比例。

全国人民代表大会和归侨人数较多地区的地方人民代表大会，应当有适当名额的归侨代表。

旅居国外的中华人民共和国公民在县级以下人民代表大会代表选举期间在国内的，可以参加原籍地或者出国前居住地的选举。

第七条　全国人民代表大会和地方各级人民代表大会的选举经费，列入财政预算，由国库开支。

第二章　选举机构

第八条　全国人民代表大会常务委员会主持全国人民代表大会代表的选举。省、自治区、直辖市、设区的市、自治州的人民代表大会常务委员会主持本级人民代表大会代表的选举。

不设区的市、市辖区、县、自治县、乡、民族乡、镇设立选举委员会，主持本级人民代表大会代表的选举。不设区的市、市辖区、县、自治县的选举委员会受本级人民代表大会常务委员会的领导。乡、民族乡、镇的选举委员会受不设区的市、市辖区、县、自治县的人民代表大会常务委员会的领导。

省、自治区、直辖市、设区的市、自治州的人民代表大会常务委员会指导本行政区域内县级以下人民代表大会代表的选举工作。

第九条　不设区的市、市辖区、县、自治县的选举委员会的组成人员由本级人民代表大会常务委员会任命。乡、民族乡、镇的选举委员会的组成人员由不设区的市、市辖区、县、自治县的人民代表大会常务委员会任命。

选举委员会的组成人员为代表候选人的，应当辞去选举委员会的职务。

第十条　选举委员会履行下列职责：

（一）划分选举本级人民代表大会代表的选区，分配各选区应选代表的名额；

（二）进行选民登记，审查选民资格，公布选民名单；受理对于选民名单不同意见的申诉，并作出决定；

（三）确定选举日期；

（四）了解核实并组织介绍代表候选人的情况；根据较多数选民的意见，确定和公布正式代表候选人名单；

（五）主持投票选举；

（六）确定选举结果是否有效，公布当选代表名单；

（七）法律规定的其他职责。

选举委员会应当及时公布选举信息。

第三章　地方各级人民代表大会代表名额

第十一条　地方各级人民代表大会的代表名额，按照下列规定确定：

（一）省、自治区、直辖市的代表名额基数为三百五十名，省、自治区每十五万人可以增加一名代表，直辖市每二万五千人可以增加一名代表；但是，代表总名额不得超过一千名；

（二）设区的市、自治州的代表名额基数为二百四十名，每二万五千人可以增加一名代表；人口超过一千万的，代表总名额不得超过六百五十名；

（三）不设区的市、市辖区、县、自治县的代表名额基数为一百二十名，每五千人可以增加一名代表；人口超过一百六十五万的，代表总名额不得超过四百五十名；人口不足五万的，代表总名额可以少于一百二十名；

（四）乡、民族乡、镇的代表名额基数为四十名，每一千五百人可以增加一名代表；但是，代表总名额不得超过一百六十名；人口不足二千的，代表总名额可以少于四十名。

按照前款规定的地方各级人民代表大会的代表名额基数与按人口数增加的代表数相加，即为地方各级人民代表大会的代表总名额。

自治区、聚居的少数民族多的省，经全国人民代表大会常务委员会决定，代表名额可以另加百分之五。聚居的少数民族多或者人口居住分散的县、自治县、乡、民族乡，经省、自治区、直辖市的人民代表大会常务委员会决定，代表名额可以另加百分之五。

第十二条　省、自治区、直辖市的人民代表大会代表的具体名额，由全国人民代表大会常务委员会依照本法确定。设区的市、自治州和县级的人民代表大会代表的具体名额，由省、自治区、直辖市的人民代表大会常务委员会依照本法确定，报全国人民代表大会常务委员会备案。乡级的人民代表大会代表的具体名额，由县级的人民代表大会常务委员会依照本法确定，报上一级人民代表大会常务委员会备案。

第十三条　地方各级人民代表大会的代表总名额经确定后，不再变动。如果由于行政区划变动或者由于重大工程建设等原因造成人口较大变动的，该级人民代表大会的代表总名额依照本法的规定重新确定。

第十四条　地方各级人民代表大会代表名额，由本级人民代表大会常务委员会或者本级选举委员会根据本行政区域所辖的下一级各行政区域或者各选区的人口数，按照每一代表所代表的城乡人口数相同的原则，以及保证各地区、各民族、各方面都有适当数量代表的要求进行分配。在县、自治县的人民代表大会中，人口特少的乡、民族乡、镇，至少应有代表一人。

地方各级人民代表大会代表名额的分配办法，由省、自治区、直辖市人民代表大会常务委员会参照全国人民代表大会代表名额分配的办法，结合本地区的具体情况规定。

第四章　全国人民代表大会代表名额

第十五条　全国人民代表大会的代表，由省、自治区、直辖市的人民代表大会和人民解放军选举产生。

全国人民代表大会代表的名额不超过三千人。

香港特别行政区、澳门特别行政区应选全国人民代表大会代表的名额和代表产生办法，由全国人民代表大会另行规定。

第十六条　全国人民代表大会代表名额，由全国人民代表大会常务委员会根据各省、自治区、直辖市的人口数，按照每一代表所代表的城乡人口数相同的原则，以及保证各地区、各民族、各方面都有适当数量代表的要求进行分配。

省、自治区、直辖市应选全国人民代表大会代表名额，由根据人口数计算确定的名额数、相同的地区基本名额数和其他应选名额数构成。

全国人民代表大会代表名额的具体分配，由全国人民代表大会常务委员会决定。

第十七条　全国少数民族应选全国人民代表大会代表，由全国人民代表大会常务委员会参照各少数民族的人口数和分布等情况，分配给各省、自治区、直辖市的人民代表大会选出。人口特少的民族，至少应有代表一人。

第五章　各少数民族的选举

第十八条　有少数民族聚居的地方，每一聚居的少数民族都应有代表参加当地的人民代表大会。

聚居境内同一少数民族的总人口数占境内总人口数百分之三十以上的，每一代表所代表的人口数应相当于当地人民代表大会每一代表所代表的人口数。

聚居境内同一少数民族的总人口数不足境内总人口数百分之十五的，每一代表所代表的人口数可以适当少于当地人民代表大会每一代表所代表的人口数，但不得少于二分之一；实行区域自治的民族人口特少的自治县，经省、自治区的人民代表大会常务委员会决定，可以少于二分之一。人口特少的其他聚居民族，至少应有代表一人。

聚居境内同一少数民族的总人口数占境内总人口数百分之十五以上、不足百分之三十的，每一代表所代表的人口数，可以适当少于当地人民代表大会每一代表所代表的人口数，但分配给该少数民族的应选代表名额不得超过代表总名额的百分之三十。

第十九条 自治区、自治州、自治县和有少数民族聚居的乡、民族乡、镇的人民代表大会，对于聚居在境内的其他少数民族和汉族代表的选举，适用本法第十八条的规定。

第二十条 散居的少数民族应选当地人民代表大会的代表，每一代表所代表的人口数可以少于当地人民代表大会每一代表所代表的人口数。

自治区、自治州、自治县和有少数民族聚居的乡、民族乡、镇的人民代表大会，对于散居的其他少数民族和汉族代表的选举，适用前款的规定。

第二十一条 有少数民族聚居的不设区的市、市辖区、县、乡、民族乡、镇的人民代表大会代表的产生，按照当地的民族关系和居住状况，各少数民族选民可以单独选举或者联合选举。

自治县和有少数民族聚居的乡、民族乡、镇的人民代表大会，对于居住在境内的其他少数民族和汉族代表的选举办法，适用前款的规定。

第二十二条　自治区、自治州、自治县制定或者公布的选举文件、选民名单、选民证、代表候选人名单、代表当选证书和选举委员会的印章等，都应当同时使用当地通用的民族文字。

第二十三条　少数民族选举的其他事项，参照本法有关各条的规定办理。

第六章　选区划分

第二十四条　不设区的市、市辖区、县、自治县、乡、民族乡、镇的人民代表大会的代表名额分配到选区，按选区进行选举。选区可以按居住状况划分，也可以按生产单位、事业单位、工作单位划分。

选区的大小，按照每一选区选一名至三名代表划分。

第二十五条　本行政区域内各选区每一代表所代表的人口数应当大体相等。

第七章　选民登记

第二十六条　选民登记按选区进行，经登记确认的选民资格长期有效。每次选举前对上次选民登记以后新满十八周岁的、被剥夺政治权利期满后恢复政治权利的选民，予以登记。对选民经登记后迁出原选区的，列入新迁入的选区的选民名单；对死亡的和依照法律被剥夺政治权利的人，从选民名单上除名。

精神病患者不能行使选举权利的，经选举委员会确认，不列入选民名单。

第二十七条　选民名单应在选举日的二十日以前公布，实行凭选民证参加投票选举的，并应当发给选民证。

第二十八条　对于公布的选民名单有不同意见的，可以在选民名单公布之日起五日内向选举委员会提出申诉。选举委员会对申诉意见，应在三日内作出处理决定。申诉人如果对处理决定不服，可以在选举日的五日以前向人民法院起诉，人民法院应在选举日以前作出判决。人民法院的判决为最后决定。

第八章　代表候选人的提出

第二十九条　全国和地方各级人民代表大会的代表候选人，按选区或者选举单位提名产生。

各政党、各人民团体，可以联合或者单独推荐代表候选人。选民或者代表，十人以上联名，也可以推荐代表候选人。推荐者应向选举委员会或者大会主席团介绍代表候选人的情况。接受推荐的代表候选人应当向选举委员会或者大会主席团如实提供个人身份、简历等基本情况。提供的基本情况不实的，选举委员会或者大会主席团应当向选民或者代表通报。

各政党、各人民团体联合或者单独推荐的代表候选人的人数，每一选民或者代表参加联名推荐的代表候选人的人数，均不得超过本选区或者选举单位应选代表的名额。

第三十条　全国和地方各级人民代表大会代表实行差额选举，代表候选人的人数应多于应选代表的名额。

由选民直接选举人民代表大会代表的，代表候选人的人数应多于应选代表名额三分之一至一倍；由县级以上的地方各级人民代表大会选举上一级人民代表大会代表的，代表候选人的人数应多于应选代表名额五分之一至二分之一。

第三十一条 由选民直接选举人民代表大会代表的，代表候选人由各选区选民和各政党、各人民团体提名推荐。选举委员会汇总后，将代表候选人名单及代表候选人的基本情况在选举日的十五日以前公布，并交各该选区的选民小组讨论、协商，确定正式代表候选人名单。如果所提代表候选人的人数超过本法第三十条规定的最高差额比例，由选举委员会交各该选区的选民小组讨论、协商，根据较多数选民的意见，确定正式代表候选人名单；对正式代表候选人不能形成较为一致意见的，进行预选，根据预选时得票多少的顺序，确定正式代表候选人名单。正式代表候选人名单及代表候选人的基本情况应当在选举日的七日以前公布。

县级以上的地方各级人民代表大会在选举上一级人民代表大会代表时，提名、酝酿代表候选人的时间不得少于两天。各该级人民代表大会主席团将依法提出的代表候选人名单及代表候选人的基本情况印发全体代表，由全体代表酝酿、讨论。如果所提代表候选人的人数符合本法第三十条规定的差额比例，直接进行投票选举。如果所提代表候选人的人数超过本法第三十条规定的最高差额比例，进行预选，根据预选时得票多少的顺序，按照本级人民代表大会的选举办法根据本法确定的具体差额比例，确定正式代表候选人名单，进行投票选举。

第三十二条 县级以上的地方各级人民代表大会在选举上一级人民代表大会代表时，代表候选人不限于各该级人民代表大会的代表。

第三十三条 选举委员会或者人民代表大会主席团应当向选

民或者代表介绍代表候选人的情况。推荐代表候选人的政党、人民团体和选民、代表可以在选民小组或者代表小组会议上介绍所推荐的代表候选人的情况。选举委员会根据选民的要求，应当组织代表候选人与选民见面，由代表候选人介绍本人的情况，回答选民的问题。但是，在选举日必须停止代表候选人的介绍。

第三十四条 公民参加各级人民代表大会代表的选举，不得直接或者间接接受境外机构、组织、个人提供的与选举有关的任何形式的资助。

违反前款规定的，不列入代表候选人名单；已经列入代表候选人名单的，从名单中除名；已经当选的，其当选无效。

第九章 选举程序

第三十五条 全国人民代表大会和地方各级人民代表大会代表的选举，应当严格依照法定程序进行，并接受监督。任何组织或者个人都不得以任何方式干预选民或者代表自由行使选举权。

第三十六条 在选民直接选举人民代表大会代表时，选民根据选举委员会的规定，凭身份证或者选民证领取选票。

第三十七条 选举委员会应当根据各选区选民分布状况，按照方便选民投票的原则设立投票站，进行选举。选民居住比较集中的，可以召开选举大会，进行选举；因患有疾病等原因行动不便或者居住分散并且交通不便的选民，可以在流动票箱投票。

第三十八条 县级以上的地方各级人民代表大会在选举上一级人民代表大会代表时，由各该级人民代表大会主席团主持。

第三十九条 全国和地方各级人民代表大会代表的选举，一律采用无记名投票的方法。选举时应当设有秘密写票处。

选民如果是文盲或者因残疾不能写选票的，可以委托他信任的人代写。

第四十条 选举人对于代表候选人可以投赞成票，可以投反对票，可以另选其他任何选民，也可以弃权。

第四十一条 选民如果在选举期间外出，经选举委员会同意，可以书面委托其他选民代为投票。每一选民接受的委托不得超过三人，并应当按照委托人的意愿代为投票。

第四十二条 投票结束后，由选民或者代表推选的监票、计票人员和选举委员会或者人民代表大会主席团的人员将投票人数和票数加以核对，作出记录，并由监票人签字。

代表候选人的近亲属不得担任监票人、计票人。

第四十三条 每次选举所投的票数，多于投票人数的无效，等于或者少于投票人数的有效。

每一选票所选的人数，多于规定应选代表人数的作废，等于或者少于规定应选代表人数的有效。

第四十四条 在选民直接选举人民代表大会代表时，选区全体选民的过半数参加投票，选举有效。代表候选人获得参加投票的选民过半数的选票时，始得当选。

县级以上的地方各级人民代表大会在选举上一级人民代表大会代表时，代表候选人获得全体代表过半数的选票时，始得当选。

获得过半数选票的代表候选人的人数超过应选代表名额时，以得票多的当选。如遇票数相等不能确定当选人时，应当就票数相等的候选人再次投票，以得票多的当选。

获得过半数选票的当选代表的人数少于应选代表的名额时，不足的名额另行选举。另行选举时，根据在第一次投票时得票多少的顺序，按照本法第三十条规定的差额比例，确定候选人名单。如果只选一人，候选人应为二人。

依照前款规定另行选举县级和乡级的人民代表大会代表时，代表候选人以得票多的当选，但是得票数不得少于选票的三分之一；县级以上的地方各级人民代表大会在另行选举上一级人民代表大会代表时，代表候选人获得全体代表过半数的选票，始得当选。

第四十五条　选举结果由选举委员会或者人民代表大会主席团根据本法确定是否有效，并予以宣布。

当选代表名单由选举委员会或者人民代表大会主席团予以公布。

第四十六条　代表资格审查委员会依法对当选代表是否符合宪法、法律规定的代表的基本条件，选举是否符合法律规定的程序，以及是否存在破坏选举和其他当选无效的违法行为进行审查，提出代表当选是否有效的意见，向本级人民代表大会常务委员会或者乡、民族乡、镇的人民代表大会主席团报告。

县级以上的各级人民代表大会常务委员会或者乡、民族乡、镇的人民代表大会主席团根据代表资格审查委员会提出的报告，确认代表的资格或者确定代表的当选无效，在每届人民代表大会第一次会议前公布代表名单。

第四十七条　公民不得同时担任两个以上无隶属关系的行政区域的人民代表大会代表。

第十章　对代表的监督和罢免、辞职、补选

第四十八条　全国和地方各级人民代表大会的代表，受选民

和原选举单位的监督。选民或者选举单位都有权罢免自己选出的代表。

第四十九条 对于县级的人民代表大会代表，原选区选民五十人以上联名，对于乡级的人民代表大会代表，原选区选民三十人以上联名，可以向县级的人民代表大会常务委员会书面提出罢免要求。

罢免要求应当写明罢免理由。被提出罢免的代表有权在选民会议上提出申辩意见，也可以书面提出申辩意见。

县级的人民代表大会常务委员会应当将罢免要求和被提出罢免的代表的书面申辩意见印发原选区选民。

表决罢免要求，由县级的人民代表大会常务委员会派有关负责人员主持。

第五十条 县级以上的地方各级人民代表大会举行会议的时候，主席团或者十分之一以上代表联名，可以提出对由该级人民代表大会选出的上一级人民代表大会代表的罢免案。在人民代表大会闭会期间，县级以上的地方各级人民代表大会常务委员会主任会议或者常务委员会五分之一以上组成人员联名，可以向常务委员会提出对由该级人民代表大会选出的上一级人民代表大会代表的罢免案。罢免案应当写明罢免理由。

县级以上的地方各级人民代表大会举行会议的时候，被提出罢免的代表有权在主席团会议和大会全体会议上提出申辩意见，或者书面提出申辩意见，由主席团印发会议。罢免案经会议审议后，由主席团提请全体会议表决。

县级以上的地方各级人民代表大会常务委员会举行会议的时候，被提出罢免的代表有权在主任会议和常务委员会全体会议上提出申辩意见，或者书面提出申辩意见，由主任会议印发会议。

罢免案经会议审议后，由主任会议提请全体会议表决。

第五十一条 罢免代表采用无记名的表决方式。

第五十二条 罢免县级和乡级的人民代表大会代表，须经原选区过半数的选民通过。

罢免由县级以上的地方各级人民代表大会选出的代表，须经各该级人民代表大会过半数的代表通过；在代表大会闭会期间，须经常务委员会组成人员的过半数通过。罢免的决议，须报送上一级人民代表大会常务委员会备案、公告。

第五十三条 县级以上的各级人民代表大会常务委员会组成人员，县级以上的各级人民代表大会专门委员会成员的代表职务被罢免的，其常务委员会组成人员或者专门委员会成员的职务相应撤销，由主席团或者常务委员会予以公告。

乡、民族乡、镇的人民代表大会主席、副主席的代表职务被罢免的，其主席、副主席的职务相应撤销，由主席团予以公告。

第五十四条 全国人民代表大会代表，省、自治区、直辖市、设区的市、自治州的人民代表大会代表，可以向选举他的人民代表大会的常务委员会书面提出辞职。常务委员会接受辞职，须经常务委员会组成人员的过半数通过。接受辞职的决议，须报送上一级人民代表大会常务委员会备案、公告。

县级的人民代表大会代表可以向本级人民代表大会常务委员会书面提出辞职，乡级的人民代表大会代表可以向本级人民代表大会书面提出辞职。县级的人民代表大会常务委员会接受辞职，须经常务委员会组成人员的过半数通过。乡级的人民代表大会接受辞职，须经人民代表大会过半数的代表通过。接受辞职的，应当予以公告。

第五十五条 县级以上的各级人民代表大会常务委员会组成人员，县级以上的各级人民代表大会的专门委员会成员，辞去代表职务的请求被接受的，其常务委员会组成人员、专门委员会成员的职务相应终止，由常务委员会予以公告。

乡、民族乡、镇的人民代表大会主席、副主席，辞去代表职务的请求被接受的，其主席、副主席的职务相应终止，由主席团予以公告。

第五十六条 代表在任期内，因故出缺，由原选区或者原选举单位补选。

地方各级人民代表大会代表在任期内调离或者迁出本行政区域的，其代表资格自行终止，缺额另行补选。

县级以上的地方各级人民代表大会闭会期间，可以由本级人民代表大会常务委员会补选上一级人民代表大会代表。

补选出缺的代表时，代表候选人的名额可以多于应选代表的名额，也可以同应选代表的名额相等。补选的具体办法，由省、自治区、直辖市的人民代表大会常务委员会规定。

对补选产生的代表，依照本法第四十六条的规定进行代表资格审查。

第十一章　对破坏选举的制裁

第五十七条 为保障选民和代表自由行使选举权和被选举权，对有下列行为之一，破坏选举，违反治安管理规定的，依法给予治安管理处罚；构成犯罪的，依法追究刑事责任：

（一）以金钱或者其他财物贿赂选民或者代表，妨害选民和代表自由行使选举权和被选举权的；

（二）以暴力、威胁、欺骗或者其他非法手段妨害选民和代表自由行使选举权和被选举权的；

（三）伪造选举文件、虚报选举票数或者有其他违法行为的；

（四）对于控告、检举选举中违法行为的人，或者对于提出要求罢免代表的人进行压制、报复的。

国家工作人员有前款所列行为的，还应当依法给予行政处分。

以本条第一款所列违法行为当选的，其当选无效。

第五十八条　主持选举的机构发现有破坏选举的行为或者收到对破坏选举行为的举报，应当及时依法调查处理；需要追究法律责任的，及时移送有关机关予以处理。

第十二章　附　　则

第五十九条　省、自治区、直辖市的人民代表大会及其常务委员会根据本法可以制定选举实施细则，报全国人民代表大会常务委员会备案。

九、中华人民共和国全国人民代表大会和地方各级人民代表大会选举法（2020 年第七次修正）

2020 年 10 月 17 日，第十三届全国人民代表大会常务委员会第二十二次会议对选举法进行第七次修正，主要内容有两个方面，一是在法律中更好体现坚持党对选举工作的领导，二是适当增加县乡两级人大代表数量。一方面把县乡人大代表名额基数加大，另一方面由于县乡行政区域的人口数量增加，因此按人口确定的代表数也会增加。此外，还将增加的县级人大代表名额重点分配给由乡镇改设的街道。

中华人民共和国全国人民代表大会和地方各级人民代表大会选举法

（1979 年 7 月 1 日第五届全国人民代表大会第二次会议通过　根据 1982 年 12 月 10 日第五届全国人民代表大会第五次会议《关于修改〈中华人民共和国全国人民代表大会和地方各级人民代表大会选举法〉的若干规定的决议》第一次修正　根据 1986 年 12 月 2 日第六届全国人民代表大会常务委员会第十八次会议《关于修改〈中华人民共和国全国人民代表大会和地方各级人民代表大会选举法〉的决定》第二次修正　根据 1995 年 2 月 28 日第八届全国人民代表大会常务委员会第十二次会议《关于修改〈中华人民共和国全国人民代表大会和地方各级人民代表大会选举法〉的决定》第三次修正　根据 2004 年 10 月 27 日第十届全国人民代表大会常务委员会第十二次会议《关于修改〈中华人民共和国全国人民代表大会和地方各级人民代表大会选举法〉的决定》第四次修正　根据 2010 年 3 月 14 日第十一届全国人民代表大会第三次会议《关于修改〈中华人民共和国全国人民代表大会和地方各级人民代表大会选举法〉的决定》第五次修正　根据 2015 年 8 月 29 日第十二届全国人民代表大会常务委员会第十六次会议《关于修改〈中华人民共和国地方各级人民代表大会和地方各级人民政府组织法〉、〈中华人民共和国全国人民代表大会和地方各级人民代表大会选举法〉、〈中华人民共和国全国人民代表大会和地方各级人民代表大会代表法〉的决定》第六次修正　根据 2020 年 10 月 17 日第十三届全国人民代表大会常务委员会第二十二次会议《关于修改〈中华人民共和国全国人民代表大会和地方各级人民代表大会选举法〉的决定》第七次修正）

第一章　总　　则

第一条　根据中华人民共和国宪法，制定全国人民代表大会和地方各级人民代表大会选举法。

第二条　全国人民代表大会和地方各级人民代表大会代表的选举工作，坚持中国共产党的领导，坚持充分发扬民主，坚持严格依法办事。

第三条　全国人民代表大会的代表，省、自治区、直辖市、设区的市、自治州的人民代表大会的代表，由下一级人民代表大会选举。

不设区的市、市辖区、县、自治县、乡、民族乡、镇的人民代表大会的代表，由选民直接选举。

第四条　中华人民共和国年满十八周岁的公民，不分民族、种族、性别、职业、家庭出身、宗教信仰、教育程度、财产状况和居住期限，都有选举权和被选举权。

依照法律被剥夺政治权利的人没有选举权和被选举权。

第五条　每一选民在一次选举中只有一个投票权。

第六条　人民解放军单独进行选举，选举办法另订。

第七条　全国人民代表大会和地方各级人民代表大会的代表应当具有广泛的代表性，应当有适当数量的基层代表，特别是工人、农民和知识分子代表；应当有适当数量的妇女代表，并逐步提高妇女代表的比例。

全国人民代表大会和归侨人数较多地区的地方人民代表大会，应当有适当名额的归侨代表。

旅居国外的中华人民共和国公民在县级以下人民代表大会代

表选举期间在国内的，可以参加原籍地或者出国前居住地的选举。

第八条 全国人民代表大会和地方各级人民代表大会的选举经费，列入财政预算，由国库开支。

第二章 选举机构

第九条 全国人民代表大会常务委员会主持全国人民代表大会代表的选举。省、自治区、直辖市、设区的市、自治州的人民代表大会常务委员会主持本级人民代表大会代表的选举。

不设区的市、市辖区、县、自治县、乡、民族乡、镇设立选举委员会，主持本级人民代表大会代表的选举。不设区的市、市辖区、县、自治县的选举委员会受本级人民代表大会常务委员会的领导。乡、民族乡、镇的选举委员会受不设区的市、市辖区、县、自治县的人民代表大会常务委员会的领导。

省、自治区、直辖市、设区的市、自治州的人民代表大会常务委员会指导本行政区域内县级以下人民代表大会代表的选举工作。

第十条 不设区的市、市辖区、县、自治县的选举委员会的组成人员由本级人民代表大会常务委员会任命。乡、民族乡、镇的选举委员会的组成人员由不设区的市、市辖区、县、自治县的人民代表大会常务委员会任命。

选举委员会的组成人员为代表候选人的，应当辞去选举委员会的职务。

第十一条 选举委员会履行下列职责：

（一）划分选举本级人民代表大会代表的选区，分配各选区应选代表的名额；

（二）进行选民登记，审查选民资格，公布选民名单；受理对于选民名单不同意见的申诉，并作出决定；

（三）确定选举日期；

（四）了解核实并组织介绍代表候选人的情况；根据较多数选民的意见，确定和公布正式代表候选人名单；

（五）主持投票选举；

（六）确定选举结果是否有效，公布当选代表名单；

（七）法律规定的其他职责。

选举委员会应当及时公布选举信息。

第三章 地方各级人民代表大会代表名额

第十二条 地方各级人民代表大会的代表名额，按照下列规定确定：

（一）省、自治区、直辖市的代表名额基数为三百五十名，省、自治区每十五万人可以增加一名代表，直辖市每二万五千人可以增加一名代表；但是，代表总名额不得超过一千名；

（二）设区的市、自治州的代表名额基数为二百四十名，每二万五千人可以增加一名代表；人口超过一千万的，代表总名额不得超过六百五十名；

（三）不设区的市、市辖区、县、自治县的代表名额基数为一百四十名，每五千人可以增加一名代表；人口超过一百五十五万的，代表总名额不得超过四百五十名；人口不足五万的，代表总名额可以少于一百四十名；

（四）乡、民族乡、镇的代表名额基数为四十五名，每一千五百人可以增加一名代表；但是，代表总名额不得超过一百六十名；人口不足二千的，代表总名额可以少于四十五名。

按照前款规定的地方各级人民代表大会的代表名额基数与按人口数增加的代表数相加，即为地方各级人民代表大会的代表总名额。

自治区、聚居的少数民族多的省，经全国人民代表大会常务委员会决定，代表名额可以另加百分之五。聚居的少数民族多或者人口居住分散的县、自治县、乡、民族乡，经省、自治区、直辖市的人民代表大会常务委员会决定，代表名额可以另加百分之五。

第十三条　省、自治区、直辖市的人民代表大会代表的具体名额，由全国人民代表大会常务委员会依照本法确定。设区的市、自治州和县级的人民代表大会代表的具体名额，由省、自治区、直辖市的人民代表大会常务委员会依照本法确定，报全国人民代表大会常务委员会备案。乡级的人民代表大会代表的具体名额，由县级的人民代表大会常务委员会依照本法确定，报上一级人民代表大会常务委员会备案。

第十四条　地方各级人民代表大会的代表总名额经确定后，不再变动。如果由于行政区划变动或者由于重大工程建设等原因造成人口较大变动的，该级人民代表大会的代表总名额依照本法的规定重新确定。

依照前款规定重新确定代表名额的，省、自治区、直辖市的人民代表大会常务委员会应当在三十日内将重新确定代表名额的情况报全国人民代表大会常务委员会备案。

第十五条　地方各级人民代表大会代表名额，由本级人民代表大会常务委员会或者本级选举委员会根据本行政区域所辖的下一级各行政区域或者各选区的人口数，按照每一代表所代表的城乡人口数相同的原则，以及保证各地区、各民族、各方面都有适当数量代表的要求进行分配。在县、自治县的人民代表大会中，人口特少的乡、民族乡、镇，至少应有代表一人。

地方各级人民代表大会代表名额的分配办法，由省、自治区、直辖市人民代表大会常务委员会参照全国人民代表大会代表名额分配的办法，结合本地区的具体情况规定。

第四章　全国人民代表大会代表名额

第十六条　全国人民代表大会的代表，由省、自治区、直辖市的人民代表大会和人民解放军选举产生。

全国人民代表大会代表的名额不超过三千人。

香港特别行政区、澳门特别行政区应选全国人民代表大会代表的名额和代表产生办法，由全国人民代表大会另行规定。

第十七条　全国人民代表大会代表名额，由全国人民代表大会常务委员会根据各省、自治区、直辖市的人口数，按照每一代表所代表的城乡人口数相同的原则，以及保证各地区、各民族、各方面都有适当数量代表的要求进行分配。

省、自治区、直辖市应选全国人民代表大会代表名额，由根据人口数计算确定的名额数、相同的地区基本名额数和其他应选名额数构成。

全国人民代表大会代表名额的具体分配，由全国人民代表大会常务委员会决定。

第十八条　全国少数民族应选全国人民代表大会代表，由全国人民代表大会常务委员会参照各少数民族的人口数和分布等情况，分配给各省、自治区、直辖市的人民代表大会选出。人口特少的民族，至少应有代表一人。

第五章　各少数民族的选举

第十九条　有少数民族聚居的地方，每一聚居的少数民族都应有代表参加当地的人民代表大会。

聚居境内同一少数民族的总人口数占境内总人口数百分之三十以上的，每一代表所代表的人口数应相当于当地人民代表大会每一代表所代表的人口数。

聚居境内同一少数民族的总人口数不足境内总人口数百分之十五的，每一代表所代表的人口数可以适当少于当地人民代表大会每一代表所代表的人口数，但不得少于二分之一；实行区域自治的民族人口特少的自治县，经省、自治区的人民代表大会常务委员会决定，可以少于二分之一。人口特少的其他聚居民族，至少应有代表一人。

聚居境内同一少数民族的总人口数占境内总人口数百分之十五以上、不足百分之三十的，每一代表所代表的人口数，可以适当少于当地人民代表大会每一代表所代表的人口数，但分配给该少数民族的应选代表名额不得超过代表总名额的百分之三十。

第二十条　自治区、自治州、自治县和有少数民族聚居的乡、民族乡、镇的人民代表大会，对于聚居在境内的其他少数民族和汉族代表的选举，适用本法第十九条的规定。

第二十一条　散居的少数民族应选当地人民代表大会的代表，每一代表所代表的人口数可以少于当地人民代表大会每一代表所代表的人口数。

自治区、自治州、自治县和有少数民族聚居的乡、民族乡、镇的人民代表大会，对于散居的其他少数民族和汉族代表的选举，适用前款的规定。

第二十二条 有少数民族聚居的不设区的市、市辖区、县、乡、民族乡、镇的人民代表大会代表的产生，按照当地的民族关系和居住状况，各少数民族选民可以单独选举或者联合选举。

自治县和有少数民族聚居的乡、民族乡、镇的人民代表大会，对于居住在境内的其他少数民族和汉族代表的选举办法，适用前款的规定。

第二十三条 自治区、自治州、自治县制定或者公布的选举文件、选民名单、选民证、代表候选人名单、代表当选证书和选举委员会的印章等，都应当同时使用当地通用的民族文字。

第二十四条 少数民族选举的其他事项，参照本法有关各条的规定办理。

第六章 选区划分

第二十五条 不设区的市、市辖区、县、自治县、乡、民族乡、镇的人民代表大会的代表名额分配到选区，按选区进行选举。选区可以按居住状况划分，也可以按生产单位、事业单位、工作单位划分。

选区的大小，按照每一选区选一名至三名代表划分。

第二十六条 本行政区域内各选区每一代表所代表的人口数应当大体相等。

第七章　选民登记

第二十七条　选民登记按选区进行，经登记确认的选民资格长期有效。每次选举前对上次选民登记以后新满十八周岁的、被剥夺政治权利期满后恢复政治权利的选民，予以登记。对选民经登记后迁出原选区的，列入新迁入的选区的选民名单；对死亡的和依照法律被剥夺政治权利的人，从选民名单上除名。

精神病患者不能行使选举权利的，经选举委员会确认，不列入选民名单。

第二十八条　选民名单应在选举日的二十日以前公布，实行凭选民证参加投票选举的，并应当发给选民证。

第二十九条　对于公布的选民名单有不同意见的，可以在选民名单公布之日起五日内向选举委员会提出申诉。选举委员会对申诉意见，应在三日内作出处理决定。申诉人如果对处理决定不服，可以在选举日的五日以前向人民法院起诉，人民法院应在选举日以前作出判决。人民法院的判决为最后决定。

第八章　代表候选人的提出

第三十条　全国和地方各级人民代表大会的代表候选人，按选区或者选举单位提名产生。

各政党、各人民团体，可以联合或者单独推荐代表候选人。选民或者代表，十人以上联名，也可以推荐代表候选人。推荐者应向选举委员会或者大会主席团介绍代表候选人的情况。接受推荐的代表候选人应当向选举委员会或者大会主席团如实提供个人身份、简历等基本情况。提供的基本情况不实的，选举委员会或者大会主席团应当向选民或者代表通报。

各政党、各人民团体联合或者单独推荐的代表候选人的人数，每一选民或者代表参加联名推荐的代表候选人的人数，均不得超过本选区或者选举单位应选代表的名额。

第三十一条　全国和地方各级人民代表大会代表实行差额选举，代表候选人的人数应多于应选代表的名额。

由选民直接选举人民代表大会代表的，代表候选人的人数应多于应选代表名额三分之一至一倍；由县级以上的地方各级人民代表大会选举上一级人民代表大会代表的，代表候选人的人数应多于应选代表名额五分之一至二分之一。

第三十二条　由选民直接选举人民代表大会代表的，代表候选人由各选区选民和各政党、各人民团体提名推荐。选举委员会汇总后，将代表候选人名单及代表候选人的基本情况在选举日的十五日以前公布，并交各该选区的选民小组讨论、协商，确定正式代表候选人名单。如果所提代表候选人的人数超过本法第三十一条规定的最高差额比例，由选举委员会交各该选区的选民小组讨论、协商，根据较多数选民的意见，确定正式代表候选人名单；对正式代表候选人不能形成较为一致意见的，进行预选，根据预选时得票多少的顺序，确定正式代表候选人名单。正式代表候选人名单及代表候选人的基本情况应当在选举日的七日以前公布。

县级以上的地方各级人民代表大会在选举上一级人民代表大会代表时，提名、酝酿代表候选人的时间不得少于两天。各该级人民代表大会主席团将依法提出的代表候选人名单及代表候选人的基本情况印发全体代表，由全体代表酝酿、讨论。如果所提代表候选人的人数符合本法第三十一条规定的差额比例，直接进行投票选举。如果所提代表候选人的人数超过本法第三十一条规定的最高差额比例，进行预选，根据预选时得票多少的顺序，按照本级人民代表大会的选举办法根据本法确定的具体差额比例，确定正式代表候选人名单，进行投票选举。

第三十三条　县级以上的地方各级人民代表大会在选举上一级人民代表大会代表时，代表候选人不限于各该级人民代表大会的代表。

第三十四条　选举委员会或者人民代表大会主席团应当向选民或者代表介绍代表候选人的情况。推荐代表候选人的政党、人民团体和选民、代表可以在选民小组或者代表小组会议上介绍所推荐的代表候选人的情况。选举委员会根据选民的要求，应当组织代表候选人与选民见面，由代表候选人介绍本人的情况，回答选民的问题。但是，在选举日必须停止代表候选人的介绍。

第三十五条　公民参加各级人民代表大会代表的选举，不得直接或者间接接受境外机构、组织、个人提供的与选举有关的任何形式的资助。

违反前款规定的，不列入代表候选人名单；已经列入代表候选人名单的，从名单中除名；已经当选的，其当选无效。

第九章　选举程序

第三十六条　全国人民代表大会和地方各级人民代表大会代表的选举，应当严格依照法定程序进行，并接受监督。任何组织或者个人都不得以任何方式干预选民或者代表自由行使选举权。

第三十七条　在选民直接选举人民代表大会代表时，选民根据选举委员会的规定，凭身份证或者选民证领取选票。

第三十八条　选举委员会应当根据各选区选民分布状况，按照方便选民投票的原则设立投票站，进行选举。选民居住比较集中的，可以召开选举大会，进行选举；因患有疾病等原因行动不便或者居住分散并且交通不便的选民，可以在流动票箱投票。

第三十九条　县级以上的地方各级人民代表大会在选举上一级人民代表大会代表时，由各该级人民代表大会主席团主持。

第四十条　全国和地方各级人民代表大会代表的选举，一律采用无记名投票的方法。选举时应当设有秘密写票处。

选民如果是文盲或者因残疾不能写选票的，可以委托他信任的人代写。

第四十一条　选举人对于代表候选人可以投赞成票，可以投反对票，可以另选其他任何选民，也可以弃权。

第四十二条　选民如果在选举期间外出，经选举委员会同意，可以书面委托其他选民代为投票。每一选民接受的委托不得超过三人，并应当按照委托人的意愿代为投票。

第四十三条　投票结束后，由选民或者代表推选的监票、计票人员和选举委员会或者人民代表大会主席团的人员将投票人数和票数加以核对，作出记录，并由监票人签字。

代表候选人的近亲属不得担任监票人、计票人。

第四十四条　每次选举所投的票数，多于投票人数的无效，等于或者少于投票人数的有效。

每一选票所选的人数，多于规定应选代表人数的作废，等于或者少于规定应选代表人数的有效。

第四十五条　在选民直接选举人民代表大会代表时，选区全体选民的过半数参加投票，选举有效。代表候选人获得参加投票的选民过半数的选票时，始得当选。

县级以上的地方各级人民代表大会在选举上一级人民代表大会代表时，代表候选人获得全体代表过半数的选票时，始得当选。

获得过半数选票的代表候选人的人数超过应选代表名额时，以得票多的当选。如遇票数相等不能确定当选人时，应当就票数相等的候选人再次投票，以得票多的当选。

获得过半数选票的当选代表的人数少于应选代表的名额时，不足的名额另行选举。另行选举时，根据在第一次投票时得票多少的顺序，按照本法第三十一条规定的差额比例，确定候选人名单。如果只选一人，候选人应为二人。

依照前款规定另行选举县级和乡级的人民代表大会代表时，代表候选人以得票多的当选，但是得票数不得少于选票的三分之一；县级以上的地方各级人民代表大会在另行选举上一级人民代表大会代表时，代表候选人获得全体代表过半数的选票，始得当选。

第四十六条 选举结果由选举委员会或者人民代表大会主席团根据本法确定是否有效，并予以宣布。

当选代表名单由选举委员会或者人民代表大会主席团予以公布。

第四十七条 代表资格审查委员会依法对当选代表是否符合宪法、法律规定的代表的基本条件，选举是否符合法律规定的程序，以及是否存在破坏选举和其他当选无效的违法行为进行审查，提出代表当选是否有效的意见，向本级人民代表大会常务委员会或者乡、民族乡、镇的人民代表大会主席团报告。

县级以上的各级人民代表大会常务委员会或者乡、民族乡、镇的人民代表大会主席团根据代表资格审查委员会提出的报告，确认代表的资格或者确定代表的当选无效，在每届人民代表大会第一次会议前公布代表名单。

第四十八条　公民不得同时担任两个以上无隶属关系的行政区域的人民代表大会代表。

第十章　对代表的监督和罢免、辞职、补选

第四十九条　全国和地方各级人民代表大会的代表，受选民和原选举单位的监督。选民或者选举单位都有权罢免自己选出的代表。

第五十条　对于县级的人民代表大会代表，原选区选民五十人以上联名，对于乡级的人民代表大会代表，原选区选民三十人以上联名，可以向县级的人民代表大会常务委员会书面提出罢免要求。

罢免要求应当写明罢免理由。被提出罢免的代表有权在选民会议上提出申辩意见，也可以书面提出申辩意见。

县级的人民代表大会常务委员会应当将罢免要求和被提出罢免的代表的书面申辩意见印发原选区选民。

表决罢免要求，由县级的人民代表大会常务委员会派有关负责人员主持。

第五十一条　县级以上的地方各级人民代表大会举行会议的时候，主席团或者十分之一以上代表联名，可以提出对由该级人民代表大会选出的上一级人民代表大会代表的罢免案。在人民代表大会闭会期间，县级以上的地方各级人民代表大会常务委员会主任会议或者常务委员会五分之一以上组成人员联名，可以向常

务委员会提出对由该级人民代表大会选出的上一级人民代表大会代表的罢免案。罢免案应当写明罢免理由。

县级以上的地方各级人民代表大会举行会议的时候，被提出罢免的代表有权在主席团会议和大会全体会议上提出申辩意见，或者书面提出申辩意见，由主席团印发会议。罢免案经会议审议后，由主席团提请全体会议表决。

县级以上的地方各级人民代表大会常务委员会举行会议的时候，被提出罢免的代表有权在主任会议和常务委员会全体会议上提出申辩意见，或者书面提出申辩意见，由主任会议印发会议。罢免案经会议审议后，由主任会议提请全体会议表决。

第五十二条　罢免代表采用无记名的表决方式。

第五十三条　罢免县级和乡级的人民代表大会代表，须经原选区过半数的选民通过。

罢免由县级以上的地方各级人民代表大会选出的代表，须经各该级人民代表大会过半数的代表通过；在代表大会闭会期间，须经常务委员会组成人员的过半数通过。罢免的决议，须报送上一级人民代表大会常务委员会备案、公告。

第五十四条　县级以上的各级人民代表大会常务委员会组成人员，县级以上的各级人民代表大会专门委员会成员的代表职务被罢免的，其常务委员会组成人员或者专门委员会成员的职务相应撤销，由主席团或者常务委员会予以公告。

乡、民族乡、镇的人民代表大会主席、副主席的代表职务被罢免的，其主席、副主席的职务相应撤销，由主席团予以公告。

第五十五条　全国人民代表大会代表，省、自治区、直辖市、设区的市、自治州的人民代表大会代表，可以向选举他的人民代表大会的常务委员会书面提出辞职。常务委员会接受辞职，须经常务委员会组成人员的过半数通过。接受辞职的决议，须报送上一级人民代表大会常务委员会备案、公告。

县级的人民代表大会代表可以向本级人民代表大会常务委员会书面提出辞职，乡级的人民代表大会代表可以向本级人民代表大会书面提出辞职。县级的人民代表大会常务委员会接受辞职，须经常务委员会组成人员的过半数通过。乡级的人民代表大会接受辞职，须经人民代表大会过半数的代表通过。接受辞职的，应当予以公告。

第五十六条　县级以上的各级人民代表大会常务委员会组成人员，县级以上的各级人民代表大会的专门委员会成员，辞去代表职务的请求被接受的，其常务委员会组成人员、专门委员会成员的职务相应终止，由常务委员会予以公告。

乡、民族乡、镇的人民代表大会主席、副主席，辞去代表职务的请求被接受的，其主席、副主席的职务相应终止，由主席团予以公告。

第五十七条　代表在任期内，因故出缺，由原选区或者原选举单位补选。

地方各级人民代表大会代表在任期内调离或者迁出本行政区域的，其代表资格自行终止，缺额另行补选。

县级以上的地方各级人民代表大会闭会期间，可以由本级人民代表大会常务委员会补选上一级人民代表大会代表。

补选出缺的代表时，代表候选人的名额可以多于应选代表的名额，也可以同应选代表的名额相等。补选的具体办法，由省、自治区、直辖市的人民代表大会常务委员会规定。

对补选产生的代表，依照本法第四十七条的规定进行代表资格审查。

第十一章　对破坏选举的制裁

第五十八条　为保障选民和代表自由行使选举权和被选举权，对有下列行为之一，破坏选举，违反治安管理规定的，依法给予治安管理处罚；构成犯罪的，依法追究刑事责任：

（一）以金钱或者其他财物贿赂选民或者代表，妨害选民和代表自由行使选举权和被选举权的；

（二）以暴力、威胁、欺骗或者其他非法手段妨害选民和代表自由行使选举权和被选举权的；

（三）伪造选举文件、虚报选举票数或者有其他违法行为的；

（四）对于控告、检举选举中违法行为的人，或者对于提出要求罢免代表的人进行压制、报复的。

国家工作人员有前款所列行为的，还应当由监察机关给予政务处分或者由所在机关、单位给予处分。

以本条第一款所列违法行为当选的，其当选无效。

第五十九条　主持选举的机构发现有破坏选举的行为或者收到对破坏选举行为的举报，应当及时依法调查处理；需要追究法律责任的，及时移送有关机关予以处理。

第十二章　附　　则

第六十条　省、自治区、直辖市的人民代表大会及其常务委员会根据本法可以制定选举实施细则，报全国人民代表大会常务委员会备案。

第二节　中华人民共和国全国人民代表大会组织法

　　全国人大组织法是关于全国人大及其常委会组织制度和工作制度的基本法律，是全国人大及其常委会依法行使职权的重要制度保障，是宪法有关规定的立法实施。如果说，选举法是新中国成立后，以普选的方式产生基层人大代表、召开正式的全国人民代表大会和地方各级人民代表大会会议，将普选的政治承诺以法律的形式加以落实、将人民当家作主的民主权利法律化的基本遵循，那么全国人民代表大会组织法就是在召开全国人民代表大会会议后，全国人民代表大会及其常委会依法有序履行职权、开展工作的基本遵循，是建立人民代表大会制度需要尽快作出制度安排的首要问题。

一、中华人民共和国全国人民代表大会组织法（1954 年制定）

　　1954 年 9 月 20 日，第一届全国人民代表大会第一次会议通过的《中华人民共和国全国人民代表大会组织法》，从全国人民代表大会会议、全国人民代表大会常务委员会、全国人民代表大会各委员会、全国人民代表大会代表四个层面对全国人民代表大会的组织工作作出规定，使新中国的国家政权建设从一开始就建立在法治的轨道之上。

中华人民共和国全国人民代表大会组织法

(1954 年 9 月 20 日第一届全国人民代表大会第一次会议通过)

第一章　全国人民代表大会会议

第一条　全国人民代表大会会议，依照中华人民共和国宪法第二十五条的规定召集。

每届全国人民代表大会第一次会议，在本届全国人民代表大会代表选举完成后的两个月内由上届全国人民代表大会常务委员会召集。

第二条　每届全国人民代表大会代表在第一次出席全国人民代表大会会议的时候，向全国人民代表大会提出代表当选证书，由代表资格审查委员会进行审查。

全国人民代表大会根据代表资格审查委员会提出的报告，确认代表的资格或者宣布个别代表的当选无效。

第三条　全国人民代表大会代表按照选出代表的选举单位分别组成代表小组。

各代表小组在全国人民代表大会每次会议举行前，就全国人民代表大会常务委员会提出的关于会议的准备事项交换意见；在会议举行期间，就全国人民代表大会或者全国人民代表大会主席团提出的事项进行小组讨论。

第四条　全国人民代表大会在每次会议开始的时候，选举本次会议的主席团和秘书长，通过本次会议的议程。

第五条　主席团主持全国人民代表大会会议。主席团互推若干人轮流担任会议的执行主席。

主席团互推常务主席若干人，召集并主持主席团会议。

第六条 全国人民代表大会会议设立秘书处，在秘书长领导下工作。

全国人民代表大会会议设副秘书长若干人。副秘书长的人选由主席团决定。

第七条 国务院的负责人员和各部、各委员会的负责人员，国防委员会的负责人员，最高人民法院的负责人员，最高人民检察院的负责人员，如果不是全国人民代表大会代表，经主席团决定，可以列席全国人民代表大会会议。

第八条 中华人民共和国主席、副主席，全国人民代表大会的代表、主席团、常务委员会和各委员会，国务院，都可以向全国人民代表大会提出议案。

第九条 中华人民共和国主席、副主席的人选，由全国人民代表大会代表联合提名或者单独提名。

第十条 国务院总理和国务院其他组成人员的人选，国防委员会副主席和委员的人选，依照中华人民共和国宪法第二十七条的规定提名。

全国人民代表大会常务委员会组成人员的人选、最高人民法院院长的人选和最高人民检察院检察长的人选，由全国人民代表大会代表联合提名或者单独提名。

第十一条 向全国人民代表大会提出的议案，由主席团提请全国人民代表大会会议讨论，或者交付有关委员会单独审查或者联合审查后提请全国人民代表大会会议讨论。

第十二条 全国人民代表大会会议对于宪法的修改案、法律案和其他议案的通过，依照中华人民共和国宪法第二十九条的规定。

第十三条 全国人民代表大会会议进行选举和通过议案，采用无记名投票方式或者采用举手表决方式。

第十四条 全国人民代表大会举行会议的时候，应当为少数民族代表准备必要的翻译。

第十五条 全国人民代表大会会议公开举行；在必要的时候，可以由全国人民代表大会决议举行秘密会议。

第二章 全国人民代表大会常务委员会

第十六条 全国人民代表大会常务委员会行使中华人民共和国宪法第三十一条规定的职权。

第十七条 全国人民代表大会常务委员会委员长、副委员长、秘书长和委员，由每届全国人民代表大会在第一次会议中选出。

常务委员会委员长因为健康情况长期不能工作或者缺位的时候，由常务委员会在副委员长中推选一人代理委员长的职务，直到委员长恢复健康或者全国人民代表大会选出新的委员长为止。

第十八条 常务委员会委员长主持常务委员会会议和常务委员会的工作。

第十九条 常务委员会设立办公厅，在秘书长领导下工作。

常务委员会设副秘书长若干人，由委员长提请常务委员会任命。

第二十条 常务委员会会议由委员长召集，每月两次，在必要的时候可以增加或者减少。

第二十一条 中华人民共和国主席、副主席，全国人民代表大会常务委员会委员长、副委员长和委员，民族委员会和法案委员会，国务院，都可以向常务委员会提出议案。

决定国务院副总理、各部部长、各委员会主任、秘书长的个别任免案和决定驻外全权代表的任免案，由国务院总理向常务委员会提出。

最高人民法院副院长、庭长、副庭长、审判员和审判委员会委员的任免案，最高人民检察院副检察长、检察员和检察委员会委员的任免案，由常务委员会委员长向常务委员会提出。

第二十二条 向常务委员会提出的议案，由委员长提请常务委员会会议讨论，或者交付有关委员会单独审查或者联合审查后提请常务委员会会议讨论。

第二十三条 常务委员会的决议，由常务委员会以全体委员的过半数通过。

第二十四条 常务委员会在全国人民代表大会每次会议举行的时候，必须向全国人民代表大会提出工作报告。

第三章 全国人民代表大会各委员会

第二十五条 全国人民代表大会设立民族委员会、法案委员会、预算委员会、代表资格审查委员会和其他需要设立的委员会。各委员会协助全国人民代表大会工作。在全国人民代表大会闭会期间，民族委员会和法案委员会协助全国人民代表大会常务委员会工作。

各委员会都由主任委员一人、副主任委员若干人和委员若干人组成。

主任委员和委员的人选，由全国人民代表大会会议主席团在代表中提名，由全国人民代表大会会议通过；副主任委员由委员互推。

主任委员主持委员会会议和委员会的工作。

第二十六条 民族委员会的工作如下：

（一）审查全国人民代表大会或者全国人民代表大会常务委员会交付的关于民族事务的议案和其他议案有关民族事务的部分；

（二）审查自治区、自治州、自治县报请全国人民代表大会常务委员会批准的自治条例和单行条例；

（三）向全国人民代表大会或者全国人民代表大会常务委员会提出关于民族事务的议案和意见；

（四）研究关于民族事务的问题。

第二十七条 法案委员会的工作如下：

（一）审查全国人民代表大会交付的法律案和其他关于法律问题的议案，审查全国人民代表大会常务委员会交付的法令案和其他关于法律、法令问题的议案；

（二）根据全国人民代表大会或者全国人民代表大会常务委员会的决定，拟定法律和法令的草案；

（三）向全国人民代表大会或者全国人民代表大会常务委员会提出关于法律、法令问题的议案和意见。

第二十八条 预算委员会审查全国人民代表大会交付的预算、决算案和其他同预算有关的议案。

第二十九条 代表资格审查委员会，在每届全国人民代表大会第一次会议举行的时候，根据代表当选证书和其他有关材料，审查全国人民代表大会代表的资格。

代表资格审查委员会对于补选的代表的资格进行同样审查。

第三十条 全国人民代表大会和全国人民代表大会常务委员会依照中华人民共和国宪法第三十五条的规定，可以组织对于特定问题的调查委员会。调查委员会的组织和工作，由全国人民代表大会或者全国人民代表大会常务委员会临时决定。

第四章　全国人民代表大会代表

第三十一条　全国人民代表大会每届代表的任期，从每届全国人民代表大会举行第一次会议开始，到下届全国人民代表大会举行第一次会议为止。

第三十二条　全国人民代表大会代表必须效忠人民民主制度，遵守宪法和法律，努力为人民服务，并且在自己参加的生产、工作和社会活动中，主动地协助宪法、法律和国家政策的实施。

第三十三条　全国人民代表大会代表可以列席原选举单位的人民代表大会会议。

第三十四条　全国人民代表大会代表向国务院或者国务院各部、各委员会提出的质问，经过全国人民代表大会会议主席团或者全国人民代表大会常务委员会提交受质问的机关。受质问的机关必须向全国人民代表大会或者全国人民代表大会常务委员会负责答复。

第三十五条　全国人民代表大会代表在出席全国人民代表大会会议和执行其他属于代表的职务的时候，国家根据需要给以适当的津贴和物质上的便利。

第三十六条　全国人民代表大会代表非经全国人民代表大会许可，在全国人民代表大会闭会期间非经全国人民代表大会常务委员会许可，不受逮捕或者审判。如果代表因为是现行犯被拘留，执行拘留的机关必须立即报请全国人民代表大会或者全国人民代表大会常务委员会批准。

第三十七条　全国人民代表大会代表受原选举单位的监督。原选举单位有权随时撤换本单位选出的代表；代表的撤换必须由原选举单位以全体代表的过半数通过。

第三十八条　全国人民代表大会代表因故不能担任代表职务的时候，由原选举单位补选。补选的代表的任期，到本届全国人民代表大会代表任期届满为止。

二、中华人民共和国全国人民代表大会组织法（1982 年制定）

改革开放之初，随着工作重心转移，国家政治生活和各项事业逐步走入正轨，法治建设也进入了全面恢复发展的时期。根据宪法第七十八条规定："全国人民代表大会和全国人民代表大会常务委员会的组织和工作程序由法律规定。"1982 年 12 月，五届全国人大五次会议通过了新的《中华人民共和国全国人民代表大会组织法》。这部法律的颁布施行，对于保障最高国家权力机关依法行使职权，保障国家政权机关依法高效运转发挥了重要作用。

中华人民共和国全国人民代表大会组织法
（1982 年 12 月 10 日第五届全国人民代表大会第五次会议通过）

第一章　全国人民代表大会会议

第一条　全国人民代表大会会议，依照中华人民共和国宪法的有关规定召集。

每届全国人民代表大会第一次会议，在本届全国人民代表大会代表选举完成后的两个月内由上届全国人民代表大会常务委员会召集。

第二条　全国人民代表大会常务委员会应当在全国人民代表大会会议举行一个月以前，将开会日期和建议大会讨论的主要事项通知全国人民代表大会代表。

临时召集的全国人民代表大会会议不适用前款的规定。

第三条　全国人民代表大会代表选出后，由全国人民代表大会常务委员会代表资格审查委员会进行审查。

全国人民代表大会常务委员会根据代表资格审查委员会提出的报告，确认代表的资格或者确定个别代表的当选无效，在每届全国人民代表大会第一次会议前公布代表名单。

对补选的全国人民代表大会代表，依照前款规定进行代表资格审查。

第四条　全国人民代表大会代表按照选举单位组成代表团。各代表团分别推选代表团团长、副团长。

代表团在每次全国人民代表大会会议举行前，讨论全国人民代表大会常务委员会提出的关于会议的准备事项；在会议期间，对全国人民代表大会的各项议案进行审议，并可以由代表团团长或者由代表团推派的代表，在主席团会议上或者大会全体会议上，代表代表团对审议的议案发表意见。

第五条　全国人民代表大会每次会议举行预备会议，选举本次会议的主席团和秘书长，通过本次会议的议程和其他准备事项的决定。

预备会议由全国人民代表大会常务委员会主持。每届全国人民代表大会第一次会议的预备会议，由上届全国人民代表大会常务委员会主持。

第六条　主席团主持全国人民代表大会会议。

主席团互推若干人轮流担任会议的执行主席。

主席团推选常务主席若干人，召集并主持主席团会议。

第七条　全国人民代表大会会议设立秘书处，在秘书长领导下工作。

全国人民代表大会会议设副秘书长若干人。副秘书长的人选由主席团决定。

第八条　国务院的组成人员，中央军事委员会的组成人员，最高人民法院院长和最高人民检察院检察长，列席全国人民代表大会会议；其他有关机关、团体的负责人，经主席团决定，可以列席全国人民代表大会会议。

第九条　全国人民代表大会主席团，全国人民代表大会常务委员会，全国人民代表大会各专门委员会，国务院，中央军事委员会，最高人民法院，最高人民检察院，可以向全国人民代表大会提出属于全国人民代表大会职权范围内的议案，由主席团决定交各代表团审议，或者并交有关的专门委员会审议、提出报告，再由主席团审议决定提交大会表决。

第十条　一个代表团或者三十名以上的代表，可以向全国人民代表大会提出属于全国人民代表大会职权范围内的议案，由主席团决定是否列入大会议程，或者先交有关的专门委员会审议、提出是否列入大会议程的意见，再决定是否列入大会议程。

第十一条　向全国人民代表大会提出的议案，在交付大会表决前，提案人要求撤回的，对该议案的审议即行终止。

第十二条　全国人民代表大会会议对于宪法的修改案、法律案和其他议案的通过，依照中华人民共和国宪法的有关规定。

第十三条　全国人民代表大会常务委员会委员长、副委员长、秘书长、委员的人选，中华人民共和国主席、副主席的人选，中央军事委员会主席的人选，最高人民法院院长和最高人民检察院检察长的人选，由主席团提名，经各代表团酝酿协商后，再由主席团根据多数代表的意见确定正式候选人名单。

第十四条　国务院总理和国务院其他组成人员的人选，中央军事委员会除主席以外的其他组成人员的人选，依照宪法的有关规定提名。

第十五条　全国人民代表大会三个以上的代表团或者十分之一以上的代表，可以提出对于全国人民代表大会常务委员会的组成人员，中华人民共和国主席、副主席，国务院和中央军事委员会的组成人员，最高人民法院院长和最高人民检察院检察长的罢免案，由主席团提请大会审议。

第十六条　在全国人民代表大会会议期间，一个代表团或者三十名以上的代表，可以书面提出对国务院和国务院各部、各委员会的质询案，由主席团决定交受质询机关书面答复，或者由受质询机关的领导人在主席团会议上或者有关的专门委员会会议上或者有关的代表团会议上口头答复。在主席团会议或者专门委员会会议上答复的，提质询案的代表团团长或者提质询案的代表可以列席会议，发表意见。

第十七条　在全国人民代表大会审议议案的时候，代表可以向有关国家机关提出询问，由有关机关派人在代表小组或者代表团会议上进行说明。

第十八条　全国人民代表大会会议进行选举和通过议案，由主席团决定采用无记名投票方式或者举手表决方式或者其它方式。

第十九条 全国人民代表大会举行会议的时候，应当为少数民族代表准备必要的翻译。

第二十条 全国人民代表大会会议公开举行；在必要的时候，经主席团和各代表团团长会议决定，可以举行秘密会议。

第二十一条 全国人民代表大会代表向全国人民代表大会或者全国人民代表大会常务委员会提出的对各方面工作的建议、批评和意见，由全国人民代表大会常务委员会的办事机构交由有关机关、组织研究处理并负责答复。

第二章 全国人民代表大会常务委员会

第二十二条 全国人民代表大会常务委员会行使中华人民共和国宪法规定的职权。

第二十三条 全国人民代表大会常务委员会由下列人员组成：

委员长，

副委员长若干人，

秘书长，

委员若干人。

常务委员会的组成人员由全国人民代表大会从代表中选出。

常务委员会的组成人员不得担任国家行政机关、审判机关和检察机关的职务；如果担任上述职务，必须向常务委员会辞去常务委员会的职务。

第二十四条 常务委员会委员长主持常务委员会会议和常务委员会的工作。副委员长、秘书长协助委员长工作。副委员长受委员长的委托，可以代行委员长的部分职权。

委员长因为健康情况不能工作或者缺位的时候，由常务委员会在副委员长中推选一人代理委员长的职务，直到委员长恢复健康或者全国人民代表大会选出新的委员长为止。

第二十五条 常务委员会的委员长、副委员长、秘书长组成委员长会议，处理常务委员会的重要日常工作：

（一）决定常务委员会每次会议的会期，拟定会议议程草案；

（二）对向常务委员会提出的议案和质询案，决定交由有关的专门委员会审议或者提请常务委员会全体会议审议；

（三）指导和协调各专门委员会的日常工作；

（四）处理常务委员会其他重要日常工作。

第二十六条 常务委员会设立代表资格审查委员会。

代表资格审查委员会的主任委员、副主任委员和委员的人选，由委员长会议在常务委员会组成人员中提名，常务委员会会议通过。

第二十七条 常务委员会设立办公厅，在秘书长领导下工作。

常务委员会设副秘书长若干人，由委员长提请常务委员会任免。

第二十八条 常务委员会可以根据需要设立工作委员会。

工作委员会的主任、副主任和委员由委员长提请常务委员会任免。

第二十九条 常务委员会会议由委员长召集，一般两个月举行一次。

第三十条 常务委员会举行会议的时候，可以由各省、自治区、直辖市的人民代表大会常务委员会派主任或者副主任一人列席会议，发表意见。

第三十一条 常务委员会审议的法律案和其他议案，由常务委员会以全体组成人员的过半数通过。

第三十二条 全国人民代表大会各专门委员会，国务院，中央军事委员会，最高人民法院，最高人民检察院，可以向常务委员会提出属于常务委员会职权范围内的议案，由委员长会议决定提请常务委员会会议审议，或者先交有关的专门委员会审议、提出报告，再提请常务委员会会议审议。

常务委员会组成人员十人以上可以向常务委员会提出属于常务委员会职权范围内的议案，由委员长会议决定是否提请常务委员会会议审议，或者先交有关的专门委员会审议、提出报告，再决定是否提请常务委员会会议审议。

第三十三条 在常务委员会会议期间，常务委员会组成人员十人以上，可以向常务委员会书面提出对国务院和国务院各部、各委员会的质询案，由委员长会议决定交受质询机关书面答复，或者由受质询机关的领导人在常务委员会会议上或者有关的专门委员会会议上口头答复。在专门委员会会议上答复的，提质询案的常务委员会组成人员可以出席会议，发表意见。

第三十四条 常务委员会在全国人民代表大会每次会议举行的时候，必须向全国人民代表大会提出工作报告。

第三章　全国人民代表大会各委员会

第三十五条 全国人民代表大会设立民族委员会、法律委员会、财政经济委员会、教育科学文化卫生委员会、外事委员会、华侨委员会和全国人民代表大会认为需要设立的其他专门委员会。各专门委员会受全国人民代表大会领导；在全国人民代表大会闭会期间，受全国人民代表大会常务委员会领导。

各专门委员会由主任委员、副主任委员若干人和委员若干人组成。

各专门委员会的主任委员、副主任委员和委员的人选，由主席团在代表中提名，大会通过。在大会闭会期间，全国人民代表大会常务委员会可以补充任命专门委员会的个别副主任委员和部分委员，由委员长会议提名，常务委员会会议通过。

第三十六条 各专门委员会主任委员主持委员会会议和委员会的工作。副主任委员协助主任委员工作。

各专门委员会可以根据工作需要，任命专家若干人为顾问；顾问可以列席专门委员会会议，发表意见。

顾问由全国人民代表大会常务委员会任免。

第三十七条 各专门委员会的工作如下：

（一）审议全国人民代表大会主席团或者全国人民代表大会常务委员会交付的议案；

（二）向全国人民代表大会主席团或者全国人民代表大会常务委员会提出属于全国人民代表大会或者全国人民代表大会常务委员会职权范围内同本委员会有关的议案；

（三）审议全国人民代表大会常务委员会交付的被认为同宪法、法律相抵触的国务院的行政法规、决定和命令，国务院各部、各委员会的命令、指示和规章，省、自治区、直辖市的人民代表大会和它的常务委员会的地方性法规和决议，以及省、自治区、直辖市的人民政府的决定、命令和规章，提出报告；

（四）审议全国人民代表大会主席团或者全国人民代表大会常务委员会交付的质询案，听取受质询机关对质询案的答复，必要的时候向全国人民代表大会主席团或者全国人民代表大会常务委员会提出报告；

（五）对属于全国人民代表大会或者全国人民代表大会常务委员会职权范围内同本委员会有关的问题，进行调查研究，提出建议。

民族委员会还可以对加强民族团结问题进行调查研究，提出建议；审议自治区报请全国人民代表大会常务委员会批准的自治区的自治条例和单行条例，向全国人民代表大会常务委员会提出报告。

法律委员会统一审议向全国人民代表大会或者全国人民代表大会常务委员会提出的法律草案；其他专门委员会就有关的法律草案向法律委员会提出意见。

第三十八条　全国人民代表大会或者全国人民代表大会常务委员会可以组织对于特定问题的调查委员会。调查委员会的组织和工作，由全国人民代表大会或者全国人民代表大会常务委员会决定。

第四章　全国人民代表大会代表

第三十九条　全国人民代表大会代表每届任期五年，从每届全国人民代表大会举行第一次会议开始，到下届全国人民代表大会举行第一次会议为止。

第四十条　全国人民代表大会代表必须模范地遵守宪法和法律，保守国家秘密，并且在自己参加的生产、工作和社会活动中，协助宪法和法律的实施。

第四十一条　全国人民代表大会代表应当同原选举单位和人民保持密切联系，可以列席原选举单位的人民代表大会会议，听取和反映人民的意见和要求，努力为人民服务。

第四十二条　全国人民代表大会代表在出席全国人民代表大会会议和执行其他属于代表的职务的时候，国家根据实际需要给予适当的补贴和物质上的便利。

第四十三条　全国人民代表大会代表、全国人民代表大会常务委员会的组成人员，在全国人民代表大会和全国人民代表大会常务委员会各种会议上的发言和表决，不受法律追究。

第四十四条　全国人民代表大会代表非经全国人民代表大会主席团许可，在全国人民代表大会闭会期间非经全国人民代表大会常务委员会许可，不受逮捕或者刑事审判。

全国人民代表大会代表如果因为是现行犯被拘留，执行拘留的公安机关应当立即向全国人民代表大会主席团或者全国人民代表大会常务委员会报告。

第四十五条　全国人民代表大会代表受原选举单位的监督。原选举单位有权罢免自己选出的代表。

罢免全国人民代表大会代表，须经原选举单位以全体代表的过半数通过。

省、自治区、直辖市的人民代表大会常务委员会在本级人民代表大会闭会期间，经全体组成人员的过半数通过，可以罢免本级人民代表大会选出的个别全国人民代表大会代表。

被罢免的代表可以出席上述会议或者书面申诉意见。

罢免代表的决议，须报全国人民代表大会常务委员会备案。

第四十六条　全国人民代表大会代表因故出缺的，由原选举单位补选。省、自治区、直辖市的人民代表大会常务委员会在本级人民代表大会闭会期间，可以补选个别出缺的全国人民代表大会代表。

三、中华人民共和国全国人民代表大会组织法（2021 年修正）

党的十八大以来，以习近平同志为核心的党中央高度重视、全面加强党对人大工作的领导，推动人大制度和人大工作取得历史性成就。习近平总书记就坚持和完善人民代表大会制度、发展社会主义民主政治发表一系列重要讲话。党的十九大和十九届四中全会决定明确提出，健全人大组织制度、工作制度和议事规则。为贯彻习近平法治思想和习近平总书记关于坚持和完善人民代表大会制度的重要思想，落实党中央重大决策部署，认真总结实践经验，2021 年 3 月 11 日，第十三届全国人民代表大会第四次会议通过了《关于修改〈中华人民共和国全国人民代表大会组织法〉的决定》，增设"总则"一章，完善全国人民代表大会主席团和全国人大常委会委员长会议职权相关规定，完善全国人大专门委员会相关规定，适应监察体制改革需要增加相关内容，健全全国人大常委会人事任免权，加强代表工作、密切与代表的联系。进一步完善了全国人大及其常委会的组织制度和工作制度，一是贯彻落实习近平法治思想和习近平总书记关于坚持和完善人民代表大会制度的重要思想，把坚持党的全面领导作为人大工作的首要政治原则，通过人民代表大会制度和法定程序，保证党的路线方针政策和决策部署在国家工作中得到全面贯彻和有效执行，确保人大工作正确政治方向。二是总结吸收人民代表大会制度实践的新经验新成果，适应人大工作面临的新情况，解决实践中遇到的新问题。同时充分考虑人民代表大会制度作为国家根本政治制度的根本性、全局性、稳定性和长期性，根据实践发展确有必要修改的，与时俱进地加以修改完善；可改可不改的，不作修改。三是充分反映国家监察体制改革、党和国家机构改革后有关机构设置及其职能发生的新变化，完善适合最高国家权力机关特点、充满活力、运行顺畅的组织制度和工作制度。四是处理好全国人大组织法、全国人大议事规则之间以及这两部法律与全国人大常委会议事规则、代表法、立法法、监督法、预算法、监察法等相关法律之间的关系，做好统筹和衔接，避免简单重复。

中华人民共和国全国人民代表大会组织法

（1982 年 12 月 10 日第五届全国人民代表大会第五次会议通过 1982 年 12 月 10 日全国人民代表大会公告公布施行　根据 2021 年 3 月 11 日第十三届全国人民代表大会第四次会议《关于修改〈中华人民共和国全国人民代表大会组织法〉的决定》修正）

第一章　总　　则

第一条　为了健全全国人民代表大会及其常务委员会的组织和工作制度，保障和规范其行使职权，坚持和完善人民代表大会制度，保证人民当家作主，根据宪法，制定本法。

第二条　全国人民代表大会是最高国家权力机关，其常设机关是全国人民代表大会常务委员会。

第三条　全国人民代表大会及其常务委员会坚持中国共产党的领导，坚持以马克思列宁主义、毛泽东思想、邓小平理论、"三个代表"重要思想、科学发展观、习近平新时代中国特色社会主义思想为指导，依照宪法和法律规定行使职权。

第四条　全国人民代表大会由民主选举产生，对人民负责，受人民监督。

全国人民代表大会及其常务委员会坚持全过程民主，始终同人民保持密切联系，倾听人民的意见和建议，体现人民意志，保障人民权益。

第五条 全国人民代表大会及其常务委员会行使国家立法权，决定重大事项，监督宪法和法律的实施，维护社会主义法制的统一、尊严、权威，建设社会主义法治国家。

第六条 全国人民代表大会及其常务委员会实行民主集中制原则，充分发扬民主，集体行使职权。

第七条 全国人民代表大会及其常务委员会积极开展对外交往，加强同各国议会、国际和地区议会组织的交流与合作。

第二章　全国人民代表大会会议

第八条 全国人民代表大会每届任期五年。

全国人民代表大会会议每年举行一次，由全国人民代表大会常务委员会召集。全国人民代表大会常务委员会认为必要，或者有五分之一以上的全国人民代表大会代表提议，可以临时召集全国人民代表大会会议。

第九条 全国人民代表大会代表选出后，由全国人民代表大会常务委员会代表资格审查委员会进行审查。

全国人民代表大会常务委员会根据代表资格审查委员会提出的报告，确认代表的资格或者确定个别代表的当选无效，在每届全国人民代表大会第一次会议前公布代表名单。

对补选的全国人民代表大会代表，依照前款规定进行代表资格审查。

第十条 全国人民代表大会代表按照选举单位组成代表团。各代表团分别推选代表团团长、副团长。

代表团在每次全国人民代表大会会议举行前，讨论全国人民代表大会常务委员会提出的关于会议的准备事项；在会议期间，对全国人民代表大会的各项议案进行审议，并可以由代表团团长或者由代表团推派的代表，在主席团会议上或者大会全体会议上，代表代表团对审议的议案发表意见。

第十一条 全国人民代表大会每次会议举行预备会议，选举本次会议的主席团和秘书长，通过本次会议的议程和其他准备事项的决定。

主席团和秘书长的名单草案，由全国人民代表大会常务委员会委员长会议提出，经常务委员会会议审议通过后，提交预备会议。

第十二条 主席团主持全国人民代表大会会议。

主席团推选常务主席若干人，召集并主持主席团会议。

主席团推选主席团成员若干人分别担任每次大会全体会议的执行主席，并指定其中一人担任全体会议主持人。

第十三条 全国人民代表大会会议设立秘书处。秘书处由秘书长和副秘书长若干人组成。副秘书长的人选由主席团决定。

秘书处在秘书长领导下，办理主席团交付的事项，处理会议日常事务工作。副秘书长协助秘书长工作。

第十四条 主席团处理下列事项：

（一）根据会议议程决定会议日程；

（二）决定会议期间代表提出议案的截止时间；

（三）听取和审议关于议案处理意见的报告，决定会议期间提出的议案是否列入会议议程；

（四）听取和审议秘书处和有关专门委员会关于各项议案和报告审议、审查情况的报告，决定是否将议案和决定草案、决议

草案提请会议表决;

（五）听取主席团常务主席关于国家机构组成人员人选名单的说明，提名由会议选举的国家机构组成人员的人选，依照法定程序确定正式候选人名单;

（六）提出会议选举和决定任命的办法草案;

（七）组织由会议选举或者决定任命的国家机构组成人员的宪法宣誓;

（八）其他应当由主席团处理的事项。

第十五条　主席团常务主席就拟提请主席团审议事项，听取秘书处和有关专门委员会的报告，向主席团提出建议。

主席团常务主席可以对会议日程作必要的调整。

第十六条　全国人民代表大会主席团，全国人民代表大会常务委员会，全国人民代表大会各专门委员会，国务院，中央军事委员会，国家监察委员会，最高人民法院，最高人民检察院，可以向全国人民代表大会提出属于全国人民代表大会职权范围内的议案。

第十七条　一个代表团或者三十名以上的代表联名，可以向全国人民代表大会提出属于全国人民代表大会职权范围内的议案。

第十八条　全国人民代表大会常务委员会委员长、副委员长、秘书长、委员的人选，中华人民共和国主席、副主席的人选，中央军事委员会主席的人选，国家监察委员会主任的人选，最高人民法院院长和最高人民检察院检察长的人选，由主席团提名，经各代表团酝酿协商后，再由主席团根据多数代表的意见确定正式候选人名单。

第十九条　国务院总理和国务院其他组成人员的人选、中央军事委员会除主席以外的其他组成人员的人选，依照宪法的有关规定提名。

第二十条 全国人民代表大会主席团、三个以上的代表团或者十分之一以上的代表，可以提出对全国人民代表大会常务委员会的组成人员，中华人民共和国主席、副主席，国务院和中央军事委员会的组成人员，国家监察委员会主任，最高人民法院院长和最高人民检察院检察长的罢免案，由主席团提请大会审议。

第二十一条 全国人民代表大会会议期间，一个代表团或者三十名以上的代表联名，可以书面提出对国务院以及国务院各部门、国家监察委员会、最高人民法院、最高人民检察院的质询案。

第三章 全国人民代表大会常务委员会

第二十二条 全国人民代表大会常务委员会对全国人民代表大会负责并报告工作。

全国人民代表大会常务委员会每届任期同全国人民代表大会每届任期相同，行使职权到下届全国人民代表大会选出新的常务委员会为止。

第二十三条 全国人民代表大会常务委员会由下列人员组成：

委员长，

副委员长若干人，

秘书长，

委员若干人。

常务委员会的组成人员由全国人民代表大会从代表中选出。

常务委员会的组成人员不得担任国家行政机关、监察机关、审判机关和检察机关的职务；如果担任上述职务，应当向常务委员会辞去常务委员会的职务。

第二十四条 常务委员会委员长主持常务委员会会议和常务委员会的工作。副委员长、秘书长协助委员长工作。副委员长受委员长的委托，可以代行委员长的部分职权。

委员长因为健康情况不能工作或者缺位的时候，由常务委员会在副委员长中推选一人代理委员长的职务，直到委员长恢复健康或者全国人民代表大会选出新的委员长为止。

第二十五条 常务委员会的委员长、副委员长、秘书长组成委员长会议，处理常务委员会的重要日常工作：

（一）决定常务委员会每次会议的会期，拟订会议议程草案，必要时提出调整会议议程的建议；

（二）对向常务委员会提出的议案和质询案，决定交由有关的专门委员会审议或者提请常务委员会全体会议审议；

（三）决定是否将议案和决定草案、决议草案提请常务委员会全体会议表决，对暂不交付表决的，提出下一步处理意见；

（四）通过常务委员会年度工作要点、立法工作计划、监督工作计划、代表工作计划、专项工作规划和工作规范性文件等；

（五）指导和协调各专门委员会的日常工作；

（六）处理常务委员会其他重要日常工作。

第二十六条 常务委员会设立代表资格审查委员会。

代表资格审查委员会的主任委员、副主任委员和委员的人选，由委员长会议在常务委员会组成人员中提名，常务委员会任免。

第二十七条 常务委员会设立办公厅，在秘书长领导下工作。

常务委员会设副秘书长若干人，由委员长提请常务委员会任免。

第二十八条 常务委员会设立法制工作委员会、预算工作委员会和其他需要设立的工作委员会。

工作委员会的主任、副主任和委员由委员长提请常务委员会任免。

香港特别行政区基本法委员会、澳门特别行政区基本法委员会的设立、职责和组成人员任免，依照有关法律和全国人民代表大会有关决定的规定。

第二十九条 委员长会议，全国人民代表大会各专门委员会，国务院，中央军事委员会，国家监察委员会，最高人民法院，最高人民检察院，常务委员会组成人员十人以上联名，可以向常务委员会提出属于常务委员会职权范围内的议案。

第三十条 常务委员会会议期间，常务委员会组成人员十人以上联名，可以向常务委员会书面提出对国务院以及国务院各部门、国家监察委员会、最高人民法院、最高人民检察院的质询案。

第三十一条 常务委员会在全国人民代表大会闭会期间，根据国务院总理的提名，可以决定国务院其他组成人员的任免；根据中央军事委员会主席的提名，可以决定中央军事委员会其他组成人员的任免。

第三十二条 常务委员会在全国人民代表大会闭会期间，根据委员长会议、国务院总理的提请，可以决定撤销国务院其他个别组成人员的职务；根据中央军事委员会主席的提请，可以决定撤销中央军事委员会其他个别组成人员的职务。

第三十三条 常务委员会在全国人民代表大会每次会议举行

的时候，必须向全国人民代表大会提出工作报告。

第四章　全国人民代表大会各委员会

第三十四条　全国人民代表大会设立民族委员会、宪法和法律委员会、监察和司法委员会、财政经济委员会、教育科学文化卫生委员会、外事委员会、华侨委员会、环境与资源保护委员会、农业与农村委员会、社会建设委员会和全国人民代表大会认为需要设立的其他专门委员会。各专门委员会受全国人民代表大会领导；在全国人民代表大会闭会期间，受全国人民代表大会常务委员会领导。

各专门委员会由主任委员、副主任委员若干人和委员若干人组成。

各专门委员会的主任委员、副主任委员和委员的人选由主席团在代表中提名，全国人民代表大会会议表决通过。在大会闭会期间，全国人民代表大会常务委员会可以任免专门委员会的副主任委员和委员，由委员长会议提名，常务委员会会议表决通过。

第三十五条　各专门委员会每届任期同全国人民代表大会每届任期相同，履行职责到下届全国人民代表大会产生新的专门委员会为止。

第三十六条　各专门委员会主任委员主持委员会会议和委员会的工作。副主任委员协助主任委员工作。

各专门委员会可以根据工作需要，任命专家若干人为顾问；顾问可以列席专门委员会会议，发表意见。

顾问由全国人民代表大会常务委员会任免。

第三十七条　各专门委员会的工作如下：

（一）审议全国人民代表大会主席团或者全国人民代表大会常务委员会交付的议案；

（二）向全国人民代表大会主席团或者全国人民代表大会常务委员会提出属于全国人民代表大会或者全国人民代表大会常务委员会职权范围内同本委员会有关的议案，组织起草法律草案和其他议案草案；

（三）承担全国人民代表大会常务委员会听取和审议专项工作报告有关具体工作；

（四）承担全国人民代表大会常务委员会执法检查的具体组织实施工作；

（五）承担全国人民代表大会常务委员会专题询问有关具体工作；

（六）按照全国人民代表大会常务委员会工作安排，听取国务院有关部门和国家监察委员会、最高人民法院、最高人民检察院的专题汇报，提出建议；

（七）对属于全国人民代表大会或者全国人民代表大会常务委员会职权范围内同本委员会有关的问题，进行调查研究，提出建议；

（八）审议全国人民代表大会常务委员会交付的被认为同宪法、法律相抵触的国务院的行政法规、决定和命令，国务院各部门的命令、指示和规章，国家监察委员会的监察法规，省、自治区、直辖市和设区的市、自治州的人民代表大会及其常务委员会的地方性法规和决定、决议，省、自治区、直辖市和设区的市、自治州的人民政府的决定、命令和规章，民族自治地方的自治条例和单行条例，经济特区法规，以及最高人民法院、最高人民检察院具体应用法律问题的解释，提出意见；

（九）审议全国人民代表大会主席团或者全国人民代表大会常务委员会交付的质询案，听取受质询机关对质询案的答复，必要的时候向全国人民代表大会主席团或者全国人民代表大会常务委员会提出报告；

（十）研究办理代表建议、批评和意见，负责有关建议、批评和意见的督促办理工作；

（十一）按照全国人民代表大会常务委员会的安排开展对外交往；

（十二）全国人民代表大会及其常务委员会交办的其他工作。

第三十八条 民族委员会可以对加强民族团结问题进行调查研究，提出建议；审议自治区报请全国人民代表大会常务委员会批准的自治区的自治条例和单行条例，向全国人民代表大会常务委员会提出报告。

第三十九条 宪法和法律委员会承担推动宪法实施、开展宪法解释、推进合宪性审查、加强宪法监督、配合宪法宣传等工作职责。

宪法和法律委员会统一审议向全国人民代表大会或者全国人民代表大会常务委员会提出的法律草案和有关法律问题的决定草案；其他专门委员会就有关草案向宪法和法律委员会提出意见。

第四十条 财政经济委员会对国务院提出的国民经济和社会发展计划草案、规划纲要草案、中央和地方预算草案、中央决算草案以及相关报告和调整方案进行审查，提出初步审查意见、审查结果报告；其他专门委员会可以就有关草案和报告向财政经济委员会提出意见。

第四十一条 全国人民代表大会或者全国人民代表大会常务委员会可以组织对于特定问题的调查委员会。调查委员会的组织和工作，由全国人民代表大会或者全国人民代表大会常务委员会决定。

第五章　全国人民代表大会代表

第四十二条　全国人民代表大会代表每届任期五年，从每届全国人民代表大会举行第一次会议开始，到下届全国人民代表大会举行第一次会议为止。

第四十三条　全国人民代表大会代表必须模范地遵守宪法和法律，保守国家秘密，并且在自己参加的生产、工作和社会活动中，协助宪法和法律的实施。

第四十四条　全国人民代表大会代表应当同原选举单位和人民保持密切联系，可以列席原选举单位的人民代表大会会议，通过多种方式听取和反映人民的意见和要求，努力为人民服务，充分发挥在全过程民主中的作用。

第四十五条　全国人民代表大会常务委员会和各专门委员会、工作委员会应当同代表保持密切联系，听取代表的意见和建议，支持和保障代表依法履职，扩大代表对各项工作的参与，充分发挥代表作用。

全国人民代表大会常务委员会建立健全常务委员会组成人员和各专门委员会、工作委员会联系代表的工作机制。

全国人民代表大会常务委员会办事机构和工作机构为代表履行职责提供服务保障。

第四十六条　全国人民代表大会代表向全国人民代表大会或者全国人民代表大会常务委员会提出的对各方面工作的建议、批评和意见，由全国人民代表大会常务委员会办事机构交由有关机关、组织研究办理并负责答复。

对全国人民代表大会代表提出的建议、批评和意见，有关机关、组织应当与代表联系沟通，充分听取意见，介绍有关情况，认真研究办理，及时予以答复。

全国人民代表大会有关专门委员会和常务委员会办事机构应当加强对办理工作的督促检查。常务委员会办事机构每年向常务委员会报告代表建议、批评和意见的办理情况，并予以公开。

第四十七条　全国人民代表大会代表在出席全国人民代表大会会议和执行其他属于代表的职务的时候，国家根据实际需要给予适当的补贴和物质上的便利。

第四十八条　全国人民代表大会代表、全国人民代表大会常务委员会的组成人员，在全国人民代表大会和全国人民代表大会常务委员会各种会议上的发言和表决，不受法律追究。

第四十九条　全国人民代表大会代表非经全国人民代表大会主席团许可，在全国人民代表大会闭会期间非经全国人民代表大会常务委员会许可，不受逮捕或者刑事审判。

全国人民代表大会代表如果因为是现行犯被拘留，执行拘留的公安机关应当立即向全国人民代表大会主席团或者全国人民代表大会常务委员会报告。

第三节　中华人民共和国全国人民代表大会议事规则

全国人民代表大会是最高国家权力机关，行使宪法和法律赋予的重要职权。全国人大议事规则是关于全国人民代表大会会议制度和工作程序的基本法律，是全国人大及其常委会依法行使职权的重要制度保障，是宪法有关规定的立法实施。我国宪法第七十八条规定："全国人民代表大会和全国人民代表大会常务委员会的组织和工作程序由法律规定。"《中华人民共和国全国人民代表大会议事规则》的颁布施行，对于保障最高国家权力机关依法行使职权具有重要作用。

一、中华人民共和国全国人民代表大会议事规则(1989 年制定)

1989 年 4 月，第七届全国人民代表大会第二次会议通过了《中华人民共和国全国人民代表大会议事规则》，主要从会议的举行，议案的提出和审议，审议工作报告、审查国家计划和国家预算，国家机构组成人员的选举、罢免、任免和辞职，询问和质询，调查委员会，发言和表决等方面对全国人民代表大会会议制度和工作程序作出了规定。

中华人民共和国全国人民代表大会议事规则

(1989 年 4 月 4 日第七届全国人民代表大会第二次会议通过)

第一条　根据宪法、全国人民代表大会组织法和全国人民代表大会的实践经验，制定本规则。

第一章　会议的举行

第二条　全国人民代表大会会议于每年第一季度举行。全国人民代表大会常务委员会认为必要，或者有五分之一以上的全国人民代表大会代表提议，可以召开全国人民代表大会临时会议。

第三条 全国人民代表大会会议由全国人民代表大会常务委员会召集。每届全国人民代表大会第一次会议，在本届全国人民代表大会代表选举完成后的两个月内，由上届全国人民代表大会常务委员会召集。

第四条 全国人民代表大会会议有三分之二以上的代表出席，始得举行。

第五条 全国人民代表大会常务委员会在全国人民代表大会会议举行前，进行下列准备工作：

（一）提出会议议程草案；

（二）提出主席团和秘书长名单草案；

（三）决定列席会议人员名单；

（四）会议的其他准备事项。

第六条 全国人民代表大会常务委员会在全国人民代表大会会议举行的一个月前，将开会日期和建议会议讨论的主要事项通知代表，并将准备提请会议审议的法律草案发给代表。

全国人民代表大会临时会议不适用前款规定。

第七条 全国人民代表大会会议举行前，代表按照选举单位组成代表团。代表团全体会议推选代表团团长、副团长。团长召集并主持代表团全体会议。副团长协助团长工作。

代表团可以分设若干代表小组。代表小组会议推选小组召集人。

第八条 全国人民代表大会会议举行前，召开预备会议，选举主席团和秘书长，通过会议议程和关于会议其他准备事项的决定。

预备会议由全国人民代表大会常务委员会主持。每届全国人民代表大会第一次会议的预备会议，由上届全国人民代表大会常务委员会主持。

各代表团审议全国人民代表大会常务委员会提出的主席团和秘书长名单草案、会议议程草案以及关于会议的其他准备事项，提出意见。

全国人民代表大会常务委员会委员长会议根据各代表团提出的意见，可以对主席团和秘书长名单草案、会议议程草案以及关于会议的其他准备事项提出调整意见，提请预备会议审议。

第九条　主席团主持全国人民代表大会会议。

主席团的决定，由主席团全体成员的过半数通过。

第十条　主席团第一次会议推选主席团常务主席若干人，推选主席团成员若干人分别担任每次大会全体会议的执行主席，并决定下列事项：

（一）副秘书长的人选；

（二）会议日程；

（三）表决议案的办法；

（四）代表提出议案截止日期；

（五）其他需要由主席团第一次会议决定的事项。

第十一条　主席团常务主席召集并主持主席团会议。主席团第一次会议由全国人民代表大会常务委员会委员长召集。

主席团常务主席可以对属于主席团职权范围内的事项向主席团提出建议，并可以对会议日程安排作必要的调整。

第十二条　代表团审议议案和有关报告，由代表团全体会议、代表小组会议审议。

以代表团名义提出的议案、质询案、罢免案，由代表团全体代表的过半数通过。

第十三条　主席团常务主席可以召开代表团团长会议，就议案和有关报告的重大问题听取各代表团的审议意见，进行讨论，并将议论的情况和意见向主席团报告。

主席团常务主席可以就重大的专门性问题，召集代表团推选的有关代表进行讨论；国务院有关部门负责人参加会议，汇报情况，回答问题。会议讨论的情况和意见应当向主席团报告。

第十四条　主席团可以召开大会全体会议进行大会发言，就议案和有关报告发表意见。

第十五条　全国人民代表大会会议设立秘书处。秘书处由秘书长和副秘书长组成。

秘书处在秘书长领导下，办理主席团交付的事项和处理会议日常事务工作。副秘书长协助秘书长工作。

第十六条　全国人民代表大会举行会议的时候，全国人民代表大会代表应当出席；因病或者其他特殊原因不能出席的，必须请假。

第十七条　国务院的组成人员，中央军事委员会的组成人员，最高人民法院院长和最高人民检察院检察长，列席全国人民代表大会会议；其他有关机关、团体的负责人，经全国人民代表大会常务委员会决定，可以列席全国人民代表大会会议。

第十八条　全国人民代表大会会议公开举行。

全国人民代表大会会议期间，代表在各种会议上的发言，整理简报印发会议，并可以根据本人要求，将发言记录或者摘要印发会议。

大会全体会议设旁听席。旁听办法另行规定。

全国人民代表大会会议举行新闻发布会、记者招待会。

第十九条 全国人民代表大会在必要的时候，可以举行秘密会议。举行秘密会议，经主席团征求各代表团的意见后，由有各代表团团长参加的主席团会议决定。

第二十条 全国人民代表大会举行会议的时候，秘书处和有关的代表团应当为少数民族代表准备必要的翻译。

第二章 议案的提出和审议

第二十一条 主席团，全国人民代表大会常务委员会，全国人民代表大会各专门委员会，国务院，中央军事委员会，最高人民法院，最高人民检察院，可以向全国人民代表大会提出属于全国人民代表大会职权范围内的议案，由主席团决定列入会议议程。

一个代表团或者三十名以上的代表联名，可以向全国人民代表大会提出属于全国人民代表大会职权范围内的议案，由主席团决定是否列入会议议程，或者先交有关的专门委员会审议、提出是否列入会议议程的意见，再决定是否列入会议议程，并将主席团通过的关于议案处理意见的报告印发会议。专门委员会审议的时候，可以邀请提案人列席会议、发表意见。

代表联名或者代表团提出的议案，可以在全国人民代表大会会议举行前提出。

第二十二条 列入会议议程的议案，提案人和有关的全国人民代表大会专门委员会、有关的全国人民代表大会常务委员会工作部门应当提供有关的资料。

第二十三条 列入会议议程的议案，提案人应当向会议提出关于议案的说明。议案由各代表团进行审议，主席团可以并交有关的专门委员会进行审议、提出报告，由主席团审议决定提请大会全体会议表决。

第二十四条 列入会议议程的法律案，大会全体会议听取关于该法律案的说明后，由各代表团审议，并由法律委员会和有关的专门委员会审议。

法律委员会根据各代表团和有关的专门委员会的审议意见，对法律案进行统一审议，向主席团提出审议结果报告和草案修改稿，对重要的不同意见应当在审议结果报告中予以说明，主席团审议通过后，印发会议，并将修改后的法律案提请大会全体会议表决。

有关的专门委员会的审议意见应当及时印发会议。

全国人民代表大会决定成立的特定的法律起草委员会拟订并提出的法律案的审议程序和表决办法，另行规定。

第二十五条 全国人民代表大会会议举行前，全国人民代表大会常务委员会对准备提请会议审议的重要的基本法律案，可以将草案公布，广泛征求意见，并将意见整理印发会议。

第二十六条 专门委员会审议议案和有关报告，涉及专门性问题的时候，可以邀请有关方面的代表和专家列席会议，发表意见。

专门委员会可以决定举行秘密会议。

第二十七条 列入会议议程的议案，在交付表决前，提案人要求撤回的，经主席团同意，会议对该议案的审议即行终止。

第二十八条 列入会议议程的议案，在审议中有重大问题需要进一步研究的，经主席团提出，由大会全体会议决定，可以授权全国人民代表大会常务委员会审议决定，并报全国人民代表大会下次会议备案或者提请全国人民代表大会下次会议审议。

第二十九条　全国人民代表大会代表向全国人民代表大会提出的对各方面工作的建议、批评和意见，由全国人民代表大会常务委员会办事机构交由有关机关、组织研究处理，并负责在大会闭会之日起三个月内，至迟不超过六个月，予以答复。代表对答复不满意的，可以提出意见，由全国人民代表大会常务委员会办事机构交由有关机关、组织或者其上级机关、组织再作研究处理，并负责答复。

第三章　审议工作报告、审查国家计划和国家预算

第三十条　全国人民代表大会每年举行会议的时候，全国人民代表大会常务委员会、国务院、最高人民法院、最高人民检察院向会议提出的工作报告，经各代表团审议后，会议可以作出相应的决议。

第三十一条　全国人民代表大会会议举行的一个月前，国务院有关主管部门应当就国民经济和社会发展计划及计划执行情况、国家预算及预算执行情况的主要内容，向全国人民代表大会财政经济委员会和有关的专门委员会汇报，由财政经济委员会进行初步审查。

第三十二条　全国人民代表大会每年举行会议的时候，国务院应当向会议提出关于国民经济和社会发展计划及计划执行情况的报告、关于国家预算及预算执行情况的报告，并将国民经济和社会发展计划主要指标（草案）、国家预算收支表（草案）和国家预算执行情况表（草案）一并印发会议，由各代表团进行审查，并由财政经济委员会和有关的专门委员会审查。

财政经济委员会根据各代表团和有关的专门委员会的审查意见，对国民经济和社会发展计划及计划执行情况的报告、关于国家预算及预算执行情况的报告进行审查，向主席团提出审查结果报告，主席团审议通过后，印发会议，并将关于国民经济和社会发展计划的决议草案、关于国家预算和预算执行情况的决议草案提请大会全体会议表决。

有关的专门委员会的审查意见应当及时印发会议。

第三十三条　国民经济和社会发展计划、国家预算经全国人民代表大会批准后，在执行过程中必须作部分调整的，国务院应当将调整方案提请全国人民代表大会常务委员会审查和批准。

第四章　国家机构组成人员的选举、罢免、任免和辞职

第三十四条　全国人民代表大会常务委员会委员长、副委员长、秘书长、委员的人选，中华人民共和国主席、副主席的人选，中央军事委员会主席的人选，最高人民法院院长和最高人民检察院检察长的人选，由主席团提名，经各代表团酝酿协商后，再由主席团根据多数代表的意见，确定正式候选人名单。

国务院总理和国务院其他组成人员的人选，中央军事委员会除主席以外的其他组成人员的人选，依照宪法的有关规定提名。

各专门委员会主任委员、副主任委员和委员的人选，由主席团在代表中提名。

第三十五条　候选人的提名人应当向会议介绍候选人的基本情况，并对代表提出的问题作必要的说明。

第三十六条　全国人民代表大会会议选举或者决定任命，采

用无记名投票方式。得票数超过全体代表的半数的，始得当选或者通过。

大会全体会议选举或者表决任命案的时候，设秘密写票处。

选举或者表决结果，由会议主持人当场宣布。候选人的得票数，应当公布。

第三十七条　全国人民代表大会会议选举和决定任命的具体办法，由大会全体会议通过。

第三十八条　全国人民代表大会会议期间，全国人民代表大会常务委员会的组成人员，中华人民共和国主席、副主席，国务院的组成人员，中央军事委员会的组成人员，最高人民法院院长和最高人民检察院检察长提出辞职的，由主席团将其辞职请求交各代表团审议后，提请大会全体会议决定；大会闭会期间提出辞职的，由委员长会议将其辞职请求提请全国人民代表大会常务委员会会议审议决定。全国人民代表大会常务委员会接受全国人民代表大会常务委员会组成人员，中华人民共和国主席、副主席，国务院总理、副总理、国务委员，中央军事委员会主席，最高人民法院院长和最高人民检察院检察长辞职的，应当报请全国人民代表大会下次会议确认。

全国人民代表大会闭会期间，国务院总理、中央军事委员会主席、最高人民法院院长、最高人民检察院检察长缺位的，全国人民代表大会常务委员会可以分别在国务院副总理、中央军事委员会副主席、最高人民法院副院长、最高人民检察院副检察长中决定代理人选。

第三十九条　主席团、三个以上的代表团或者十分之一以上的代表，可以提出对于全国人民代表大会常务委员会的组成人员，中华人民共和国主席、副主席，国务院的组成人员，中央军事委员会的组成人员，最高人民法院院长和最高人民检察院检察长的罢免案，由主席团交各代表团审议后，提请大会全体会议表决；或者依照本规则第六章的规定，由主席团提议，经大会全体会议决定，组织调查委员会，由全国人民代表大会下次会议根据调查委员会的报告审议决定。

罢免案应当写明罢免理由，并提供有关的材料。

罢免案提请大会全体会议表决前，被提出罢免的人员有权在主席团会议和大会全体会议上提出申辩意见，或者书面提出申辩意见，由主席团印发会议。

第四十条 全国人民代表大会常务委员会组成人员、专门委员会成员的全国人民代表大会代表职务被原选举单位罢免的，其全国人民代表大会常务委员会组成人员、专门委员会成员的职务相应撤销，由主席团或者全国人民代表大会常务委员会予以公告。

第五章 询问和质询

第四十一条 各代表团审议议案和有关报告的时候，有关部门应当派负责人员到会，听取意见，回答代表提出的询问。

各代表团全体会议审议政府工作报告和关于国民经济和社会发展计划及计划执行情况的报告、关于国家预算及预算执行情况的报告的时候，国务院和国务院各部门负责人应当分别参加会议，听取意见，回答询问。

主席团和专门委员会对议案和有关报告进行审议的时候，国务院或者有关机关负责人应当到会，听取意见，回答询问，并可以对有关议案作补充说明。

第四十二条 全国人民代表大会会议期间，一个代表团或者三十名以上的代表联名，可以书面提出对国务院和国务院各部门的质询案。

第四十三条 质询案必须写明质询对象、质询的问题和内容。

第四十四条 质询案按照主席团的决定由受质询机关的负责人在主席团会议、有关的专门委员会会议或者有关的代表团会议上口头答复，或者由受质询机关书面答复。在主席团会议或者专门委员会会议上答复的，提质询案的代表团团长或者代表有权列席会议，发表意见。

提质询案的代表或者代表团对答复质询不满意的，可以提出要求，经主席团决定，由受质询机关再作答复。

在专门委员会会议或者代表团会议上答复的，有关的专门委员会或者代表团应当将答复质询案的情况向主席团报告。

主席团认为必要的时候，可以将答复质询案的情况报告印发会议。

质询案以书面答复的，受质询机关的负责人应当签署，由主席团决定印发会议。

第六章 调查委员会

第四十五条 全国人民代表大会认为必要的时候，可以组织关于特定问题的调查委员会。

第四十六条 主席团、三个以上的代表团或者十分之一以上的代表联名，可以提议组织关于特定问题的调查委员会，由主席团提请大会全体会议决定。

调查委员会由主任委员、副主任委员若干人和委员若干人组成，由主席团在代表中提名，提请大会全体会议通过。调查委员会可以聘请专家参加调查工作。

第四十七条 调查委员会进行调查的时候，一切有关的国家机关、社会团体和公民都有义务如实向它提供必要的材料。提供材料的公民要求调查委员会对材料来源保密的，调查委员会应当予以保密。

调查委员会在调查过程中，可以不公布调查的情况和材料。

第四十八条 调查委员会应当向全国人民代表大会提出调查报告。全国人民代表大会根据调查委员会的报告，可以作出相应的决议。

全国人民代表大会可以授权全国人民代表大会常务委员会在全国人民代表大会闭会期间，听取调查委员会的调查报告，并可以作出相应的决议，报全国人民代表大会下次会议备案。

第七章 发言和表决

第四十九条 全国人民代表大会代表在全国人民代表大会各种会议上的发言和表决，不受法律追究。

第五十条 代表在大会全体会议上发言的，每人可以发言两次，第一次不超过十分钟，第二次不超过五分钟。

要求在大会全体会议上发言的，应当在会前向秘书处报名，由大会执行主席安排发言顺序；在大会全体会议上临时要求发言的，经大会执行主席许可，始得发言。

第五十一条 主席团成员和代表团团长或者代表团推选的代表在主席团每次会议上发言的，每人可以就同一议题发言两次，第一次不超过十五分钟，第二次不超过十分钟。经会议主持人许可，发言时间可以适当延长。

第五十二条　大会全体会议表决议案，由全体代表的过半数通过。

宪法的修改，由全体代表的三分之二以上的多数通过。

表决结果由会议主持人当场宣布。

第五十三条　会议表决议案采用投票方式、举手方式或者其他方式，由主席团决定。

宪法的修改，采用投票方式表决。

第五十四条　本规则自公布之日起施行。

二、中华人民共和国全国人民代表大会议事规则（2021 年修正）

党的十九大和十九届四中全会决定明确提出，健全人大组织制度、工作制度和议事规则。为贯彻习近平法治思想和习近平总书记关于坚持和完善人民代表大会制度的重要思想，落实党中央重大决策部署，围绕坚持党的全面领导、加强全国人大政治建设，坚持全过程民主、保证和发展人民当家作主，深入总结实践经验、坚持和完善人民代表大会制度，深化党和国家机构改革、推进国家治理体系和治理能力现代化等目标，对全国人大议事规则进行修改完善，主要修改内容包括：明确会议召开的相关准备工作，严明会议纪律，适当精简会议程序、提高议事质量和效率，加强会议公开和信息化建设，完善法律案等议案审议程序，规范规划纲要的审查批准和调整程序，健全完善大会通过事项的公布程序等。

中华人民共和国全国人民代表大会议事规则

（1989 年 4 月 4 日第七届全国人民代表大会第二次会议通过 根据 2021 年 3 月 11 日第十三届全国人民代表大会第四次会议《关于修改〈中华人民共和国全国人民代表大会议事规则〉的决定》修正）

第一条 根据宪法、全国人民代表大会组织法和全国人民代表大会的实践经验，制定本规则。

第一章 会议的举行

第二条 全国人民代表大会会议于每年第一季度举行，会议召开的日期由全国人民代表大会常务委员会决定并予以公布。

遇有特殊情况，全国人民代表大会常务委员会可以决定适当提前或者推迟召开会议。提前或者推迟召开会议的日期未能在当次会议上决定的，全国人民代表大会常务委员会可以另行决定或者授权委员长会议决定，并予以公布。

第三条 全国人民代表大会会议由全国人民代表大会常务委员会召集。每届全国人民代表大会第一次会议，在本届全国人民代表大会代表选举完成后的两个月内，由上届全国人民代表大会常务委员会召集。

第四条 全国人民代表大会会议有三分之二以上的代表出席，始得举行。

第五条 全国人民代表大会常务委员会在全国人民代表大会会议举行前，进行下列准备工作：

（一）提出会议议程草案；

（二）提出主席团和秘书长名单草案；

（三）决定列席会议人员名单；

（四）会议的其他准备事项。

第六条　全国人民代表大会常务委员会在全国人民代表大会会议举行的一个月前，将开会日期和建议会议讨论的主要事项通知代表，并将准备提请会议审议的法律草案发给代表。

全国人民代表大会常务委员会在全国人民代表大会会议举行前，可以组织代表研读讨论有关法律草案，征求代表的意见，并通报会议拟讨论的主要事项的有关情况。

临时召集的全国人民代表大会会议不适用前两款规定。

第七条　全国人民代表大会会议举行前，代表按照选举单位组成代表团。代表团全体会议推选代表团团长、副团长。团长召集并主持代表团全体会议。副团长协助团长工作。

代表团可以分设若干代表小组。代表小组会议推选小组召集人。

第八条　全国人民代表大会会议举行前，召开预备会议，选举主席团和秘书长，通过会议议程和关于会议其他准备事项的决定。

预备会议由全国人民代表大会常务委员会主持。每届全国人民代表大会第一次会议的预备会议，由上届全国人民代表大会常务委员会主持。

各代表团审议全国人民代表大会常务委员会提出的主席团和秘书长名单草案、会议议程草案以及关于会议的其他准备事项，提出意见。

全国人民代表大会常务委员会委员长会议根据各代表团提出的意见，可以对主席团和秘书长名单草案、会议议程草案以及关于会议的其他准备事项提出调整意见，提请预备会议审议。

第九条 主席团主持全国人民代表大会会议。

主席团的决定，由主席团全体成员的过半数通过。

第十条 主席团第一次会议推选主席团常务主席若干人，推选主席团成员若干人分别担任每次大会全体会议的执行主席，并决定下列事项：

（一）副秘书长的人选；

（二）会议日程；

（三）会议期间代表提出议案的截止时间；

（四）其他需要由主席团第一次会议决定的事项。

第十一条 主席团常务主席召集并主持主席团会议。主席团第一次会议由全国人民代表大会常务委员会委员长召集并主持，会议推选主席团常务主席后，由主席团常务主席主持。

第十二条 代表团审议议案和有关报告，由代表团全体会议、代表小组会议审议。

以代表团名义提出的议案、质询案、罢免案，由代表团全体代表的过半数通过。

第十三条 主席团常务主席可以召开代表团团长会议，就议案和有关报告的重大问题听取各代表团的审议意见，进行讨论，并将讨论的情况和意见向主席团报告。

主席团常务主席可以就重大的专门性问题，召集代表团推选的有关代表进行讨论；国务院有关部门负责人参加会议，汇报情况，回答问题。会议讨论的情况和意见应当向主席团报告。

第十四条 主席团可以召开大会全体会议进行大会发言，就议案和有关报告发表意见。

第十五条 全国人民代表大会代表应当出席会议；因病或者其他特殊原因不能出席的，应当向会议秘书处书面请假。秘书处应当向主席团报告代表出席会议的情况和缺席的原因。

代表应当勤勉尽责，认真审议各项议案和报告，严格遵守会议纪律。

第十六条 国务院的组成人员，中央军事委员会的组成人员，国家监察委员会主任，最高人民法院院长和最高人民检察院检察长，列席全国人民代表大会会议；其他有关机关、团体的负责人，经全国人民代表大会常务委员会决定，可以列席全国人民代表大会会议。

第十七条 全国人民代表大会会议公开举行。

全国人民代表大会会议议程、日程和会议情况予以公开。

全国人民代表大会会议期间，代表在各种会议上的发言，整理简报印发会议，并可以根据本人要求，将发言记录或者摘要印发会议。会议简报、发言记录或者摘要可以为纸质版，也可以为电子版。

大会全体会议设旁听席。旁听办法另行规定。

第十八条 全国人民代表大会会议举行新闻发布会、记者会。

全国人民代表大会会议设发言人，代表团可以根据需要设发言人。

秘书处可以组织代表和有关部门、单位负责人接受新闻媒体采访。代表团可以组织本代表团代表接受新闻媒体采访。

大会全体会议通过广播、电视、网络等媒体进行公开报道。

第十九条 全国人民代表大会在必要的时候，可以举行秘密会议。举行秘密会议，经主席团征求各代表团的意见后，由有各代表团团长参加的主席团会议决定。

第二十条 全国人民代表大会举行会议的时候，秘书处和有关的代表团应当为少数民族代表准备必要的翻译。

第二十一条 全国人民代表大会举行会议，应当合理安排会议日程，提高议事质量和效率。

各代表团应当按照会议日程进行审议。

第二十二条 全国人民代表大会会议运用现代信息技术，推进会议文件资料电子化，采用网络视频等方式为代表履职提供便利和服务。

第二章　议案的提出和审议

第二十三条 主席团，全国人民代表大会常务委员会，全国人民代表大会各专门委员会，国务院，中央军事委员会，国家监察委员会，最高人民法院，最高人民检察院，可以向全国人民代表大会提出属于全国人民代表大会职权范围内的议案，由主席团决定列入会议议程。

一个代表团或者三十名以上的代表联名，可以向全国人民代表大会提出属于全国人民代表大会职权范围内的议案，由主席团决定是否列入会议议程，或者先交有关的专门委员会审议、提出是否列入会议议程的意见，再决定是否列入会议议程，并将主席团通过的关于议案处理意见的报告印发会议。专门委员会审议的时候，可以邀请提案人列席会议、发表意见。

代表联名或者代表团提出的议案，可以在全国人民代表大会会议举行前提出。

第二十四条 列入会议议程的议案，提案人和有关的全国人民代表大会专门委员会、有关的全国人民代表大会常务委员会工作部门应当提供有关的资料。

第二十五条 列入会议议程的议案，提案人应当向会议提出关于议案的说明。议案由各代表团进行审议，主席团可以并交有关的专门委员会进行审议、提出报告，由主席团审议决定提请大会全体会议表决。

第二十六条 列入会议议程的法律案，大会全体会议听取关于该法律案的说明后，由各代表团审议，并由宪法和法律委员会、有关的专门委员会审议。

宪法和法律委员会根据各代表团和有关的专门委员会的审议意见，对法律案进行统一审议，向主席团提出审议结果报告和法律草案、有关法律问题的决定草案修改稿，对重要的不同意见应当在审议结果报告中予以说明，经主席团审议通过后，印发会议。修改稿经各代表团审议，由宪法和法律委员会根据各代表团的审议意见进行修改，提出表决稿，由主席团提请大会全体会议表决。

有关的专门委员会的审议意见应当及时印发会议。

全国人民代表大会决定成立的特定的法律起草委员会拟订并提出的法律案的审议程序和表决办法，另行规定。

第二十七条 向全国人民代表大会提出的法律案，在全国人民代表大会闭会期间，可以先向全国人民代表大会常务委员会提出，经全国人民代表大会常务委员会会议依照有关程序审议后，决定提请全国人民代表大会审议。

全国人民代表大会常务委员会对准备提请全国人民代表大会审议的法律案，应当将法律草案向社会公布，广泛征求意见，但是经委员长会议决定不公布的除外。向社会公布征求意见的时间一般不少于三十日。

第二十八条 专门委员会审议议案和有关报告，涉及专门性问题的时候，可以邀请有关方面的代表和专家列席会议，发表意见。

专门委员会可以决定举行秘密会议。

第二十九条　列入会议议程的议案，在交付表决前，提案人要求撤回的，经主席团同意，会议对该议案的审议即行终止。

第三十条　列入会议议程的议案，在审议中有重大问题需要进一步研究的，经主席团提出，由大会全体会议决定，可以授权全国人民代表大会常务委员会审议决定，并报全国人民代表大会下次会议备案或者提请全国人民代表大会下次会议审议。

第三十一条　一个代表团或者三十名以上的代表联名提出的议案，经主席团决定不列入本次会议议程的，交有关的专门委员会在全国人民代表大会闭会后审议。有关的专门委员会进行审议后，向全国人民代表大会常务委员会提出审议结果报告，经全国人民代表大会常务委员会审议通过后，印发全国人民代表大会下次会议。

第三十二条　全国人民代表大会代表向全国人民代表大会提出的对各方面工作的建议、批评和意见，由全国人民代表大会常务委员会办事机构交由有关机关、组织研究办理，并负责在交办之日起三个月内，至迟不超过六个月，予以答复。代表对答复不满意的，可以提出意见，由全国人民代表大会常务委员会办事机构交由有关机关、组织或者其上级机关、组织再作研究办理，并负责答复。

第三章　审议工作报告、审查国家
计划和国家预算

第三十三条　全国人民代表大会每年举行会议的时候，全国人民代表大会常务委员会、国务院、最高人民法院、最高人民检察院向会议提出的工作报告，经各代表团审议后，会议可以作出相应的决议。

第三十四条　全国人民代表大会会议举行的四十五日前，国务院有关主管部门应当就上一年度国民经济和社会发展计划执行情况的主要内容与本年度国民经济和社会发展计划草案的初步方案，上一年度中央和地方预算执行情况的主要内容与本年度中央和地方预算草案的初步方案，向全国人民代表大会财政经济委员会和有关的专门委员会汇报，由财政经济委员会进行初步审查。财政经济委员会进行初步审查时，应当邀请全国人民代表大会代表参加。

第三十五条　全国人民代表大会每年举行会议的时候，国务院应当向会议提出关于上一年度国民经济和社会发展计划执行情况与本年度国民经济和社会发展计划草案的报告、国民经济和社会发展计划草案，关于上一年度中央和地方预算执行情况与本年度中央和地方预算草案的报告、中央和地方预算草案，由各代表团进行审查，并由财政经济委员会和有关的专门委员会审查。

财政经济委员会根据各代表团和有关的专门委员会的审查意见，对前款规定的事项进行审查，向主席团提出审查结果报告，主席团审议通过后，印发会议，并将关于上一年度国民经济和社会发展计划执行情况与本年度国民经济和社会发展计划的决议草案、关于上一年度中央和地方预算执行情况与本年度中央和地方预算的决议草案提请大会全体会议表决。

有关的专门委员会的审查意见应当及时印发会议。

第三十六条　国民经济和社会发展计划、中央预算经全国人民代表大会批准后，在执行过程中必须作部分调整的，国务院应当将调整方案提请全国人民代表大会常务委员会审查和批准。

第三十七条 国民经济和社会发展五年规划纲要和中长期规划纲要的审查、批准和调整，参照本章有关规定执行。

第四章 国家机构组成人员的选举、罢免、任免和辞职

第三十八条 全国人民代表大会常务委员会委员长、副委员长、秘书长、委员的人选，中华人民共和国主席、副主席的人选，中央军事委员会主席的人选，国家监察委员会主任的人选，最高人民法院院长和最高人民检察院检察长的人选，由主席团提名，经各代表团酝酿协商后，再由主席团根据多数代表的意见，确定正式候选人名单。

国务院总理和国务院其他组成人员的人选，中央军事委员会除主席以外的其他组成人员的人选，依照宪法的有关规定提名。

各专门委员会主任委员、副主任委员和委员的人选，由主席团在代表中提名。

第三十九条 候选人的提名人应当向会议介绍候选人的基本情况，并对代表提出的问题作必要的说明。

第四十条 全国人民代表大会会议选举或者决定任命，采用无记名投票方式。得票数超过全体代表的半数的，始得当选或者通过。

大会全体会议选举或者表决任命案的时候，设秘密写票处。

选举或者表决结果，由会议主持人当场宣布。候选人的得票数，应当公布。

第四十一条　全国人民代表大会会议选举和决定任命的具体办法，由大会全体会议通过。

第四十二条　全国人民代表大会选举或者决定任命的国家机构组成人员在依照法定程序产生后，公开进行宪法宣誓。宣誓仪式由主席团组织。

第四十三条　全国人民代表大会会议期间，全国人民代表大会常务委员会的组成人员，中华人民共和国主席、副主席，国务院的组成人员，中央军事委员会的组成人员，国家监察委员会主任，最高人民法院院长，最高人民检察院检察长，全国人民代表大会专门委员会成员提出辞职的，由主席团将其辞职请求交各代表团审议后，提请大会全体会议决定；大会闭会期间提出辞职的，由委员长会议将其辞职请求提请全国人民代表大会常务委员会审议决定。

全国人民代表大会常务委员会接受全国人民代表大会常务委员会委员长、副委员长、秘书长，中华人民共和国主席、副主席，国务院总理、副总理、国务委员，中央军事委员会主席，国家监察委员会主任，最高人民法院院长，最高人民检察院检察长辞职的，应当报请全国人民代表大会下次会议确认。

全国人民代表大会常务委员会接受全国人民代表大会常务委员会委员辞职的，应当向全国人民代表大会下次会议报告。

全国人民代表大会闭会期间，国务院总理、中央军事委员会主席、国家监察委员会主任、最高人民法院院长、最高人民检察院检察长缺位的，全国人民代表大会常务委员会可以分别在国务院副总理、中央军事委员会副主席、国家监察委员会副主任、最高人民法院副院长、最高人民检察院副检察长中决定代理人选。

第四十四条 主席团、三个以上的代表团或者十分之一以上的代表，可以提出对全国人民代表大会常务委员会的组成人员，中华人民共和国主席、副主席，国务院的组成人员，中央军事委员会的组成人员，国家监察委员会主任，最高人民法院院长和最高人民检察院检察长的罢免案，由主席团交各代表团审议后，提请大会全体会议表决；或者依照本规则第六章的规定，由主席团提议，经大会全体会议决定，组织调查委员会，由全国人民代表大会下次会议根据调查委员会的报告审议决定。

罢免案应当写明罢免理由，并提供有关的材料。

罢免案提请大会全体会议表决前，被提出罢免的人员有权在主席团会议和大会全体会议上提出申辩意见，或者书面提出申辩意见，由主席团印发会议。

第四十五条 全国人民代表大会常务委员会组成人员、专门委员会成员的全国人民代表大会代表职务被原选举单位罢免的，其全国人民代表大会常务委员会组成人员、专门委员会成员的职务相应撤销，由主席团或者全国人民代表大会常务委员会予以公告。

第四十六条 全国人民代表大会常务委员会组成人员、专门委员会成员，辞去全国人民代表大会代表职务的请求被接受的，其全国人民代表大会常务委员会组成人员、专门委员会成员的职务相应终止，由全国人民代表大会常务委员会予以公告。

第五章 询问和质询

第四十七条 各代表团审议议案和有关报告的时候，有关部门应当派负责人员到会，听取意见，回答代表提出的询问。

各代表团全体会议审议政府工作报告，审查关于上一年度国民经济和社会发展计划执行情况与本年度国民经济和社会发展计划草案的报告、国民经济和社会发展计划草案，审查关于上一年度中央和地方预算执行情况与本年度中央和地方预算草案的报告、中央和地方预算草案，审议最高人民法院工作报告、最高人民检察院工作报告的时候，国务院以及国务院各部门负责人，最高人民法院、最高人民检察院负责人或者其委派的人员应当分别参加会议，听取意见，回答询问。

主席团和专门委员会对议案和有关报告进行审议的时候，国务院或者有关机关负责人应当到会，听取意见，回答询问，并可以对议案或者有关报告作补充说明。

第四十八条 全国人民代表大会会议期间，一个代表团或者三十名以上的代表联名，可以书面提出对国务院以及国务院各部门、国家监察委员会、最高人民法院、最高人民检察院的质询案。

第四十九条 质询案必须写明质询对象、质询的问题和内容。

第五十条 质询案按照主席团的决定由受质询机关的负责人在主席团会议、有关的专门委员会会议或者有关的代表团会议上口头答复，或者由受质询机关书面答复。在主席团会议或者专门委员会会议上答复的，提质询案的代表团团长或者代表有权列席会议，发表意见。

提质询案的代表或者代表团对答复质询不满意的，可以提出要求，经主席团决定，由受质询机关再作答复。

在专门委员会会议或者代表团会议上答复的，有关的专门委员会或者代表团应当将答复质询案的情况向主席团报告。

主席团认为必要的时候，可以将答复质询案的情况报告印发会议。

质询案以书面答复的，受质询机关的负责人应当签署，由主席团决定印发会议。

第六章　调查委员会

第五十一条　全国人民代表大会认为必要的时候，可以组织关于特定问题的调查委员会。

第五十二条　主席团、三个以上的代表团或者十分之一以上的代表联名，可以提议组织关于特定问题的调查委员会，由主席团提请大会全体会议决定。

调查委员会由主任委员、副主任委员若干人和委员若干人组成，由主席团在代表中提名，提请大会全体会议通过。调查委员会可以聘请专家参加调查工作。

第五十三条　调查委员会进行调查的时候，一切有关的国家机关、社会团体和公民都有义务如实向它提供必要的材料。提供材料的公民要求调查委员会对材料来源保密的，调查委员会应当予以保密。

调查委员会在调查过程中，可以不公布调查的情况和材料。

第五十四条　调查委员会应当向全国人民代表大会提出调查报告。全国人民代表大会根据调查委员会的报告，可以作出相应的决议。

全国人民代表大会可以授权全国人民代表大会常务委员会在全国人民代表大会闭会期间，听取调查委员会的调查报告，并可以作出相应的决议，报全国人民代表大会下次会议备案。

第七章　发言和表决

第五十五条　全国人民代表大会代表在全国人民代表大会各种会议上的发言和表决，不受法律追究。

第五十六条　代表在全国人民代表大会各种会议上发言，应当围绕会议确定的议题进行。

第五十七条　代表在大会全体会议上发言的，每人可以发言两次，第一次不超过十分钟，第二次不超过五分钟。

要求在大会全体会议上发言的，应当在会前向秘书处报名，由大会执行主席安排发言顺序；在大会全体会议上临时要求发言的，经大会执行主席许可，始得发言。

第五十八条　主席团成员和代表团团长或者代表团推选的代表在主席团每次会议上发言的，每人可以就同一议题发言两次，第一次不超过十五分钟，第二次不超过十分钟。经会议主持人许可，发言时间可以适当延长。

第五十九条　大会全体会议表决议案，由全体代表的过半数通过。

宪法的修改，由全体代表的三分之二以上的多数通过。

表决结果由会议主持人当场宣布。

会议表决时，代表可以表示赞成，可以表示反对，也可以表示弃权。

第六十条　会议表决议案采用无记名按表决器方式。如表决器系统在使用中发生故障，采用举手方式。

宪法的修改，采用无记名投票方式表决。

预备会议、主席团会议表决的方式，适用本条第一款的规定。

第八章 公 布

第六十一条 全国人民代表大会选举产生的全国人民代表大会常务委员会委员长、副委员长、秘书长、委员，中华人民共和国主席、副主席，中央军事委员会主席，国家监察委员会主任，最高人民法院院长，最高人民检察院检察长，决定任命的中央军事委员会副主席、委员，通过的全国人民代表大会专门委员会成员，以全国人民代表大会公告予以公布。

全国人民代表大会决定任命的国务院总理、副总理、国务委员、各部部长、各委员会主任、中国人民银行行长、审计长、秘书长，由中华人民共和国主席根据全国人民代表大会的决定，签署主席令任命并予以公布。

第六十二条 国家机构组成人员在全国人民代表大会会议期间辞职或者被罢免的，适用本规则第六十一条规定的公布程序。

第六十三条 全国人民代表大会通过的宪法修正案，以全国人民代表大会公告予以公布。

第六十四条 全国人民代表大会通过的法律，由中华人民共和国主席签署主席令予以公布。

第六十五条 全国人民代表大会通过的法律、决议、决定，发布的公告，以及法律草案的说明、审议结果报告等，应当及时在全国人民代表大会常务委员会公报和中国人大网上刊载。

第九章 附 则

第六十六条 本规则自公布之日起施行。

第四节　中华人民共和国全国人民代表大会和地方各级人民代表大会代表法

代表法是规范和保障人大代表依法行使权力，履行职责的重要法律。代表法自 1992 年颁布施行以来，对保障代表依法履行职责，坚持和完善人民代表大会制度起到了重要作用。各级人大代表依照代表法的规定，肩负人民的重托，代表人民的利益和意志，依法执行代表职务，参加行使国家权力，在国家政治生活中发挥了重要的作用。

一、中华人民共和国全国人民代表大会和地方各级人民代表大会代表法（1992 年制定）

1992 年 4 月 3 日，第七届全国人民代表大会第五次会议通过的代表法是新中国成立后通过的第一部代表法。这部法律是党的十一届三中全会以来我国人大代表工作的经验总结和进一步规范的标志，是对我国各级人大代表长期履职及其服务保障等工作经验的积累，得到了地方各级人大常委会的积极支持和高度配合。代表法颁布施行以来，对保障代表依法履行职责，坚持和完善人民代表大会制度起到了重要作用。

中华人民共和国全国人民代表大会和地方各级人民代表大会代表法

（1992 年 4 月 3 日第七届全国人民代表大会第五次会议通过）

第一章 总 则

第一条 为保证全国人民代表大会和地方各级人民代表大会代表依法行使代表的职权，履行代表的义务，发挥代表作用，根据宪法，制定本法。

第二条 全国人民代表大会和地方各级人民代表大会代表依照法律规定选举产生。

全国人民代表大会代表是最高国家权力机关组成人员，地方各级人民代表大会代表是地方各级国家权力机关组成人员。

全国人民代表大会和地方各级人民代表大会代表，代表人民的利益和意志，依照宪法和法律赋予本级人民代表大会的各项职权，参加行使国家权力。

第三条 代表必须模范地遵守宪法和法律，保守国家秘密，在自己参加的生产、工作和社会活动中，协助宪法和法律的实施。

第四条 代表应当与原选区选民或者原选举单位和人民群众保持密切联系，听取和反映他们的意见和要求，努力为人民服务。

第五条 代表受原选区选民或者原选举单位的监督。选民或者选举单位有权依法罢免自己选出的代表。被罢免的代表有权出席罢免该代表的会议申诉意见或者书面申诉意见。

第六条 代表依照本法的规定在本级人民代表大会会议期间的工作和在本级人民代表大会闭会期间的活动，都是执行代表职务。

国家和社会为代表执行代表职务提供保障。

第二章　代表在本级人民代表大会
会议期间的工作

第七条　代表应当出席本级人民代表大会会议，依法行使代表的职权。

第八条　代表参加大会全体会议、代表团全体会议、小组会议，审议列入大会议程的各项议案和报告。

代表可以被推选或者受邀请列席主席团会议、专门委员会会议，发表意见。

第九条　代表有权依照法律规定的程序向本级人民代表大会提出属于本级人民代表大会职权范围内的议案。议案应当有案由、案据和方案。

列入会议议程的议案，在交付大会表决前，提出议案的代表要求撤回的，经主席团同意，会议对该项议案的审议即行终止。

第十条　全国人民代表大会代表，有权依照宪法规定的程序向全国人民代表大会提出修改宪法的议案。

第十一条　代表参加本级人民代表大会的各项选举。

全国人民代表大会有权对主席团提名的全国人民代表大会常务委员会组成人员的人选，中华人民共和国主席、副主席的人选，中央军事委员会主席的人选，最高人民法院院长和最高人民检察院检察长的人选，全国人民代表大会各专门委员会的人选，提出意见。

县级以上的地方各级人民代表大会代表有权依照法律规定的程序提出本级人民代表大会常务委员会的组成人员，人民政府领导人员，人民法院院长，人民检察院检察长以及上一级人民代大会代表的人选，并有权对本级人民代表大会主席团和代表依法提出的上述人员的人选提出意见。

乡、民族乡、镇的人民代表大会代表有权依照法律规定的程序提出本级人民政府领导人员的人选，并有权对本级人民代表大会主席团和代表依法提出的上述人员的人选提出意见。

各级人民代表大会代表有权对本级人民代表大会主席团的人选，提出意见。

代表对确定的候选人，可以投赞成票，可以投反对票，可以另选他人，也可以弃权。

第十二条　全国人民代表大会代表参加决定国务院组成人员和中央军事委员会副主席、委员的人选。

全国人民代表大会和省、自治区、直辖市、自治州、设区的市的人民代表大会代表参加表决通过本级人民代表大会各专门委员会组成人员的人选。

第十三条　代表在审议议案和报告时，可以向本级有关国家机关提出询问。有关国家机关应当派负责人或者负责人员回答询问。

第十四条　全国人民代表大会会议期间，一个代表团或者三十名以上的代表联名，有权书面提出对国务院和国务院各部、各委员会，最高人民法院，最高人民检察院的质询案。

县级以上的地方各级人民代表大会代表有权依照法律规定的程序提出对本级人民政府及其所属各部门，人民法院，人民检察院的质询案。

乡、民族乡、镇的人民代表大会代表有权依照法律规定的程序提出对本级人民政府的质询案。

质询案应当写明质询对象、质询的问题和内容。

质询案按照主席团的决定由受质询机关答复。提出质询案的代表半数以上对答复不满意的，可以要求受质询机关再作答复。

第十五条 全国人民代表大会代表有权依照法律规定的程序提出对全国人民代表大会常务委员会组成人员，中华人民共和国主席、副主席，国务院组成人员，中央军事委员会组成人员，最高人民法院院长，最高人民检察院检察长的罢免案。

县级以上的地方各级人民代表大会代表有权依照法律规定的程序提出对本级人民代表大会常务委员会组成人员，人民政府组成人员，人民法院院长，人民检察院检察长的罢免案。

乡、民族乡、镇的人民代表大会代表有权依照法律规定的程序提出对本级人民政府领导人员的罢免案。

罢免案应当写明罢免的理由。

第十六条 县级以上的各级人民代表大会代表有权依法提议组织关于特定问题的调查委员会。

第十七条 代表参加本级人民代表大会表决，可以投赞成票，可以投反对票，也可以弃权。

第十八条 代表有权向本级人民代表大会提出对各方面工作的建议、批评和意见。有关机关、组织必须研究处理并负责答复。

第三章 代表在本级人民代表大会闭会期间的活动

第十九条 县级以上的各级人民代表大会常务委员会组织本级人民代表大会代表开展闭会期间的活动。

县级以上的地方各级人民代表大会常务委员会受上一级人民

代表大会常务委员会的委托，组织本级人民代表大会选举产生的上一级人民代表大会代表开展闭会期间的活动。

第二十条　县级以上的各级人民代表大会代表，在本级或者下级人民代表大会常务委员会协助下，可以按照便于组织和开展活动的原则组成代表小组。

县级以上的各级人民代表大会代表，可以参加下级人民代表大会代表的代表小组活动。

第二十一条　县级以上的各级人民代表大会代表根据本级人民代表大会常务委员会的统一安排，对本级或者下级国家机关和有关单位的工作进行视察。

代表按前款规定进行视察，可以提出约见本级或者下级有关国家机关负责人。被约见的有关国家机关负责人或者由他委托的负责人员应当听取代表的建议、批评和意见。

代表可以持代表证就地进行视察。县级以上的地方各级人民代表大会常务委员会根据代表的要求，联系安排本级或者上级的代表持代表证就地进行视察。

代表视察时，可以向被视察单位提出建议、批评和意见，但不直接处理问题。

第二十二条　代表有权依照法律规定的程序提议临时召集本级人民代表大会会议。

第二十三条　县级以上的各级人民代表大会代表可以应邀列席本级人民代表大会常务委员会会议。全国人民代表大会代表，省、自治区、直辖市、自治州、设区的市的人民代表大会代表可以应邀列席本级人民代表大会各专门委员会会议。

第二十四条　全国人民代表大会代表，省、自治区、直辖市、自治州、设区的市的人民代表大会代表可以列席原选举单位的人民代表大会会议，并可以应邀列席原选举单位的人民代表大会常务委员会会议。

第二十五条　代表应当采取多种方式经常听取人民群众的意见，回答原选区选民或者原选举单位对代表工作和代表活动的询问，协助本级人民政府推行工作。

第二十六条　县级以上的各级人民代表大会代表根据本级人民代表大会或者本级人民代表大会常务委员会的决定，参加关于特定问题的调查委员会。

第二十七条　县级以上的各级人民代表大会代表有权向本级人民代表大会常务委员会提出对各方面工作的建议、批评和意见。有关机关、组织必须研究处理并负责答复。

第二十八条　乡、民族乡、镇的人民代表大会代表分工联系选民，依法组成代表小组，反映群众的意见和要求，协商本级人民政府推行工作。

第四章　代表执行职务的保障

第二十九条　代表在人民代表大会各种会议上的发言和表决，不受法律追究。

第三十条　县级以上的各级人民代表大会代表，非经本级人民代表大会主席团许可，在本级人民代表大会闭会期间，非经本级人民代表大会常务委员会许可，不受逮捕或者刑事审判。如果因为是现行犯被拘留，执行拘留的机关应当立即向该级人民代表大会主席团或者人民代表大会常务委员会报告。

对县级以上的各级人民代表大会代表，如果采取法律规定的其他限制人身自由的措施，应当经该级人民代表大会主席团或者人民代表大会常务委员会许可。

乡、民族乡、镇的人民代表大会代表，如果被逮捕、受刑事审判、或者被采取法律规定的其他限制人身自由的措施，执行机关应当立即报告乡、民族乡、镇的人民代表大会。

第三十一条　代表在本级人民代表大会闭会期间，参加由本级人民代表大会或者其常务委员会安排的代表活动，代表所在单位必须给予时间保障。

第三十二条　代表按照本法第三十一条的规定执行代表职务，其所在单位按正常出勤对待，享受所在单位的工资和其他待遇。

无固定工资收入的代表执行代表职务，根据实际情况由本级财政给予适当补贴。

第三十三条　代表的活动经费，应当列入本级财政预算。

第三十四条　县级以上的各级人民代表大会常务委员会应当采取多种方式同本级人民代表大会代表保持联系。

第三十五条　县级以上的地方各级人民代表大会常务委员会，应当为本行政区域内的代表执行代表职务提供必要的条件。

第三十六条　县级以上的各级人民代表大会常务委员会的办事机构应当为代表执行代表职务提供服务。

第三十七条　为了便于代表执行代表职务，各级人民代表大会可以为本级人民代表大会代表制发代表证。

第三十八条　少数民族代表执行代表职务时，有关部门应当在语言文字、生活习惯等方面给予必要的帮助和照顾。

第三十九条　一切组织和个人都必须尊重代表的权利，支持代表执行代表职务。

有义务协助代表执行代表职务而拒绝履行义务的，有关单位应当予以批评教育，直至给予行政处分。

阻碍代表依法执行代表职务的，根据情节，由所在单位或者上级机关给予行政处分，或者依照治安管理处罚条例第十九条的规定处罚；以暴力、威胁方法阻碍代表依法执行代表职务的，依照刑法第一百五十七条的规定追究刑事责任。

对代表依法执行代表职务进行打击报复的，由所在单位或者上级机关责令改正或者给予行政处分；国家工作人员进行打击报复构成犯罪的，依照刑法第一百四十六条的规定追究刑事责任。

第五章　停止执行代表职务和代表资格终止

第四十条　代表有下列情形之一的，暂时停止执行代表职务：

（一）因刑事案件被羁押正在受侦查、起诉、审判的；

（二）被依法判处管制、拘役或者有期徒刑而没有附加剥夺政治权利，正在服刑的。

前款所列情形在代表任期内消失后，恢复其执行代表职务，但代表资格终止者除外。

第四十一条　代表有下列情形之一的，其代表资格终止：

（一）地方各级人民代表大会代表迁出或者调离本行政区域的；

（二）辞职被接受的；

（三）未经批准两次不出席本级人民代表大会会议的；

（四）被罢免的；

（五）丧失中华人民共和国国籍的；

（六）依照法律被剥夺政治权利的。

第四十二条 县级以上的各级人民代表大会代表资格的终止，由代表资格审查委员会报本级人民代表大会常务委员会，由本级人民代表大会常务委员会予以公告。

乡、民族乡、镇的人民代表大会代表资格的终止，由代表资格审查委员会报本级人民代表大会，由本级人民代表大会予以公告。

第六章　附　　则

第四十三条 省、自治区、直辖市的人民代表大会及其常务委员会可以根据本法和本行政区域的实际情况，制定实施办法。

第四十四条 本法自公布之日起施行。

二、中华人民共和国全国人民代表大会和地方各级人民代表大会代表法（2009 年第一次修正）

2009 年 8 月 27 日，第十一届全国人民代表大会常务委员会第十次会议根据新修订的《中华人民共和国刑法》《中华人民共和国治安管理处罚法》等法律实施需要，通过了《全国人民代表大会常务委员会关于修改部分法律的决定》，对《中华人民共和国全国人民代表大会和地方各级人民代表大会代表法》等法律进行了一致性修改。代表法主要是将第三十九条第三款中的"依照治安管理处罚条例第十九条的规定处罚"修改为"适用《中华人民共和国治安管理处罚法》第五十条的处罚规定"；将"依照刑法第一百五十七条的规定追究刑事责任"修改为"依照刑法有关规定追究刑事责任"。

中华人民共和国全国人民代表大会和地方各级人民代表大会代表法

（1992 年 4 月 3 日第七届全国人民代表大会第五次会议通过 根据 2009 年 8 月 27 日第十一届全国人民代表大会常务委员会第 十次会议《关于修改部分法律的决定》修正）

第一章　总　　则

第一条　为保证全国人民代表大会和地方各级人民代表大会 代表依法行使代表的职权，履行代表的义务，发挥代表作用，根 据宪法，制定本法。

第二条　全国人民代表大会和地方各级人民代表大会代表依 照法律规定选举产生。

全国人民代表大会代表是最高国家权力机关组成人员，地方 各级人民代表大会代表是地方各级国家权力机关组成人员。

全国人民代表大会和地方各级人民代表大会代表，代表人民 的利益和意志，依照宪法和法律赋予本级人民代表大会的各项职 权，参加行使国家权力。

第三条　代表必须模范地遵守宪法和法律，保守国家秘密， 在自己参加的生产、工作和社会活动中，协助宪法和法律的 实施。

第四条　代表应当与原选区选民或者原选举单位和人民群众 保持密切联系，听取和反映他们的意见和要求，努力为人民 服务。

第五条　代表受原选区选民或者原选举单位的监督。选民或 者选举单位有权依法罢免自己选出的代表。被罢免的代表有权出 席罢免该代表的会议申诉意见或者书面申诉意见。

第六条 代表依照本法的规定在本级人民代表大会会议期间的工作和在本级人民代表大会闭会期间的活动，都是执行代表职务。

国家和社会为代表执行代表职务提供保障。

第二章 代表在本级人民代表大会会议期间的工作

第七条 代表应当出席本级人民代表大会会议，依法行使代表的职权。

第八条 代表参加大会全体会议、代表团全体会议、小组会议，审议列入大会议程的各项议案和报告。

代表可以被推选或者受邀请列席主席团会议、专门委员会会议，发表意见。

第九条 代表有权依照法律规定的程序向本级人民代表大会提出属于本级人民代表大会职权范围内的议案。议案应当有案由、案据和方案。

列入会议议程的议案，在交付大会表决前，提出议案的代表要求撤回的，经主席团同意，会议对该项议案的审议即行终止。

第十条 全国人民代表大会代表，有权依照宪法规定的程序向全国人民代表大会提出修改宪法的议案。

第十一条 代表参加本级人民代表大会的各项选举。

全国人民代表大会有权对主席团提名的全国人民代表大会常务委员会组成人员的人选，中华人民共和国主席、副主席的人选，中央军事委员会主席的人选，最高人民法院院长和最高人民检察院检察长的人选，全国人民代表大会各专门委员会的人选，提出意见。

县级以上的地方各级人民代表大会代表有权依照法律规定的程序提出本级人民代表大会常务委员会的组成人员，人民政府领导人员，人民法院院长，人民检察院检察长以及上一级人民代表大会代表的人选，并有权对本级人民代表大会主席团和代表依法提出的上述人员的人选提出意见。

乡、民族乡、镇的人民代表大会代表有权依照法律规定的程序提出本级人民政府领导人员的人选，并有权对本级人民代表大会主席团和代表依法提出的上述人员的人选提出意见。

各级人民代表大会代表有权对本级人民代表大会主席团的人选，提出意见。

代表对确定的候选人，可以投赞成票，可以投反对票，可以另选他人，也可以弃权。

第十二条　全国人民代表大会代表参加决定国务院组成人员和中央军事委员会副主席、委员的人选。

全国人民代表大会和省、自治区、直辖市、自治州、设区的市的人民代表大会代表参加表决通过本级人民代表大会各专门委员会组成人员的人选。

第十三条　代表在审议议案和报告时，可以向本级有关国家机关提出询问。有关国家机关应当派负责人或者负责人员回答询问。

第十四条　全国人民代表大会会议期间，一个代表团或者三十名以上的代表联名，有权书面提出对国务院和国务院各部、各委员会，最高人民法院，最高人民检察院的质询案。

县级以上的地方各级人民代表大会代表有权依照法律规定的程序提出对本级人民政府及其所属各部门，人民法院，人民检察院的质询案。

乡、民族乡、镇的人民代表大会代表有权依照法律规定的程序提出对本级人民政府的质询案。

质询案应当写明质询对象、质询的问题和内容。

质询案按照主席团的决定由受质询机关答复。提出质询案的代表半数以上对答复不满意的，可以要求受质询机关再作答复。

第十五条 全国人民代表大会代表有权依照法律规定的程序提出对全国人民代表大会常务委员会组成人员，中华人民共和国主席、副主席，国务院组成人员，中央军事委员会组成人员，最高人民法院院长，最高人民检察院检察长的罢免案。

县级以上的地方各级人民代表大会代表有权依照法律规定的程序提出对本级人民代表大会常务委员会组成人员，人民政府组成人员，人民法院院长，人民检察院检察长的罢免案。

乡、民族乡、镇的人民代表大会代表有权依照法律规定的程序提出对本级人民政府领导人员的罢免案。

罢免案应当写明罢免的理由。

第十六条 县级以上的各级人民代表大会代表有权依法提议组织关于特定问题的调查委员会。

第十七条 代表参加本级人民代表大会表决，可以投赞成票，可以投反对票，也可以弃权。

第十八条 代表有权向本级人民代表大会提出对各方面工作的建议、批评和意见。有关机关、组织必须研究处理并负责答复。

第三章 代表在本级人民代表大会闭会期间的活动

第十九条 县级以上的各级人民代表大会常务委员会组织本

级人民代表大会代表开展闭会期间的活动。

县级以上的地方各级人民代表大会常务委员会受上一级人民代表大会常务委员会的委托，组织本级人民代表大会选举产生的上一级人民代表大会代表开展闭会期间的活动。

第二十条　县级以上的各级人民代表大会代表，在本级或者下级人民代表大会常务委员会协助下，可以按照便于组织和开展活动的原则组成代表小组。

县级以上的各级人民代表大会代表，可以参加下级人民代表大会代表的代表小组活动。

第二十一条　县级以上的各级人民代表大会代表根据本级人民代表大会常务委员会的统一安排，对本级或者下级国家机关和有关单位的工作进行视察。

代表按前款规定进行视察，可以提出约见本级或者下级有关国家机关负责人。被约见的有关国家机关负责人或者由他委托的负责人员应当听取代表的建议、批评和意见。

代表可以持代表证就地进行视察。县级以上的地方各级人民代表大会常务委员会根据代表的要求，联系安排本级或者上级的代表持代表证就地进行视察。

代表视察时，可以向被视察单位提出建议、批评和意见，但不直接处理问题。

第二十二条　代表有权依照法律规定的程序提议临时召集本级人民代表大会会议。

第二十三条　县级以上的各级人民代表大会代表可以应邀列席本级人民代表大会常务委员会会议。全国人民代表大会代表，省、自治区、直辖市、自治州、设区的市的人民代表大会代表可以应邀列席本级人民代表大会各专门委员会会议。

第二十四条　全国人民代表大会代表，省、自治区、直辖市、自治州、设区的市的人民代表大会代表可以列席原选举单位的人民代表大会会议，并可以应邀列席原选举单位的人民代表大会常务委员会会议。

第二十五条　代表应当采取多种方式经常听取人民群众的意见，回答原选区选民或者原选举单位对代表工作和代表活动的询问，协助本级人民政府推行工作。

第二十六条　县级以上的各级人民代表大会代表根据本级人民代表大会或者本级人民代表大会常务委员会的决定，参加关于特定问题的调查委员会。

第二十七条　县级以上的各级人民代表大会代表有权向本级人民代表大会常务委员会提出对各方面工作的建议、批评和意见。有关机关、组织必须研究处理并负责答复。

第二十八条　乡、民族乡、镇的人民代表大会代表分工联系选民，依法组成代表小组，反映群众的意见和要求，协商本级人民政府推行工作。

第四章　代表执行职务的保障

第二十九条　代表在人民代表大会各种会议上的发言和表决，不受法律追究。

第三十条　县级以上的各级人民代表大会代表，非经本级人民代表大会主席团许可，在本级人民代表大会闭会期间，非经本级人民代表大会常务委员会许可，不受逮捕或者刑事审判。如果因为是现行犯被拘留，执行拘留的机关应当立即向该级人民代表大会主席团或者人民代表大会常务委员会报告。

对县级以上的各级人民代表大会代表，如果采取法律规定的其他限制人身自由的措施，应当经该级人民代表大会主席团或者人民代表大会常务委员会许可。

乡、民族乡、镇的人民代表大会代表，如果被逮捕、受刑事审判、或者被采取法律规定的其他限制人身自由的措施，执行机关应当立即报告乡、民族乡、镇的人民代表大会。

第三十一条　代表在本级人民代表大会闭会期间，参加由本级人民代表大会或者其常务委员会安排的代表活动，代表所在单位必须给予时间保障。

第三十二条　代表按照本法第三十一条的规定执行代表职务，其所在单位按正常出勤对待，享受所在单位的工资和其他待遇。

无固定工资收入的代表执行代表职务，根据实际情况由本级财政给予适当补贴。

第三十三条　代表的活动经费，应当列入本级财政预算。

第三十四条　县级以上的各级人民代表大会常务委员会应当采取多种方式同本级人民代表大会代表保持联系。

第三十五条　县级以上的地方各级人民代表大会常务委员会，应当为本行政区域内的代表执行代表职务提供必要的条件。

第三十六条　县级以上的各级人民代表大会常务委员会的办事机构应当为代表执行代表职务提供服务。

第三十七条　为了便于代表执行代表职务，各级人民代表大会可以为本级人民代表大会代表制发代表证。

第三十八条　少数民族代表执行代表职务时，有关部门应当在语言文字、生活习惯等方面给予必要的帮助和照顾。

第三十九条　一切组织和个人都必须尊重代表的权利，支持代表执行代表职务。

有义务协助代表执行代表职务而拒绝履行义务的，有关单位应当予以批评教育，直至给予行政处分。

阻碍代表依法执行代表职务的，根据情节，由所在单位或者上级机关给予行政处分，或者适用《中华人民共和国治安管理处罚法》第五十条的处罚规定；以暴力、威胁方法阻碍代表依法执行代表职务的，依照刑法有关规定追究刑事责任。

对代表依法执行代表职务进行打击报复的，由所在单位或者上级机关责令改正或者给予行政处分；国家工作人员进行打击报复构成犯罪的，依照刑法有关规定追究刑事责任。

第五章　停止执行代表职务和代表资格终止

第四十条　代表有下列情形之一的，暂时停止执行代表职务：

（一）因刑事案件被羁押正在受侦查、起诉、审判的；

（二）被依法判处管制、拘役或者有期徒刑而没有附加剥夺政治权利，正在服刑的。

前款所列情形在代表任期内消失后，恢复其执行代表职务，但代表资格终止者除外。

第四十一条　代表有下列情形之一的，其代表资格终止：

（一）地方各级人民代表大会代表迁出或者调离本行政区域的；

（二）辞职被接受的；

（三）未经批准两次不出席本级人民代表大会会议的；

（四）被罢免的；

（五）丧失中华人民共和国国籍的；

（六）依照法律被剥夺政治权利的。

第四十二条　县级以上的各级人民代表大会代表资格的终止，由代表资格审查委员会报本级人民代表大会常务委员会，由本级人民代表大会常务委员会予以公告。

乡、民族乡、镇的人民代表大会代表资格的终止，由代表资格审查委员会报本级人民代表大会，由本级人民代表大会予以公告。

第六章　附　　则

第四十三条　省、自治区、直辖市的人民代表大会及其常务委员会可以根据本法和本行政区域的实际情况，制定实施办法。

第四十四条　本法自公布之日起施行。

三、中华人民共和国全国人民代表大会和地方各级人民代表大会代表法（2010 年第二次修正）

随着我国经济社会和社会主义民主法制建设的发展，代表的构成、素质以及履职的环境等都发生了很大变化，代表履职出现了一些新情况、新问题。有的代表对代表职务的性质地位认识不够到位，将其视为一种政治荣誉，没有充分认识到代表的神圣责任和历史使命，履职不够积极主动；有的代表对履职方式把握不够准确，没有严格依照法律的规定履职。同时，在一些地方，代表知情知政得不到保障，依法履职缺乏必要的条件，在履职的时间、经费等方面存在一些困难，等等。这些问题影响了代表作用的发挥，需要及时予以规范和明确。2005 年，中共中央转发《中共全国人大常委会党组关于进一步发挥全国人大代表作用，加强全国人大常委会制度建设的若干意见》，要求以代表法为基础，进一步支持、规范和保障人大代表依法行使权力、履行职责。全国人大常委会在深入总结各地开展代表工作实践经验的基础上，将中央文件的精神上升为法律规定，对代表法进行了修改和完善。修改的重点主要是：进一步明确人大代表的权利和义务，进一步细化人大代表的履职规范，进一步加强对人大代表履职的保障，进一步强化对人大代表的监督。

中华人民共和国全国人民代表大会和地方各级人民代表大会代表法

（1992 年 4 月 3 日第七届全国人民代表大会第五次会议通过 根据 2009 年 8 月 27 日第十一届全国人民代表大会常务委员会第十次会议《关于修改部分法律的决定》第一次修正 根据 2010 年 10 月 28 日第十一届全国人民代表大会常务委员会第十七次会议《关于修改〈中华人民共和国全国人民代表大会和地方各级人民代表大会代表法〉的决定》第二次修正）

第一章 总 则

第一条 为保证全国人民代表大会和地方各级人民代表大会代表依法行使代表的职权，履行代表的义务，发挥代表作用，根据宪法，制定本法。

第二条 全国人民代表大会和地方各级人民代表大会代表依照法律规定选举产生。

全国人民代表大会代表是最高国家权力机关组成人员，地方各级人民代表大会代表是地方各级国家权力机关组成人员。

全国人民代表大会和地方各级人民代表大会代表，代表人民的利益和意志，依照宪法和法律赋予本级人民代表大会的各项职权，参加行使国家权力。

第三条　代表享有下列权利：

（一）出席本级人民代表大会会议，参加审议各项议案、报告和其他议题，发表意见；

（二）依法联名提出议案、质询案、罢免案等；

（三）提出对各方面工作的建议、批评和意见；

（四）参加本级人民代表大会的各项选举；

（五）参加本级人民代表大会的各项表决；

（六）获得依法执行代表职务所需的信息和各项保障；

（七）法律规定的其他权利。

第四条　代表应当履行下列义务：

（一）模范地遵守宪法和法律，保守国家秘密，在自己参加的生产、工作和社会活动中，协助宪法和法律的实施；

（二）按时出席本级人民代表大会会议，认真审议各项议案、报告和其他议题，发表意见，做好会议期间的各项工作；

（三）积极参加统一组织的视察、专题调研、执法检查等履职活动；

（四）加强履职学习和调查研究，不断提高执行代表职务的能力；

（五）与原选区选民或者原选举单位和人民群众保持密切联系，听取和反映他们的意见和要求，努力为人民服务；

（六）自觉遵守社会公德，廉洁自律，公道正派，勤勉尽责；

（七）法律规定的其他义务。

第五条　代表依照本法的规定在本级人民代表大会会议期间

的工作和在本级人民代表大会闭会期间的活动，都是执行代表职务。

国家和社会为代表执行代表职务提供保障。

代表不脱离各自的生产和工作。代表出席本级人民代表大会会议，参加闭会期间统一组织的履职活动，应当安排好本人的生产和工作，优先执行代表职务。

第六条 代表受原选区选民或者原选举单位的监督。

第二章 代表在本级人民代表大会会议期间的工作

第七条 代表应当按时出席本级人民代表大会会议。代表因健康等特殊原因不能出席会议的，应当按照规定请假。

代表在出席本级人民代表大会会议前，应当听取人民群众的意见和建议，为会议期间执行代表职务做好准备。

第八条 代表参加大会全体会议、代表团全体会议、小组会议，审议列入会议议程的各项议案和报告。

代表可以被推选或者受邀请列席主席团会议、专门委员会会议，发表意见。

代表应当围绕会议议题发表意见，遵守议事规则。

第九条 代表有权依照法律规定的程序向本级人民代表大会提出属于本级人民代表大会职权范围内的议案。议案应当有案由、案据和方案。

代表依法提出的议案，由本级人民代表大会主席团决定是否列入会议议程，或者先交有关的专门委员会审议、提出是否列入会议议程的意见，再决定是否列入会议议程。

列入会议议程的议案，在交付大会表决前，提出议案的代表要求撤回的，经主席团同意，会议对该项议案的审议即行终止。

第十条　全国人民代表大会代表，有权依照宪法规定的程序向全国人民代表大会提出修改宪法的议案。

第十一条　代表参加本级人民代表大会的各项选举。

全国人民代表大会代表有权对主席团提名的全国人民代表大会常务委员会组成人员的人选，中华人民共和国主席、副主席的人选，中央军事委员会主席的人选，最高人民法院院长和最高人民检察院检察长的人选，全国人民代表大会各专门委员会的人选，提出意见。

县级以上的地方各级人民代表大会代表有权依照法律规定的程序提出本级人民代表大会常务委员会的组成人员，人民政府领导人员，人民法院院长，人民检察院检察长以及上一级人民代表大会代表的人选，并有权对本级人民代表大会主席团和代表依法提出的上述人员的人选提出意见。

乡、民族乡、镇的人民代表大会代表有权依照法律规定的程序提出本级人民代表大会主席、副主席和人民政府领导人员的人选，并有权对本级人民代表大会主席团和代表依法提出的上述人员的人选提出意见。

各级人民代表大会代表有权对本级人民代表大会主席团的人选，提出意见。

代表对确定的候选人，可以投赞成票，可以投反对票，可以另选他人，也可以弃权。

第十二条　全国人民代表大会代表参加决定国务院组成人员和中央军事委员会副主席、委员的人选。

全国人民代表大会和省、自治区、直辖市、自治州、设区的市的人民代表大会代表参加表决通过本级人民代表大会各专门委员会组成人员的人选。

第十三条 代表在审议议案和报告时，可以向本级有关国家机关提出询问。有关国家机关应当派负责人或者负责人员回答询问。

第十四条 全国人民代表大会会议期间，一个代表团或者三十名以上的代表联名，有权书面提出对国务院和国务院各部、各委员会，最高人民法院，最高人民检察院的质询案。

县级以上的地方各级人民代表大会代表有权依照法律规定的程序提出对本级人民政府及其所属各部门，人民法院，人民检察院的质询案。

乡、民族乡、镇的人民代表大会代表有权依照法律规定的程序提出对本级人民政府的质询案。

质询案应当写明质询对象、质询的问题和内容。

质询案按照主席团的决定由受质询机关答复。提出质询案的代表半数以上对答复不满意的，可以要求受质询机关再作答复。

第十五条 全国人民代表大会代表有权依照法律规定的程序提出对全国人民代表大会常务委员会组成人员，中华人民共和国主席、副主席，国务院组成人员，中央军事委员会组成人员，最高人民法院院长，最高人民检察院检察长的罢免案。

县级以上的地方各级人民代表大会代表有权依照法律规定的程序提出对本级人民代表大会常务委员会组成人员，人民政府组成人员，人民法院院长，人民检察院检察长的罢免案。

乡、民族乡、镇的人民代表大会代表有权依照法律规定的程序提出对本级人民代表大会主席、副主席和人民政府领导人员的罢免案。

罢免案应当写明罢免的理由。

第十六条　县级以上的各级人民代表大会代表有权依法提议组织关于特定问题的调查委员会。

第十七条　代表参加本级人民代表大会表决，可以投赞成票，可以投反对票，也可以弃权。

第十八条　代表有权向本级人民代表大会提出对各方面工作的建议、批评和意见。建议、批评和意见应当明确具体，注重反映实际情况和问题。

第三章　代表在本级人民代表大会闭会期间的活动

第十九条　县级以上的各级人民代表大会常务委员会组织本级人民代表大会代表开展闭会期间的活动。

县级以上的地方各级人民代表大会常务委员会受上一级人民代表大会常务委员会的委托，组织本级人民代表大会选举产生的上一级人民代表大会代表开展闭会期间的活动。

乡、民族乡、镇的人民代表大会主席、副主席负责组织本级人民代表大会代表开展闭会期间的活动。

第二十条　代表在闭会期间的活动以集体活动为主，以代表小组活动为基本形式。代表可以通过多种方式听取、反映原选区选民或者原选举单位的意见和要求。

第二十一条　县级以上的各级人民代表大会代表，在本级或者下级人民代表大会常务委员会协助下，可以按照便于组织和开展活动的原则组成代表小组。

县级以上的各级人民代表大会代表，可以参加下级人民代表大会代表的代表小组活动。

第二十二条 县级以上的各级人民代表大会代表根据本级人民代表大会常务委员会的统一安排，对本级或者下级国家机关和有关单位的工作进行视察。

代表按前款规定进行视察，可以提出约见本级或者下级有关国家机关负责人。被约见的有关国家机关负责人或者由他委托的负责人员应当听取代表的建议、批评和意见。

代表可以持代表证就地进行视察。县级以上的地方各级人民代表大会常务委员会根据代表的要求，联系安排本级或者上级的代表持代表证就地进行视察。

代表视察时，可以向被视察单位提出建议、批评和意见，但不直接处理问题。

第二十三条 县级以上的各级人民代表大会代表根据安排，围绕经济社会发展和关系人民群众切身利益、社会普遍关注的重大问题，开展专题调研。

第二十四条 代表参加视察、专题调研活动形成的报告，由本级人民代表大会常务委员会办事机构转交有关机关、组织。对报告中提出的意见和建议的研究处理情况应当向代表反馈。

第二十五条 代表有权依照法律规定的程序提议临时召集本级人民代表大会会议。

第二十六条 县级以上的各级人民代表大会代表可以应邀列席本级人民代表大会常务委员会会议，参加本级人民代表大会常务委员会组织的执法检查和其他活动。全国人民代表大会代表，省、自治区、直辖市、自治州、设区的市的人民代表大会代表可以应邀列席本级人民代表大会各专门委员会会议。

第二十七条 全国人民代表大会代表，省、自治区、直辖市、自治州、设区的市的人民代表大会代表可以列席原选举单位的人民代表大会会议，并可以应邀列席原选举单位的人民代表大会常务委员会会议。

第二十八条　县级以上的各级人民代表大会代表根据本级人民代表大会或者本级人民代表大会常务委员会的决定，参加关于特定问题的调查委员会。

第二十九条　县级以上的各级人民代表大会代表在本级人民代表大会闭会期间，有权向本级人民代表大会常务委员会提出对各方面工作的建议、批评和意见。建议、批评和意见应当明确具体，注重反映实际情况和问题。

第三十条　乡、民族乡、镇的人民代表大会代表在本级人民代表大会闭会期间，根据统一安排，开展调研等活动；组成代表小组，分工联系选民，反映人民群众的意见和要求。

第四章　代表执行职务的保障

第三十一条　代表在人民代表大会各种会议上的发言和表决，不受法律追究。

第三十二条　县级以上的各级人民代表大会代表，非经本级人民代表大会主席团许可，在本级人民代表大会闭会期间，非经本级人民代表大会常务委员会许可，不受逮捕或者刑事审判。如果因为是现行犯被拘留，执行拘留的机关应当立即向该级人民代表大会主席团或者人民代表大会常务委员会报告。

对县级以上的各级人民代表大会代表，如果采取法律规定的其他限制人身自由的措施，应当经该级人民代表大会主席团或者人民代表大会常务委员会许可。

人民代表大会主席团或者常务委员会受理有关机关依照本条规定提请许可的申请，应当审查是否存在对代表在人民代表大会各种会议上的发言和表决进行法律追究，或者对代表提出建议、批评和意见等其他执行职务行为打击报复的情形，并据此作出决定。

乡、民族乡、镇的人民代表大会代表，如果被逮捕、受刑事审判、或者被采取法律规定的其他限制人身自由的措施，执行机关应当立即报告乡、民族乡、镇的人民代表大会。

第三十三条　代表在本级人民代表大会闭会期间，参加由本级人民代表大会或者其常务委员会安排的代表活动，代表所在单位必须给予时间保障。

第三十四条　代表按照本法第三十三条的规定执行代表职务，其所在单位按正常出勤对待，享受所在单位的工资和其他待遇。

无固定工资收入的代表执行代表职务，根据实际情况由本级财政给予适当补贴。

第三十五条　代表的活动经费，应当列入本级财政预算予以保障，专款专用。

第三十六条　县级以上的各级人民代表大会常务委员会应当采取多种方式同本级人民代表大会代表保持联系，扩大代表对本级人民代表大会常务委员会活动的参与。

第三十七条　县级以上的地方各级人民代表大会常务委员会，应当为本行政区域内的代表执行代表职务提供必要的条件。

第三十八条　县级以上的各级人民代表大会常务委员会，各级人民政府和人民法院、人民检察院，应当及时向本级人民代表大会代表通报工作情况，提供信息资料，保障代表的知情权。

第三十九条　县级以上的各级人民代表大会常务委员会应当有计划地组织代表参加履职学习，协助代表全面熟悉人民代表大会制度、掌握履行代表职务所需的法律知识和其他专业知识。

乡、民族乡、镇的人民代表大会代表可以参加上级人民代表大会常务委员会组织的代表履职学习。

第四十条　县级以上的各级人民代表大会常务委员会的办事机构和工作机构是代表执行代表职务的集体服务机构，为代表执行代表职务提供服务保障。

第四十一条　为了便于代表执行代表职务，各级人民代表大会可以为本级人民代表大会代表制发代表证。

第四十二条　有关机关、组织应当认真研究办理代表建议、批评和意见，并自交办之日起三个月内答复。涉及面广、处理难度大的建议、批评和意见，应当自交办之日起六个月内答复。

有关机关、组织在研究办理代表建议、批评和意见的过程中，应当与代表联系沟通，充分听取意见。

代表建议、批评和意见的办理情况，应当向本级人民代表大会常务委员会报告，并印发下一次人民代表大会会议。

第四十三条　少数民族代表执行代表职务时，有关部门应当在语言文字、生活习惯等方面给予必要的帮助和照顾。

第四十四条　一切组织和个人都必须尊重代表的权利，支持代表执行代表职务。

有义务协助代表执行代表职务而拒绝履行义务的，有关单位应当予以批评教育，直至给予行政处分。

阻碍代表依法执行代表职务的，根据情节，由所在单位或者上级机关给予行政处分，或者适用《中华人民共和国治安管理处罚法》第五十条的处罚规定；以暴力、威胁方法阻碍代表依法执行代表职务的，依照刑法有关规定追究刑事责任。

对代表依法执行代表职务进行打击报复的，由所在单位或者上级机关责令改正或者给予行政处分；国家工作人员进行打击报复构成犯罪的，依照刑法有关规定追究刑事责任。

第五章　对代表的监督

第四十五条　代表应当采取多种方式经常听取人民群众对代表履职的意见，回答原选区选民或者原选举单位对代表工作和代表活动的询问，接受监督。

由选民直接选举的代表应当以多种方式向原选区选民报告履职情况。

第四十六条　代表应当正确处理从事个人职业活动与执行代表职务的关系，不得利用执行代表职务干涉具体司法案件或者招标投标等经济活动牟取个人利益。

第四十七条　选民或者选举单位有权依法罢免自己选出的代表。被提出罢免的代表有权出席罢免该代表的会议提出申辩意见，或者书面提出申辩意见。

第四十八条　代表有下列情形之一的，暂时停止执行代表职务，由代表资格审查委员会向本级人民代表大会常务委员会或者乡、民族乡、镇的人民代表大会报告：

（一）因刑事案件被羁押正在受侦查、起诉、审判的；

（二）被依法判处管制、拘役或者有期徒刑而没有附加剥夺政治权利，正在服刑的。

前款所列情形在代表任期内消失后，恢复其执行代表职务，但代表资格终止者除外。

第四十九条　代表有下列情形之一的，其代表资格终止：

（一）地方各级人民代表大会代表迁出或者调离本行政区域的；

（二）辞职被接受的；

（三）未经批准两次不出席本级人民代表大会会议的；

（四）被罢免的；

（五）丧失中华人民共和国国籍的；

（六）依照法律被剥夺政治权利的；

（七）丧失行为能力的。

第五十条　县级以上的各级人民代表大会代表资格的终止，由代表资格审查委员会报本级人民代表大会常务委员会，由本级人民代表大会常务委员会予以公告。

乡、民族乡、镇的人民代表大会代表资格的终止，由代表资格审查委员会报本级人民代表大会，由本级人民代表大会予以公告。

第六章　附　　则

第五十一条　省、自治区、直辖市的人民代表大会及其常务委员会可以根据本法和本行政区域的实际情况，制定实施办法。

第五十二条　本法自公布之日起施行。

四、中华人民共和国全国人民代表大会和地方各级人民代表大会代表法（2015 年第三次修正）

党的十八届三中全会提出推动人民代表大会制度与时俱进，

211

要求加强人大常委会同人大代表的联系，充分发挥代表作用；通过建立健全代表联络机构、网络平台等形式密切代表同人民群众的联系。2015 年 6 月，中共中央转发《中共全国人大常委会党组关于加强县乡人大工作和建设的若干意见》（中央 18 号文件），提出了进一步加强和完善基层人大代表工作的要求。2015 年 8 月 29 日，第十二届全国人民代表大会常务委员会第十六次会议通过了《全国人民代表大会常务委员会关于修改〈中华人民共和国地方各级人民代表大会和地方各级人民政府组织法〉、〈中华人民共和国全国人民代表大会和地方各级人民代表大会选举法〉、〈中华人民共和国全国人民代表大会和地方各级人民代表大会代表法〉的决定》，对《中华人民共和国全国人民代表大会和地方各级人民代表大会代表法》进行了修改，为贯彻落实党中央关于加强县乡人大工作和建设的要求，在新形势下更好地开展代表工作提供了更为完备的法律保障。

中华人民共和国全国人民代表大会和地方各级人民代表大会代表法

（1992 年 4 月 3 日第七届全国人民代表大会第五次会议通过 根据 2009 年 8 月 27 日第十一届全国人民代表大会常务委员会第十次会议《关于修改部分法律的决定》第一次修正 根据 2010 年 10 月 28 日第十一届全国人民代表大会常务委员会第十七次会议《关于修改〈中华人民共和国全国人民代表大会和地方各级人民代表大会代表法〉的决定》第二次修正 根据 2015 年 8 月 29 日第十二届全国人民代表大会常务委员会第十六次会议《关于修改〈中华人民共和国地方各级人民代表大会和地方各级人民政府组织法〉、〈中华人民共和国全国人民代表大会和地方各级人民代表大会选举法〉、〈中华人民共和国全国人民代表大会和地方各级人民代表大会代表法〉的决定》第三次修正）

第一章 总 则

第一条 为保证全国人民代表大会和地方各级人民代表大会代表依法行使代表的职权，履行代表的义务，发挥代表作用，根据宪法，制定本法。

第二条 全国人民代表大会和地方各级人民代表大会代表依照法律规定选举产生。

全国人民代表大会代表是最高国家权力机关组成人员，地方各级人民代表大会代表是地方各级国家权力机关组成人员。

全国人民代表大会和地方各级人民代表大会代表，代表人民的利益和意志，依照宪法和法律赋予本级人民代表大会的各项职权，参加行使国家权力。

第三条 代表享有下列权利：

（一）出席本级人民代表大会会议，参加审议各项议案、报告和其他议题，发表意见；

（二）依法联名提出议案、质询案、罢免案等；

（三）提出对各方面工作的建议、批评和意见；

（四）参加本级人民代表大会的各项选举；

（五）参加本级人民代表大会的各项表决；

（六）获得依法执行代表职务所需的信息和各项保障；

（七）法律规定的其他权利。

第四条 代表应当履行下列义务：

（一）模范地遵守宪法和法律，保守国家秘密，在自己参加的生产、工作和社会活动中，协助宪法和法律的实施；

（二）按时出席本级人民代表大会会议，认真审议各项议案、报告和其他议题，发表意见，做好会议期间的各项工作；

（三）积极参加统一组织的视察、专题调研、执法检查等履职活动；

（四）加强履职学习和调查研究，不断提高执行代表职务的能力；

（五）与原选区选民或者原选举单位和人民群众保持密切联系，听取和反映他们的意见和要求，努力为人民服务；

（六）自觉遵守社会公德，廉洁自律，公道正派，勤勉尽责；

（七）法律规定的其他义务。

第五条　代表依照本法的规定在本级人民代表大会会议期间的工作和在本级人民代表大会闭会期间的活动，都是执行代表职务。

国家和社会为代表执行代表职务提供保障。

代表不脱离各自的生产和工作。代表出席本级人民代表大会会议，参加闭会期间统一组织的履职活动，应当安排好本人的生产和工作，优先执行代表职务。

第六条　代表受原选区选民或者原选举单位的监督。

第二章　代表在本级人民代表大会会议期间的工作

第七条　代表应当按时出席本级人民代表大会会议。代表因健康等特殊原因不能出席会议的，应当按照规定请假。

代表在出席本级人民代表大会会议前，应当听取人民群众的意见和建议，为会议期间执行代表职务做好准备。

第八条　代表参加大会全体会议、代表团全体会议、小组会议，审议列入会议议程的各项议案和报告。

代表可以被推选或者受邀请列席主席团会议、专门委员会会议，发表意见。

代表应当围绕会议议题发表意见，遵守议事规则。

第九条　代表有权依照法律规定的程序向本级人民代表大会提出属于本级人民代表大会职权范围内的议案。议案应当有案由、案据和方案。

代表依法提出的议案，由本级人民代表大会主席团决定是否列入会议议程，或者先交有关的专门委员会审议、提出是否列入会议议程的意见，再决定是否列入会议议程。

列入会议议程的议案，在交付大会表决前，提出议案的代表要求撤回的，经主席团同意，会议对该项议案的审议即行终止。

第十条　全国人民代表大会代表，有权依照宪法规定的程序向全国人民代表大会提出修改宪法的议案。

第十一条　代表参加本级人民代表大会的各项选举。

全国人民代表大会代表有权对主席团提名的全国人民代表大会常务委员会组成人员的人选，中华人民共和国主席、副主席的人选，中央军事委员会主席的人选，最高人民法院院长和最高人民检察院检察长的人选，全国人民代表大会各专门委员会的人选，提出意见。

县级以上的地方各级人民代表大会代表有权依照法律规定的程序提出本级人民代表大会常务委员会的组成人员，人民政府领导人员，人民法院院长，人民检察院检察长以及上一级人民代表大会代表的人选，并有权对本级人民代表大会主席团和代表依法提出的上述人员的人选提出意见。

乡、民族乡、镇的人民代表大会代表有权依照法律规定的程序提出本级人民代表大会主席、副主席和人民政府领导人员的人选，并有权对本级人民代表大会主席团和代表依法提出的上述人员的人选提出意见。

各级人民代表大会代表有权对本级人民代表大会主席团的人选，提出意见。

代表对确定的候选人，可以投赞成票，可以投反对票，可以另选他人，也可以弃权。

第十二条 全国人民代表大会代表参加决定国务院组成人员和中央军事委员会副主席、委员的人选。

县级以上的各级人民代表大会代表参加表决通过本级人民代表大会各专门委员会组成人员的人选。

第十三条 代表在审议议案和报告时，可以向本级有关国家机关提出询问。有关国家机关应当派负责人或者负责人员回答询问。

第十四条 全国人民代表大会会议期间，一个代表团或者三十名以上的代表联名，有权书面提出对国务院和国务院各部、各委员会，最高人民法院，最高人民检察院的质询案。

县级以上的地方各级人民代表大会代表有权依照法律规定的程序提出对本级人民政府及其所属各部门，人民法院，人民检察院的质询案。

乡、民族乡、镇的人民代表大会代表有权依照法律规定的程序提出对本级人民政府的质询案。

质询案应当写明质询对象、质询的问题和内容。

质询案按照主席团的决定由受质询机关答复。提出质询案的代表半数以上对答复不满意的，可以要求受质询机关再作答复。

第十五条　全国人民代表大会代表有权依照法律规定的程序提出对全国人民代表大会常务委员会组成人员，中华人民共和国主席、副主席，国务院组成人员，中央军事委员会组成人员，最高人民法院院长，最高人民检察院检察长的罢免案。

县级以上的地方各级人民代表大会代表有权依照法律规定的程序提出对本级人民代表大会常务委员会组成人员，人民政府组成人员，人民法院院长，人民检察院检察长的罢免案。

乡、民族乡、镇的人民代表大会代表有权依照法律规定的程序提出对本级人民代表大会主席、副主席和人民政府领导人员的罢免案。

罢免案应当写明罢免的理由。

第十六条　县级以上的各级人民代表大会代表有权依法提议组织关于特定问题的调查委员会。

第十七条　代表参加本级人民代表大会表决，可以投赞成票，可以投反对票，也可以弃权。

第十八条　代表有权向本级人民代表大会提出对各方面工作的建议、批评和意见。建议、批评和意见应当明确具体，注重反映实际情况和问题。

第三章　代表在本级人民代表大会闭会期间的活动

第十九条　县级以上的各级人民代表大会常务委员会组织本级人民代表大会代表开展闭会期间的活动。

县级以上的地方各级人民代表大会常务委员会受上一级人民代表大会常务委员会的委托，组织本级人民代表大会选举产生的上一级人民代表大会代表开展闭会期间的活动。

乡、民族乡、镇的人民代表大会主席、副主席根据主席团的安排，组织本级人民代表大会代表开展闭会期间的活动。

第二十条 代表在闭会期间的活动以集体活动为主，以代表小组活动为基本形式。代表可以通过多种方式听取、反映原选区选民或者原选举单位的意见和要求。

第二十一条 县级以上的各级人民代表大会代表，在本级或者下级人民代表大会常务委员会协助下，可以按照便于组织和开展活动的原则组成代表小组。

县级以上的各级人民代表大会代表，可以参加下级人民代表大会代表的代表小组活动。

第二十二条 县级以上的各级人民代表大会代表根据本级人民代表大会常务委员会的安排，对本级或者下级国家机关和有关单位的工作进行视察。乡、民族乡、镇的人民代表大会代表根据本级人民代表大会主席团的安排，对本级人民政府和有关单位的工作进行视察。

代表按前款规定进行视察，可以提出约见本级或者下级有关国家机关负责人。被约见的有关国家机关负责人或者由他委托的负责人员应当听取代表的建议、批评和意见。

代表可以持代表证就地进行视察。县级以上的地方各级人民代表大会常务委员会或者乡、民族乡、镇的人民代表大会主席团根据代表的要求，联系安排本级或者上级的代表持代表证就地进行视察。

代表视察时，可以向被视察单位提出建议、批评和意见，但不直接处理问题。

第二十三条 代表根据安排，围绕经济社会发展和关系人民群众切身利益、社会普遍关注的重大问题，开展专题调研。

第二十四条　代表参加视察、专题调研活动形成的报告，由本级人民代表大会常务委员会办事机构或者乡、民族乡、镇的人民代表大会主席团转交有关机关、组织。对报告中提出的意见和建议的研究处理情况应当向代表反馈。

第二十五条　代表有权依照法律规定的程序提议临时召集本级人民代表大会会议。

第二十六条　县级以上的各级人民代表大会代表可以应邀列席本级人民代表大会常务委员会会议、本级人民代表大会各专门委员会会议，参加本级人民代表大会常务委员会组织的执法检查和其他活动。乡、民族乡、镇的人民代表大会代表参加本级人民代表大会主席团组织的执法检查和其他活动。

第二十七条　全国人民代表大会代表，省、自治区、直辖市、自治州、设区的市的人民代表大会代表可以列席原选举单位的人民代表大会会议，并可以应邀列席原选举单位的人民代表大会常务委员会会议。

第二十八条　县级以上的各级人民代表大会代表根据本级人民代表大会或者本级人民代表大会常务委员会的决定，参加关于特定问题的调查委员会。

第二十九条　代表在本级人民代表大会闭会期间，有权向本级人民代表大会常务委员会或者乡、民族乡、镇的人民代表大会主席团提出对各方面工作的建议、批评和意见。建议、批评和意见应当明确具体，注重反映实际情况和问题。

第三十条　乡、民族乡、镇的人民代表大会代表在本级人民代表大会闭会期间，根据统一安排，开展调研等活动；组成代表小组，分工联系选民，反映人民群众的意见和要求。

第四章　代表执行职务的保障

第三十一条　代表在人民代表大会各种会议上的发言和表决，不受法律追究。

第三十二条　县级以上的各级人民代表大会代表，非经本级人民代表大会主席团许可，在本级人民代表大会闭会期间，非经本级人民代表大会常务委员会许可，不受逮捕或者刑事审判。如果因为是现行犯被拘留，执行拘留的机关应当立即向该级人民代表大会主席团或者人民代表大会常务委员会报告。

对县级以上的各级人民代表大会代表，如果采取法律规定的其他限制人身自由的措施，应当经该级人民代表大会主席团或者人民代表大会常务委员会许可。

人民代表大会主席团或者常务委员会受理有关机关依照本条规定提请许可的申请，应当审查是否存在对代表在人民代表大会各种会议上的发言和表决进行法律追究，或者对代表提出建议、批评和意见等其他执行职务行为打击报复的情形，并据此作出决定。

乡、民族乡、镇的人民代表大会代表，如果被逮捕、受刑事审判、或者被采取法律规定的其他限制人身自由的措施，执行机关应当立即报告乡、民族乡、镇的人民代表大会。

第三十三条　代表在本级人民代表大会闭会期间，参加由本级人民代表大会常务委员会或者乡、民族乡、镇的人民代表大会主席团安排的代表活动，代表所在单位必须给予时间保障。

第三十四条　代表按照本法第三十三条的规定执行代表职务，其所在单位按正常出勤对待，享受所在单位的工资和其他待遇。

无固定工资收入的代表执行代表职务，根据实际情况由本级财政给予适当补贴。

第三十五条　代表的活动经费，应当列入本级财政预算予以保障，专款专用。

第三十六条　县级以上的各级人民代表大会常务委员会应当采取多种方式同本级人民代表大会代表保持联系，扩大代表对本级人民代表大会常务委员会活动的参与。

第三十七条　县级以上的地方各级人民代表大会常务委员会，应当为本行政区域内的代表执行代表职务提供必要的条件。

第三十八条　县级以上的各级人民代表大会常务委员会，各级人民政府和人民法院、人民检察院，应当及时向本级人民代表大会代表通报工作情况，提供信息资料，保障代表的知情权。

第三十九条　县级以上的各级人民代表大会常务委员会应当有计划地组织代表参加履职学习，协助代表全面熟悉人民代表大会制度、掌握履行代表职务所需的法律知识和其他专业知识。

乡、民族乡、镇的人民代表大会代表可以参加上级人民代表大会常务委员会组织的代表履职学习。

第四十条　县级以上的各级人民代表大会常务委员会的办事机构和工作机构是代表执行代表职务的集体服务机构，为代表执行代表职务提供服务保障。

第四十一条　为了便于代表执行代表职务，各级人民代表大会可以为本级人民代表大会代表制发代表证。

第四十二条　有关机关、组织应当认真研究办理代表建议、批评和意见，并自交办之日起三个月内答复。涉及面广、处理难度大的建议、批评和意见，应当自交办之日起六个月内答复。

有关机关、组织在研究办理代表建议、批评和意见的过程中，应当与代表联系沟通，充分听取意见。

代表建议、批评和意见的办理情况，应当向本级人民代表大会常务委员会或者乡、民族乡、镇的人民代表大会主席团报告，并印发下一次人民代表大会会议。代表建议、批评和意见办理情况的报告，应当予以公开。

第四十三条 少数民族代表执行代表职务时，有关部门应当在语言文字、生活习惯等方面给予必要的帮助和照顾。

第四十四条 一切组织和个人都必须尊重代表的权利，支持代表执行代表职务。

有义务协助代表执行代表职务而拒绝履行义务的，有关单位应当予以批评教育，直至给予行政处分。

阻碍代表依法执行代表职务的，根据情节，由所在单位或者上级机关给予行政处分，或者适用《中华人民共和国治安管理处罚法》第五十条的处罚规定；以暴力、威胁方法阻碍代表依法执行代表职务的，依照刑法有关规定追究刑事责任。

对代表依法执行代表职务进行打击报复的，由所在单位或者上级机关责令改正或者给予行政处分；国家工作人员进行打击报复构成犯罪的，依照刑法有关规定追究刑事责任。

第五章 对代表的监督

第四十五条 代表应当采取多种方式经常听取人民群众对代表履职的意见，回答原选区选民或者原选举单位对代表工作和代表活动的询问，接受监督。

由选民直接选举的代表应当以多种方式向原选区选民报告履职情况。县级人民代表大会常务委员会和乡、民族乡、镇的人民代表大会主席团应当定期组织本级人民代表大会代表向原选区选民报告履职情况。

第四十六条　代表应当正确处理从事个人职业活动与执行代表职务的关系，不得利用执行代表职务干涉具体司法案件或者招标投标等经济活动牟取个人利益。

第四十七条　选民或者选举单位有权依法罢免自己选出的代表。被提出罢免的代表有权出席罢免该代表的会议提出申辩意见，或者书面提出申辩意见。

第四十八条　代表有下列情形之一的，暂时停止执行代表职务，由代表资格审查委员会向本级人民代表大会常务委员会或者乡、民族乡、镇的人民代表大会报告：

（一）因刑事案件被羁押正在受侦查、起诉、审判的；

（二）被依法判处管制、拘役或者有期徒刑而没有附加剥夺政治权利，正在服刑的。

前款所列情形在代表任期内消失后，恢复其执行代表职务，但代表资格终止者除外。

第四十九条　代表有下列情形之一的，其代表资格终止：

（一）地方各级人民代表大会代表迁出或者调离本行政区域的；

（二）辞职被接受的；

（三）未经批准两次不出席本级人民代表大会会议的；

（四）被罢免的；

（五）丧失中华人民共和国国籍的；

（六）依照法律被剥夺政治权利的；

（七）丧失行为能力的。

第五十条　县级以上的各级人民代表大会代表资格的终止，

由代表资格审查委员会报本级人民代表大会常务委员会，由本级人民代表大会常务委员会予以公告。

乡、民族乡、镇的人民代表大会代表资格的终止，由代表资格审查委员会报本级人民代表大会，由本级人民代表大会予以公告。

第六章　附　　则

第五十一条　省、自治区、直辖市的人民代表大会及其常务委员会可以根据本法和本行政区域的实际情况，制定实施办法。

第五十二条　本法自公布之日起施行。

第五节　有关代表工作的相关规定

代表议案、建议是人大代表依法履职的重要方式和重要载体。议案是具备提议案的法定资格的机构或符合法定联名人数的人大代表向国家权力机关即人民代表大会提出的议事原案。人大代表议案是指各级人大在举行会议的时候，由法定人数的代表在规定的期限内提出的属于本级人大职权范围内的重大事项议事原案。议案必须有案由、案据和解决问题的方案。代表建议的全称是建议、批评和意见，简称代表建议，是人大代表向本级人民代表大会提出的对各方面工作的评价和建设性看法。按照法律规定，各级人大代表都有提出代表建议的权利。而且提代表建议不受代表人数的限制，可一名代表提出，也可数名代表联名提出；

也不受时间的限制，可会议期间提出，也可闭会期间提出。《全国人民代表大会代表议案处理办法》和《全国人民代表大会代表建议、批评和意见处理办法》是全国人民代表大会及其常委会为保证代表依法提出代表议案和代表建议，积极有效履行代表职务制定的内部规范性文件。

一、中共全国人大常委会党组关于进一步发挥全国人大代表作用，加强全国人大常委会制度建设的若干意见（2005 年制定）

2005 年 5 月，中共中央转发了《中共全国人大常委会党组关于进一步发挥全国人大代表作用，加强全国人大常委会制度建设的若干意见》，要求各地区各部门认真贯彻执行。这就是后来在人大工作中被反复提及的〔2005〕中央 9 号文件。文件指出，人民代表大会制度是我国的根本政治制度。坚持和完善这一制度，是发展社会主义民主、健全社会主义法制、建设社会主义政治文明、构建社会主义和谐社会的重要内容，是全党全社会的共同责任。要求支持、保证人大代表依法行使职权、充分发挥作用，切实加强人民代表大会及其常委会的组织制度和工作制度建设，使人民代表大会及其常委会更好地发挥国家权力机关的作用。并要求将贯彻执行的情况及时报告中央。应当说，〔2005〕中央 9 号文件的出台，大大地加强了代表工作的规范和保障，有力地促进了全国人大常委会的制度建设。

中共全国人大常委会党组关于进一步发挥全国人大代表作用，加强全国人大常委会制度建设的若干意见

人民代表大会制度是我国的根本政治制度，体现了社会主义

制度的优越性和社会主义民主的广泛性。坚持和完善人民代表大会制度，是提高党的执政能力，保障人民当家作主，实施依法治国基本方略，做好新形势下人大工作的必然要求。

全国人民代表大会成立50年来的实践证明，要把人民代表大会制度坚持好、完善好，一是必须坚持正确的政治方向，始终以马克思列宁主义、毛泽东思想、邓小平理论和"三个代表"重要思想为指导，坚持中国共产党的领导，不搞多党轮流执政，坚持人民代表大会统一行使国家权力，不搞"三权鼎立"和"两院制"，走中国特色社会主义政治发展道路。二是必须坚持民主集中制，严格依法、依程序办事，集体决定问题，集体行使职权。三是必须坚持走群众路线，以人为本，把维护和实现最广大人民的根本利益作为人大工作的出发点和归宿。

坚持和完善人民代表大会制度，要做的工作很多，涉及方方面面。根据党的十六届四中全会通过的《中共中央关于加强党的执政能力建设的决定》的要求，当前要重点做好两方面工作：一是进一步发挥全国人大代表的作用，支持、规范和保证其依法履行职责和行使权力；二是加强全国人大常委会的制度建设，使全国人大及其常委会更好地发挥最高国家权力机关、工作机关和代表机关的作用。

一、进一步发挥全国人大代表的作用

全国人大代表是最高国家权力机关的组成人员。充分发挥代表作用，建立健全代表依法履行职责的各项具体制度，进一步增强代表工作的实效，是坚持和完善人民代表大会制度的重要内容。

（一）保障代表的知情权，提高代表审议议案、报告的水平和效能。

1. 为代表知情知政提供信息。审议各项议案和报告，是代表参与管理国家事务的重要职责。代表要履行好这项职责，必须知情知政。为此，要向代表提供多方面的信息：在每年代表大会举行会议前，全国人大常委会办事机构应请国务院及其有关部门、最高人民法院、最高人民检察院向在京代表通报改革发展稳定和审判、检察工作的基本情况，将有关材料印发京外代表，并为在京代表、港澳代表举办报告会。在代表大会闭会期间，全国人大常委会办事机构应向代表通报常委会会议、常委会重要工作安排和重要活动的情况，寄送常委会公报、国民经济和社会发展统计资料以及国际、国内形势的有关报告等；全国人大财经委应向代表寄送经济形势分析的有关资料；国务院、最高人民法院、最高人民检察院办事机构应向代表寄送国务院公报、最高人民法院公报、最高人民检察院公报；各省、自治区、直辖市人大常委会印发省级人大代表的资料，同时印发本选举单位选出的全国人大代表。

2. 扩大代表对常委会活动的参与。要邀请代表列席常委会会议和专门委员会会议，组织代表参加执法检查和专题调研，使代表了解常委会和专门委员会的工作情况，了解有关法律的实施情况和其他工作情况。常委会审议的法律案，可以根据情况将草案发给有关代表征求意见。

3. 为代表深入审议各项议案和报告创造条件。全国人大常委会办事机构应在代表大会会议举行的一个月前，将准备提交会议审议的法律草案发给代表；在大会举行预备会议后，分别将各项报告发给代表，请代表提前审阅。在代表审议各项议案和报告时，有关机关必须派相关负责人到会听取意见、回答询问，并认真研究、积极采纳代表提出的意见和建议，对议案和报告作出修改。

（二）改进代表议案工作，提高议案提出和处理的质量。

4. 明确代表议案的基本要求和范围。依据法律规定，代表议案应符合三个条件：一是由一个代表团或者30名以上的代表联名向全国人大提出；二是内容属于全国人大及其常委会职权范围内的事项；三是属于要求列入全国人大及其常委会会议议程进行审议的事项。

根据全国人大及其常委会的职权，代表议案的范围主要包括：（1）制定法律、修改现行法律和解释法律的议案；（2）需要由全国人大及其常委会决定的有关宪法实施中的重大问题的议案；（3）应由全国人大及其常委会决定或者批准的其他事项的议案。凡属国务院行政管理职权范围内的事项，应由地方人大和地方人民政府处理的地方性事务，人民法院和人民检察院审判权、检察权范围内的事项，政党、社会团体、企事业组织和公民个人的事务，以及其他不属于全国人大及其常委会职权范围内的事项，不应作为议案向全国人大提出。

代表提出议案，应有案由、案据和方案。法律案最好有具体条文和说明。

5. 规范代表提出议案的程序。为保证代表有充裕时间酝酿、提出议案，除在大会会议期间提出代表议案外，符合议案基本条件、准备成熟的代表议案，也可以在大会闭会期间提出。

为使联名附议的代表充分了解议案内容，体现联名提出、共同负责的精神，领衔提出议案的代表，应向联名附议的代表分别提供议案文本，经附议人认真审阅同意后，再签名附议；有条件集体讨论的，应经集体讨论、取得一致意见后联名提出。

对于不符合基本条件的议案，大会秘书处和全国人大常委会办事机构可以建议提议案人进行修改、完善，或者改作代表建议、批评和意见提出。

6. 改进对代表议案的处理工作。全国人大专门委员会审议议案时，应与提议案人联系沟通，听取意见。对条件成熟、能够列入大会会议或者常委会会议议程的议案，应建议列入会议议程；对不能直接列入会议议程的议案，可以建议列入全国人大常委会立法规划或者工作计划。有关机关在制定或修改相关法律、进行相关工作时，应邀请提议案人参加相关活动，在提请审议相关法律草案时，应反映吸收代表议案内容的情况，并邀请提议案人列席常委会会议参与审议。

（三）完善有关工作制度，提高代表建议、批评和意见提出及处理的质量。

7. 明确代表提出建议、批评和意见的范围和程序。代表应围绕国家改革发展稳定的大局，围绕政治、经济、文化、社会生活中的重大问题和人民群众普遍关心的问题，在深入调查研究的基础上，提出建议、批评和意见，增强针对性和可行性。全国人大常委会办事机构和省、自治区、直辖市人大常委会，应加强组织协调工作，为代表提出建议、批评和意见提供服务。

代表建议、批评和意见可以在大会会议期间提出，也可以在大会闭会期间提出；可以由代表一人提出，也可以由代表联名提出。

凡涉及解决代表本人及其亲属个人问题的，代转人民群众来信的，属于学术探讨、产品推介的，或者没有实际内容的，不应作为代表建议、批评和意见提出。

8. 认真负责地处理代表提出的建议、批评和意见。全国人大常委会办事机构对代表建议、批评和意见，应及时进行整理和研究，提出分析报告，拟定承办意见，会同有关国家机关组织好交办工作。

有关机关、组织应建立健全处理代表建议、批评和意见的责任制，严格处理程序，提高处理工作的效率和水平。对综合性强、涉及面广、处理难度大或者问题反映比较集中的重点建议、批评和意见，承办单位主要负责人应亲自负责研究处理。需由几个部门联合承办的，应指定主办单位负责牵头，共同提出处理意见。要在认真调查研究的基础上确定处理意见，并答复代表。对能够解决的问题，应尽快解决并给予明确答复；对应该解决但一时难以落实解决措施的问题，应先向代表如实说明情况，明确办理时限，在妥善解决后再行答复；对确实不能解决的问题，应充分说明原因。

全国人大常委会办事机构对代表提出的对全国人大工作的建议、批评和意见，应按上述要求认真处理；对其他机关、组织承办的代表建议、批评和意见，应加强处理情况的督促和检查；对确定的重点建议、批评和意见，应组织力量跟踪督办。全国人大常委会每年应听取代表建议、批评和意见处理工作情况的报告，并将报告印发下次全国人大会议。

（四）加强和规范代表在大会闭会期间的活动，增强代表活动的实效。

9. 明确代表在大会闭会期间活动的内容和原则。代表参加大会闭会期间的活动，是依法履行职责的重要组成部分，应增强参加大会闭会期间活动的主动性和责任心。根据全国人大常委会的统一安排，代表在大会闭会期间可以对本级或者下级国家机关和有关单位的工作进行视察；参加全国人大常委会组织的执法检查和专题调研；应邀列席或者列席全国人大常委会和省、自治区、直辖市人大及其常委会的会议；向全国人大及其常委会提出议案和建议、批评、意见；采取多种方式听取人民群众的意见等。

代表在大会闭会期间的活动由全国人大常委会组织，也可以由全国人大常委会委托省、自治区、直辖市人大常委会组织。中国人民解放军的全国人大代表在闭会期间的活动，由全国人大常委会办公厅和解放军总政治部共同安排。

代表在大会闭会期间的活动一般在原选举单位的行政区域内进行。根据履行职责的需要和全国人大常委会办事机构的统一安排，代表可以跨原选举单位的行政区域进行考察。

代表在大会闭会期间的活动以集体活动为主，以代表小组活动为基本形式。根据本人要求，经县级以上地方人大常委会联系安排，代表可以持代表证就地进行视察。

代表必须模范地遵守宪法和法律，保守国家秘密。要把依法执行代表职务与从事个人职业活动严格区别开来，不得借执行代表职务进行个人职业活动。代表执行代表职务的活动，不得接受企事业组织、社会团体和个人出资赞助。代表对涉及个人和亲属的具体案件应当回避。

10. 改进和加强代表视察和专题调研工作。视察和专题调研是代表在大会闭会期间活动的重要形式。根据全国人大常委会的统一安排，代表于每年年末进行一次集中视察，时间为一周左右。视察应突出重点，抓住关键，有目的、有准备地进行。要深入实际，深入基层，深入群众，了解真实情况，增强视察的实效。省、自治区、直辖市人大常委会办事机构应将代表在视察过程中提出的建议、批评和意见进行整理，交由有关国家机关和组织研究处理后答复代表，并将代表视察的情况汇总报送全国人大常委会办事机构。代表在视察中不直接处理具体问题。

根据全国人大常委会的统一安排，代表于每年年中进行一次专题调研，时间为一周左右。专题调研的题目由全国人大常委会拟定，也可以由代表根据国家工作的大局和实际情况确定。专题调研结束后，应形成调查报告，送交全国人大常委会办事机构研究处理。

11. 密切代表与人民群众的联系。代表应通过多种渠道保持与人民群众的密切联系，自觉接受人民群众的监督。代表可以通过由代表小组召开座谈会、代表电子信箱和人大网站等多种方式，听取和反映原选举单位和人民群众的意见和要求。联系人民群众要求真务实，讲求实效，不搞形式主义。对代表交给全国人大常委会办事机构的人民群众的申诉、控告、检举等信件和当面反映的有关问题，由全国人大常委会办事机构转有关机关、组织研究处理，并由有关机关、组织负责答复，全国人大常委会办事机构应加强督办工作。代表个人不得干预具体司法案件的审理和执行。

（五）为代表在大会闭会期间的活动提供必要的条件和保障。

12. 提供经费和时间保障。要适当增加代表在闭会期间的活动经费，列入中央预算。代表活动经费应专款专用，严格管理。代表依法参加代表活动，其所在单位、部门必须给予时间、工资、奖金和其他福利待遇等各项保障。

13. 提供服务保证。省、自治区、直辖市人大常委会可以在其办事机构内设立全国人大代表联络处，根据本选举单位选出的全国人大代表的人数，确定必要的工作人员，为代表开展活动、履行职责提供服务。代表联络处的业务工作受全国人大常委会办事机构指导，工作经费由全国人大常委会办事机构补助。

二、加强全国人大常委会的制度建设

加强全国人大常委会的制度建设，是常委会依法履行职责、发挥人民代表大会制度优越性的重要保证，也是坚持和完善人民代表大会制度的重要内容。

14. 认真落实法律规定的立法制度，继续推进立法工作的民主化。发扬社会主义民主，逐步扩大公民对立法工作的有序参与，对于保证全国人大制定的法律更好地体现最广大人民的根本利益和统筹兼顾好各方面群众的具体利益，最大限度地调动各方面群众的积极性，发挥好全国人大在表达、平衡、调整社会利益和构建社会主义和谐社会方面的作用，具有重要意义。要进一步贯彻执行立法法规定的立法制度，采取座谈会、论证会、听证会等多种形式，广泛听取各方面对列入全国人大常委会会议议程的法律案的意见，扩大立法民主，提高立法质量。涉及公民、法人和其他组织的切身利益，尤其是需要设定普遍性的公民义务的特别重要的法律案，应依照立法法规定的程序公布草案，征求有关机关、组织和公民的意见。要在立法工作中防止"利益部门化"和"部门利益法制化"等问题，保证制定的法律体现党的主张和人民的意志。

15. 进一步健全监督机制、完善监督制度，改进和加强监督工作。要明确全国人大监督工作应遵循的原则：（1）坚持党的领导。监督工作中的重大问题，由全国人大常委会党组及时向党中央报告。（2）集体行使监督职权。监督项目的确定，监督行为的实施，监督后决议的形成，由全国人大常委会或者委员长会议集体作出决定。（3）不包办代替。全国人大常委会对"一府两院"的工作既要监督，又要支持，不代行"一府两院"的行政权、审判权和检察权。

要按照围绕中心、突出重点、讲求实效的思路，紧紧围绕党和国家工作的大局、改革发展稳定中的重大问题、关系人民群众切身利益的热点难点问题，选准题目，抓住关键，综合运用听取和审议专题工作报告、执法检查等监督工作的基本形式，改进和加强监督工作。对备案的行政法规、地方性法规、司法解释，应在进行被动审查的同时，有重点地加强主动审查，维护国家法制的统一。

要推进司法机关内部启动审判监督机制和法律监督机制，畅通法律规定的再审渠道。对人民群众向全国人大常委会反映的司法案件，全国人大常委会办事机构应转交最高人民法院、最高人民检察院和省、自治区、直辖市人大常委会研究处理。最高人民检察院向最高人民法院提出抗诉的案件，最高人民法院再审后最高人民检察院仍有不同意见的，最高人民检察院可以提请全国人大常委会要求最高人民法院重新审判，并将重新审判的结果报告全国人大常委会。

16. 规范专门委员会的工作制度，发挥专门委员会的作用。专门委员会除依法提出法律案外，对其他国家机关负责起草的法律案，应提前了解起草的进展和动态，并在相关法律案提请全国人大常委会审议时，先行组织审议，提出审议报告。法律案经全国人大常委会会议第一次审议后，有关专门委员会应就该法律案继续进行审议，提出审议意见，并派人参与法律委员会的统一审议。

专门委员会应大力加强调查研究工作，在此基础上提出全国人大常委会执法检查和听取专题工作报告的建议。全国人大常委会组织的执法检查，由有关专门委员会具体组织实施；常委会听取"一府两院"的专题工作报告，由有关专门委员会做好前期各项工作；对常委会执法检查和审议专题工作报告提出的意见，有关专门委员会要跟踪督查，督促有关国家机关改进工作并向常委会提出整改情况的书面报告。对"一府两院"承办的重点建议、批评和意见，由有关专门委员会进行督办。

17. 建立和完善若干具体工作制度，促进全国人大常委会工作的制度化、法制化、规范化。除制定加强和规范全国人大代表活动的若干意见、全国人大代表议案处理办法、全国人大代表建议批评意见处理办法外，还应抓紧建立和完善以下制度：一是改进会议制度。要进一步完善全国人大常委会全体会议和委员长会议的报告形式，明确汇报重点，提高议事效率和议事质量。对全国人民代表大会会议的议事制度和组织工作，也要在总结经验的基础上，不断加以改进。二是健全信访工作制度。要加强对信访动态的综合分析，做好信访件的交办、督办工作。要把人民来信来访中反映强烈的热点问题和带有普遍性的问题作为监督工作的重点，督促有关方面及时解决。要把处理人民来信来访与了解社会动态、完善预测防范机制、畅通与人民群众联系渠道结合起来，努力提高信访工作的水平。三是建立对全国人大代表的系统培训制度。要以宪法、人民代表大会制度、国家机构的组织和运作等基本知识为基础，以法律案和各项工作报告的审议、计划和预算的审查、议案和建议批评意见的提出和处理、代表职责等为专题，有针对性地组织好对代表的系统培训。四是加强全国人大常委会机关建设。要按照政治坚定、业务精通、务实高效、作风过硬、团结协作、勤政廉洁的要求，大力加强全国人大常委会办事机构和工作机构的思想、组织、作风建设。要进一步充实全国人大机关的专业人员，扩大全国人大机关与党委、政府、司法机关之间的干部交流。对全国人大机关有培养前途的年轻干部和近年从学校毕业后直接到机关工作的干部，要有计划、分期分批地组织他们到基层挂职锻炼，使他们了解国情，接触群众，增长才干。

18. 从制度上保证和加强党对全国人大工作的领导。全国人大常委会党组在党中央领导下，在全国人大及其常委会依法履行职责的过程中，保证全面贯彻落实党的路线方针政策和党中央的决策。全国人大会议的召开，全国人大常委会会议的议程安排，全国人大及其常委会的五年立法规划、准备制定的政治性法律和重大的经济法律，有关法律起草中遇到的重大问题，法律审议中重大的分歧意见，以及监督和决定重大事项、干部任免等工作中的重大问题，由全国人大常委会党组报请党中央决定或者批准后再进入法定程序。全国人大常委会组成人员中的中共党员，将党组织临时关系转到全国人大常委会机关，组成临时党支部，受全国人大常委会党组领导。全国人大常委会党组就人大工作中的重大问题，通过党内组织生活，统一党员的认识。全体党员都要牢固树立党的观念、政治观念、大局观念、群众观念，以自己的模范行动，与党外同志一道，保证党的路线方针政策的贯彻落实。

二、全国人民代表大会代表议案处理办法（2005 年制定）

全国人民代表大会代表议案处理办法

（2005 年 6 月 17 日全国人大常委会委员长会议原则同意）

第一章　总　　则

第一条　为了保障全国人民代表大会代表（以下简称代表）依法行使提出议案的权利，做好代表议案工作，发挥代表作用，根据宪法和有关法律，制定本办法。

第二条　本办法所称代表议案，是指全国人民代表大会一个代表团或者三十名以上的代表联名，向全国人民代表大会提出属于全国人民代表大会职权范围内的议事原案。

第三条　代表提出议案是执行代表职务，参加行使国家权力的一项重要工作。

认真处理代表议案，是有关机关或者机构的法定职责。

全国人大常委会和省、自治区、直辖市人大常委会应当为代表议案工作提供必要的条件；全国人大常委会办事机构和省、自治区、直辖市人大常委会办事机构应当为代表议案工作提供服务。

第二章　代表议案的基本要求

第四条　代表议案应当符合下列条件：

（一）由全国人民代表大会一个代表团或者三十名以上的代表联名向全国人民代表大会提出；

（二）内容属于全国人大及其常委会职权范围内的事项；

（三）要求列入全国人大及其常委会会议议程进行审议的事项。

第五条　下列事项可以作为代表议案提出：

（一）制定法律，修改现行法律，解释法律的议案；

（二）需要由全国人大及其常委会决定的有关宪法实施中的重大问题的议案；

（三）应当由全国人大及其常委会决定或者批准的其他事项的议案。

第六条　下列事项不应当作为代表议案提出：

（一）国务院行政管理职权范围内的事项；

（二）应由地方各级人民代表大会和地方各级人民政府处理的地方性事务；

（三）人民法院和人民检察院审判权、检察权范围内的事项；

（四）政党、社会团体、企业事业组织和个人的事务；

（五）其他不属于全国人民代表大会及其常务委员会职权范围内的事项。

第七条　代表议案应当有案由、案据和方案。案由应当明确清楚，案据应当充分合理，方案应当具体可行。

代表提出法律案，最好同时提出法律草案文本及其说明，并提供必要的相关资料。

第八条　代表议案应当一事一案，使用统一印制的代表议案专用纸。

第三章　代表议案的提出

第九条　代表应通过视察、专题调研等活动，深入实际，调查研究，在认真酝酿并充分准备的基础上提出议案。

第十条　代表议案一般在大会会议期间提出；符合议案基本条件、准备成熟的，也可以在大会闭会期间提出。

第十一条　代表团提出议案，应当经过代表团全体会议充分讨论，由代表团全体代表的过半数通过，并由代表团团长签署。

代表联名提出议案，领衔代表应当向参加联名附议的代表分别提供议案文本，经附议人认真审阅同意后，再签名附议；有条件集体讨论的，应经集体讨论，取得一致意见后，签名提出，以示共同负责。

第十二条 在大会会议期间提出的代表议案，由各代表团在规定的议案截止时间前送交大会秘书处。在大会闭会期间提出的代表议案，由省、自治区、直辖市人大常委会办事机构送交全国人大常委会办事机构。

大会秘书处和全国人大常委会办事机构，应当分别对代表在大会会议期间和闭会期间提出的议案进行整理、分类和分析。对不符合议案基本要求的代表议案，可以建议提议案人进行修改、完善，或者将议案改作建议、批评和意见提出。对闭会期间提出的符合议案基本要求的代表议案，属于法律案的，可以依照立法法的规定先向全国人大常委会提出；其他议案在大会会议举行时，送交大会秘书处，与会议期间提出的代表议案一并处理。

第四章　代表议案的处理

第十三条 大会秘书处应当召开有各专门委员会负责人参加的代表议案处理协调工作会议，研究议案处理的具体建议，向大会主席团提出议案处理意见的报告。

大会主席团根据大会秘书处的报告，决定代表议案是否列入本次会议议程，或者先交有关专门委员会审议。经大会主席团通过的大会秘书处关于议案处理意见的报告，应印发大会全体代表。

第十四条 大会主席团决定列入本次会议议程的代表议案，应交由各代表团进行审议，并同时交有关专门委员会进行审议、提出报告，再由主席团审议决定是否提请大会全体会议表决。

第十五条 专门委员会对大会主席团交付审议的代表议案，要组织本委员会办事机构进行研究分析，提出代表议案审议工作的安排建议。

专门委员会应当召开委员会主任委员会议，对本委员会办事机构提出的代表议案审议工作的安排建议进行研究，作出决定。

第十六条　专门委员会审议代表议案，涉及需要先征求有关机关、组织意见，再进行审议的问题时，应当在大会闭会之日起一个月内，将代表议案交由有关机关、组织研究。有关机关、组织应当在大会闭会之日起四个月内，至迟不超过六个月，提出意见。

第十七条　专门委员会审议代表议案时，应邀请议案领衔人列席会议、发表意见；还可以采取邀请提议案人参加立法调研、座谈等多种方式，加强联系和沟通，听取提议案人对议案处理的意见。

第十八条　专门委员会应当认真采纳有关机关、组织和提议案人的合理意见，对于切实可行的代表议案，应当建议列入全国人大会议或者它的常委会会议议程；对于暂时不能列入会议议程的议案，可以建议列入全国人大常委会的立法规划或者相关工作的计划。

第十九条　专门委员会在认真审议的基础上，应当提出代表议案审议结果报告，经专门委员会全体会议审议通过后，提请全国人大常委会会议审议。审议结果报告应当包括议案的主要内容，听取和采纳有关机关、组织和提议案人意见的情况，审议意见等内容。必要时可以以附件作详细说明。

全国人大常委会会议审议通过的代表议案审议结果报告，应印发下次代表大会会议。

第二十条　有关机关应当高度重视代表议案。在提请审议有关法律草案的说明中，应当充分反映吸收代表议案有关内容的情况。

全国人大常委会举行会议时，应当根据会议议程，邀请部分提出相关议案的代表列席会议参与审议。

三、全国人民代表大会代表建议、批评和意见处理办法（2005 年制定）

2005 年，中共中央转发《中共全国人大常委会党组关于进一步发挥全国人大代表作用，加强全国人大常委会制度建设的若干意见》后，全国人大常委会以代表法为基础，进一步支持、规范和保障人大代表依法行使权力、履行职责。委员长会议于 2005 年 6 月 17 日原则同意了《全国人民代表大会代表建议、批评和意见处理办法》，明确了什么是代表建议、批评和意见，交办建议前，常委会办事机构要进行整理、分类和综合分析；承办过程建立责任制，处理过程要与代表联系沟通；代表建议应区别不同情况，将处理结果答复代表。旨在规范代表提出代表建议的规则和程序，更好地规范和保障代表建议的处理工作。

全国人民代表大会代表建议、批评和意见处理办法
（2005 年 6 月 17 日全国人大常委会委员长会议原则同意）

第一章 总 则

第一条 为了保障全国人民代表大会代表（以下简称代表）依法行使提出建议、批评和意见的权利，做好代表建议、批评和意见工作，发挥代表作用，根据有关法律，制定本办法。

第二条 代表在全国人民代表大会会议期间和闭会期间分别向全国人大及其常委会提出对各方面工作的建议、批评和意见，是执行代表职务，参加管理国家事务、管理经济和文化事业、管理社会事务的一项重要工作。

认真研究处理代表建议、批评和意见并负责答复，是有关机关、组织的法定职责。

第三条　全国人大常委会和省、自治区、直辖市人大常委会应当为代表建议、批评和意见工作提供必要的条件；全国人大常委会办事机构和省、自治区、直辖市人大常委会办事机构应当为代表建议、批评和意见工作提供服务。

第二章　代表建议、批评和意见的基本要求

第四条　代表应当主要围绕国家改革发展稳定的大局，政治、经济、文化、社会生活中的重大问题和人民群众普遍关心的问题，对全国人大及其常委会、国务院及其部门、最高人民法院、最高人民检察院和其他机关、组织的工作提出建议、批评和意见。

第五条　下列情况不应当作为代表建议、批评和意见提出：

（一）涉及解决代表本人及其亲属个人问题的；

（二）代转人民群众来信的；

（三）属于学术探讨、产品推介的；

（四）没有实际内容的；

（五）其他不应当作为代表建议、批评和意见的。

第六条　代表建议、批评和意见应当实事求是，简明扼要，做到有情况、有分析、有具体意见。

代表建议、批评和意见应当一事一议，使用统一印制的代表建议、批评和意见专用纸，并亲笔签名。

第三章　代表建议、批评和意见的提出

第七条　代表应当通过视察、专题调研和代表小组活动等，深入实际，深入基层，了解全国和本行政区域内的重要情况和问题，了解人民群众的意见和要求，在此基础上，认真提出建议、批评和意见。全国人大常委会办事机构和省、自治区、直辖市人大常委会，应当加强组织和协调工作，为代表提出建议、批评和意见提供服务。

第八条　代表建议、批评和意见可以由代表一人提出，也可以由代表联名提出。联名提出的，领衔代表应当采取适当方式，使参加联名的代表了解建议、批评和意见的内容。参加联名的代表应当确认建议、批评和意见的内容能够真实表达自己的意愿。

第九条　大会会议期间提出的代表建议、批评和意见由大会秘书处受理。闭会期间提出的代表建议、批评和意见由全国人大常委会办事机构受理。

第四章　代表建议、批评和意见的交办

第十条　代表向全国人大及其常委会提出的对各方面工作的建议、批评和意见，由全国人大常委会办事机构交由有关机关、组织研究处理并负责答复。

代表对政府及其部门的建议、批评和意见，由全国人大常委会办事机构和国务院办公厅共同交办，具体协调工作由国务院办公厅负责。

代表对地方工作的建议、批评和意见，由全国人大常委会办

事机构委托省、自治区、直辖市人大常委会交由有关省级机关、组织研究处理并负责答复。

代表对全国人大机关工作的建议、批评和意见，由全国人大常委会办事机构分别交由有关部门、单位研究处理，根据不同情况分别或统一做出答复。

第十一条 代表在大会会议期间提出的建议、批评和意见，全国人大常委会办事机构应当进行整理和研究，提出分析报告，拟订各项建议、批评和意见由谁承办的计划。经全国人大常委会秘书长办公会议讨论同意后，及时召开交办会议，会同国务院办公厅、最高人民法院办公厅、最高人民检察院办公厅和其他有关机关、组织具体落实。

代表在闭会期间提出的建议、批评和意见，全国人大常委会办事机构应当及时交办。交由政府及其部门研究处理的，同时抄送国务院办公厅。

第十二条 全国人大常委会办事机构应当在对代表建议、批评和意见进行综合分析的基础上，提出拟重点处理的代表建议、批评和意见，会同国务院办公厅、最高人民法院办公厅、最高人民检察院办公厅和其他有关机关、组织共同研究后确定，交由有关机关、组织重点研究处理。

第十三条 代表建议、批评和意见需要两个以上单位共同研究处理的，由有关单位会同处理。对会同处理的代表建议、批评和意见，交办时应当确定主办单位和协办单位，由主办单位会同协办单位共同研究处理。

第十四条 承办单位对代表建议、批评和意见应当及时研究。对不属于本单位职责范围内的代表建议、批评和意见，应当在收到之日起七日内，向交办机构说明情况，由交办机构重新确定承办单位并交办。

第五章 代表建议、批评和意见的承办

第十五条 承办单位应当建立和健全处理代表建议、批评和意见的制度，实行主管领导和具体承办人员分级负责制，严格处理程序，努力提高处理工作的效率和水平。

第十六条 承办单位对代表建议、批评和意见应进行分析，拟定处理工作方案；对代表建议、批评和意见中提出的主要问题或者同类问题，应统一研究处理措施。

对全国人大常委会办事机构交办的需重点处理的代表建议、批评和意见，以及综合性强、涉及面广、处理难度大或者问题反映比较集中的代表建议、批评和意见，承办单位应当作为重点，由主要负责人亲自负责研究处理。

第十七条 承办单位研究处理代表建议、批评和意见过程中，应当加强与提出相关建议、批评和意见的代表的沟通、联系，通过走访、调研、座谈等多种方式，充分听取意见。对重点建议、批评和意见，应当邀请相关代表参与研究。

代表建议、批评和意见涉及国家秘密的，承办单位应当做好保密工作。

第十八条 由两个以上单位共同承办的代表建议、批评和意见，主办单位应当主动与协办单位协商，协办单位应当积极配合。协办单位应当在收到代表建议、批评和意见之日起一个月内将处理意见告主办单位，由主办单位统一答复代表。主办单位答复代表时，应当向代表说明相关协办单位的处理意见。需要两个以上单位分别处理的，各有关承办单位应当依照各自的职责处理，并分别答复代表。国务院有关部门因意见不一致，需要上级进行综合协调的，国务院办公厅应当进行协调。

第十九条　承办单位应当区别不同情况，将处理代表建议、批评和意见的结果答复代表：

（一）能够解决的问题，应当尽快解决并明确答复代表；

（二）应该解决但一时难以落实解决措施的问题，应当先向代表如实说明情况，明确办理时限，在妥善解决后再行答复；

（三）确实不能解决的问题，应当充分说明原因。

第二十条　对大会会议期间提出的代表建议、批评和意见，承办单位应当在闭会之日起三个月内，至迟不超过六个月，予以答复。

大会闭会期间提出的代表建议、批评和意见，承办单位应当在交办之日起三个月内，至迟不超过六个月，予以答复。

提出建议、批评和意见的代表可以通过全国人大常委会办事机构，向承办单位了解有关建议、批评和意见的处理情况。

第二十一条　承办单位对代表建议、批评和意见的答复，应当按照统一格式行文，由承办单位负责人签发，并加盖本单位公章。

代表联名提出的建议、批评和意见，应当分别答复每位代表，或者商领衔代表同意后请领衔代表转复其他代表。

第二十二条　代表对答复不满意的，可以将具体意见及时告知全国人大常委会办事机构，由全国人大常委会办事机构交由有关机关、组织再作研究，承办单位应当在三个月内再次答复代表。

第二十三条　承办单位对代表建议、批评和意见的答复，应当同时抄送全国人大常委会办事机构。

承办单位在代表建议、批评和意见全部办结后，应当及时向全国人大常委会办事机构综合报告办理情况。

第六章　代表建议、批评和意见办理的检查督促

第二十四条　全国人大常委会办事机构应当加强与承办单位和相关代表的联系，督促代表建议、批评和意见办理工作的落实。

国务院办公厅应当加强对政府及其部门的代表建议、批评和意见办理工作的督促、检查。

第二十五条　对确定需要重点处理的建议、批评和意见，由全国人大有关专门委员会负责跟踪督办，会同有关承办单位切实抓出成效。

第二十六条　全国人大常委会办事机构每年应向全国人大常委会报告关于代表建议、批评和意见的处理情况，并将报告印发下次全国人大会议。

四、关于完善人大代表联系人民群众制度的实施意见（2016 年制定）

2016 年 9 月，全国人大常委会办公厅为更好地反映人大代表来自人民、植根人民的特点，发挥人民代表大会制度的优越性，印发了《关于完善人大代表联系人民群众制度的实施意见》，对如何密切人大代表同人民群众的联系提出了具体要求。意见明确了完善代表联系人民群众制度的指导思想，指出要坚持党的领导、人民当家作主、依法治国有机统一，并就建立健全联系平

台、明确联系内容、完善联系方式方法等提出了要求。

关于完善人大代表联系人民群众制度的实施意见
（2016 年）

党的十八大和十八届三中全会提出，完善代表联系群众制度，通过建立健全代表联络机构、网络平台等形式密切代表同人民群众的联系。人民代表大会制度之所以具有强大生命力和显著优越性，关键在于它深深植根于人民之中。密切代表同人民群众的联系，是实行人民代表大会制度的内在要求，对于贯彻党的群众路线，充分发挥人民代表大会制度的优势，实现中华民族伟大复兴的中国梦，具有十分重要的意义。为贯彻落实党的十八大和十八届三中、四中、五中全会精神，完善代表联系人民群众制度，密切代表同人民群众的联系，提出以下意见：

一、完善代表联系人民群众制度的指导思想和基本要求

（一）指导思想：高举中国特色社会主义伟大旗帜，全面贯彻党的十八大和十八届三中、四中、五中全会精神，以邓小平理论、"三个代表"重要思想、科学发展观为指导，深入学习贯彻习近平总书记系列重要讲话精神，按照"五位一体"总体布局和"四个全面"战略布局，牢固树立和贯彻落实创新、协调、绿色、开放、共享的新发展理念，坚持党的领导、人民当家作主、依法治国有机统一，推进国家治理体系和治理能力现代化，完善代表联系人民群众制度，建立健全代表联络机构，畅通社情民意反映和表达渠道，密切代表同人民群众的联系。

（二）基本要求：1. 围绕中心，服务大局。组织代表开展联系人民群众工作，要按照"五位一体"总体布局和"四个全面"战略布局的要求，紧紧围绕党中央和地方各级党委重要决策部署，全国人大及其常委会和地方各级人大及其常委会通过的法律法规、决议决定和工作要点进行。2. 立足基层，形式多样。坚持代表来自人民、植根人民的特点和优势，组织代表主要在其工作的单位、居住的社区或者村组开展活动，以灵活多样的形式了解、掌握、反映人民群众的意见和要求，努力做到民有所呼、我有所应。3. 上下联动，注重实效。全国人大常委会和地方各级人大常委会要加强联系，形成联动，组织各级人大代表做好联系人民群众的工作，积极宣传党和国家的方针政策，协助宪法和法律、法规的实施。4. 总结经验，健全机制。坚持从实际出发，求真务实，坚决反对形式主义，着力夯实工作基础，总结推广有益经验，推进代表联系人民群众工作常态化、机制化。

各级人大代表要与原选区选民或者原选举单位和人民群众保持密切联系，积极参加闭会期间统一组织的履职活动，通过多种方式听取、反映原选区选民或者原选举单位的意见和要求，努力为人民服务，充分发挥人大代表作为党和国家联系人民群众桥梁纽带作用。

二、建立健全代表联系人民群众的工作平台和网络平台

（一）在基层创造条件，建立代表联系人民群众的工作平台。

代表联系人民群众工作平台，应本着勤俭节约、因地制宜的原则，根据实际情况和工作需要建设，也可以结合其他基层活动场所统筹作出安排。

县、乡两级人大代表按照就地就近的原则，参加代表联系人民群众工作平台开展的活动，联系原选区选民和人民群众。按照上级人大常委会的安排，县级人大常委会协调工作、生活在本行政区域内的上级人大代表通过代表联系人民群众工作平台，开展联系人民群众活动。

（二）各省、自治区、直辖市人大完善人大网站，设区的市、县两级人大可以依托省级人大网站或者国家电子政务外网同级网络平台，建设门户网站或网页，搭建代表联系人民群众的网络平台。

三、明确代表联系人民群众的工作内容

（一）向人民群众宣传党的路线、方针、政策。

（二）向人民群众宣传宪法、法律、法规，以及本级人大及其常委会的决议、决定，并了解基层的贯彻落实情况。

（三）听取人民群众对国家机关和国家工作人员的意见和建议，了解原选区选民或者原选举单位和人民群众的要求，为在本级人民代表大会会议期间参加审议各项议案和报告、提出议案与建议、批评和意见做准备。

（四）围绕本级人大及其常委会立法、监督等工作安排，征求代表所在单位、行业和人民群众的意见和建议，为应邀列席本级人大常委会会议、参加执法检查和立法调研等做准备。

（五）向原选区选民或者原选举单位报告执行代表职务、履行代表义务的情况。

四、完善代表与人民群众联系的方式方法

（一）向代表原选区选民或者原选举单位的人大代表公示代表信息。县、乡两级人大代表的信息，由县级人大常委会和乡级人大主席团向原选区选民公布；全国人大代表和省级、设区的市级人大代表的信息，由本级人大常委会委托下一级人大常委会向原选举单位的人大代表公布。公示的代表信息应包括代表的姓名、单位、职务、联系方式等，便于人民群众通过代表反映意见和要求。

（二）安排代表固定联系原选区选民或者原选举单位的人大代表。县、乡两级人大代表由县级人大常委会和乡级人大主席团

安排,同原选区选民保持经常性联系;全国人大代表和省级、设区的市级人大代表由本级人大常委会委托下一级人大常委会安排,同原选举单位的人大代表保持经常性联系。

(三)组织代表开展专题调研和视察活动。围绕经济社会发展和关系人民群众切身利益、社会普遍关注的重大问题,县级以上人大常委会和乡级人大主席团组织本级人大代表开展专题调研和视察活动,并形成专题调研和视察报告,或者形成代表议案与建议、批评和意见。

(四)全国人大代表和地方各级人大代表可以通过参加代表小组,开展与人民群众联系工作。

(五)组织代表通过走访、座谈等多种方式,广泛接触人民群众,直接听取群众意见;通过代表联系人民群众工作平台和网络平台,向人民群众宣传宪法和法律、法规,了解法律、法规在基层贯彻实施情况,听取人民群众的意见和建议。

(六)根据上级和本级人大及其常委会工作安排,县级人大常委会和乡级人大主席团组织本行政区域内的人大代表开展其他形式的代表联系人民群众活动。

(七)县级人大常委会和乡级人大主席团,定期组织本级人大代表口头或者书面向原选区选民报告履职情况。代表密切联系人民群众的具体情况和成效作为履职情况报告内容的重要组成部分,接受原选区选民的监督。

五、建立健全代表反映人民群众意见和要求的处理反馈机制

(一)全国人大代表和地方各级人大代表对于人民群众提出的意见和要求,要认真研究整理,根据实际情况,以多种方式向本级人大及其常委会提出,或者向有关国家机关和组织反映,并将处理情况及时向人民群众反馈。问题暂时不能解决的,要向人民群众做好解释说明工作。

（二）人大代表反映人民群众提出的意见和要求，可以结合审议相关议案和报告，以审议意见的形式提出，也可以形成议案或者建议、批评和意见依照法律规定提出。

（三）各级人大常委会办事机构和代表联系人民群众工作平台的工作人员，建立健全分析处理工作机制，协助代表梳理分析人民群众反映的意见和要求，为代表依法履职提供服务。

（四）有关机关、组织应当依照法律的规定，认真研究办理代表建议、批评和意见，加强与代表的联系沟通，切实提高办理实效，推动解决突出问题，并在法定期限内答复代表。代表建议、批评和意见属于社会关切的，还应当将办理结果以适当方式公开。

六、加强代表联系人民群众工作的保障和指导

（一）县级以上人大常委会和乡级人大主席团，做好本级人大代表开展闭会期间活动的组织工作，支持和保障代表密切联系人民群众。1. 加快推进代表联系人民群众平台建设，为代表联系人民群众提供工作平台和网络平台。2. 加强对代表的履职管理，建立健全代表履职档案，将代表联系人民群众情况作为代表履职的重要内容，教育引导代表忠实代表人民利益和意志，依法参加行使国家权力，正确处理个人职业活动与履行职责的关系。3. 完善代表系统学习培训制度，促进代表提高履职能力，履行代表法定义务。4. 大力宣传代表联系人民群众的典型经验和优秀事迹。

全国人大常委会和省级、设区的市级人大常委会要加强对人大代表联系人民群众工作的指导，总结推广代表联系人民群众的有益探索，推动代表联系人民群众工作深入开展。

（二）各级国家机关、组织要切实尊重代表的权利，加强同

人大代表、人民群众的联系，支持代表密切联系人民群众。有关机关、组织要采取切实措施，推动解决代表通过联系人民群众反映的问题，研究采纳代表提出的意见建议。

（三）县级以上各级人大常委会的办事机构和工作机构是代表执行代表职务的集体服务机构，要坚持为代表服务思想，不断改进工作，努力为代表密切联系人民群众提供服务保障。

（四）代表联系人民群众工作经费，依照代表法的有关规定纳入代表的活动经费，列入本级财政预算予以保障。

五、全国人大常委会年度代表工作计划

自 2020 年起，全国人大常委会委员长会议专门审议年度代表工作计划，统筹部署常委会工作的"一要点三计划"，通过制定年度代表工作计划，进一步明确年度代表工作的指导思想、工作部署、具体要求等内容，这是代表工作在新时代的重要制度创新。

全国人大常委会 2020 年度代表工作计划

（2020 年 2 月 17 日第十三届全国人民代表大会常务委员会第 47 次委员长会议原则通过　2020 年 6 月 1 日第十三届全国人民代表大会常务委员会第 58 次委员长会议修改）

2020 年是全面建成小康社会和"十三五"规划收官之年。全国人大代表工作的总体要求是：在以习近平同志为核心的党中央坚强领导下，高举中国特色社会主义伟大旗帜，以习近平新时代中国特色社会主义思想为指导，全面贯彻落实党的十九大和十九届二中、三中、四中全会精神，增强"四个意识"、坚定"四个自信"、做到"两个维护"，坚持党的领导、人民当家作主、

依法治国有机统一，深入学习贯彻习近平总书记关于人大代表工作的重要论述，全面落实《关于加强和改进全国人大代表工作的具体措施》，加强常委会同代表的联系，密切代表同人民群众的联系，健全代表联络机制，支持代表依法履职，更好发挥代表作用，为坚持和完善中国特色社会主义制度、推进国家治理体系和治理能力现代化，实现"两个一百年"奋斗目标、实现中华民族伟大复兴的中国梦作出新贡献。

一、做好全国人大代表出席十三届全国人大三次会议组织服务工作

（一）做好会前各项准备工作

1. 组织代表开展集中视察。委托各省区市人大常委会组织代表在会前进行集中视察，在听取省级国家机关工作情况汇报的基础上，有针对性地安排代表实地考察，了解当地经济社会发展、依法行政、公正司法等情况。

2. 及时向代表通报情况。举办在京代表情况通报会和港澳代表情况通报会，委托各选举单位向京外代表通报 2019 年国民经济和社会发展情况、财政预算执行情况和全国人大常委会工作情况。首次向代表书面通报过去一年全国人大常委会代表工作总体情况，包括常委会联系代表以及代表议案建议办理、视察调研、学习培训等各方面情况。会同各选举单位做好代表信息更新、调团、请假等工作。

3. 组织代表研读讨论民法典草案。会同各选举单位做好代表研读讨论民法典草案的组织服务工作，认真收集研究代表提出的意见建议，及时回应代表对法律草案有关问题的关切，为法案顺利通过打下坚实基础。

4. 动员代表助力统筹推进疫情防控和经济社会发展工作。代表立足工作岗位、在各条战线发挥积极作用，汇集、反映人民群众意见建议，带头宣传相关法律法规和常委会决定，为依法防控疫情、保障人民群众生命健康贡献力量。

（二）做好大会期间代表履职服务保障工作

5. 改进代表审议常委会工作报告的服务保障工作。在大会秘书处领导下，通过派出工作人员、网络视频、热线电话等多种形式，听取代表对常委会工作报告的审议意见和对全国人大常委会工作的意见建议。认真研究、积极采纳代表提出的意见建议，做到条条有回应、件件有答复。能在会议期间反馈的，要及时向代表做出解释说明；会议期间办理不了的，会后要认真研究并及时反馈。加强对代表意见建议的深度分析，作为会后改进工作的参考。

6. 协助代表提高议案建议质量。按照"内容高质量"的要求，协助代表提高议案建议质量，把好议案建议的政治关、质量关。及时将全国人大常委会工作要点和立法、监督工作计划等印发代表，结合代表专题调研、集中视察和代表小组活动，引导代表议案建议注重推动党中央决策部署贯彻实施、围绕全国人大常委会重点任务和主要工作反映实际情况和问题，提出改进工作、完善政策的具体意见和可行性措施，增强代表议案建议的政策性、实效性、针对性。探索代表提出议案建议前与部门沟通机制，帮助代表更深入了解议案建议涉及的政策法律、有关数据和背景资料。汇编代表议案建议及办理答复案例等，为代表提出高质量议案建议做好服务工作。

7. 严格落实改进会风会纪各项措施。督促各代表团加强代表会风会纪学习教育，严格遵守大会各项纪律和保密规定，不吃请、不请吃，不拉关系办私事、谋私利，不参加与议程日程无关的活动。严格住会制度和请假制度，确保会议出席率、投票率。将代表出席大会、代表团会议、小组会议情况和会风会纪情况记入代表履职档案。

二、加强常委会同全国人大代表的联系

8. 扎实开展常委会组成人员联系代表工作。贯彻落实《关于完善全国人大常委会组成人员联系全国人大代表机制的意见》，按照"做到真联系，取得真效果"的要求，推进联系代表工作机制化、常态化。增强常委会组成人员联系代表工作的计划性、协调性，结合年度工作安排，把联系代表融入常委会组成人员履职活动的相关环节，进一步拓宽联系渠道，丰富联系内容，增强联系实效。加强机关各单位的工作统筹，积极为常委会组成人员联系代表创造条件、提供保障。加强与地方人大代表联络工作机构的沟通协调，增进联系代表、服务代表的工作协同，形成密切联系代表、充分发挥代表作用的整体效果。认真汇总、梳理、交办常委会组成人员联系代表过程中提出和转交的建议、批评和意见，督促承办单位认真办理落实，及时向常委会组成人员和代表反馈研究处理情况。根据常委会组成人员和代表意见，适时调整或增加常委会组成人员的联系代表。做好常委会组成人员联系代表情况报告工作，办好《联络动态（联系代表专刊)》，及时反映常委会组成人员联系代表的经验做法、重要动态等情况。

9. 改进代表列席常委会会议的组织服务工作。结合常委会会议议程，邀请相关领域、提出相关议案建议以及参加有关立法、监督、调研活动的代表列席，着重邀请基层代表和尚未列席过常委会会议的代表列席。继续做好每次常委会会议前向列席代表通报情况工作，组织有关方面向列席代表介绍重大立法项目、重要工作报告的调研起草和审议修改情况。

10. 坚持与列席常委会会议的代表座谈机制。开好常委会会议期间部分代表座谈会，针对代表反映较为集中的情况和工作中需要研究改进的问题，合理安排会议主题，认真听取代表对人大工作、民主法治建设、经济社会发展等方面的意见，做好代表意见整理、交办和研究处理情况反馈等各环节工作。

11. 持续扩大并改进代表对常委会、专门委员会、工作委员会工作的参与。全国人大专门委员会、工作委员会加强与相关领域、专业、行业全国人大代表的联系，逐步形成常委会组成人员、专门委员会、工作委员会联系代表工作规范有序格局，实现联系基层全国人大代表全覆盖。根据常委会年度工作要点和立法、监督工作计划，统筹考虑联系代表工作，邀请代表参加执法检查和专题调研活动。更好发挥相关领域和专业的代表作用，坚持和完善代表参与立法起草、论证、调研、审议、评估等工作，提高立法工作的针对性和有效性。健全法律草案征求代表意见制度，及时向代表通报常委会立法工作情况，运用现代信息技术为代表参与立法搭建便捷高效的平台。做好代表参加计划审查监督工作。落实全国人大预算审查、国有资产监督联系代表机制，通过召开预算编制工作通报会、书面征求代表意见建议、开发应用预算联网监督"手机 APP"等形式，更好发挥代表在预算审查监督、国有资产监督工作中的作用。

12. 注重发挥代表在人大对外交往中的作用。根据全国人大外事工作需要，适当组织代表特别是基层代表参加全国人大常委会、委员长会议组成人员和专门委员会、常委会办公厅、工作委员会的外事活动。做好全国人大青年代表团、妇女代表团、西藏代表团等出访工作，安排更多代表参与外国议会代表团访华接待工作，结合自身特点讲好中国故事、中国人大故事。

13. 支持有关国家机关密切联系代表。统筹组织好"一府一委两院"有关部门和单位邀请代表考察本部门、本系统工作或参加有关活动等工作，相关代表活动由全国人大常委会办公厅统一安排。加强对相关工作和活动的统筹协调，增强邀请代表参加活动的计划性、实效性，避免因多头邀请、重复邀请、集中邀请给代表特别是基层代表造成负担。及时处理参加相关活动的全国人大代表的意见建议，并向代表反馈。有关部门和单位在活动结束后及时向全国人大常委会办公厅书面报送密切联系全国人大代表、发挥代表作用的情况报告。

三、组织好闭会期间代表活动，推动代表密切联系人民群众

14. 改进代表专题调研和集中视察。紧扣贯彻落实党中央决策部署，围绕全国人大常委会工作要点，针对做好"六稳"工作、落实"六保"任务和地方经济社会发展、民主法治建设中存在的突出问题，委托各省区市人大常委会组织代表开展专题调研和集中视察。精心拟订调研视察的主题和方案，及时提交、转办调研视察报告，进一步提高代表专题调研和集中视察的针对性和实效性，支持和鼓励代表在专题调研和集中视察的基础上提出议案和建议。精心组织香港、澳门、台湾省、解放军和武警部队全国人大代表专题调研和视察活动。

15. 统筹组织好代表跨原选举单位行政区域的考察视察调研活动。重点围绕编制"十四五"规划纲要涉及的重大问题，结合地方实际和代表意愿，制定代表跨行政区域考察视察调研总体安排。具体考察视察调研活动委托有关省区市人大常委会牵头组织实施，受委托的省级人大常委会书面报送考察视察调研情况。逐步规范代表跨原选举单位行政区域考察视察调研的组织协调工作，提高服务保障工作水平。

16. 深入贯彻落实《关于完善人大代表联系人民群众制度的实施意见》。积极探索增强代表小组活力的方式方法，组织全国人大代表就近到代表联络站、代表之家等工作平台和基层立法联系点等听取人民群众意见，及时总结推广典型经验，推进平台制度化、规范化建设。鼓励地方人大组织全国人大代表积极参加原选举单位的活动，加强上下级人大代表之间的联系，听取、反映地方人大代表的意见建议。做好在京全国人大代表回原选举单位参加调研、视察、代表小组活动的服务保障工作。认真办理代表反映或者转递的群众信访事项，督促有关单位及时向代表答复、反馈。

四、提高代表议案建议工作水平

17. 完善代表议案处理工作机制。各相关专门委员会将处理代表议案与研究制定立法工作计划和监督工作计划、起草和修改法律结合起来，加强与提出议案的代表的联系和沟通，积极研究吸纳代表提出的意见建议。完善代表议案提出、审议、处理流程和工作机制，总结交流议案工作典型经验，提高代表议案与立法、监督重点任务的契合度，发挥代表议案推动提高立法质量、监督法律有效实施的作用。

18. 提高代表建议办理质量和实效。按照"内容高质量、办理高质量"，"既要重结果、也要重过程"的要求，推动承办单位贯彻实施《全国人民代表大会代表建议、批评和意见处理办法》，将办理代表建议与转变工作作风和推动改进工作有效结合起来，切实推动解决问题、完善法律制度和政策措施。认真做好习近平总书记参加代表团审议时代表提出意见建议的办理、督办工作。加强与提出建议代表的沟通联系，通过多种方式充分听取代表意见。按照实事求是、明确具体的原则，改进代表建议办理答复工作。落实代表建议答复承诺解决机制，建立答复承诺解决事项台账，抓好2019年答复承诺解决事项跟踪督办工作，并及时向代表通报反馈。按照应公开尽公开的原则，增强代表建议办理工作的透明度，主动公开代表建议答复内容、总体工作情况以及吸收采纳代表建议情况。支持和鼓励承办单位结合职责和工作重点确定内部办理重点，有针对性地加强研究办理。

19. 改进代表建议交办、督办、反馈、分析工作。召开十三届全国人大三次会议代表建议交办会，会同中共中央办公厅、国务院办公厅等单位统一交办代表建议。推动加强同代表的沟通联系贯穿于代表建议办理全过程，及时向代表反馈建议交办和办理情况，方便代表了解掌握办理流程各环节的工作情况。年底编印代表议案建议办理工作范例，总结推广办理工作经验，为代表提出议案建议提供参考。结合全国人大常委会重要立法、监督项目开展相关代表议案建议专题分析，更好服务常委会中心工作。

20. 做好重点督办建议工作。认真研究提出重点督办建议选题，加强与全国人大专门委员会的沟通协调，通过制定督办工作方案、召开督办工作座谈会、开展督办调研等方式，及时了解办理进展情况，加大督办工作力度。重点督办建议办理工作中的重要情况和重大问题，及时向全国人大常委会委员长会议报告。做好重点督办建议的滚动办理和跟踪督办工作。

五、加强代表履职服务保障工作

21. 组织代表学习培训。以深入学习贯彻习近平新时代中国特色社会主义思想特别是习近平总书记关于坚持和完善人民代表大会制度的重要思想为代表学习培训首要任务，丰富培训内容，创新培训方式，进一步突出应用型知识、人大基础知识培训，增强培训的针对性、精准性、实效性。举办5期代表学习班、1期少数民族代表学习班，组织约 1300 名代表参加学习，代表学习培训资源向基层代表倾斜。有关专门委员会、工作委员会举办专项工作培训班和地方人大干部培训班，根据实际情况邀请部分全国人大代表参加。推动线上学习培训与线下学习培训有机结合，积极探索开展全国人大代表远程网络学习培训，部分代表学习班通过网络视频形式举办，大幅增加网上学习培训视频、音频、文字资料，更好满足代表学习培训需求。

22. 加强代表履职服务保障工作，积极协调解决代表履职遇到的困难和问题。加强与全国人大代表所在单位的沟通，在通知代表参加履职活动时，一并通知代表所在单位，协调代表所在单位尊重代表的权利，依法为代表优先执行代表职务给予时间保障，对代表执行代表职务按正常出勤对待，享受所在单位的工资和其他待遇。

23. 加快全国人大代表履职信息化平台建设。适应代表急需，坚持问题导向，按照全国人大代表工作信息化一期工程建设方案，尽快完成代表信息库、议案流程、建议流程、知情知政、征求代表意见等 5 个模块的软件开发工作。按照全国人大机关信息化建设总体安排，抓紧全国人大代表履职信息化平台后续建设，为代表依法履职提供有力技术支撑。

六、加强代表履职和代表工作的宣传报道

24. 全面宣传展示全国人大代表工作。协调中央主要新闻媒体全方位、多角度、深层次报道全国人大常委会加强和改进代表工作的情况，生动反映全国人大代表履职尽责的案例、事迹和成果，展示"人民选我当代表、我当代表为人民"的风采。做好大会期间代表通道、代表履职宣传报道工作。支持和协助代表就自己关心熟悉的问题撰写署名文章或接受媒体采访，不断增强人大制度和代表工作的社会影响力。

25. 加强对地方各级人大代表依法履职的宣传报道。积极与新闻宣传部门沟通协调，宣传地方各级人大代表密切联系人民群众、更好发挥代表作用的典型事例，宣传代表联络站、代表之家、基层立法联系点等平台在密切人大代表同人民群众联系、帮助人民群众解决实际问题方面的作用和成绩。

七、加强代表自身建设，做好代表履职管理相关工作

26. 加强代表政治思想作风建设。把加强代表政治思想建设摆在代表工作的重要位置，贯彻党中央关于加强和改进代表工作的要求，提高代表履职政治站位，增强"四个意识"、坚定"四个自信"、做到"两个维护"。引导代表善于从党和国家大局和全局上思考问题、发表意见、提出建议，紧紧扣住贯彻落实党中央决策部署、协助宪法法律实施履行职责、做好工作，充分发挥代表联系人民群众的桥梁纽带作用。引导代表珍视代表身份，严守政治纪律和政治规矩，模范遵守宪法法律，依法执行代表职务，带头弘扬社会主义核心价值观，在为民服务中担当尽责、自觉接受人民监督。

27. 支持选举单位依法加强代表履职监督。推进代表履职档案规范化建设，会同各选举单位及时登记代表出席大会、提出议案建议、参加专题调研和集中视察、开展代表小组活动、列席常委会会议、参加执法检查、参与代表议案建议办理工作、进行学习培训和进代表联络站、代表之家、基层立法联系点等平台联系群众情况，以及履行代表义务、遵守会风会纪等方面的情况。研究制定加强全国人大代表履职管理的相关制度。

28. 做好代表资格审查工作。加强同中央有关部门和代表原选举单位的联系，及时了解掌握代表资格变动情况，规范各选举单位报送材料的内容体例，依法做好代表资格审查工作，充分发挥代表资格审查工作的把关作用。

八、加强代表联络工作机构建设

29. 牢固树立服务代表意识，提高服务代表的能力和水平。全国人大专门委员会、常委会办公厅、工作委员会都要尊重代表主体地位，树立服务代表意识，支持和保障代表依法履职。坚持代表联络机构是服务代表而不是管理代表的定位，加强政治建设，持续改进工作作风，提高服务代表的能力和水平，加强对工作人员的教育管理监督，努力打造一支服务意识强、业务水平高的工作队伍。

30. 加强与各省区市人大常委会代表联络工作机构的业务协同。各省区市人大代表联络机构认真贯彻落实《关于加强和改进全国人大代表工作的具体措施》，充分发挥全国人大代表联络处的职能作用，共同做好全国人大代表服务工作，并按照要求做好有关情况报告工作。修订《全国人大代表联络处工作规则（试行）》，定期开展工作交流和业务培训，形成加强和改进全国人大代表工作的合力。严格执行《关于全国人大代表活动经费管理使用的意见》和《全国人大常委会组成人员联系代表专项经费使用管理办法》，加强对经费使用的监督检查，确保规范使用，杜绝违纪违规现象。

九、增强与地方人大密切联系的工作合力

31. 开展县乡人大换届选举工作调研。4 月，部署安排下一轮全国县乡两级人大换届选举工作调研，研究新情况新问题，提出相应改进意见，形成关于做好全国县乡两级人大换届选举工作的调研报告。就适当增加基层人大代表数量开展调研。

32. 密切与地方人大联系，总结交流工作经验。贯彻落实关

于加强地方人大及其常委会建设的部署安排，各专门委员会、常委会办公厅、工作委员会加强与地方人大相关部门的联系，及时进行工作指导交流，助力地方人大建设和工作健康发展。

33. 积极关注地方各级人大代表依法履行职权、密切联系人民群众的典型事例和经验做法。发挥好中国人大"刊网微端"、《人大工作研究》、《联络动态》等平台作用，及时总结推广地方各级人大及其常委会建设和地方各级人大代表发挥桥梁纽带作用的好经验、好做法。

全国人大常委会2021年度代表工作计划

（2020年11月27日第十三届全国人民代表大会常务委员会第78次委员长会议原则通过　2021年4月16日第十三届全国人民代表大会常务委员会第91次委员长会议修改）

2021年是中国共产党成立一百周年，是实施"十四五"规划和2035年远景目标的开局之年，我们国家将全面建成小康社会，开启全面建设社会主义现代化国家新征程。全国人大代表工作的总体要求是：在以习近平同志为核心的党中央坚强领导下，高举中国特色社会主义伟大旗帜，以习近平新时代中国特色社会主义思想为指导，深入学习贯彻习近平法治思想、习近平总书记关于坚持和完善人民代表大会制度的重要思想，全面贯彻落实党的十九大和十九届二中、三中、四中、五中全会精神，增强"四个意识"、坚定"四个自信"、做到"两个维护"，坚持党的领导、人民当家作主、依法治国有机统一，尊重代表、依靠代表、服务代表，深化落实《关于加强和改进全国人大代表工作的具体措施》，加强常委会对代表工作的领导，健全代表联络机制，不断加强常委会同代表的联系，持续深化代表对常委会、专门委员会、工作委员会工作的参与，支持代表更加密切联系人民群众，更好发挥代表主体作用，为推进国家治理体系和治理能力现代化、全面建设社会主义现代化国家作出新贡献，以优异成绩庆祝建党一百周年。

一、做好全国人大代表出席十三届全国人大四次会议组织服务工作

（一）做好大会前各项准备工作

1. 组织代表深入学习、深刻领会党的十九届五中全会精神。举办"学习贯彻党的十九届五中全会精神"专题代表学习班，通过集中培训、网络学习等多种形式解读宣讲五中全会精神，帮助代表深刻理解党的十九届五中全会的重大意义，准确把握"十四五"时期经济社会发展方针原则、主要目标、重点任务、重大举措，自觉把思想和行动统一到党中央对形势的科学分析判断上来，把智慧和力量凝聚到全会确定的各项目标任务上来。

2. 组织代表围绕审查"十四五"规划纲要草案开展集中视察。按照全国人大常委会统一安排，各选举单位组织代表深入基层、深入实际，全面了解本地区统筹推进疫情防控和经济社会发展、扎实做好"六稳"工作、全面落实"六保"任务情况，"十三五"规划纲要确定的主要目标任务完成情况，"十四五"时期经济社会发展重点难点问题，认真听取原选举单位和人民群众的意见建议。

3. 组织代表研读讨论"十四五"规划纲要草案。会同各选举单位做好代表研读讨论"十四五"规划纲要草案的组织服务工作。联合有关部门分专题召开座谈会听取代表对"十四五"规划纲要草案编制和审查的意见建议，邀请代表参加"十四五"规划纲要草案初步审查工作，及时向代表提供有关调研报告和信息资料，认真听取代表对"十四五"规划纲要草案的修改意见。

4. 组织代表研读讨论全国人民代表大会组织法修正草案、全国人民代表大会议事规则修正草案。会同各选举单位做好代表研读讨论全国人民代表大会组织法修正草案、议事规则修正草案的组织服务工作，对草案涉及的重点问题组织有关单位解读释疑，回应代表关切。认真收集研究代表提出的意见建议，及时转送有关部门研究处理。

5. 向代表通报有关情况。举办在京代表情况通报会和港澳代表情况通报会，并委托各选举单位向京外代表通报 2020 年国民经济和社会发展情况、财政预算执行情况和全国人大常委会工作情况。向代表书面通报 2020 年全国人大常委会代表工作总体情况，包括常委会联系代表以及代表议案建议办理、视察调研、学习培训等各方面情况。

6. 做好代表提出议案建议的准备工作。按照"内容高质量"的要求，协助代表提高议案建议质量。及时将全国人大常委会工作要点和立法、监督、代表工作计划等印发代表，结合代表专题调研、集中视察和代表小组活动，协助代表议案建议围绕推动党中央决策部署贯彻实施以及全国人大常委会重点任务和主要工作，反映实际情况和群众愿望，提出改进工作、完善政策的具体意见和可行性措施。探索代表提出议案建议前与承办部门沟通机制，帮助代表了解议案建议涉及的政策法律、背景资料，提高议案建议质量。

（二）做好十三届全国人大四次会议期间代表履职服务保障工作

7. 做好代表审议各项议案和报告的服务保障工作。加强十三届全国人大四次会议信息化建设，认真总结十三届全国人大三次会议期间采用网络视频方式听取代表小组会议审议意见工作的经验做法，进一步优化技术方案，做好各项组织协调保障工作，增强网络视频听会效果，为代表履职提供便利，不断提高收集处理代表审议意见工作效率。

8. 认真研究处理代表对常委会工作报告的审议意见。结合常委会工作报告的内容和重点，向代表提供专题材料，方便代表深入了解常委会工作情况。通过现场听会、网络视频、热线电话、个别走访等多种形式，听取代表对常委会工作报告的审议意见和对人大工作的意见建议。认真研究、积极采纳代表提出的意见建议，做到条条有回应、件件有答复。加强对代表意见建议的梳理分析，及时转送有关部门作为改进工作的重要参考。

9. 做好代表议案建议处理工作。为代表提出议案建议做好各项服务保障工作，协助代表把好议案建议的政治关、质量关。加强与有关单位的沟通协调，完善代表议案建议分办协调工作机制，吸收全国人大专门委员会办事机构工作人员参加代表建议分办工作，提高议案建议分办的准确性。

10. 严格落实改进会风会纪各项措施。加强代表会风会纪学习教育，严格遵守大会各项纪律和保密规定，不吃请、不请吃，不拉关系办私事、谋私利，不参加与议程日程无关的活动。严格住会制度和请假制度，确保会议出席率。将代表出席大会、代表团会议、小组会议情况和会风会纪情况记入代表履职档案。

二、加强常委会同全国人大代表的联系，统筹推进联系代表工作

11. 发挥委员长会议组成人员联系代表的示范作用，推进常委会组成人员联系代表常态化、机制化。增强常委会组成人员联系代表工作的计划性、协调性，结合常委会组成人员参加会议、立法调研、执法检查、专题调研等活动，通过见面、电话、视频、信函等方式与代表保持经常性联系，充分听取和反映代表意见建议，拓展联系深度、增强联系实效。

12. 不断完善常委会组成人员和专门委员会、工作委员会联系全国人大代表工作机制。建立健全专门委员会、工作委员会联系相关领域、具有相关专业知识全国人大代表的工作机制，基本实现常委会组成人员、专门委员会、工作委员会联系基层全国人大代表全覆盖。全国人大机关各单位、地方人大代表联络工作机构加强工作协同，积极为常委会组成人员和专门委员会、工作委员会联系代表创造条件、提供服务保障。根据常委会组成人员和代表意见，适时调整常委会组成人员的联系代表。做好常委会组成人员和专门委员会、工作委员会联系代表情况收集和报告工作。

13. 继续实施好列席代表座谈机制。紧扣习近平总书记最新指示、党中央决策部署、常委会中心工作等，统筹谋划、精心安排全年各次列席代表座谈会的主题。认真听取代表对人大工作、民主法治建设、经济社会发展等方面的意见，做好代表意见整理、交办和研究处理情况反馈等各环节工作。

14. 改进代表列席常委会会议的组织服务工作。结合常委会会议议程，邀请相关领域、提出相关议案建议以及参加有关立法、监督、调研活动的代表列席，侧重邀请基层代表和尚未列席过常委会会议的代表列席。按照每位基层代表在任期内列席一次常委会会议的目标，专门制定工作方案，提高邀请列席代表的精准度。继续做好常委会会议前向列席代表通报情况工作，加强代表列席常委会会议审议发言提出意见建议研究处理情况的反馈工作。

15. 统筹推动"一府一委两院"加强和改进联系全国人大代

表工作。建立健全"一府一委两院"联系代表工作机制，推动"一府一委两院"在办理代表建议以及邀请代表参加本部门、本系统考察、座谈、调研等工作中加强同代表的联系，认真听取代表意见建议。及时处理参加相关活动的全国人大代表的意见建议，并向代表反馈。进一步规范代表参加"一府一委两院"活动定位，明确代表的工作主要是反映问题并推动解决，代表不直接处理具体问题。有关部门和单位在活动结束后及时向全国人大常委会办公厅书面报送情况报告。

三、持续深化代表对常委会、专门委员会、工作委员会工作的参与

16. 完善代表参与立法相关工作机制。积极邀请代表参与立法调研、起草、论证、评估等工作，广泛听取、认真研究、积极采纳代表意见建议，更好发挥代表在立法工作中的作用。健全法律草案征求代表意见制度，重要法律草案征求相关领域或具有相关专业背景代表的意见，以适当形式反馈代表意见研究采纳情况。用好基层立法联系点，发挥其联系代表的作用，及时收集代表、基层群众对法律草案和立法工作的意见建议。探索邀请代表参与公民备案审查建议的审查研究相关工作。

17. 邀请代表参与执法检查、专题调研。完善代表参与全国人大常委会执法检查、专题调研等活动机制。执法检查组赴地方检查法律实施情况，至少邀请2名全国人大代表参加，充分听取代表的意见建议，更好发挥代表在执法检查、专题调研工作中的作用。

18. 进一步落实全国人大预算审查、国有资产监督联系代表机制。继续向预算审查联系代表逐一发函征求意见建议，并逐一反馈采纳落实情况。继续推荐预算审查联系代表参加国务院财政部门预算绩效评价活动。创新工作方法，通过召开预算编制工作通报会、组织代表到有关部委调研考察、邀请代表参与国有资产监督和特定重点领域财政资金以及财税立法专题调研活动，更好发挥代表在预算审查监督、国有资产监督和财税立法等工作中的作用。认真了解基层联系点全国人大代表对加强人大预算决算审查监督、国有资产监督和财税立法等工作的意见建议等，做好服务工作。发挥好预算联网监督系统服务代表的积极作用。

19. 推动代表在人大对外交往中更好发挥作用。根据全国人大对外工作需要，有针对性地组织代表特别是基层代表、具有外事工作经验或相关专业背景的代表参加各层次、各领域对外交往活动。结合代表自身特点和履职情况，深入挖掘代表履职故事，特别是在脱贫攻坚、抗击疫情等方面的突出表现，以鲜活的履职实践展现代表风采，讲好中国民主法治故事。

四、组织好闭会期间代表活动，推动代表更加密切联系人民群众

20. 提高代表专题调研和集中视察实效。紧扣贯彻落实党中央决策部署、实施"十四五"规划纲要，围绕党和国家工作大局、全国人大常委会工作重点，针对地方经济社会发展、民主法治建设的重大问题和人民群众普遍关注的热点难点问题，委托各省区市人大常委会组织代表开展专题调研和集中视察。精心拟订调研视察主题，进一步提高活动的针对性和实效性，拓宽代表知情知政渠道，在联系群众、接触实际中积极发现并反映带有普遍性、共性、典型性的问题。支持和鼓励代表在调研视察的基础上提出议案和建议，推动从法律上、制度上、政策上予以解决。精心组织香港、澳门、台湾省、解放军和武警部队全国人大代表专题调研和视察活动。做好在京全国人大代表回原选举单位参加调研、视察、代表小组活动的服务保障工作。

21. 稳妥推进代表跨原选举单位行政区域的考察视察调研活动。重点围绕实施"十四五"规划纲要、推进区域协调发展、构建新发展格局，结合地方实际和代表意愿，组织代表跨原选举单位的行政区域开展考察视察调研。具体活动委托有关省区市人大常委会实施，受委托的省级人大常委会书面报送考察视察调研情况。进一步规范代表跨原选举单位行政区域考察视察调研的组织协调工作，提高服务保障工作水平。

22. 拓展深化代表更加密切联系人民群众的方式方法。贯彻落实关于完善人大代表联系人民群众制度的实施意见，推动各选举单位用好人大代表联系人民群众的制度机制和工作平台，加强全国人大代表小组建设，积极探索增强代表小组活力的方式方法。推动全国人大代表主动、经常地就近参加当地代表小组和代表联络站、代表之家等工作平台和基层立法联系点的活动，认真听取人民群众意见，努力做到民有所呼、我有所应。认真办理代表反映或者转递的群众信访事项，不断完善"建台账、建规范、建机制、及时报"工作机制，督促有关单位及时向代表答复、反馈。梳理总结各地人大支持和保障人大代表联系人民群众的做法和成效，不断丰富和拓展联系人民群众的渠道、方式、内容，扎实推进各级人大代表联系人民群众工作常态化、机制化开展，有效发挥代表在反映群众诉求、解决民生难题中的积极作用。

五、提高代表议案建议工作水平

23. 完善代表议案处理工作机制。将处理代表议案与研究制定立法工作计划和监督工作计划、起草和修改法律结合起来，加强与提出议案的代表的联系和沟通，深入研究、积极吸纳代表提出的意见建议。完善代表议案提出、审议、处理流程和工作机制，总结交流议案工作典型经验，提高代表议案与立法、监督重点任务的契合度，发挥代表议案推动提高立法质量、增强监督实效的作用。

24. 提高代表建议办理质量和实效。按照"内容高质量、办理高质量"，"既要重结果、也要重过程"的要求，推动承办单位贯彻实施《全国人民代表大会代表建议、批评和意见处理办法》，将办理代表建议与转变工作作风和推动改进工作有效结合起来，切实推动解决问题、完善法律制度和政策措施，着力推动解决好人民群众最关心最直接最现实的问题。加强与提出建议代表的沟通联系，通过多种方式充分听取代表意见。按照实事求是、明确具体的原则，改进代表建议办理答复工作。抓紧抓实2020年答复承诺解决事项跟踪督办工作，及时向代表反馈工作进展和落实情况。支持和鼓励承办单位结合职责和工作重点有针对性地加强研究办理。

25. 做好代表建议交办、督办、反馈、分析工作。完善代表建议交办工作流程，加强与各承办单位的沟通协调，进一步提高代表建议交办的精准性。召开十三届全国人大四次会议代表建议交办会，统一交办代表建议。强化过程管理和跟踪督办力度，加强与承办单位的沟通联络，及时了解和掌握工作进展情况，督促办理工作落实。积极做好代表建议办理和答复综合分析工作，结合全国人大常委会重点立法、监督项目，对代表提出的建议进行认真梳理和分析，提升代表建议分析水平，更好服务常委会中心工作。

26. 提高代表议案建议工作的服务水平。协调搭建代表和承办单位间的联系桥梁，为各承办单位联系代表提供便利，为代表参与建议办理工作做好服务保障。推动承办单位把加强同代表的沟通联系贯穿于代表建议办理全过程，及时向代表反馈建议交办和办理情况，方便代表了解掌握办理流程各环节的工作情况。适时组织代表视察承办单位建议办理工作情况。

27. 做好重点督办建议工作。加强与有关专门委员会的沟通协调，围绕党中央重大决策部署、常委会重点工作，认真研究提出重点督办建议选题。全国人大专门委员会通过制定督办工作方案、召开督办工作座谈会、开展督办调研等方式，加大督办工作力度，推动重点督办建议办理取得实效，转化为促发展、惠民生、暖民心的政策举措。做好重点督办建议的滚动办理和跟踪督办工作。重点督办建议办理工作中的重要情况和重大问题，及时向全国人大常委会委员长会议报告。

六、加强代表自身建设，改进代表学习培训工作

28. 加强代表政治思想建设。贯彻党中央关于加强和改进代表工作的要求，把加强代表政治思想建设摆在代表工作的重要位置，将深入学习贯彻习近平新时代中国特色社会主义思想作为代表学习培训的首要任务，结合人大工作和代表履职实际，组织代表持续深入学习贯彻习近平法治思想和习近平总书记关于坚持和完善人民代表大会制度的重要思想，提高代表履职政治站位，增强"四个意识"、坚定"四个自信"、做到"两个维护"。协助代表把坚持人民至上、紧紧依靠人民、不断造福人民、牢牢植根人民的要求贯彻到履职全过程各方面，深入了解民情，真实反映民意，广泛集中民智，积极宣讲并带头贯彻党中央大政方针和宪法法律，当好党和国家联系人民群众的桥梁纽带。

29. 增强培训的针对性和实用性。举办 5 期代表学习班、1期少数民族代表学习班，组织约 1000 名代表参加学习。代表学习培训资源向基层代表倾斜。在突出政治学习培训的同时，加大代表履职尽责、提出高质量议案建议、密切联系人民群众、处理人民来信来访等方面履职应用知识的培训力度，进一步提高思想政治水平、法律政策水平、专业知识水平，进一步提高联系人民、代表人民、服务人民自觉性主动性。将"十四五"规划纲要、新制定和修改的法律以及立法规划计划、立法程序、立法技术规范等纳入培训内容，提升代表参与立法等人大工作的能力水平。继续做好分领域专题培训，多途径了解代表学习需求，围绕党中央重大决策部署、常委会重点工作和代表普遍关注的问题确定学习专题，进一步提高代表学习培训工作的科学性、针对性和有效性。有关专门委员会、工作委员会举办专项工作培训班和地方人大干部培训班，根据实际情况邀请相关全国人大代表参加。

30. 大力加强网络学习培训。探索线上线下有机结合的培训方式，推动线上线下培训深度融合，在提高代表网络学习培训参与感、获得感上下功夫。加快代表学习培训网络平台建设，充分发挥网络学习平台包括全国人大网络学院、中国人大网代表服务专区等的作用，更加突出人大特色，增加常委会专题讲座、人大历史、人大应用型知识、代表履职基础知识、代表履职交流等栏目，围绕代表关注和履职需要制作网络课程，不断丰富网络学习培训资源。

31. 完善代表学习培训制度。围绕完善代表学习培训制度进行调研，针对代表履职的阶段特点和执行代表职务的各个环节，深入研究和总结代表学习培训规律，进一步完善代表系统培训机制，适时修改关于全国人大代表学习培训工作的若干意见。

32. 加强代表纪律作风建设。将廉洁自律、作风建设、大会会风会纪等纳入代表学习培训内容，协助代表珍视代表身份，严守政治纪律和政治规矩，模范遵守宪法法律，依法执行代表职务，带头践行社会主义核心价值观，发挥模范表率作用。正确处理从事个人职业活动与执行代表职务的关系，不利用代表身份干预执法、干涉具体司法案件或者插手招标投标等牟取个人、小团体和特定关系人利益，自觉接受人民群众和原选举单位监督。

33. 支持选举单位依法加强代表履职监督。统一全国人大代表履职档案的基本内容，规范代表履职档案的记录责任主体、记录载体、结果应用等，推进代表履职档案规范化建设。

34. 做好代表资格审查工作。加强同有关部门和代表原选举单位的联系，及时了解掌握代表资格变动情况，为代表资格审查委员会依法审查、报告代表资格情况做好服务保障工作。

七、加强代表履职和代表工作的宣传报道

35. 做好十三届全国人大四次会议召开前的代表履职事迹集中宣传。提前收集梳理全国人大代表履职报道素材和线索，在大会召开前开展过去一年代表履职情况和代表议案建议办理成效等的宣传报道。

36. 做好十三届全国人大四次会议期间代表宣传报道。做好大会期间代表通道、代表履职宣传报道工作，注重邀请基层代表参加代表通道集中采访活动。协助和支持人大代表接受中外媒体采访，积极发出代表之声，充分展示"人民选我当代表、我当代表为人民"的风采。

37. 加强日常代表履职宣传。全方位、多角度、深层次报道全国人大常委会加强和改进代表工作的情况，生动反映全国人大代表履职尽责的案例、事迹和成果。改进和加强代表列席常委会会议、参加执法检查、专题调研、学习培训、议案建议办理、密切联系人民群众等活动的宣传报道，突出代表主体地位，讲好代表故事，不断增强人大制度和代表工作的社会影响力。

38. 加强对地方各级人大代表依法履职的宣传报道。宣传地方各级人大代表密切联系人民群众、更好发挥代表作用的典型事例，宣传代表联络站、代表之家、基层联系点等平台在密切人大代表同人民群众联系、帮助人民群众解决实际问题方面的作用和成效。

八、牢固树立服务代表意识，努力提高服务保障能力和水平

39. 牢固树立服务代表意识，提高服务代表的能力和水平。加强全国人大常委会办公厅、专门委员会、工作委员会开展代表联络和服务保障工作的经验交流总结，牢固树立服务代表意识，尊重代表主体地位，支持和保障代表依法履职。坚持代表联络机构服务代表的定位，着力加强政治建设，持续改进工作作风，加强对工作人员的教育管理监督，努力打造一支服务意识强、业务水平高的工作队伍。

40. 提高代表工作信息化水平。按照全国人大代表工作信息化总体建设方案，在十三届全国人大四次会议上部署使用代表信息库、议案流程、建议流程、知情知政、征求代表意见等五个模块，实现代表议案建议办理全流程信息化，方便代表、人大机关、承办单位通过信息化平台联系沟通，开展代表议案、建议提交、办理等工作。通过信息化平台及时主动向代表推送相关领域工作信息、提供有关工作资料，征求代表意见建议。积极开展代表大会会议、常委会会议、常委会联系代表、代表联系群众等代表履职服务保障工作信息化的调查规划、开发建设，推动代表工作全面提质增效。

41. 积极协调解决代表履职遇到的困难和问题。加强与全国人大代表所在单位的沟通，在通知代表参加履职活动时，一并通知代表所在单位，协调代表所在单位尊重代表的权利，依法为代表优先执行代表职务给予时间保障，对代表执行代表职务按正常出勤对待，享受所在单位的工资和其他待遇。

42. 加强对代表活动经费的管理。严格执行全国人大代表活动经费使用管理办法。通过专项资金检查、工作调研和会议、培训交流等方式，进一步规范各项支出。注重资金日常有效监管，加强资金使用情况的跟踪检查，深入巩固审计整改成效，研究细化有关制度规定，切实管好、用好代表视察活动经费。

43. 加强与各省代表联络工作机构的联系。推动各省区市人大代表联络机构认真贯彻落实《关于加强和改进全国人大代表工作的具体措施》，充分发挥全国人大代表联络处的职能作用，共同做好全国人大代表服务工作，并按照要求做好有关情况报告工作。定期开展工作调研、视频会议、经验交流、业务培训等，完善工作机制，提高工作水平，形成加强和改进全国人大代表工作的合力。

九、做好全国县乡两级人大换届选举工作，加强与地方人大的联系

44. 切实做好全国县乡两级人大换届选举各项工作。按照党中央的部署和要求，贯彻落实新修改的选举法，坚持党的领导、充分发扬民主、严格依法办事，确保县乡人大换届选举工作有序进行、弊绝风清。及时了解和掌握选举进展情况。举办县乡人大换届选举工作部署会议。认真研究答复选举中的法律问题和工作问题。

45. 做好县乡人大换届选举宣传工作。宣传宪法和选举法等法律，宣传严肃换届纪律、严格依法选举的好经验好做法好典型，生动展示中国特色社会主义民主政治的特点和优势。

46. 密切与地方人大联系，总结交流工作经验。贯彻落实关于加强地方人大及其常委会建设的部署安排，各专门委员会、常委会办公厅、工作委员会通过召开座谈会、视频会议等形式加强与地方人大相关部门的联系，及时开展工作和业务交流，助力地方人大建设和工作创新发展。

47. 加强对地方人大代表工作经验的总结推广。积极关注地方各级人大代表依法履职、密切联系人民群众的典型事例和经验做法，发挥好中国人大"刊网微端"、《人大工作研究》、《联络动态》等平台作用，及时总结推广地方各级人大及其常委会建设和地方各级人大代表发挥桥梁纽带作用的好经验、好做法，不断提高代表服务保障工作水平。

全国人大常委会 2022 年度代表工作计划

（2021 年 11 月 29 日第十三届全国人民代表大会常务委员会第 106 次委员长会议原则通过　2021 年 12 月 23 日第十三届全国人民代表大会常务委员会第 107 次委员长会议修改　2022 年 4 月 11 日第十三届全国人民代表大会常务委员会第 114 次委员长会议修改）

2022 年是进入全面建设社会主义现代化国家、向第二个百年奋斗目标进军新征程的重要一年，我们党将召开具有重大而深远意义的第二十次全国代表大会。全国人大代表工作的总体要求是：在以习近平同志为核心的党中央坚强领导下，高举中国特色社会主义伟大旗帜，以习近平新时代中国特色社会主义思想为指导，深入学习贯彻习近平法治思想和习近平总书记关于坚持和完善人民代表大会制度的重要思想，全面贯彻落实党的十九大和十九届历次全会精神，贯彻落实中央人大工作会议精神，弘扬伟大建党精神，深刻认识"两个确立"的决定性意义，增强"四个意识"、坚定"四个自信"、做到"两个维护"，坚持党的领导、人民当家作主、依法治国有机统一，深化落实《关于加强和改进全国人大代表工作的具体措施》，充分发挥人大代表作用，做到民有所呼、我有所应，加强代表工作能力建设，支持和保障代表更好依法履职，使发挥代表作用成为人民当家作主的重要体现，以实际行动迎接党的二十大胜利召开。

一、抓紧抓好学习贯彻习近平总书记在中央人大工作会议上的重要讲话和会议精神这一重大政治任务

1. 组织开展代表专题学习培训，加强代表政治思想建设。将持续深入学习贯彻中央人大工作会议精神特别是习近平总书记重要讲话精神作为重大政治任务，切实做到党中央的决策部署开展到哪里，学习贯彻就跟进到哪里。制定组织全国人大代表深入学习贯彻中央人大工作会议精神方案，开展代表专题学习培训，在2023年换届前轮训一遍。通过学习帮助代表站稳政治立场，履行政治责任，做政治上的明白人，自觉把习近平总书记的重要讲话精神和党中央决策部署贯彻落实到依法履职的各方面、各环节、全过程。代表要正确认识代表的角色定位、职责使命和行权方式，对代表身份的认识不能走偏、对肩负职责的定位不能走偏、对履职行权的范围不能走偏，确保人民赋予的权力用来为人民服务。

2. 按照"四个机关"的定位和要求，加强代表工作能力建设。深入学习领会习近平总书记关于各级人大及其常委会"四个机关"的定位和要求，进一步加强全国人大常委会对代表工作的领导，以政治建设为统领，全面加强代表联络机构的思想建设、组织建设、作风建设，健全完善代表工作机制，整合加强代表工作力量，为代表更好依法履职提供制度化、系统化、规范化的支持和保障。

二、认真做好十四届全国人大代表换届选举有关工作

3. 贯彻落实党中央部署要求，做好关于第十四届全国人大代表换届选举的有关文件准备。依照宪法和选举法等有关法律规定，贯彻落实党中央部署安排，研究起草关于第十四届全国人民代表大会代表名额和选举问题的决定，以及全国人大代表名额分配方案等选举工作文件。加强与有关部门和省级人大常委会的联系，会同各选举单位做好选举工作。依法做好代表资格审查等工作。

4. 做好香港、澳门特别行政区第十四届全国人大代表选举组织工作。按照香港、澳门特别行政区选举第十四届全国人大代表有关办法的要求做好选举各项工作，落实好疫情防控要求，确保选举安全、平稳、有序。

三、做好全国人大代表出席十三届全国人大五次会议组织服务工作

（一）做好大会前各项准备工作

5. 组织代表深入学习党的十九届六中全会精神。通过集中培训、网络学习等多种形式组织代表深刻学习理解党的十九届六中全会的重大意义，深刻认识党的百年奋斗重大成就和历史经验，自觉把思想和行动统一到全会精神上来。

6. 组织代表开展集中视察。按照全国人大常委会统一安排，各选举单位组织代表深入基层、深入实际，全面了解本地区统筹推进疫情防控和经济社会发展，立足新发展阶段、贯彻新发展理念、构建新发展格局、推动高质量发展情况，认真听取原选举单位和人民群众的意见建议。

7. 组织代表研读讨论拟提请全国人民代表大会审议的有关法律草案，向代表通报有关情况。会同各选举单位做好代表研读讨

论有关法律草案的组织服务工作，组织好在京代表的研读讨论活动，认真收集并研究采纳代表意见建议。举办部分全国人大代表情况通报会，向代表通报 2021 年国民经济和社会发展情况、财政预算执行情况和全国人大常委会工作情况等。向代表书面通报 2021 年全国人大常委会代表工作总体情况。通过中国人大网和代表工作信息化平台向全体代表推送相关材料。

8. 按照"内容高质量"要求，协助代表酝酿提出高质量议案建议。通过代表工作信息化平台及时将全国人大常委会工作要点和立法、监督、代表工作计划以及代表议案建议相关工作资料等推送给代表，落实代表提出议案建议前与承办部门沟通机制，帮助代表提高议案建议质量。支持协助代表利用代表工作信息化平台提交议案建议。

（二）做好代表出席大会的服务保障工作

9. 做好代表审议各项议案和报告的服务保障工作。认真总结经验做法，进一步优化技术方案，做好各项组织协调保障工作，增强网络视频听会效果，不断提高收集处理代表审议意见工作效率。结合常委会工作报告的内容和重点，向代表提供专题材料。通过多种形式听取代表对常委会工作报告的审议意见和对人大工作的意见建议，认真研究处理代表通过"我向委员长建言"小程序提出的意见建议。加强对代表意见建议的梳理分析，及时转送有关部门作为改进工作的重要参考。

10. 做好代表议案建议处理工作。协助代表把好议案建议的政治关、质量关。正式使用代表工作信息化平台开展代表议案建议全流程处理，进一步完善议案建议分办协调工作机制，提高分办的准确性。

11. 严格落实改进会风会纪各项措施。加强代表会风会纪学习教育，严格遵守大会各项纪律和保密规定，严格落实疫情防控各项措施。严格住会制度和请假制度，确保会议出席率。将代表出席大会、代表团会议、小组会议情况和会风会纪情况记入代表履职档案。

12. 协助支持代表宣讲大会精神。为代表在大会闭幕后向本地区本单位本部门宣讲大会精神提供服务保障，通报交流代表积极宣讲大会精神、带头贯彻大会精神的有关情况。

四、加强常委会同代表的联系，统筹推进联系代表工作

13. 发挥委员长会议组成人员联系代表的示范作用，推进常委会组成人员联系代表常态化、机制化。增强常委会组成人员联系代表工作的计划性、协调性，结合常委会组成人员参加会议、立法调研、执法检查、专题调研等活动，通过多种方式与代表保持经常性联系，增强联系实效。

14. 不断完善专门委员会、工作委员会联系代表工作机制。健全专门委员会、工作委员会联系相关领域、具有相关专业知识的全国人大代表的工作机制，做好专门委员会、工作委员会联系代表情况收集和报告工作，及时交流通报工作情况和有关做法。

15. 继续实施好列席代表座谈机制，持续改进代表列席常委会会议的组织服务工作。紧扣习近平总书记最新指示、党中央决策部署、常委会中心工作等，统筹谋划、精心安排全年列席代表座谈会的主题。认真听取代表对人大工作、民主法治建设、经济社会发展等方面的意见，做好代表意见整理、交办和研究处理情况反馈等各环节工作。提高邀请代表列席常委会会议的精准度，努力实现本届基层代表在任期内至少列席一次常委会会议的目标。继续做好常委会会议前向列席代表通报情况工作，加强代表列席常委会会议审议发言提出意见建议研究处理情况的反馈工作。

16. 统筹推动"一府一委两院"加强和改进联系代表工作。推动"一府一委两院"加强同代表的联系，认真听取代表意见建议。加强对相关工作和活动的统筹协调，增强代表参加活动的计划性、规范性、实效性。及时处理参加相关活动的代表的意见建议，并向代表反馈。有关部门和单位在活动结束后及时向全国人大常委会办公厅书面报送情况报告。

五、持续深化代表对常委会、专门委员会、工作委员会工作的参与

17. 完善代表参与立法工作机制。在立项、起草、审议、通过前评估等环节，邀请代表参加，听取代表意见；立法调研中，有针对性地听取提出相关议案、具有相关领域专业背景代表的意见。健全法律草案征求代表意见制度，以适当形式反馈代表意见研究采纳情况。发挥基层立法联系点作用，及时收集代表、基层群众对法律草案和立法工作的意见建议。积极研究采纳代表对备案审查工作的意见建议，探索邀请代表参与公民备案审查建议研究等工作。

18. 邀请代表参加执法检查、专题调研。做好代表参加全国人大常委会执法检查、专题调研以及参加审议国务院专项工作报告调研等活动的统筹安排。执法检查组赴地方检查法律实施情况，至少邀请2名全国人大代表参加，相关报告要认真反映代表意见建议，在常委会听取和审议专项工作报告和开展专题询问时邀请有关代表列席。围绕常委会执法检查、专题调研，组织代表开展相关领域专题调研活动。

19. 进一步加强和完善全国人大计划审查和财经委季度经济形势分析联系代表工作机制，充分发挥全国人大预算审查、国有资产管理情况监督联系代表机制作用。在开展年度计划初审时，邀请部分代表参加前期调研，并参加财经委的初审会议发表意见。财经委进行季度经济形势分析时，邀请部分代表参加前期调研，并参加季度经济形势分析会，相关报告要充分反映代表的意见。向预算审查联系代表逐一发函征求意见建议，并逐一反馈采纳落实情况。推荐预算审查联系代表参加国务院财政部门预算绩效评价活动。通过多种方式更好发挥代表在预算审查监督、国有资产管理情况监督和财税立法等工作中的作用。加强与基层联系点代表的沟通和联系，邀请相关基层联系点代表列席常委会会议。发挥好预算联网监督系统及手机 APP 服务代表的积极作用，邀请代表参与国资联网监督子系统试用。

20. 积极拓展代表参与对外工作的广度和深度。统筹谋划并有针对性地组织代表参与各层级、各领域、各类型对外交往活动。推动代表成为对外讲述"全过程人民民主"重大理念和丰富实践的国际宣传员，全方位、多角度呈现人民代表大会制度特点和优越性。

六、组织好闭会期间代表活动，推动代表更加密切联系人民群众

21. 提高代表专题调研和集中视察实效。聚焦党中央重大决策部署，聚焦人民群众所思所盼所愿，推动解决制约经济社会发展的突出矛盾和问题，委托各省（区、市）人大常委会组织代表开展专题调研和集中视察。精心组织香港、澳门、台湾省、解放军和武警部队全国人大代表专题调研和视察活动。积极支持、大力推动在京代表回原选举单位参加调研、视察、代表小组活动，并做好服务保障工作。进一步规范代表跨原选举单位行政区域考察视察调研的组织协调工作，重点围绕党中央重大决策部署和区域发展战略规划等，结合地方实际，组织代表跨原选举单位的行政区域开展考察视察调研。

22. 密切代表同人民群众的联系。深入推进代表之家、代表联络站等履职平台和基层立法联系点、预算工委基层联系点建设，使之成为人大代表密切联系人民群众的"民意窗""连心桥"，成为人大代表和人民群众有序政治参与的重要载体。推动全国人大代表主动地、经常地就近参加当地代表小组和代表家站活动，努力做到民有所呼、我有所应。完善代表反映人民群众意见和诉求的受理、分析、处理、反馈平台和载体，研究探索代表吸纳民意、汇集民智的工作机制。认真办理代表反映或者转递群众意见和具体信访事项，督促有关单位及时向代表答复、反馈。

七、提高代表议案建议工作水平

23. 完善代表议案处理工作机制。完善代表议案提出、审议、处理流程和工作机制，将处理代表议案与研究制定立法工作计划和监督工作计划、起草和修改法律结合起来，发挥代表议案推动提高立法质量、增强监督实效的作用。加强与提出议案的代表的联系和沟通，深入研究、积极吸纳代表提出的意见建议。

24. 提高代表建议办理质量和实效。按照"内容高质量、办理高质量"，"既要重结果、也要重过程"的要求，推动承办单位将办理代表建议作为保持同人民的密切联系，倾听人民意见建议，接受人民监督的重要内容，切实推动解决问题、完善法律制度和政策措施。抓紧抓实 2021 年代表建议答复承诺解决事项跟踪督办工作，及时向代表反馈工作进展和落实情况。支持和鼓励承办单位结合职责和工作重点有针对性地加强研究办理。

25. 做好代表建议交办、督办、反馈、分析工作。加强与各承办单位的沟通协调，进一步提高代表建议交办的精准性。召开十三届全国人大五次会议代表建议交办会，统一交办代表建议。

强化过程管理和跟踪督办力度，加强与承办单位的沟通联络，及时了解和掌握工作进展情况，督促办理工作落实。积极做好代表建议办理和答复综合分析工作，推进代表建议及办理情况向社会公开。

26. 加强与提出议案建议的代表的联系沟通。推动承办单位把加强同代表的联系沟通贯穿代表议案建议办理全过程，通过代表工作信息化平台等多种方式及时向代表反馈议案建议交办和办理情况。利用代表工作信息化平台，搭建代表和承办单位间的联系桥梁，为各承办单位联系代表、代表参与议案建议办理工作提供便利。适时组织代表视察承办单位建议办理工作情况。

27. 做好重点督办建议工作。加强与有关专门委员会的沟通协调，围绕党中央重大决策部署、常委会重点工作，认真研究提出重点督办建议选题。全国人大专门委员会通过制定督办工作方案、召开督办工作座谈会、开展督办调研等方式，加大督办工作力度，推动重点督办建议办理取得实效。重点督办建议办理工作中的重要情况和重大问题，及时向全国人大常委会委员长会议报告。

28. 做好闭会期间代表建议交办和办理工作。健全闭会期间代表建议处理工作机制，支持和保障代表在闭会期间通过代表信息化工作平台依法提出代表建议。代表建议不论大会期间提出还是闭会期间提出，都依照法律规定同等重视、同样办理，支持和协助代表在闭会期间积极提出建议。

八、加强代表自身建设，精心组织代表学习

29. 进一步完善代表政治学习培训制度。全面落实《关于加强和改进全国人大代表工作的具体措施》，牢牢把握正确政治方向，党中央决策部署到哪里，代表学习就跟进到哪里。遵循学习培训规律，做到代表学习培训需求、对象、内容、形式"四个精准"，不断增强代表学习培训的系统性、科学性。2022 年是十三届全国人大代表履职的第五年，组织代表学习培训要突出政治学习，强化理论武装，加强代表履职经验交流和总结，为下一届代表依法履职提供借鉴。

30. 进一步加强全国人大网络学院建设。以"特色鲜明、内容权威"为目标，充实网上学习资源，创新网络学习形式，将全国人大网络学院建设成为代表加强思想理论武装、提高履职素养的重要学习平台，支持和保障代表更好依法履职。探索人大系统网络学习互联互通，为地方人大开展网络学习提供必要支持。

31. 加强代表履职管理监督。代表要珍视代表身份，严守政治纪律和政治规矩，模范遵守宪法法律，依法执行代表职务，带头践行社会主义核心价值观，发挥模范表率作用，展现新时代人大代表的风采。推进代表履职档案规范化建设。

32. 做好代表资格审查工作。加强同有关部门和代表原选举单位的联系，及时了解掌握代表资格变动情况，确保代表资格审查委员会依法审查、报告代表资格情况。

九、加强代表工作能力建设，提高代表履职服务保障工作质量和水平

33. 牢固树立服务代表意识，推动代表工作提质增效。坚持代表联络机构服务代表、保障代表的职责定位，努力打造一支政治坚定、服务意识强、业务水平高的工作队伍。围绕代表依法履职的具体需求，为代表提供精准化、精细化服务保障。总结交流常委会办公厅、专门委员会、工作委员会开展代表联络和服务保障工作的经验，建立健全闭会期间联系代表的日常工作机制。

34. 加强代表履职和代表工作的宣传报道。支持媒体在十三届全国人大五次会议召开前开展过去一年代表履职情况和代表议案建议办理成效等的宣传报道。做好十三届全国人大五次会议期间代表宣传报道，精心打造大会期间"代表通道"，认真组织代表集中采访活动，注重安排基层代表参加，突出反映来自基层和一线的代表之声。支持媒体开展对全国人大常委会加强和改进代表工作的报道，不断增强人大制度和代表工作的社会影响力。

35. 积极协调解决代表履职遇到的困难和问题。加强与全国人大代表选举单位的沟通，在通知代表参加履职活动时，一并通知代表所在单位，协调代表所在单位尊重代表的权利，依法为代表优先执行代表职务给予时间保障，按正常出勤对待，享受所在单位的工资和其他待遇。认真听取代表在履职方面提出的需求，为代表解决履职中的实际困难提供帮助。

36. 加强对代表活动经费的管理。严格执行全国人大代表活动经费使用管理办法。注重资金日常有效监管，加强资金使用情况的跟踪检查和绩效评价，深入巩固审计整改成效。

37. 加强与各省级人大代表联络工作机构的联系。推动各省（区、市）人大代表联络机构认真贯彻落实《关于加强和改进全国人大代表工作的具体措施》，共同做好全国人大代表服务工作，并按照要求做好有关情况报告工作。定期开展工作调研、视频会议、经验交流、业务培训等，形成加强和改进全国人大代表工作的合力。

38. 推动全国人大代表工作信息化平台正式使用，进一步提高代表工作数字化、信息化水平。按照把全国人大代表工作信息化平台建设成为加强代表思想理论武装、提高代表履职素养的学习平台，代表依法履行职责的工作平台，代表密切联系人民群众的服务支撑平台的总体要求，加快推进平台建设，确保十三届全国人大五次会议期间正式使用，为代表提供安全可靠、便捷高效的信息化服务保障。建立健全平台信息服务保障工作机制，强化平台的政治学习功能和信息服务功能。做好向代表征求意见建议、常委会组成人员联系代表、代表列席常委会会议、代表联系群众等履职服务保障工作的信息化支撑。研究制定十四届全国人大代表使用信息化平台的工作方案。

十、做好全国县乡两级人大换届选举工作，加强与地方人大的联系和交流

39. 切实做好全国县乡两级人大换届选举各项工作。贯彻落实党中央决策部署和选举法，坚持党的领导、充分发扬民主、严格依法办事，确保县乡人大换届选举有序推进、风清气正。认真研究答复选举中的法律咨询和工作询问，做好县乡人大换届选举数据统计工作。做好县乡两级人大换届选举宣传工作，全面展示在县乡人大换届选举中贯彻全过程人民民主的生动实践。

40. 加强同地方人大的联系，总结交流推广地方人大代表工作经验。继续加强同地方人大的工作联系和交流，密切工作协同，依法进行监督和指导，提升人大工作整体实效。举办地方人大常委会负责同志学习班，组织换届后的地方人大常委会负责同志参加学习。发挥好中国人大"刊网微端"、《人大工作研究》、《联络动态》及代表工作信息化平台等的作用，及时宣传地方各级人大代表密切联系人民群众、更好发挥代表作用的典型事例，总结推广地方各级人大及其常委会建设的经验做法。

全国人大常委会2023年度代表工作计划

（2022年12月9日第十三届全国人民代表大会常务委员会第130次委员长会议原则通过 2023年4月14日第十四届全国人民代表大会常务委员会第2次委员长会议修改）

2023年是贯彻落实党的二十大精神开局之年，也是十四届全国人大代表依法履职的第一年。全国人大代表工作的总体要求是：在以习近平同志为核心的党中央坚强领导下，坚持以习近平新时代中国特色社会主义思想为指导，全面贯彻党的二十大和二十届一中、二中全会精神，贯彻落实十四届全国人大一次会议精神，深刻领悟"两个确立"的决定性意义，弘扬伟大建党精神，发展全过程人民民主，坚定不移走中国特色社会主义政治发展道路，坚持党的领导、人民当家作主、依法治国有机统一，加强人民当家作主制度保障，坚持好、完善好、运行好人民代表大会制度，加强人大代表工作能力建设，密切人大代表同人民群众的联系，支持和保障代表更好依法履职，使发挥代表作用成为人民当家作主的重要体现，为全面建设社会主义现代化国家、全面推进中华民族伟大复兴作出新的贡献。

一、认真做好十四届全国人大代表选举有关工作

1. 做好十四届全国人大代表选举工作。按照党中央部署要求，依法主持十四届全国人大代表选举工作，指导、督促各选举单位做好代表选举工作。坚持党的领导、充分发扬民主、严格依法办事，严明纪律规矩、强化监督问责，确保选举过程风清气正、选举结果人民满意。

2. 做好十四届全国人大代表资格审查工作。依法审查当选的十四届全国人大代表是否符合宪法、法律规定的代表的基本条件，选举是否符合法律规定的程序，以及是否存在破坏选举和其他当选无效的违法行为，提出代表当选是否有效的意见，向全国人大常委会报告。

二、做好十四届全国人大一次会议相关工作

（一）做好大会前各项准备工作

3. 组织代表初任学习培训。会同各选举单位组织十四届全国人大代表深入学习贯彻党的二十大精神、中央人大工作会议精神，学习人民代表大会制度，宪法、法律有关内容，及时开展履职学习培训，为出席十四届全国人大一次会议做好准备。

4. 组织代表开展集中视察。围绕党中央批准的关于开好大会的部署，统一安排各选举单位组织新当选代表开展集中视察，深入基层、深入实际，深入了解本地区统筹推进"五位一体"总体布局、协调推进"四个全面"战略布局，着力推动高质量发展，加快构建新发展格局情况，认真听取原选举单位和人民群众意见建议。

5. 围绕大会议程，组织代表研读讨论拟提请大会审议的有关法律草案，向代表通报有关情况。会同各选举单位做好代表研读讨论有关法律草案的组织服务工作，组织好在京代表的研读讨论活动，认真听取并研究采纳代表意见建议。举办部分全国人大代表情况通报会，向代表通报国民经济和社会发展情况、财政预算执行情况和全国人大常委会工作情况等。向代表书面通报十三届全国人大常委会代表工作情况。通过全国人大代表工作信息化平台向全体代表推送相关材料。

6. 落实代表提出议案建议前沟通协调机制，协助代表提出高质量议案建议。商请有关部门单位向代表提供年度工作重点、拟采取的主要措施、向代表推荐的选题及吸收采纳代表议案建议改进工作情况等参考材料。及时将上述参考材料和全国人大常委会工作要点和立法、监督、代表工作计划，代表议案建议相关材料等推送给代表。协助代表在提出议案建议前通过平台与相关单位联系，努力实现"提""办"双方良性互动，提高代表议案建议的针对性、实效性。做好代表提出议案建议和代表工作信息化平台操作使用培训指导工作。

（二）做好代表出席大会的服务保障工作

7. 做好代表审议各项议案和报告的服务保障工作。结合常委会工作报告的内容和重点，向代表提供专题材料。通过多种形式听取代表对常委会工作报告的审议意见和对人大工作的意见建议，认真研究办理代表通过"我向委员长建言"小程序提出的意见建议。加强对代表意见建议的梳理分析，及时转送有关部门作为改进工作的重要参考。

8. 扎实做好大会期间代表议案建议的处理工作。加强前端统筹，把好代表议案建议的政治关、质量关。依托代表工作信息化平台开展代表议案建议全流程在线处理，认真梳理、深入研究、专项分析代表提出的议案建议，进一步完善议案建议分办协调工作机制。及时研究提出大会期间代表提出议案处理意见的报告，提请大会主席团审议。

9. 严格落实改进会风会纪各项措施。加强代表会风会纪学习教育，督促严格遵守大会各项纪律和保密规定，严格落实疫情防控各项措施。严格住会制度和请假制度，确保会议出席率。将代表出席大会、代表团会议、小组会议情况和会风会纪情况记入代表履职档案。

10. 支持代表宣讲、贯彻大会精神。支持代表在大会闭幕后向本地区本单位本部门宣讲大会精神，带头贯彻大会精神，广泛动员和凝聚人民群众力量，推动落实大会确定的目标任务。

三、密切常委会同人大代表的联系

11. 坚持和落实常委会组成人员联系代表机制。统筹做好十四届全国人大常委会组成人员联系全国人大代表工作。研究提出常委会组成人员联系全国人大代表工作方案，增强常委会组成人员联系代表工作的计划性、协调性。结合常委会组成人员参加会议、立法调研、执法检查、专题调研等活动，通过多种方式与代表保持经常性联系，增强联系实效。

12. 完善专门委员会、工作委员会联系代表工作机制。健全专门委员会、工作委员会联系相关领域、具有相关专业知识的全国人大代表的工作机制。完善计划审查、预算审查联系代表工作机制，做到联系代表覆盖所有代表团。

13. 坚持邀请代表列席常委会会议机制。结合常委会会议议程，邀请相关领域或具有相关专业背景的代表列席。侧重邀请来自基层一线的代表，努力实现本届基层代表在任期内列席常委会会议全覆盖。完善列席代表座谈会机制，听取代表对人大工作、民主法治建设、经济社会发展等方面的意见建议，健全代表提出意见建议办理机制。改进列席代表情况通报会组织服务工作，提高代表审议发言质量。

四、持续深化代表对常委会、专门委员会、工作委员会工作的参与

14. 发挥代表在立法工作中的作用，推进民主立法。在法律案立项、起草、审议、通过前评估和备案审查等环节，广泛邀请代表参加，充分听取代表意见；立法调研中，有针对性地听取提出相关议案、具有相关领域专业背景代表的意见。健全法律草案征求代表意见制度，不断扩大代表参与的广度和深度，不断提高征求意见工作的针对性和实效性，并以适当形式向代表反馈意见研究采纳情况。发挥基层立法联系点作用，及时收集代表、基层群众对法律草案和立法工作的意见建议。

15. 扩大代表对监督工作的参与。继续邀请代表参加执法检查活动。执法检查组赴地方检查法律实施情况，至少邀请2位全国人大代表参加。常委会审议执法检查报告时，邀请参加过执法检查和领衔提出议案建议的代表列席。统筹推进常委会监督工作与代表调研视察、议案建议、联系人民群众等工作。

16. 健全完善代表参加经济工作监督、预算审查监督、国有资产管理情况监督和财税立法工作机制。在规划、计划执行，预算决算审查监督，国有资产管理情况监督和财税立法调研及各类会议中，扩大邀请相关领域代表参加。

17. 拓展代表参与对外工作的广度和深度。充分发挥代表职业、专业特长特色，推动更多基层代表有针对性地参与人大对外交往工作，生动讲述中国故事和中国人大故事，在国际舞台广泛宣介"全过程人民民主"理念和实践，呈现中国式现代化的内涵特征。

五、加强和改进代表闭会期间活动，密切代表同人民群众的联系

18. 加强和改进代表小组活动。按照便于组织和开展活动的原则，在5月底前普遍建立十四届全国人大代表小组，确定小组召集人。各地代表联络工作机构协助代表小组制定活动计划，为代表小组就地就近开展多种形式活动提供服务保障。

19. 组织好代表专题调研和集中视察。深入贯彻落实党中央关于大兴调查研究的部署，紧紧围绕全面贯彻落实党的二十大精神、推动高质量发展，聚焦发挥人民代表大会制度优势功效、做好新时代人大工作，聚焦地方经济社会发展中的重大问题，以及人民群众普遍关注的热点难点问题，委托各省（区、市）人大常委会组织代表开展专题调研和集中视察，突出问题导向和目标导向，深入实际、深入基层、深入群众调查了解情况。精心组织香港、澳门、台湾省、解放军和武警部队全国人大代表专题调研和视察活动。积极支持在京代表回原选举单位参加调研、视察、代表小组活动，并做好服务保障工作。建立健全代表跨行政区域视察调研制度。

20. 统筹"一府一委两院"加强和改进联系代表工作。"一府一委两院"联系全国人大代表工作由全国人大常委会办公厅统一安排，加强对相关工作和活动的统筹协调，增强代表参加活动的计划性、规范性、实效性。

21. 密切人大代表同人民群众的联系。完善代表联系群众制度机制，研究健全吸纳民意、汇集民智工作机制。深入推进代表之家、代表联络站、基层立法联系点、预算工委基层联系点、涉侨基层联系点等平台建设，推进网上代表家站等联系群众的网络平台建设，使之成为人大代表密切联系人民群众的"民意窗""连心桥"，成为人大代表和人民群众有序政治参与的重要载体。健全代表反映群众意见和要求的处理反馈机制，引导代表依法有序推动解决人民群众普遍关心的热点难点问题。

22. 指导各省（区、市）人大常委会代表工作。建立健全同各省（区、市）人大代表联络工作机构的沟通联系机制，定期开展工作调研、视频会议、经验交流、业务培训等，形成工作合力，共同做好全国人大代表服务保障工作。

23. 学习交流推广地方人大代表工作经验。继续加强同地方人大的工作联系和交流，密切工作协同，提升人大代表工作整体实效。举办地方人大常委会负责同志学习班，组织换届后的地方人大常委会负责同志参加学习。发挥好中国人大"刊网微端"、《人大工作研究》、《联络动态》及代表工作信息化平台等的作用，及时宣传地方各级人大代表密切联系人民群众、更好发挥代表作用的典型事例，总结推广地方各级人大及其常委会自身建设和代表工作的经验做法。

六、提高代表议案建议工作水平

24. 认真做好习近平总书记参加代表团审议时代表提出意见建议的办理、督办工作。协调推进主办单位、协办单位密切配合、高效协作，及时了解和掌握工作进展情况，及时跟踪督办并报告落实情况。

25. 完善代表议案建议处理机制。健全代表议案建议提出、审议、处理流程和工作机制，以一人一函方式向代表反馈议案交付审议和建议交办情况，高质量、高效率办好代表议案建议。加强与代表的联系和沟通，深入开展调查研究、积极吸纳代表提出的意见建议，把代表反映的民意诉求体现到人大立法、监督工作中，根据代表议案建议和审议意见修改完善常委会工作报告和"一个要点、三个计划"。

26. 完善代表建议重点督办机制。围绕党中央重大决策部署、常委会重点工作，以及代表反映比较集中、涉及人民群众切身利益的重大问题，经秘书长办公会议研究提出重点督办建议选题。加强与有关专门委员会和重点督办建议牵头办理单位、参加办理单位的沟通协调，全国人大专门委员会通过制定督办工作方案、召开督办工作座谈会、开展督办调研等方式加大督办工作力度，承办单位集中力量研究办理，努力实现办好一项重点督办建议、解决一个方面问题、促进一个领域工作的目标。办理过程中的重要情况和重大问题，及时向委员长会议报告，探索常委会领导同志督办重点建议办理工作机制。支持和鼓励承办单位结合职责和工作重点有针对性地加强研究办理。

27. 及时召开代表建议交办会，做好代表建议交办、反馈、分析工作。统一交办代表建议，继续向各代表团和大会期间提出建议的各位代表通报建议交办情况。支持和引导代表在闭会期间积极提出建议。推动承办单位将办理代表建议作为贯彻党的群众路线，对人民负责，受人民监督的重要内容，把办理代表建议同解决人民群众急难愁盼问题结合起来，切实推动解决问题、完善法律制度和政策措施。强化与省级人大代表联络工作机构、承办单位综合协调服务部门和具体业务部门的沟通联络，适时组织相关工作人员进行经验交流和学习培训，努力提高办理和答复质量，形成办理工作合力。推进建立办理代表建议答复承诺解决事项台账，抓紧抓实跟踪督办工作，及时向代表反馈工作进展和落实情况。积极运用信息化技术做好代表建议办理和答复综合分析工作，有序推进代表建议及办理情况向社会公开。

28. 加强与提出议案建议代表的联系沟通。推动承办单位把加强同代表的联系沟通贯穿代表议案建议办理全过程，通过多种方式及时向代表反馈议案建议办理情况。加强与代表"面对面"沟通联系，支持承办单位通过会议座谈、调研走访、视频会议等，在办理工作中深入群众、多下基层、多接地气，当面听取代表意见，共同推动问题解决。搭建代表和承办单位间的联系"直通车"，为各承办单位联系代表、代表参与议案建议办理工作提供便利。适时组织代表视察承办单位建议办理工作情况。

29. 对高质量办理代表议案、建议的，做好宣传表扬鼓励工作。认真总结、深入研究、学习借鉴相关经验做法和制度建设情况，积极探索推进建立高质量办理代表建议的宣传表扬鼓励机制和全媒体传播体系建设。对代表议案建议办理成效等开展全过程、多角度宣传，广泛化、常态化报道，全流程、多层次开展宣传表扬鼓励工作。

七、加强代表自身建设，精心组织代表学习

30. 组织代表全面学习贯彻党的二十大精神。把全面深入学习贯彻习近平新时代中国特色社会主义思想和党的二十大精神作为代表学习培训的首要政治任务，每期代表学习班均安排相关内容，在全国人大网络学院上线学习资料和视频课程，坚持学思用贯通、知信行统一，把党的二十大精神全面落实到代表履职的各方面全过程。

31. 扎实开展代表履职学习，夯实代表履职基础。组织代表深入学习贯彻习近平新时代中国特色社会主义思想特别是习近平法治思想、习近平总书记关于坚持和完善人民代表大会制度的重要思想，学习人大履职知识。举办 4 期代表履职基础学习班，组织 1200 余名代表参学。坚持集中学习培训重点向新当选的代表和来自基层的代表倾斜，争取实现新任基层全国人大代表履职基础学习全覆盖。做好全国人大网络学院全面改版工作，突出人大特色，充实学习资源，更好满足代表个性化学习需求。

32. 加强代表履职监督管理。引导代表充分发挥来自人民、扎根人民的特点优势，密切同人民群众的联系，当好党和国家联系人民群众的桥梁，最大限度调动积极因素、化解消极因素。加强代表纪法教育培训工作，切实增强代表依法依规履职意识，督促代表自觉做遵纪守法、廉洁自律的模范。推进代表履职档案规范化建设。

33. 做好个别代表的代表资格审查工作。加强同有关部门和代表原选举单位的联系，及时了解掌握代表资格变动情况，为常委会会议依法审议代表资格审查报告做好服务保障。

八、加强人大代表工作能力建设，提高代表履职服务保障工作质量和水平

34. 坚持党对代表工作的全面领导，牢牢把握代表工作正确的政治方向。落实党中央关于人大代表工作的重大决策部署，围绕党和国家工作全局，统筹谋划和推进全国人大代表工作，保证党的领导全面、系统、整体地落实到代表工作各方面全过程。代表工作中的重要情况和重大问题等，及时向党中央请示报告。

35. 做好设立全国人大常委会代表工作委员会相关工作。贯彻落实党的二十届二中全会通过的《党和国家机构改革方案》，抓紧完成代表工作委员会组建工作，落实好党中央赋予代表工作委员会的职责任务，推动代表工作质量进一步提升。

36. 适应新时代人大工作需要，加强全国人大常委会对代表工作的领导。健全常委会党组会议、委员长会议专题研究代表工作机制。常委会组成人员联系代表工作情况、代表建议办理情况等，由常委会办公厅向党组会议、委员长会议报告；议案审议结果、督办代表建议中的重要情况等，由有关专门委员会向党组会议、委员长会议报告。

37. 加强人大代表工作能力建设和作风建设。加强人大代表工作能力建设，密切全国人大机关各单位工作协同，加强与地方人大的工作联系，提升代表工作整体实效，形成代表工作合力。打造适应新时代人大代表工作需要的干部队伍，做到政治坚定、服务人民、尊崇法治、发扬民主、勤勉尽责。

38. 全面升级全国人大代表工作信息化平台服务保障功能，不断提升代表工作数字化智能化水平。推进十四届全国人大代表使用信息化平台学习、履职相关准备工作，努力让十四届全国人大代表及时用上平台、用好平台。做好向代表征求意见建议、常委会组成人员联系代表、代表列席常委会会议、代表联系群众等履职服务保障工作的信息化支撑。通过信息化手段密切与地方人大的联系。支持和鼓励各单位各部门通过平台为代表提供安全可靠、便捷高效的全流程信息化服务保障，全面发挥平台作用。

39. 加强对代表活动经费的管理。严格执行关于全国人大代表活动经费管理使用的意见。注重资金日常有效监管，加强资金使用情况的跟踪检查和绩效评价。积极协调解决代表履职遇到的困难和问题。加强与全国人大代表选举单位的沟通，在通知代表参加履职活动时，一并通知代表所在单位，协调代表所在单位依法为代表优先执行代表职务给予时间保障，按正常出勤对待，享受所在单位的工资和其他待遇。开展走访基层代表及其所在单位活动，认真听取代表意见建议，为代表解决履职困难。

40. 加强代表履职和代表工作的宣传报道。做好十四届全国人大一次会议期间代表宣传报道，精心打造大会期间"代表通道"，认真组织代表集中采访活动，注重安排基层代表参加，突出反映来自基层和一线的代表声音。支持媒体开展对全国人大常委会加强和改进代表工作，代表密切联系人民群众、发挥模范带头作用的履职事迹报道。

第二章

历届全国人大代表选举情况 及部分全国人大代表事迹简介

人民代表大会制度是中国共产党领导中国人民在长期的革命实践中，把马克思主义的普遍真理同中国的具体实践相结合，建立起来的人民当家作主的政权组织形式。人大代表作为人民代表大会的组成人员，它的产生立足于中国国情，它的性质和地位反映了中国实际。我国宪法规定，"中华人民共和国的一切权力属于人民""人民行使国家权力的机关是全国人民代表大会和地方各级人民代表大会"。人大代表是人民行使国家权力的代表，选举人大代表是实行人民代表大会制度的基础。按照宪法和选举法规定，各级人大代表都由选举产生。我国的选举，实行普遍性和平等性原则。凡年满十八周岁的中华人民共和国公民，不分民族、种族、性别、职业、家庭出身、宗教信仰、教育程度、财产状况、居住期限，都有选举权和被选举权。应当看到，选举权和被选举权广泛地、无差别地赋予广大人民群众，体现着我国国家权力广泛的群众基础。这种建立在民主选举基础上的人民代表大会制度，就是人民当家作主的根本途径和实现形式。其中，全国人民代表大会是最高国家权力机关，行使国家最高权力，其代表由下一级人民代表大会选举产生。1954年第一届全国人大以来，我国累计选举产生了三万五千余名全国人大代表。他们来自全国各行各业，具有广泛的代表性，接受人民委托，为人民行使国家最高权力。他们中的绝大多数，都做到了认真履行宪法和法律赋予的职责，为新中国建设和发展、为我国的民主法治进程作出了积极的贡献。书中收录了历届全国人大代表名录，并简要介绍了部分全国人大代表的事迹，供读者参考。

第一节　第十一届以来全国人大 代表选举情况

全国人民代表大会是最高国家权力机关，行使国家最高权力，作为人民代表大会的组成人员的全国人大代表是由下一级人民代表大会选举产生的。1954 年第一届全国人大召开以来，我国累计选举产生了三万五千余名全国人大代表。他们来自全国各行各业，具有广泛的代表性。第十届全国人大以来，全国人大常委会办公厅都在各选举单位选举结束后，向常委会报告下一届全国人民代表大会代表选举工作情况。

一、全国人大常委会办公厅关于第十一届全国人民代表大会代表选举工作情况的报告

全国人民代表大会常务委员会办公厅关于第十一届
全国人民代表大会代表选举工作情况的报告
——2008 年 2 月 26 日在第十届全国人民代表大会
常务委员会第三十二次会议上
全国人大常委会副委员长、秘书长　盛华仁
全国人民代表大会常务委员会：

根据十届全国人大五次会议《关于第十一届全国人民代表大会代表名额和选举问题的决定》（以下简称"决定"），第十一届

全国人大代表应于 2008 年 1 月选出。截至 2008 年 1 月底，各省（自治区、直辖市）、香港和澳门特别行政区、台湾省、中国人民解放军等 35 个选举单位已先后召开会议，共选举产生第十一届全国人大代表 2987 名。我受委员长会议委托，现将第十一届全国人大代表选举工作的有关情况报告如下。

一、关于第十一届全国人大代表选举工作的总体情况

中共中央对第十一届全国人大代表的选举工作高度重视。早在 2006 年 12 月 8 日，中央即以中发〔2006〕20 号文件转发了全国人大常委会党组《关于做好第十一届全国人民代表大会代表选举工作的意见》，对选举工作提出了明确的指导思想和要求。在选举准备和开会选举的全过程中，各省（自治区、直辖市）党委按照中央的要求和"决定"的规定，坚持党委统一领导，充分发扬民主，严格依法办事；在省级党委领导下，各省级人大常委会依法承担了选举的各项具体工作。从 2008 年 1 月初到 1 月底，31 个省（自治区、直辖市）先后召开省级人民代表大会会议，香港、澳门特别行政区先后召开选举会议，台湾省籍同胞民主推荐产生协商选举会议成员并召开协商选举会议，中国人民解放军召开军人代表大会会议，采用差额选举和无记名投票的方式，分别选举产生了第十一届全国人大代表。

十一届全国人大代表同十届全国人大代表相比，代表结构进一步优化。在选举产生的 2987 名代表中，少数民族代表 411 名，占代表总数的 13.76%，超过了"决定"提出的 12% 的要求，每个少数民族都有本民族的代表，人口特少的少数民族至少都有 1 名代表；归国华侨代表 35 名，达到了"决定"的要求；妇女代表 637 名，占代表总数的 21.33%，比上届提高了 1.09 个百分点，比"决定"要求的 22% 少了 0.67 个百分点，主要是有几个省妇女代表候选人都超过了"决定"要求的比例，选举时落选的人数多了些。这里特别值得提出的是，各省（自治区、直辖市）全面贯彻落实中央关于进一步优化代表结构的要求，在选出的代表中，省级政府组成部门领导干部代表比上届减少了三分之一，一线工人代表增加了一倍以上，基层农民代表增加了70%以上；上海、广东、重庆三省（直辖市）还选举产生了3名农民工代表，这是历届全国人大代表选举中第一次选出农民工代表。从代表的政治素质和文化程度来看，各选举单位严格按照法律规定，努力把能够坚持正确政治方向、模范遵守宪法和法律、密切联系人民群众、全心全意为人民服务的优秀分子选为全国人大代表；重视代表的文化程度和履职能力，在选出的代表中，具有大专以上文化程度的占92%以上，其中一半以上具有研究生学历；十届全国人大代表继续当选为十一届全国人大代表的有924名，占代表总数的30.93%，连任代表比上届提高了3个百分点。总体来看，新选出的第十一届全国人大代表都是经过依法民主推荐、有关部门认真考察、得到人民群众公认的，具有广泛的代表性，为全国人民代表大会行使最高国家权力并保证代表依法履职、充分发挥作用奠定了良好的组织基础。

二、关于香港、澳门特别行政区选举第十一届全国人大代表的工作

香港、澳门特别行政区选举第十一届全国人大代表，是这次选举工作的重要组成部分。按照十届全国人大五次会议通过的香港、澳门特别行政区选举第十一届全国人大代表的办法规定，香港应选代表36名，澳门应选代表12名；同时规定，香港、澳门选举第十一届全国人大代表，采用成立选举会议的办法，由全国人大常委会主持选举工作。为搞好这次选举，委员长会议决定成立香港、澳门特别行政区选举第十一届全国人大代表办公室，具体负责选举的组织协调工作。2007 年 8 月，委员长会议依法提出了香港、澳门特别行政区第十一届全国人大代表选举会议成员建议名单，提请十届全国人大常委会第二十九次会议审议通过，香港、澳门特别行政区第十一届全国人大代表选举会议即正式宣告成立，随后紧张地进行了选举前的各项准备。

2008 年 1 月 3 日至 27 日，我受常委会委托，赴香港、澳门特别行政区主持第十一届全国人大代表的选举工作。大致分三个阶段进行：第一阶段，推选产生选举会议主席团和主席团常务主席，具体布置代表候选人提名和参选人登记工作。香港、澳门特别行政区选举会议第一次全体会议和主席团第一次会议分别于2008 年 1 月 3 日和 5 日举行，我们在选举会议的全体会议上再次重申，香港、澳门第十一届全国人大代表应由拥护宪法和基本法、拥护"一国两制"、爱国爱港、爱国爱澳的人士担任，对代表人选提出了明确要求。选举会议主席团确定了代表候选人提名时间和选举日期。

第二阶段，香港、澳门特别行政区选举会议成员分别从 1 月 5 日和 7 日开始，用 12 天的时间依法提名代表候选人，同时参选人依法登记参选。经过主席团严格审查，香港确定了 50 名代表候选人，澳门确定了 17 名代表候选人，在选举前向社会公布，并请选举会议成员充分酝酿。

第三阶段，采用差额和无记名投票选举第十一届全国人大代表。2008 年 1 月 25 日和 27 日，香港、澳门特别行政区选举会议分别举行第二次全体会议，香港选出 36 名第十一届全国人大代表，并确定了 4 名得票数不少于选票的三分之一的候选人在代表因故出缺时的递补顺序；澳门选出 12 名第十一届全国人大代表，并确定了 1 名得票数不少于选票的三分之一的候选人在代表因故出缺时递补。

在选举工作全过程中，中央驻香港、澳门联络办和特区政府为我们提供了周到的服务保障。

从选举结果来看，当选的代表都是公认的拥护宪法和基本法、拥护"一国两制"、爱国爱港、爱国爱澳的人士。从选举会议成员的反映和媒体报道的情况来看，香港、澳门社会各界对这次选举反映良好，认为选举工作是按照公开、公平、公正的原则，依法、民主、有序地进行的，选出的代表素质较高，结构合理，具有广泛的代表性。

三、关于选举台湾省第十一届全国人大代表的工作

2007 年 4 月，十届全国人大常委会第二十七次会议通过了《台湾省出席第十一届全国人民代表大会代表协商选举方案》。根据协商选举方案，各省、自治区、直辖市和中央国家机关、中国人民解放军中的台湾省籍同胞派代表参加协商选举会议。协商选举会议由十届全国人大常委会委员杨国庆召集。选举的组织工作按照中央的统一部署，由全国人大常委会办公厅和全国台联负责，大量具体工作是由全国台联承担的。

协商产生协商选举会议成员是这次选举工作的重要环节。各推选单位高度重视，严格按照民主程序，结合本地区、本系统台胞的实际情况，通过召开台胞座谈会、台胞代表会议等多种形式，认真组织台胞进行民主协商和推荐工作，顺利推选产生了 122 名协商选举会议成员。

2008 年 1 月 9 日至 12 日，台湾省出席第十一届全国人民代表大会代表协商选举会议在北京举行，推选产生了主席团。主席团向会议提出了 16 名代表候选人，经过协商选举会议成员依照

法定程序认真酝酿、讨论和协商后，采用差额选举和无记名投票的方式，顺利选举产生了 13 名台湾省第十一届全国人大代表。当选的代表体现了台胞的区域分布、民族构成、妇女比例等因素，特别重要的是，这些代表都是拥护祖国统一、推动两岸交流、坚决反对"台独"的人士，具有广泛的代表性。

总之，第十一届全国人大代表的选举工作，按照中央的统一部署，在各地方、各部门的共同努力下，实现了预期的目标，这对推进我国社会主义民主政治建设、坚持和完善人民代表大会制度、实现党的十七大确定的各项任务，具有极为重要的意义。

按照法律规定，新当选的第十一届全国人大代表在经过常委会代表资格审查委员会进行资格审查，并提请常委会第三十二次会议审议确认后，对外公布代表名单。

二、全国人大常委会办公厅关于第十二届全国人民代表大会代表选举工作情况的报告

全国人民代表大会常务委员会办公厅关于第十二届
全国人民代表大会代表选举工作情况的报告
——2013 年 2 月 25 日在第十一届全国人民代表大会
常务委员会第三十一次会议上
全国人大常委会副秘书长　王万宾

全国人民代表大会常务委员会：

根据十一届全国人大五次会议《关于第十二届全国人民代表大会代表名额和选举问题的决定》（以下简称"决定"）第十二届全国人大代表应于 2013 年 1 月选出。截至 2013 年 1 月底，各省（自治区、直辖市）、香港和澳门特别行政区、台湾省、中国

人民解放军等35个选举单位已先后召开会议，共选举产生第十二届全国人大代表2987名。现将第十二届全国人大代表选举工作的有关情况报告如下。

一、关于第十二届全国人大代表选举工作的总体情况

根据有关法律的规定和十一届全国人大五次会议决定，十二届全国人大代表选举工作由全国人大常委会主持。第十二届全国人大代表选举的最大特点是首次实行城乡按相同人口比例选举人大代表，需要对省、自治区、直辖市的全国人大代表名额重新进行分配，以更好地体现人人平等、地区平等、民族平等。在选举准备和开会选举的全过程中，各选举单位坚持党的领导，充分发扬民主，严格依法办事，各省级人大常委会依法承担了选举的各项工作。2012年12月中旬至2013年1月，31个省、自治区、直辖市的人民代表大会会议，香港特别行政区、澳门特别行政区的选举会议，由民主推选产生的台湾省籍同胞组成的协商选举会议，中国人民解放军的军人代表大会会议，共选举产生了中华人民共和国第十二届全国人民代表大会代表2987名。

在选出的代表中，少数民族代表409名，占代表总数的13.69%，全国55个少数民族都有本民族的代表；归侨代表35名；连任代表1027名，占代表总数的34.38%。与十一届相比，妇女代表699名，占代表总数的23.40%，提高了2.07个百分点；来自一线的工人、农民代表401名（其中有31名农民工代表），占代表总数的13.42%，提高了5.18个百分点；专业技术人员代表610名，占代表总数的20.42%，提高了1.20个百分点；党政领导干部代表1042名，占代表总数的34.88%，降低了6.93个百分点。各选举单位严格按照法律规定，努力把能够坚持正确政治方向、模范遵守宪法和法律、密切联系人民群众、努力为人民服务的优秀分子选为全国人大代表；重视代表的履职能力和文化程度，在选出的代表中，具有大专以上文化程度的占82.76%以上。总体来看，新选出的第十二届全国人大代表人民群众公认程度高，具有广泛的代表性。

二、关于香港、澳门特别行政区选举第十二届全国人大代表的工作

香港、澳门特别行政区选举第十二届全国人大代表，是这次选举工作的重要组成部分。按照十一届全国人大五次会议通过的香港、澳门特别行政区选举第十二届全国人大代表的办法规定，香港应选代表36名，澳门应选代表12名；同时规定，香港、澳门选举第十二届全国人大代表，采取成立选举会议的办法，由全国人大常委会主持选举工作。为搞好这次选举，委员长会议决定成立香港、澳门特别行政区选举第十二届全国人大代表办公室，具体负责选举的组织协调工作。关于香港、澳门特别行政区第十二届全国人大代表选举会议成员的建议名单，委员长会议于2012年8月提请十一届全国人大常委会第二十八次会议审议通过。香港、澳门特别行政区第十一届全国人大代表选举会议于2012年8月正式成立，随后进行了选举前的各项准备。10月，全国人大常委会委员长会议提出香港、澳门选举会议主席团成员建议人选名单；11月22日、24日，香港、澳门分别举行选举会议第一次全体会议，推选产生了主席团。

2012年12月17日、19日，全国人大常委会副委员长兼秘书长李建国受全国人大常委会的委托，赴香港、澳门分别主持了第十二届全国人大代表的选举工作。香港选出36名第十二届全国人大代表，并确定了7名递补人员；澳门选出12名第十二届全国人大代表，并确定了2名递补人员。当选的代表都是拥护宪法和基本法、拥护"一国两制"、爱国爱港、爱国爱澳的人士。

三、关于选举台湾省第十二届全国人大代表的工作

2012年4月，十一届全国人大常委会第二十六次会议通过了《台湾省出席第十二届全国人民代表大会代表协商选举方案》。根据协商选举方案，台湾省暂时选举第十二届全国人大代表13名，由各省、自治区、直辖市和中央国家机关、中国人民解放军中的台湾省籍同胞组成的协商选举会议选举产生。2012年6月13日，十一届全国人大常委会第八十三次委员长会议指定常委会委员梁国扬为台湾省出席第十二届全国人民代表大会代表协商选举会议召集人。协商产生协商选举会议成员，是做好选举工作的重要环节。各推选单位高度重视，严格按照民主程序，通过召开台胞座谈会、台胞代表会议等多种形式，认真组织民主协商和推荐工作，推选产生了122名协商选举会议成员。2013年1月6日至9日，台湾省出席第十二届全国人民代表大会代表协商选举会议在北京举行，推选产生了主席团。主席团向会议提出了16名代表候选人，经过协商选举会议成员依照法定程序酝酿、讨论和协商后，采用差额选举和无记名投票的方式，选举产生了13名台湾省第十二届全国人大代表。当选代表都是拥护祖国统一、推动两岸交流、坚决反对"台独"的人士，具有广泛的代表性。

总之，第十二届全国人大代表的选举工作，在各地方、各部门的共同努力下，依法有序进行，实现了预期目标。这次选举，对于实行依法治国、建设社会主义法治国家，坚持和完善人民代表大会制度具有十分重大的意义。

按照法律规定，新当选的第十二届全国人大代表已经常委会代表资格审查委员会进行资格审查，并提请常委会第三十一次会

议审议确认后对外公布代表名单。

以上报告，请审议。

三、全国人大常委会办公厅关于第十三届全国人民代表大会代表选举工作情况的报告

全国人民代表大会常务委员会办公厅关于第十三届
全国人民代表大会代表选举工作情况的报告
——2018 年 2 月 23 日在第十二届全国人民代表大会
常务委员会第三十三次会议上
全国人大常委会副秘书长　信春鹰

全国人民代表大会常务委员会：

根据宪法和有关法律的规定，按照《第十二届全国人民代表大会第五次会议关于第十三届全国人民代表大会代表名额和选举问题的决定》，第十三届全国人大代表于 2018 年 1 月选出。截至 2018 年 1 月底，各省、自治区、直辖市和香港特别行政区、澳门特别行政区、台湾省、中国人民解放军等 35 个选举单位先后召开会议，共选举产生第十三届全国人大代表 2980 名。现将第十三届全国人大代表选举工作的有关情况报告如下。

一、关于第十三届全国人大代表选举工作的总体情况

选举全国人大代表是国家重要政治活动。以习近平同志为核心的党中央高度重视全国人大代表选举工作。习近平总书记多次发表重要讲话、作出重要指示，要求确保选举工作风清气正、选举结果人民满意。在以习近平同志为核心的党中央坚强领导下，依纪依法严肃查处湖南衡阳破坏选举案、辽宁拉票贿选案，彰显了党中央坚定不移推进全面依法治国、坚决维护人民代表大会制

度尊严的鲜明态度和坚定决心。2017年2月，中共中央转发中共全国人大常委会党组关于做好第十三届全国人大代表选举工作的有关意见，对选举工作作出部署、提出要求。习近平总书记的重要指示、党中央的决策部署，为做好第十三届全国人大代表选举提供了根本遵循，保证了选举工作正确政治方向。

全国人大常委会贯彻落实党中央决策部署，根据宪法、选举法的有关规定，制定有关法律文件，主持第十三届全国人大代表的选举，指导各选举单位做好代表选举工作。2017年4月27日，第十二届全国人大常委会第二十七次会议审议通过了《第十三届全国人民代表大会代表名额分配方案》《第十三届全国人民代表大会少数民族代表名额分配方案》《台湾省出席第十三届全国人民代表大会代表协商选举方案》。

各选举单位坚持以习近平新时代中国特色社会主义思想为指导，深入贯彻落实党的十九大和十九届一中、二中全会精神，坚持党的领导、人民当家作主、依法治国有机统一，严格贯彻执行宪法和有关法律，认真做好第十三届全国人大代表的选举工作。通过选举，把拥护中国共产党的领导，拥护中国特色社会主义制度，牢固树立政治意识、大局意识、核心意识、看齐意识，模范遵守宪法法律，密切联系群众，在本职工作中发挥带头作用，自觉遵守社会公德，廉洁自律，公道正派，勤勉尽责，具备履职意愿和履职能力，具有良好社会形象，得到群众广泛认同的人选选举为第十三届全国人大代表。

2017年12月中旬至2018年1月，31个省、自治区、直辖市的人民代表大会会议，香港特别行政区的选举会议，澳门特别行政区的选举会议，由各省、自治区、直辖市和中央国家机关、中国人民解放军中的台湾省籍同胞组成的协商选举会议，中国人民解放军的军人代表大会会议，共选举产生第十三届全国人大代表2980 名。

在选出的代表中，少数民族代表 438 名，占代表总数的14.70%，全国 55 个少数民族都有本民族的代表；归侨代表 39名；连任代表 769 名，占代表总数的 25.81%。与十二届相比，妇女代表 742 名，占代表总数的 24.90%，提高了 1.5 个百分点；一线工人、农民代表 468 名（其中有 45 名农民工代表），占代表总数的 15.70%，提高了 2.28 个百分点；专业技术人员代表 613名，占代表总数的 20.57%，提高了 0.15 个百分点；党政领导干部代表 1011 名，占代表总数的 33.93%，降低了 0.95 个百分点。总体来看，第十三届全国人大代表具有广泛的代表性，保证了各地区、各民族、各方面都有适当数量代表的要求。

二、关于香港、澳门特别行政区选举第十三届全国人大代表的工作

第十二届全国人大第五次会议通过的《中华人民共和国香港特别行政区选举第十三届全国人民代表大会代表的办法》和《中华人民共和国澳门特别行政区选举第十三届全国人民代表大会代表的办法》规定，香港特别行政区、澳门特别行政区选举第十三届全国人大代表由全国人大常委会主持。香港特别行政区、澳门特别行政区应选第十三届全国人大代表的名额分别为 36 名、12名。香港特别行政区、澳门特别行政区分别成立第十三届全国人大代表选举会议，选举产生第十三届全国人大代表。同时规定，参选人在代表参选人登记表中应当作出声明：拥护中华人民共和国宪法和特别行政区基本法，拥护"一国两制"方针政策，效忠中华人民共和国和特别行政区；未直接或者间接接受外国机构、组织、个人提供的与选举有关的任何形式的资助。2017 年 9 月 1

日，第十二届全国人大常委会第二十九次会议分别通过香港特别行政区、澳门特别行政区第十三届全国人大代表选举会议成员名单。

受全国人大常委会的委托，全国人大常委会副委员长兼秘书长王晨赴香港、澳门分别主持了第十三届全国人大代表的选举工作。2017 年 11 月 22 日、24 日，香港选举会议、澳门选举会议分别举行第一次全体会议，根据全国人大常委会委员长会议的提名，推选产生了主席团。2017 年 12 月 17 日、19 日，澳门选举会议、香港选举会议分别举行第二次全体会议，香港选出 36 名第十三届全国人大代表，澳门选出 12 名第十三届全国人大代表。

三、关于选举台湾省第十三届全国人大代表的工作

根据《台湾省出席第十三届全国人民代表大会代表协商选举方案》，台湾省暂时选举第十三届全国人大代表 13 名，由各省、自治区、直辖市和中央国家机关、中国人民解放军中的台湾省籍同胞组成的协商选举会议选举产生，协商选举会议由全国人大常委会委员长会议指定召集人召集。2017 年 10 月 16 日，第十二届全国人大常委会第一百零二次委员长会议指定黄志贤为台湾省出席第十三届全国人大代表协商选举会议召集人。截至 2017 年 12 月上旬，各推选单位严格按照民主程序，通过召开台胞代表会议等多种方式，共协商选定了 121 名协商选举会议代表。2018 年 1 月 22 日至 25 日，台湾省出席第十三届全国人大代表协商选举会议在北京举行，采用差额选举和无记名投票的方式，选举产生 13 名台湾省第十三届全国人大代表。

第十三届全国人大代表的选举工作，坚持党的领导，坚持发扬民主，坚持严格依法办事，坚持严明换届纪律，在各地方、各部门的共同努力下，圆满顺利进行，实现了预期的目标，为在新时代发展社会主义民主政治，保障人民当家作主，加强国家政权建设，长期坚持、不断完善人民代表大会制度奠定了坚实基础。

按照法律规定，全国人大常委会代表资格审查委员会已经对当选的第十三届全国人大代表的代表资格进行审查，提请第十二届全国人大常委会第三十三次会议确认并公布代表名单。

四、全国人大常委会办公厅关于第十四届全国人民代表大会代表选举工作情况的报告

全国人民代表大会常务委员会办公厅关于第十四届全国人民代表大会代表选举工作情况的报告

——2023 年 2 月 23 日在第十三届全国人民代表大会

常务委员会第三十九次会议上

全国人大常委会秘书长　杨振武

全国人民代表大会常务委员会：

根据宪法和有关法律的规定，按照《第十三届全国人民代表大会第五次会议关于第十四届全国人民代表大会代表名额和选举问题的决定》，第十四届全国人大代表于 2023 年 1 月选出。2022 年 12 月中旬至 2023 年 1 月，31 个省、自治区、直辖市的人民代表大会会议，香港特别行政区的选举会议，澳门特别行政区的选举会议，由各省、自治区、直辖市以及中央和国家机关、中国人民解放军和中国人民武装警察部队中的台湾省籍同胞组成的协商选举会议，中国人民解放军和中国人民武装警察部队的军人代表大会会议，依法选举产生第十四届全国人大代表。现将第十四届全国人大代表选举工作的有关情况报告如下。

一、关于第十四届全国人大代表选举工作的总体情况

全国人大代表是最高国家权力机关的组成人员，代表人民的利益和意志，依法参加行使国家权力。以习近平同志为核心的党中央高度重视全国人大代表选举工作。习近平总书记多次发表重要讲话、作出重要指示。2022年1月9日，中共中央转发《中共全国人大常委会党组关于做好第十四届全国人民代表大会代表选举工作的意见》。习近平总书记的重要指示、党中央的决策部署，为做好第十四届全国人大代表选举工作提供了根本遵循。

全国人大常委会贯彻落实党中央部署要求，认真履行法定职责，制定有关法律文件，主持第十四届全国人大代表选举，指导各选举单位做好相关工作，依法严格审查代表资格。2022年3月，第十三届全国人大第五次会议审议通过《第十三届全国人民代表大会第五次会议关于第十四届全国人民代表大会代表名额和选举问题的决定》以及《中华人民共和国香港特别行政区选举第十四届全国人民代表大会代表的办法》《中华人民共和国澳门特别行政区选举第十四届全国人民代表大会代表的办法》。2022年4月，第十三届全国人大常委会第三十四次会议审议通过《第十四届全国人民代表大会代表名额分配方案》《第十四届全国人民代表大会少数民族代表名额分配方案》《台湾省出席第十四届全国人民代表大会代表协商选举方案》。

各选举单位坚持以习近平新时代中国特色社会主义思想为指导，全面贯彻落实党的二十大精神，坚持党的领导、人民当家作主、依法治国有机统一，严格贯彻执行宪法和有关法律，认真做好第十四届全国人大代表选举工作。通过选举，把符合宪法和法律规定的基本条件，拥护中国共产党的领导和中国特色社会主义制度，增强"四个意识"、坚定"四个自信"、做到"两个维护"，

站稳政治立场，履行政治责任，模范遵守宪法和法律，维护民族团结和国家统一，自觉遵守社会公德，廉洁自律，公道正派，勤勉尽责，有较强履职能力和良好社会形象，密切联系人民群众，得到群众广泛认同的人选，选举为第十四届全国人大代表。

二、关于香港、澳门特别行政区选举

第十四届全国人大代表的工作根据《中华人民共和国香港特别行政区选举第十四届全国人民代表大会代表的办法》《中华人民共和国澳门特别行政区选举第十四届全国人民代表大会代表的办法》，香港特别行政区、澳门特别行政区选举第十四届全国人大代表由全国人大常委会主持。香港特别行政区、澳门特别行政区应选第十四届全国人大代表的名额分别为36名、12名。香港特别行政区、澳门特别行政区分别成立第十四届全国人大代表选举会议，选举产生第十四届全国人大代表。2022年8月，第十三届全国人大常委会第三十六次会议审议通过《中华人民共和国香港特别行政区第十四届全国人民代表大会代表选举会议成员名单》《中华人民共和国澳门特别行政区第十四届全国人民代表大会代表选举会议成员名单》。

受全国人大常委会的委托，全国人大常委会秘书长杨振武赴香港、澳门特别行政区分别主持了第十四届全国人大代表的选举工作。2022年11月19日、21日，澳门特别行政区选举会议、香港特别行政区选举会议分别举行第一次全体会议，根据全国人大常委会委员长会议的提名，推选产生了主席团。2022年12月12日、15日，澳门特别行政区选举会议、香港特别行政区选举会议分别举行第二次全体会议，香港特别行政区选出36名第十四届全国人大代表，澳门特别行政区选出12名第十四届全国人大代表。

三、关于选举台湾省出席第十四届全国人民代表大会代表的工作

根据《台湾省出席第十四届全国人民代表大会代表协商选举方案》，台湾省暂时选举第十四届全国人大代表13名，由各省、自治区、直辖市以及中央和国家机关、中国人民解放军和中国人民武装警察部队中的台湾省籍同胞组成的协商选举会议选举产生，协商选举会议由全国人大常委会委员长会议指定召集人召集。2022年12月29日，第十三届全国人大常委会第131次委员长会议指定全国台联会长郑建闽为台湾省出席第十四届全国人民代表大会代表协商选举会议召集人。截至2022年12月底，各推荐单位严格按照民主程序，通过召开台胞代表会议等多种方式，共协商选定126名协商选举会议代表。2023年1月16日至18日，台湾省出席第十四届全国人民代表大会代表协商选举会议在北京举行，采用差额选举和无记名投票的方式，选举产生13名第十四届全国人大代表。

四、第十四届全国人大代表具有广泛的代表性

按照法律规定，全国人大常委会代表资格审查委员会已经对当选的第十四届全国人大代表的代表资格进行审查，提请第十三届全国人大常委会第三十九次会议确认并公布代表名单。第十四届全国人大代表共2977名。其中，少数民族代表442名，占代表总数的14.85%，全国55个少数民族都有第十四届全国人大代表；归侨代表42名；连任代表797名，占代表总数的26.77%。与十三届相比，妇女代表790名，占代表总数的26.54%，提高了1.64个百分点；一线工人、农民代表497名（其中有56名农民工代表），占代表总数的16.69%，提高了0.99个百分点；专业技术人员代表634名，占代表总数的21.30%，提高了0.73个百分点；党政领导

干部代表969名，占代表总数的32.55%，降低了1.38个百分点。总体来看，第十四届全国人大代表具有广泛的代表性，保证了各地区、各民族、各方面都有适当数量代表的要求。

第十四届全国人大代表的选举工作，坚持中国共产党领导，坚持人民当家作主，坚持严格依法办事，坚持严明换届纪律，在各地方、各部门、各方面的共同努力下，圆满顺利进行，实现了预期目标，对于加强国家政权建设，发展全过程人民民主，坚持和完善人民代表大会制度，推进国家治理体系和治理能力现代化，全面建设社会主义现代化国家，全面推进中华民族伟大复兴，具有十分重要的意义。

第二节　部分全国人大代表事迹简介

全国人大代表作为受全国人民委托，代表全国人民行使国家权力机关职权的群体，他们中的绝大多数，认真履行宪法和法律赋予的职责，立足各自工作岗位积极投身国家建设、改革和发展，其中一些优秀代表更是被授予"七一勋章"、被评为"100位为新中国成立作出突出贡献的英雄模范人物"和"100位新中国成立以来感动中国人物"，在此对这些杰出的全国人大代表的事迹进行简要介绍。

一、丁晓兵，男，汉族，中共党员，1965年9月生，安徽合肥人。第十一届全国人大代表，中国人民武装警察部队广西总队政委。在一次重大军事行动中失去右臂，此后他拒绝了许多单位提供的要职和优厚待遇，选择留在了部队。曾荣立一等功1次、三等功 2 次。荣获中国武警十大忠诚卫士、保持英雄本色的忠诚卫士、全国自强模范等荣誉称号。2009 年当选"100 位新中国成立以来感动中国人物"。

二、马万水，男，汉族，中共党员，1923 年生，河北深县人。第一、二届全国人大代表，生前系河北龙烟铁矿"马万水小组"组长。1949 年，他来到河北龙烟铁矿当工人，组建了全矿第一个分班干活的小组和第一个开展爱国红旗竞赛的小组。1950年 6 月，他所在的掘进 5 组以手工操作月进石英岩巷道 23.7 米的速度，创造了全新纪录，掘进 5 组被正式命名为"马万水小组"。在之后的十几年中，"马万水小组"刻苦奋战、顽强拼搏，创造了"打撞楔法""深坑作业法""超前支架密集棚子开口法"等一个又一个开凿工艺史上的奇迹。荣获全国劳动模范、最美奋斗者等荣誉称号。2009 年当选"100 位新中国成立以来感动中国人物"。

三、马六孩，男，汉族，中共党员，1916 年生，山西大同人。第一、二届全国人大代表，生前系原大同煤矿同家梁矿掘进组组长。为了新中国的建设，他和同组工人连万禄创造了日掘136 厘米的成绩。1951 年，他率领快速掘进组创造全国掘进最高纪录。带领小组先后创造了"马六孩循环作业""马六孩多孔道循环掘进工作法"等先进操作技术，取得月进 1300 多米的惊人成绩。荣获全国劳动模范、最美奋斗者等荣誉称号。

四、马伟明，男，汉族，中共党员，1960 年 4 月生，江苏镇江人。第九届至第十三届全国人大代表。动力领域专家，海军工程大学舰船综合电力技术国防科技重点实验室主任，教授、博士生导师，专业技术少将，专业技术一级。长期致力于电气领域研究，瞄准国际科技发展前沿和武器装备发展需求，带领科研创新团队在"舰船能源与动力"、"电磁发射技术"和"新能源接入技术"等领域开展了一系列应用基础理论研究、关键技术攻关和重大装备研制，取得了一批具有革命性意义的原创性成果，引领了舰船综合电力和电磁发射两大颠覆性技术的发展，推进了军民通用新能源技术领域的进步，为国防装备现代化建设和高层次人才培养作出了突出贡献。"八一勋章"获得者，荣获最美奋斗者等称号。

五、马永顺，男，汉族，中共党员，1914 年 12 月生，天津宝坻人。第二、三届全国人大代表，生前系黑龙江省伊春市铁力林业局顾问。他是新中国第一代伐木工人，被誉为"伐木能手""林海红旗"，先后 14 次受到毛泽东、周恩来等老一辈革命家的接见。他曾靠弯把子锯一个冬天采伐木材 1200 立方米，1 人完成 6 人的工作量，创全国手工伐木产量之最，创造的"安全伐木法""四季锉锯法"在林业战线得到推广。他用崇高的精神树起一座座绿色丰碑，从 1982 年退休至 1999 年底，坚持 17 年造林不止，植树 5 万多棵。荣获全国劳动模范荣誉、最美奋斗者等称号。2009 年当选"100 位新中国成立以来感动中国人物"。

六、马恒昌，男，汉族，中共党员，1907 年 7 月生，辽宁辽阳人。第一届至第六届全国人大代表，生前系黑龙江省齐齐哈尔第二机床厂机械师、党委副书记，"马恒昌小组"创始人。1951年，"马恒昌小组"通过《工人日报》发出开展爱国主义劳动竞赛的倡议，得到全国 1.8 万个班组的积极响应。小组先后有 3 人被评为全国劳动模范，12 人被评为省劳动模范，3 人被授予全国五一劳动奖章，1 人当选全国人大常委会委员。小组 5 次被命名为国家级先进集体，54 次受到省部级的表彰奖励。荣获全国劳动模范、最美奋斗者等荣誉称号。2009 年当选"100 位新中国成立以来感动中国人物"。

七、马寅初，男，汉族，无党派人士，1882 年 6 月生，浙江嵊县人。第一、二届全国人大代表，著名经济学家、人口学家和教育家，生前系北京大学校长。他毕生从事经济学教学与研究工作，为国民经济综合平衡、稳定物价、控制人口等重大问题献计献策，为国家经济建设和经济科学、人口科学学科建设作出卓越贡献。他一生热爱祖国，坚持真理，追求进步，是中国共产党的诤友。新中国成立后，在社会主义革命和建设中，特别是在发展我国文化教育和经济事业方面作出了重要贡献。他认真严谨的治学态度和坚持真理的无私精神，为后辈学人树立了榜样。荣获首届中华人口奖特别荣誉奖、最美奋斗者等荣誉称号。

八、马善祥，男，回族，中共党员，1956 年 11 月生，四川隆昌人。第十三届全国人大代表，重庆市江北区观音桥街道人民调解委员会"老马工作室"负责人。他热爱群众工作，对群众充满感情，将一心为民的信念贯彻工作始终，把让群众满意作为价值追求。从事人民调解和群众思想政治工作近 30 年，撰写 152 本 520 多万字工作笔记，成功化解 2000 多件矛盾纠纷，维护了辖区和谐稳定，在学习实践中总结出"民为本、义致和"六字理念、遵循"情、理、法、事"十三要则、依托"3441"保障制度、"老马三十六策"等一整套"老马工作法"。荣获改革先锋、时代楷模、最美奋斗者、全国优秀共产党员、全国先进工作者等荣誉称号。

九、王占山，男，汉族，中共党员，1929 年 12 月生，河北唐山人。第四、五届全国人大代表，河南省安阳军分区原副师职顾问。他是战功赫赫的百战老兵，先后参加辽沈、平津、衡宝、两广、抗美援朝、中越边境自卫还击作战，出生入死、英勇杀敌，4次受到毛主席亲切接见。在抗美援朝金城战役中，带领战友坚守阵地4天4夜，打退敌人38次进攻，歼敌400余人。荣获志愿军"二级战斗英雄"荣誉称号，被朝鲜授予"一级国旗勋章"。王占山离休后，仍然情系国防事业，倾心传播红色革命基因。"七一勋章"获得者。

十、王有德，男，回族，中共党员，1953年9月生，宁夏灵武人。第十届全国人大代表，宁夏灵武白芨滩国家级自然保护区管理局原党委书记、局长。他带领职工大力推进防沙治沙，营造防风固沙林60多万亩，控制流沙近百万亩，有效阻止毛乌素沙漠的南移和西扩，呈现出"人进沙退"的可喜局面。探索形成"宽林带、多网络、多树种、高密度、乔灌混交"的防沙治沙模式，实现了"沙漠绿、场子活、职工富"的奋斗目标，为全国防沙治沙提供了宝贵经验。荣获"人民楷模"国家荣誉称号、全国优秀共产党员、全国先进工作者、全国治沙英雄、改革先锋、最美奋斗者等称号。

十一、王书茂，男，汉族，中共党员，1956年12月生，海南琼海人。第十三届全国人大代表，海南省琼海市潭门镇潭门村党支部书记、村委会主任，潭门海上民兵连副连长。为国护海的模范，先后参加多项国家重大涉海工作，参与南沙岛礁建设，培养南海维权民间力量。在南海维权斗争中冲锋在前，不怕牺牲、寸步不让，坚决捍卫我国领海主权和海洋权益。带领群众造大船、闯深海，发展休闲渔业、建起海洋民宿，实现共同致富。"七一勋章"获得者，荣获全国劳动模范、改革先锋、最美奋斗者等称号。

十二、王忠心，男，汉族，中共党员，1968年9月生，安徽休宁人。第十二届全国人大代表，曾任火箭军某部队技术营测试

325

一连控制技师、一级军士长，是受习近平主席7次接见的"兵王"。他熟练掌握操作3种型号导弹武器，精通19个导弹测控岗位，先后执行重大军事任务28次、参加实装操作训练1300多次，没有下错一个口令、做错一个动作、连错一根电缆、报错一个信号、记错一个数据、按错一个按钮，演绎了"兵王"的传奇。参与编写修订《导弹概述》《综合测试设备》等20余本教案规程，探索出一套独到的"王氏学习法"，将抽象的专业理论变得形象直观，将枯燥的实装操作变得生动有趣。"八一勋章"获得者，荣获最美奋斗者、践行强军目标模范士官等荣誉称号，获全军士官优秀人才奖4次，荣立二等功1次、三等功2次。

十三、王昆，女，汉族，中共党员，1925年4月生，河北唐县人。第一、二、三届全国人大代表，生前系东方歌舞团团长、党委书记。我国著名歌唱家、歌剧表演艺术家、声乐教育家。她一生致力于中国民族声乐的发展，是新中国第一部歌剧《白毛女》主角喜儿的扮演者，主唱的《南泥湾》《北风吹》《农友歌》等歌曲载入中国音乐发展史册。多次受到党和国家领导人接见，多次率团访问亚洲、非洲、拉丁美洲和欧美许多国家。她热心公益，捐赠100万元资助贫寒子弟。荣获最美奋斗者、中国首届金唱片奖、中国音乐金钟奖终身成就奖等荣誉。

十四、王选，男，汉族，九三学社社员，1937年2月生，江苏无锡人。第九届全国人大代表，生前系北京大学计算机科学技术研究所所长，中国科学院学部委员，中国工程院院士。他主持研制成功的汉字信息处理与激光照排系统、方正彩色出版系统得到大规模应用，实现了我国出版印刷行业"告别铅与火，迈入光和电"的技术革命，成为我国自主创新和用高新技术改造传统行业的典范。他主持开发的电子出版系统，引发报业和印刷业四次技术革新，使汉字信息处理与激光照排系统占领 99% 国内报业和 80% 海外华文报业市场。荣获最美奋斗者、改革先锋、国家最高科学技术奖等荣誉。2009 年当选"100 位新中国成立以来感动中国人物"。

十五、王启民，男，汉族，中共党员，1937 年 9 月生，浙江湖州人。第五届全国人大代表，大庆油田有限责任公司原总经理助理。他始终用"大庆精神"和"铁人精神"从事科学研究，敢于挑战油田开发极限；坚持"宁肯把心血熬干，也要让油田稳产再高产"的信念，攻克一道道技术难关，创造多项世界纪录。主持研究并提出了"分阶段多次布井开发调整"理论，其中表外储层开发利用打破了国内外认为不能开采的禁区；主持的油田高含水后期"稳油控水"项目研究，为大庆油田实现 27 年 5000 万吨以上高产高效持续开发作出重要贡献。他是一代石油人的杰出代表，为"铁人精神"赋予了新的时代内涵。荣获"人民楷模"国家荣誉称号、全国先进工作者、改革先锋、最美奋斗者等称号。

十六、王崇伦，男，汉族，中共党员，1927 年 7 月生，辽宁辽阳人。第一届至第五届全国人大代表，生前系鞍钢工会主席，中华全国总工会副主席、书记处书记、党组成员。先后 14 次受到毛泽东、周恩来、朱德、邓小平等党和国家领导人的接见。在鞍钢机修总厂工作期间，王崇伦改进了机加工车床 8 种工、卡具，提高工效 5—10 倍，其中新型工具胎即"万能工具胎"，提高工效 6—7 倍，被誉为"走在时间前面的人"。荣获全国劳动模范、最美奋斗者等荣誉称号。

十七、支月英，女，汉族，中共党员，1961 年 5 月生，江西进贤人。第十三届全国人大代表，江西省奉新县澡下镇白洋教学点负责人。1980年，19岁的她只身来到海拔近千米、交通不便的泥洋小学，成为一名深山女教师。39年来，从"支姐姐"到"支妈妈"，再到"支奶奶"，她绚烂了两代人的童年，花白了自己的"麻花辫"。荣获全国优秀共产党员、全国模范教师、全国岗位学雷锋标兵、全国师德楷模、全国教书育人楷模、全国三八红旗手、最美奋斗者等荣誉称号。

十八、文花枝，女，汉族，中共党员，1982年11月生，湖南韶山人。第十一届全国人大代表，湖南省湘潭市文化旅游广电体育局副主任科员。2005年8月，在旅游团遭遇严重车祸的生死关头，她把生的希望让给游客，把死的威胁留给自己，兑现了诚实守信、服务游客的诺言。因为延误了宝贵的救治时间，造成左腿高位截肢。2015年，她主动请缨参加精准扶贫工作，到韶山乡平里村（原韶西村）任第一书记，是湘潭市首批驻村帮扶工作队唯一一名女干部。驻村期间，她走访调研提炼出的《村民最关心关注问题解决计划一览表》在两年内全部落实解决，平里村一举摘掉了"省定贫困村"与"湘潭市基层组织软弱涣散村"两顶帽子。荣获全国三八红旗手、最美奋斗者等荣誉称号。2009年当选"100位新中国成立以来感动中国人物"。

十九、艾爱国，男，汉族，中共党员，1950年3月生，湖南攸县人。第七届全国人大代表，湖南华菱湘潭钢铁有限公司焊接顾问，湖南省焊接协会监事长。我国焊接领域的领军人物，工匠精神的杰出代表。秉持"做事情要做到极致、做工人要做到最好"的信念，艾爱国在焊工岗位奉献50多年，集丰厚的理论素养、实际经验和操作技能于一身，多次参与我国重大项目焊接技术攻关，攻克数百个焊接技术难关。"七一勋章"获得者，荣获全国劳动模范、全国十大杰出工人等称号。

二十、石光银，男，汉族，中共党员，1952年2月生，陕西定边人。第十三届全国人大代表，陕西省定边县定边街道十里沙村党总支原书记、陕西石光银治沙集团有限公司董事长。治沙造林事业的模范代表，与荒沙碱滩不屈抗争40多年，在毛乌素沙漠南缘营造一条长百余里的绿色长城，彻底改变"沙进人退"的恶劣环境。将治沙与致富相结合，创造"公司＋农户＋基地"的新模式，帮助沙区群众脱贫致富。"七一勋章"获得者，荣获全国劳动模范、全国治沙英雄等称号。

二十一、申纪兰，女，汉族，中共党员，1929年12月生，山西平顺人。唯一一位连任第一届至第十三届的全国人大代表。她积极维护新中国妇女劳动权利，倡导并推动"男女同工同酬"写入宪法。改革开放以来，她勇于改革，大胆创新，为发展农业和农村集体经济，推动老区经济建设和老区人民脱贫攻坚作出巨大贡献。荣获全国劳动模范、全国优秀共产党员、全国脱贫攻坚"奋进奖"、改革先锋、最美奋斗者等称号。

二十二、史来贺，男，汉族，中共党员，1930年7月生，河南新乡人。第三、五、六、七、八、九、十届全国人大代表，自1952年起，他先后担任河南省新乡县刘庄村党支部书记、党总支书记、党委书记、村委会主任、农工商总公司总经理。他艰苦奋斗、带头实干、带头吃苦，带领群众把刘庄700多块高低不平的土地改造成现代化农业园区；以畜牧业为突破口，推进村办集体企业逐步发展壮大，农、工、副、牧、林业齐头并进，集体经济实力不断增强；重视新农村建设，自1976年起全村别墅楼房已更新三代，村民安居乐业。荣获全国优秀共产党员、最美奋斗者荣誉称号。2009年当选"100位新中国成立以来感动中国人物"。

二十三、许振超，男，汉族，中共党员，1950年1月生，山东荣成人。第十一、十二、十三届全国人大代表，山东省青岛前湾集装箱码头有限责任公司工程技术部固机高级经理。他干一行、爱一行，练就了"一钩准""一钩净""无声响操作"等绝活，是践行工匠精神的优秀代表。他带领团队先后八次刷新集装箱装卸世界纪录，创造享誉全球的"振超效率"，是新时期中国产业工人的楷模。荣获改革先锋、最美奋斗者、全国优秀共产党员、全国道德模范等荣誉称号，获全国五一劳动奖章。2009年当选"100位新中国成立以来感动中国人物"。

二十四、邢燕子，女，汉族，中共党员，1941年生，天津市人。第三届全国人大代表，天津市北辰区人大常委会原副主任。1958年，邢燕子初中毕业后，积极响应党中央号召，回到家乡宝坻县司家庄村，立志改变农村落后面貌，做第一代有文化的农民。她和乡亲们打成一片，每天一起插秧苗、种高粱，带领女团员组成"燕子突击队"向荒洼要粮，3个月就给村里挣了3600多元，种下430亩高产麦，成为我国农村经济最困难时期"发奋图强、扎根农村、大办农业"的青年典型。荣获最美奋斗者荣誉称号。2009年当选"100位新中国成立以来感动中国人物"。

二十五、华罗庚，男，汉族，中共党员、民盟盟员，1910年11月生，江苏丹阳人。第一届至第六届全国人大代表。中国共产党优秀党员、中国民主同盟卓越领导人，杰出的科学家、教育家和社会活动家。华罗庚同志是我国现代史上杰出的数学家，是我国最早把数学理论研究和生产实践紧密结合并作出巨大贡献的科学家，是从爱国主义者转变为共产主义战士的我国知识分子的优秀代表。华罗庚同志的一生是追求真理、追求进步的一生，是赤诚对党、科教报国的一生，是光荣的、战斗的、为人民服务的一生。他把毕生的心血和精力奉献给科学事业，奉献给国家富强、民族振兴的宏伟大业，为我国知识分子和科技工作者树立了时代的楷模。2009 年当选"100 位新中国成立以来感动中国人物"。

二十六、廷·巴特尔，男，蒙古族，中共党员，1955 年 6 月生，内蒙古呼和浩特人。第十届全国人大代表，内蒙古自治区阿巴嘎旗洪格尔高勒镇萨如拉图雅嘎查党支部原书记，扎根牧区、苦干实干的楷模，凭着"让牧民过上好日子"的信念，扎根牧区近 50 年，探索出保护生态、发展经济、促进增收新路子，使当地牧民生产生活发生翻天覆地的变化。"七一勋章"获得者，荣获全国优秀共产党员、全国劳动模范、全国民族团结进步模范个人、改革先锋等称号。

二十七、吴大观，男，汉族，中共党员，1916 年 11 月生，江苏扬州人。第三届全国人大代表，生前曾任原航空工业部科技委员会常委。著名航空发动机专家。吴大观 1942 年毕业于西南联大，后到美国莱康明发动机厂和普惠公司学习深造。1947 年 3 月，他拒绝了美国有关单位的高薪聘请，毅然回来报效祖国。1949 年 11 月，他任新中国重工业部航空筹备组组长，参与了新中国航空工业的筹建，是我国航空发动机事业的奠基人和创始人。他的奋斗历程，与新中国航空发动机事业的许多个"第一"紧密相连：组建了新中国第一个航空发动机设计机构，领导研制了我国第一个喷气发动机型号，创建了我国航空史上第一个发动机试验基地，主持建立了航空发动机研制第一套有效的规章制度，建立起了新中国第一支航空动力设计研制队伍，主持编制了我国第一部航空发动机研制通用规范，被誉为"中国航空发动机之父"。吴大观对党忠诚，从 1963 年开始，他每月多交 100 元党费，从 1994 年开始，他每年向组织继续多交党费 4000—5000元。此外，他还为"希望工程"等捐款 9 万多元。在生命最后的日子里，他在病床上叮嘱家人拿出 10 万元积蓄交纳最后一次党费。荣获最美奋斗者、有突出贡献的老专家等荣誉称号，被追授为全国优秀共产党员。

二十八、吴仁宝，男，汉族，中共党员，1928 年 11 月生，江苏江阴人。第六、七、八届全国人大代表，生前系江苏省江阴市华西村党委书记。他率领华西村实现了从农业样板村到农村工业化、农村城镇化再到农村现代化的一次次跨越，走出一条农村资源整合、优势互补、合作双赢、共同富裕的发展新路。荣获改革先锋、最美奋斗者、全国优秀共产党员、全国劳动模范、全国道德模范、全国民族团结进步模范个人等荣誉称号。2009 年当选"100 位新中国成立以来感动中国人物"。

二十九、冷鹏飞，男，汉族，中共党员，1933 年 1 月生，湖北浠水人。第四、五届人大代表。1956 年 2 月入伍，中国人民解放军原 81032 部队副军职调研员。1969 年 3 月的边境作战中，他组织炮火英勇还击，冷静指挥，左臂被打断后，用树枝夹绑住胳膊继续战斗，以顽强的毅力指挥守岛部队与敌军激战 9 个小时，顶住了 6 次炮袭、3 次进攻，与边防巡逻队密切协同，驱逐了入侵敌军。被中央军委授予战斗英雄荣誉称号，2017 年获"八一勋章"，荣获最美奋斗者称号。

三十、宋鱼水，女，汉族，中共党员，1966 年 2 月生，山东蓬莱人。第十一届全国人大代表，北京知识产权法院党组成员、副院长兼政治部主任，全国妇联兼职副主席。她是从基层成长起来的优秀法官代表和优秀女性代表，从事法律工作 30 年来，承办大量涉及国计民生的案件，被当事人誉为"辨法析理、胜败皆服"的好法官。带领法院干警审理大量新型、疑难的知识产权案件，并在国内首次将诉讼禁令、部分判决等措施引入到知识产权司法保护中。荣获最美奋斗者、全国优秀共产党员、全国三八红旗手等荣誉称号，获中国青年五四奖章、全国五一劳动奖章。

三十一、库尔班·吐鲁木，男，维吾尔族，中共党员，1883年生，新疆于田人。第四届全国人大代表，生前系新疆维吾尔自治区于田县委委员。他年轻时遭受封建地主的剥削和凌辱，1949年新疆和平解放后过上幸福生活，多次萌发要骑着毛驴到北京看望毛泽东主席的心愿。1959年加入中国共产党，两次受到毛主席亲切接见。荣获最美奋斗者、全国劳动模范荣誉称号。

三十二、张秉贵，男，汉族，中共党员，1918年12月生，北京市人。第五、六届全国人大代表，生前系北京市百货大楼售货员。他30多年接待顾客数百万人，全心全意为顾客服务，总结出站好柜台要做到五点：精神饱满、思想集中、耳目灵敏、抬头售货、动作"三快"；总结出"接一、问二、联系三"的售货法，刻苦练就称糖"一抓准"、算账"一口清"的绝技；将自己几十年如一日满腔热情的服务精神归纳概括为"一团火精神"，响亮地提出"心有一团火、温暖顾客心"。荣获最美奋斗者、全国劳动模范荣誉称号。2009年当选"100位新中国成立以来感动中国人物"。

三十三、陆元九，男，汉族，中共党员，1920年1月生，安徽滁州人。第三届全国人大代表，中国航天科技集团有限公司科技委顾问，中国科学院院士、中国工程院院士。我国自动化科学技术开拓者之一。作为早期出国留学的博士，新中国成立初期，突破重重阻力毅然回到祖国怀抱，潜心研究，矢志奉献。首次提出"回收卫星"概念，创造性运用自动控制观点和方法对陀螺及惯性导航原理进行论述，为"两弹一星"工程及航天重大工程建设作出卓越贡献。"七一勋章"获得者，荣获"航天奖"。

三十四、李四光，男，蒙古族，中共党员，1889年10月生，湖北黄冈人。第一、二、三届全国人大代表。地质学家、教育家、音乐家、社会活动家，中国地质力学的创立者、中国现代地球科学和地质工作的主要领导人和奠基人之一，新中国成立后第一批杰出的科学家和为新中国发展作出卓越贡献的元勋，荣获最美奋斗者荣誉称号。2009年当选"100位新中国成立以来感动中国人物"。

三十五、李登海，男，汉族，中共党员，1949年9月生，山东莱州人。第七至十一届、十三届、十四届全国人大代表，山东登海种业股份有限公司党支部书记、名誉董事长，国家玉米工程技术研究中心（山东）主任。他是我国玉米育种和栽培专家，通过47年持续不断地开展玉米高产攻关试验，进行了46年156代玉米高产品种的育种创新，率先育出亩产从700公斤到1500公斤的紧凑型高产玉米新品种，为农民增收、保障国家粮食安全作出重要贡献。育成的120多个紧凑型杂交玉米新品种通过国家和省级审定，在全国累计推广13亿亩，增加社会经济效益1300多亿元。荣获时代楷模、最美奋斗者、全国优秀共产党员、全国先进工作者等荣誉称号，获国家科学技术进步奖一等奖。2009年当选"100位新中国成立以来感动中国人物"。

三十六、时传祥，男，汉族，中共党员，1915年9月生，山东齐河人。第三届全国人大代表，生前系北京市东城区环境卫生服务中心十所清洁队工人，北京市原崇文区清洁队"青年班"班长。他对整个清掏区的情况都了如指掌，百十斤重的粪桶每天要背近百桶，以"宁愿一人脏，换来万家净"的高尚境界赢得了社会各界的尊重。干工作从不分分内分外，见墙头倒了就主动砌好，见厕所没挖坑带上工具就给挖好。带出了思想过硬、业务一流的青年班，他倡导的"工作无贵贱、行业无尊卑"的为人民服务思想得以经久传承。荣获最美奋斗者、全国劳动模范等荣誉称号。2009 年当选"100 位新中国成立以来感动中国人物"。

三十七、杨业功，男，汉族，中共党员，1945 年 2 月生，湖北应城人。第十届全国人大代表，生前系原第二炮兵副参谋长，历任战士、排长、参谋、营长、团参谋长、作训处长、旅长和基地副参谋长、副司令员、司令员等职。2004 年 7 月，杨业功因积劳成疾病逝。杨业功是新时期保持共产党员先进性的典范，是高级领导干部学习的楷模。党中央、中央军委号召全党全军学习杨业功同志奉献、创新、务实、自律的"四种精神"。荣获最美奋斗者、忠诚履行使命的模范指挥员荣誉称号，被评为全国优秀共产党员，全军挂像英模。

三十八、邱娥国，男，汉族，中共党员，1946 年 5 月生，江西进贤人。第十届全国人大代表，江西省南昌市公安局特警支队原调研员。从警 21 年来，他秉承"人民公安为人民"的执法为民理念，大胆创新勤务模式，勇于破解基层治理难题，摸索总结出户籍民警"一图二决三本四勤"和"串百家门，认百家人，知百家情，办百家事"工作法，创立"警民联系卡"等便民措施，在全国公安系统推广，为基层治理发挥重要作用，被誉为"群众的贴心人"。多次荣立个人一、二、三等功，荣获改革先锋、最美奋斗者、全国优秀共产党员、全国先进工作者、全国道德模范、全国公安系统一级英雄模范等荣誉称号。2009 年当选"100 位新中国成立以来感动中国人物"。

三十九、辛育龄，男，汉族，中共党员，1921 年 2 月生，河北高阳人。第五届全国人大代表，中日友好医院原院长、胸外科主任。新中国胸外科事业的开拓者和奠基人。战争时期，曾与白求恩并肩战斗，多次冲上前线救治伤员。和平年代，长期致力于我国胸外科创建和发展，是中国人体肺移植手术第一人，在胸外科领域多个方面取得"从0到1"的突破，为我国卫生健康事业创新发展作出卓越贡献。"七一勋章"获得者，荣获全国劳动模范、全国先进工作者等称号。

四十、陈景润，男，汉族，无党派人士，1933年5月生，福建福州人。第四届至第六届全国人大代表，生前系中国科学院数学研究所研究员，中国科学院学部委员，中国科学院院士。他在逆境中潜心学习，忘我钻研，取得解析数论研究领域多项重大成果。1973年在《中国科学》发表"1+2"详细证明，引起世界巨大轰动，被公认是对"哥德巴赫猜想"研究的重大贡献，是筛法理论的光辉顶点，国际数学界称之为"陈氏定理"，至今仍在"哥德巴赫猜想"研究中保持世界领先水平。他的先进事迹和奋斗精神，激励着一代代青年发愤图强，勇攀科学高峰。荣获改革先锋、最美奋斗者等称号，获国家自然科学奖一等奖、华罗庚数学奖。2009年当选"100位新中国成立以来感动中国人物"。

四十一、陈嘉庚，男，汉族，无党派人士，1874年10月生，福建厦门人。第一届全国人大代表。他是杰出的华侨实业家、教育事业家和社会活动家。广泛涉足销售、种植、加工、制造等多种行业，并率先实现橡胶的种植、生产、销售一条龙，被誉为"橡胶大王"。在缔造企业王国的同时，开创了倾资兴学的伟业，构建了包括幼稚园、小学、中学、女子师范、幼稚师范、水产、商科、农林部、国学部等在内的完整教育体系；领导南侨总会全力支持抗战，为抗战胜利贡献巨大力量。新中国成立后，为国家的建设和发展建言献策，维护华侨合法权益，推动华侨爱国大团结。荣获最美奋斗者称号，2009年当选"100位为新中国成立作出突出贡献的英雄模范人物"。

四十二、陈薇，女，汉族，中共党员，1966 年 2 月生，浙江兰溪人。第十二届全国人大代表，军事科学院军事医学研究院生物工程研究所所长、研究员。她长期致力于生物危害防控研究，研制出我军首个 SARS 预防生物新药"重组人干扰素 ω"、全球首个获批新药证书的埃博拉疫苗。新冠肺炎疫情发生后，她闻令即动，紧急奔赴武汉执行科研攻关和防控指导任务，在基础研究、疫苗、防护药物研发方面取得重大成果，为疫情防控作出重大贡献。2020 年被授予"人民英雄"国家荣誉称号，荣获全军防治非典先进个人、全国十大杰出青年等称号。

四十三、林巧稚，女，汉族，无党派人士，1901 年生，福建厦门人。第一届至第五届全国人大代表，生前系北京协和医院妇产科主任，中国医学科学院副院长，著名临床医学家和医学教育家，中国科学院首届学部委员。她对胎儿宫内呼吸窘迫、女性生殖道结核、滋养细胞肿瘤和其他妇科肿瘤进行研究，成功诊治新生儿溶血症。她为新中国妇产科学的创建和发展倾注了大量心血，筹建北京妇产医院，亲手接生 5 万多个孩子，带头主编科普读物，为我国妇产科学界培养了一代又一代优秀接班人，造福了亿万妇女儿童。荣获最美奋斗者、全国三八红旗手荣誉称号。2009 年当选"100 位新中国成立以来感动中国人物"。

四十四、卓嘎，女，藏族，中共党员，1961 年 9 月生，西藏隆子人。第十三届全国人大代表，西藏自治区隆子县玉麦乡玉麦村农民，西藏自治区妇联副主席（兼职）。爱国守边精神的传承者，秉持"家是玉麦、国是中国"的坚定信念，数十年如一日以抵边放牧、巡逻的方式守护数千平方公里的国土，国旗挂遍走过的每一条路，践行了"再苦再累也要守好祖国的每一寸土地"的承诺。积极宣讲党的恩情，引导群众听党话、感党恩、跟党走。"七一勋章"获得者，荣获全国三八红旗手标兵、时代楷模等称号。

四十五、尚金锁，男，汉族，中共党员，1951 年 10 月生，河北柏乡人。第九届至第十三届全国人大代表，河北柏乡国家粮食储备库党支部书记、主任。他从事粮食工作 50 年，崇严尚实，执着追求，为国为民看好库管好粮，是新时代粮食行业锐意改革、勇于创新的优秀代表，是当地经济社会发展的"金名片"。完成 16 项科学保粮项目，保粮成果走出中国走向世界；创下粮食经营、管理和科学保粮等方面的 10 项全国之最，在全国粮食行业树立起一面旗帜；帮助农民种好粮、管好粮、卖好粮，成为乡亲们的"贴心人"。荣获最美奋斗者、全国劳动模范、全国优秀党务工作者、全国道德模范等荣誉称号，获全国五一劳动奖章。

四十六、孟泰，男，汉族，中共党员，1898 年 8 月生，河北丰润人。第一届至第三届全国人大代表，鞍钢炼铁厂配管组组长、工人技术员，生前系鞍山钢铁公司炼铁厂副厂长、工会副主席。他爱厂如家、艰苦奋斗，常常在炼铁高炉旁奋战几十个昼夜不回家，从泥土中挖出旧备件上万件，建立起闻名全国的"孟泰仓库"，为鞍钢在新中国成立初期迅速恢复生产建设和发展作出重大贡献；他攻坚克难、勇于担当，解决了大量生产技术难题，率先发起成立工人技术协作协会，使鞍钢成为新中国"技术革新、技术革命和合理化建议"活动的发源地。1967 年 9 月 30 日病逝。荣获最美奋斗者、全国劳动模范荣誉称号。2009 年当选"100 位新中国成立以来感动中国人物"。

四十七、拉齐尼·巴依卡，男，塔吉克族，中共党员，1979

年4月生，新疆人。第十三届全国人大代表，生前是新疆维吾尔自治区塔什库尔干塔吉克自治县提孜那甫乡提孜那甫村村委会委员、护边员。2001年参军入伍，2003年从部队复员后，成为红其拉甫边防部队的义务巡逻向导。2021年1月，为解救落入冰窟的儿童，不幸英勇牺牲。荣获第六批全国岗位学雷锋标兵、时代楷模、全国见义勇为模范等称号。

四十八、钟南山，男，汉族，中共党员，1936年10月生，福建厦门人。第十一、十二届全国人大代表，中国工程院院士。他长期致力于重大呼吸道传染病及慢性呼吸系统疾病的研究、预防与治疗，成果丰硕，实绩突出。新冠肺炎疫情发生后，他敢医敢言，提出存在"人传人"现象，强调严格防控，领导撰写新冠肺炎诊疗方案，在疫情防控、重症救治、科研攻关等方面作出杰出贡献。共和国勋章获得者，荣获国家科学技术进步奖一等奖和全国先进工作者、改革先锋等称号。

四十九、袁隆平，男，汉族，无党派人士，1930年9月生，江西九江人。第五届全国人大代表，中国工程院院士。他一生致力于杂交水稻技术的研究、应用与推广，发明"三系法"籼型杂交水稻，成功研究出"两系法"杂交水稻，创建了超级杂交稻技术体系，为我国粮食安全、农业科学发展和世界粮食供给作出杰出贡献。共和国勋章获得者，荣获国家最高科学技术奖、国家科学技术进步奖特等奖和改革先锋等称号。

五十、热地，男，藏族，中共党员，1938年8月生，西藏比如人。第八、九、十届全国人大代表，曾任全国人大常委会副委员长。他长期担任西藏自治区党委重要领导职务，先后配合6位自治区党委书记（第一书记）工作，积极维护班子团结和主要领导同志威信，参与西藏自治区稳定与发展各项重大决策的研究和实施。向中央建议召开第三、四次西藏工作座谈会，就西藏稳定与发展的若干重大问题提出观点和意见。他几十年来为西藏发展、和谐稳定、民生改善倾注了大量心血，付出了巨大努力，赢得了西藏各族人民的爱戴和尊重。荣获"民族团结杰出贡献者"国家荣誉称号。

五十一、钱学森，男，汉族，中共党员，1911年12月生，浙江杭州人。第二届至第五届全国人大代表，中国科学院学部委员、中国工程院院士，"两弹一星"功勋奖章获得者。1956年初，钱学森向中共中央、国务院提出《建立我国国防航空工业的意见书》。同时，钱学森组建中国第一个火箭、导弹研究所——国防部第五研究院并担任首任院长。他主持完成了"喷气和火箭技术的建立"规划，参与了近程导弹、中近程导弹和中国第一颗人造地球卫星的研制，直接领导了用中近程导弹运载和原子弹"两弹结合"试验，参与制定了中国近程导弹运载原子弹"两弹结合"试验，参与制定了中国第一个星际航空的发展规划，发展建立了工程控制论和系统学等。

五十二、铁飞燕，女，回族，中共党员，1992年8月生，云南昭通人。第十二届全国人大代表，云南交投集团运营管理有限公司昆明东管理处团委副书记。2010年5月4日，随父亲到四川省绵阳市旅游，飞身跳河勇救4名落水少年，被誉为"最美90后女孩"。荣获最美奋斗者、全国三八红旗手等荣誉称号。

五十三、徐立平，男，汉族，中共党员，1968年10月生，江苏溧阳人。第十三、十四届全国人大代表，中国航天科技集团有限公司第四研究院7416厂班组长。30多年来，徐立平立足航天固体发动机整形岗位，不惧危险，执着坚守，勇于担当，练就一身绝技绝招，为火箭上天、导弹发射、神舟遨游"精雕细刻"，是新时代雕刻火药、为国铸剑的大国工匠。荣获时代楷模、最美奋斗者、最美航天人、全国技术能手等荣誉称号，获全国五一劳动奖章、中华技能大奖。

五十四、高德荣，男，独龙族，中共党员，1954 年 3 月生，云南贡山人。第十届全国人大代表，云南省怒江州人大常委会原副主任。他是少数民族脱贫攻坚的带头人。在任期间，科学制定发展战略，突出培育"水电、矿业、旅游、边贸"为主的特色产业群，为当地经济社会跨越式发展作出贡献。退休后，继续驻扎在独龙江河谷，跑工地、进农家，千方百计打通了独龙江乡通往山外的唯一公路，实现独龙族整族脱贫，把党和政府的关怀送到群众家中。"人民楷模"国家荣誉称号获得者，荣获全国优秀共产党员、全国民族团结进步模范个人等称号。

五十五、郭兰英，女，汉族，中共党员，1930 年 12 月生，山西平遥人。第一、二、三、五、六届全国人大代表，中国歌剧舞剧院一级演员。她为中国民族歌剧表演体系的建立和民族演唱艺术的发展作出开拓性贡献。新中国成立后，塑造了《白毛女》中的喜儿、《小二黑结婚》中的小芹等众多光彩夺目的舞台艺术形象。她演唱的《我的祖国》《南泥湾》《人说山西好风光》《八月十五月儿明》等脍炙人口的歌曲，历经半个多世纪传唱至今。荣获"人民艺术家"国家荣誉称号、最美奋斗者等称号。

五十六、尉凤英，女，汉族，中共党员，1933 年 6 月生，辽宁抚顺人。第二、三届全国人大代表，东北机器制造厂退休干部。1953 年参加工作后，勤奋好学，钻研技术，第一年就实现两项技术革新；成功将手工送料改成自动送料，提高工效 5 倍；完成纱锭轴承电圈工艺，由车制改为冷冲压加工。1993 年退休后仍发挥余热，经常出现在"关心下一代"的辅导活动中。荣获最美奋斗者、全国先进生产者、全国三八红旗手等荣誉称号。

五十七、崔根良，男，汉族，中共党员，1958 年 5 月生，江苏吴江人。第十二、十三届全国人大代表，亨通集团党委书记、董事局主席，全国工商联常委，江苏省工商联副主席。他始终勇立潮头，以爱党爱国为信念，以产业报国为己任，从创业到创新，从制造到创造，走出了一条自主创新发展之路，带领亨通集团打破国外技术垄断，成为中国在光纤通信领域唯一拥有光纤预制棒核心技术及自主产权的民族企业，跻身全球光纤通信前三强。荣获最美奋斗者、时代楷模等荣誉称号，获全国脱贫攻坚奖奉献奖、中华慈善奖。

五十八、常香玉，女，汉族，中共党员，1923 年 9 月生，河南巩义人。第一届至第七届全国人大代表，生前系河南豫剧院院长，河南省文化厅艺术顾问。著名豫剧表演艺术家，五大名旦之一，豫剧主要流派"常派"创始人。代表剧目有《花木兰》《西厢记》《白蛇传》《大祭桩》《破洪州》《朝阳沟》《拷红》《断桥》《人欢马叫》《红灯记》等。1951 年 8 月至 1952 年 3 月，常香玉率剧社巡回演出，募集资金捐献"香玉剧社号"战斗机。1953 年 4 月，率豫剧队到抗美援朝前线举办 180 多场慰问演出。荣获最美奋斗者、全国劳动模范、全国优秀文艺工作者等荣誉称号。2004 年 7 月，被国务院追授"人民艺术家"荣誉称号。2009 年当选"100 位新中国成立以来感动中国人物"。

五十九、梁军，女，汉族，中共党员，1930 年 4 月生，黑龙江明水人。第一届至第三届全国人大代表，黑龙江省哈尔滨市原农机局总工程师。新中国第一代女拖拉机手，组建第一个女子拖拉机队并担任队长。她团结广大妇女群众一道参加生产建设，为新中国农业机械化而奋斗。普及拖拉机驾驶和维修技术，培养众多拖拉机技术能手，为中国农业发展作出突出贡献。荣获最美奋斗者、全国劳动模范、新中国成立初期女性的杰出代表等荣誉称号。

六十、梅兰芳，男，汉族，中共党员，1894年10月生，江苏泰州人。第一、二届全国人大代表，生前系中国京剧院院长，中国戏曲研究院院长，中国戏剧家协会副主席，京剧表演艺术大师。他8岁学戏，9岁拜吴菱仙为师学青衣，10岁登台，后又求教于秦稚芬和胡二庚学花旦。1915年4月至1916年9月，排演了《宦海潮》《牢狱鸳鸯》《思凡》等11出戏。曾赴日本、美国、苏联演出，并荣获美国波莫纳学院和南加州大学的荣誉文学博士学位。荣获最美奋斗者等荣誉称号。

六十一、梅汝璈，男，汉族，1904年11月生，江西南昌人，著名律师、法学家。第一届全国人大代表，生前系全国人大法案委员会委员。1946年代表中国出任远东国际军事法庭法官，参与了举世闻名的东京审判，对第一批28名日本甲级战犯的定罪量刑工作作出突出贡献。1950年，担任外交部顾问，此后还担任世界和平理事会理事、中国人民外交学会常务理事、中国政法学会理事等职务，为中国的外交事业和法制建设作出积极贡献。荣获最美奋斗者等称号。

六十二、彭加木，男，汉族，中共党员，1925年6月生，广东番禺人。第三届全国人大代表，生前系中国科学院新疆分院副院长，中国科学院上海生物化学研究所研究员，著名植物病毒学家。1956年他放弃出国留学的机会，响应党中央发出的"向科学技术进军"的号召，毅然加入中国科学院综合考察委员会，赴新疆进行科考。在新疆期间，他的足迹遍布天山南北，带领青年科技人员深入田间地头、大漠戈壁，采集各类化学样品、病害标本，先后分离提纯了危害玉米、小麦、甜瓜等农作物的病毒，为新疆植物病毒学研究奠定了坚实基础。他 3 次进入罗布泊进行科考，1980 年 6 月 17 日不幸在罗布泊失踪。荣获最美奋斗者称号。2009 年当选"100 位新中国成立以来感动中国人物"。

六十三、斯霞，女，汉族，中共党员，1910 年 12 月生，浙江诸暨人。第三、五、六、七届全国人大代表，生前系南京师范大学附属小学教师，著名教育家。她执教 68 年，在小学教育教学改革方面独树一帜，创造的"随课文分散识字"教学方法，在全国教育界产生广泛影响。担任国家教委中小学语文教材审查委员会成员 10 年，为我国小学语文教材和教学建设作出重要贡献。荣获最美奋斗者、全国劳动模范、全国三八红旗手等荣誉称号。

六十四、程开甲，男，汉族，中共党员、九三学社社员，1918 年 8 月生，江苏吴江人。第三、四、五届全国人大代表，中国科学院院士，著名理论物理学家。他是中国核武器事业的开拓者之一，中国核试验科学技术体系的创建者之一。"八一勋章"获得者，"两弹一星"功勋奖章获得者，2013 年国家最高科学技术奖获得者。

六十五、谭旭光，男，汉族，中共党员，1961 年 2 月生，山东潍坊人。第十届至第十三届全国人大代表，山东重工集团有限公司党委书记、董事长，中国重型汽车集团有限公司党委书记、董事长，潍柴控股集团有限公司董事长。20 多年来，他团结带领广大职工大刀阔斧推进改革，探索形成国企改革的"潍柴模式"；心无旁骛攻主业，致力打造高端制造，叫响中国制造"潍柴品牌"。2019 年 1 月，潍柴重型商用车动力总成关键技术及应用项目获得国家科技进步一等奖。荣获最美奋斗者、全国劳动模范、全国优秀创业企业家等荣誉称号，获全国五一劳动奖章。

国家出版基金项目
NATIONAL PUBLICATION FOUNDATION

中国特色社会主义根本政治制度

人民代表大会制度纪实

总　顾　问　王汉斌

编委会主任　乔晓阳

人大代表工作纪实（下）

主　编　**任佩文**　副主编　**吴克非**

中国出版集团

中国民主法制出版社

全国百佳图书
出版单位

/ 第三章 /

第一届全国人民代表大会
第一次会议至第五届全国
人民代表大会第五次会议期间的
代表提案工作 （1954—1982）

1954 年 9 月 15 日，第一届全国人民代表大会第一次会议的召开，标志着我国人民代表大会制度建立。在这次会议上，人大代表议案和建议制度应运而生。一届全国人大一次会议期间，人大代表就开始向大会提出议案或建议。只是当时不叫议案或建议，而叫"提案"。自第一届全国人民代表大会开始，每次大会都设立"提案审查委员会"，在大会期间对代表提案进行审查，提出审查意见并向大会报告，最终由大会审议、表决审查意见。自 1966 年起全国人大连续多年没有召开会议，提案工作也陷入停滞。直至 1979 年，第五届全国人民代表大会第二次会议恢复了代表提出提案等权利，提案工作也随之恢复。本章主要收录了一届、二届全国人大历次会议，三届全国人大一次会议，五届全国人大二次至五次会议期间有关提案工作的相关文件。

第一节　第一届全国人民代表大会的代表提案工作

　　从一届全国人大开始，全国人大就非常重视代表提案工作，专门设立"提案审查委员会"，在大会期间对代表提案进行审查，提出审查意见并向大会报告，最终由大会审议、表决审查意见。经过审查，这些提案交由国务院办理，逐步实施。代表向大会提出提案是发挥代表作用、履行代表职责的重要渠道和手段。在之后召开的几次全国人民代表大会会议上，代表提案的数量不断增加，从工业、农业到国防、教育，件件事关国家发展大计。

一、第一届全国人民代表大会第一次会议的代表提案工作

（一）第一届全国人民代表大会第一次会议提案审查委员会主任委员和委员名单

第一届全国人民代表大会第一次会议提案审查委员会
主任委员和委员名单

主任委员：习仲勋

委员（按姓名笔划排列）：

丁西林　王任重　朱学范　吴有训　吴克坚　吴耀宗　李国伟　李德全　李颉伯　周钦岳　邵力子　孙志远　高崇民　章乃器　郭棣活　陈此生　陈劭先　陈其瑗　乔传珏　曾希圣　杨秀峰　杨显东　鲍尔汉　薄一波

（二）第一届全国人民代表大会第一次会议提案审查委员会关于提案的审查报告

第一届全国人民代表大会第一次会议提案审查委员会
关于提案的审查报告

（1954 年 9 月 26 日第一届全国人民代表大会第一次会议通过）

中华人民共和国第一届全国人民代表大会第一次会议收到提案 39 件，其中关于工矿、劳动方面的 7 件，关于农业方面的 3

件，关于水利方面的 8 件，关于交通运输方面的 4 件，关于度量
衡的 1 件，关于文教方面的 3 件，关于医药卫生方面的 7 件，关
于设置和调整组织机构方面的 4 件，关于规定烈士节的 1 件，关
于首都建设的 1 件。

提案审查委员会对于这些提案逐案进行了审查，认为这些提
案对于国家建设具有积极的意义：有些是应当办理而且可以办理
的；有些是应当经过周密研究、逐步实施的；有些是已在进行、
今后应当继续贯彻的；有些是对于政府工作极有参考价值的。决
定都交国务院依照审查意见分别处理。

现在提出"中华人民共和国第一届全国人民代表大会第一次
会议提案审查意见"，请予审议通过。

二、第一届全国人民代表大会第二次会议的代表提案工作

（一）第一届全国人民代表大会第二次会议提案审查委员会
主任委员和委员名单

第一届全国人民代表大会第二次会议提案审查委员会
主任委员和委员名单

主任委员：李雪峰

委员（按姓名笔划排列）：

丁西林　王任重　朱学范　吴有训　吴耀宗　李国伟　李颉
伯　车向忱　邵力子　姚依林　孙志远　孙起孟　张含英　张宗
逊　章乃器　章蕴　郭棣活　陈此生　陈劭先　陈其瑗　乔传珏
彭迪先　惠浴宇　杨秀峰　杨静仁　杨显东　董纯才　钱瑛　鲍
尔汉　薄一波

（二）第一届全国人民代表大会第二次会议提案审查委员会关于提案的审查报告

第一届全国人民代表大会第二次会议提案审查委员会
关于提案的审查报告

（1955 年 7 月 28 日第一届全国人民代表大会
第二次会议通过）

第一届全国人民代表大会第二次会议收到提案 214 件，按照性质分类，属于政治法律方面的 39 件，占提案总数的 8%；属于工业、交通方面的 72 件，占提案总数的 34%；属于农业、林业、水利方面的 44 件，占提案总数的 21%；属于财政、金融、贸易方面的 14 件，占提案总数的 6%；属于文化、教育、卫生方面的 45 件，占提案总数的 21%。

提案审查委员会鉴于这次会议的提案较多，为了对每个提案的内容和有关情况进行详细的了解和研究，分设了政治法律、工业交通、农林水利、财金贸易、文教卫生五个组，分两步进行提案审查工作：先由各组就有关提案逐案研究，提出初步审查意见，然后由全体会议就各组提出的初步审查意见逐案审议通过。

提案审查委员会认为这次会议的提案对于国家进行社会主义建设和社会主义改造是有积极作用的。这些提案，根据必要与可能的条件，有些是应当办理的；有些是已在进行、今后应当继续贯彻的；有些是应当经过周密研究、逐步实施的；有些是对于政府工作很有参考价值的。提案审查委员会建议把这些提案分别交由全国人民代表大会常务委员会、国务院、最高人民法院、最高人民检察院依照审查意见进行处理。有关的国家机关都应当重视会议交与处理的提案，并在下一次会议时就处理结果提出报告。

现在把提案审查委员会通过的"中华人民共和国第一届全国人民代表大会第二次会议提案审查意见（草案）"提请会议予以审议通过。

三、第一届全国人民代表大会第三次会议的代表提案工作

（一）第一届全国人民代表大会第三次会议提案审查委员会主任委员和委员名单

第一届全国人民代表大会第三次会议提案审查委员会
主任委员和委员名单

主任委员：李雪峰

委员（按姓名笔划排列）：

丁西林　朱学范　孙志远　孙起孟　乔傅珏　吴有训　吴耀宗　李国伟　李德全　李颉伯　车向忱　邵力子　陈此生　陈劭先　陈其瑗　陈望道　姚依林　胡子昂　唐生智　高树勋　张友渔　张含英　张宗逊　曹荻秋　章乃器　郭棣活　嵇文甫　彭迪先　杨秀峰　杨显东　杨静仁　董纯才　钱瑛　薄一波　谢扶民　韩兆鹗

（二）第一届全国人民代表大会第三次会议提案审查委员会关于提案的审查报告

第一届全国人民代表大会第三次会议提案审查委员会
关于提案的审查报告

（1956年6月30日第一届全国人民代表大会第三次会议通过）

第一届全国人民代表大会第三次会议收到代表提案176件。

其中属于综合性的（包括政治法律、民族事务、华侨事务等方面）27 件，属于工业、交通方面的 53 件，属于农业、林业、畜牧、水利方面的 28 件，属于财政、金融、贸易方面的 14 件，属于科学、文化、教育、卫生方面的 54 件。

提案审查委员会设立了综合、工业交通、农林水利、财金贸易、文教卫生等 5 个审查组，分组研究有关的提案，提出初步审查意见，由委员会全体会议逐案审议，决定审查意见。所有审查意见，经过各代表组讨论，表示基本同意。个别的不同意见，又由委员会全体会议重加讨论，对原来的审查意见作了必要的修改。

提案审查委员会认为：这次会议收到的提案中，很多意见是符合于国家当前需要的，而且也是具备着可行的条件的；有些是已经列入国家计划或者已经开始进行的；有些是正在实施，应该加强工作或者检查改进的；有些是需要周密研究或者积极创造条件的；有些是在科学和技术研究上极有价值的。所有这些意见，充分反映了全国人民的爱国热情和对于伟大祖国建设社会主义的高度信心，对于提前完成和超额完成我国发展国民经济第一个五年计划具有积极的作用。为此建议：除不予成立的两案外，把所有提案分别交给全国人民代表大会常务委员会、国务院和最高人民法院，依照审查意见进行处理，并且在下一次会议提出处理情况的报告。

现在把提案审查委员会会议通过的"第一届全国人民代表大会第三次会议提案审查意见（草案）"提请大会审议。

四、第一届全国人民代表大会第四次会议的代表提案工作

（一）第一届全国人民代表大会第四次会议提案审查委员会主任委员和委员名单

第一届全国人民代表大会第四次会议提案审查委员会
主任委员和委员名单

主任委员：李雪峰

委员（按姓名笔划排列）：

丁西林　朱学范　孙志远　孙起孟　乔传珏　吴有训　吴德峰　吴耀宗　李国伟　李德全　李颉伯　李烛尘　车向忱　陈此生　陈劭先　陈其瑗　陈望道　邵力子　姚依林　胡子昂　唐生智　高树勋　张友渔　张含英　张宗逊　郭棣活　彭迪先　杨秀峰　杨显东　杨静仁　董纯才　贾拓夫　管文蔚　钱瑛　谢扶民　韩兆鹗

（二）第一届全国人民代表大会第四次会议提案审查委员会关于提案的审查报告

第一届全国人民代表大会第四次会议提案审查委员会
关于提案的审查报告

（1957 年 7 月 12 日第一届全国人民代表大会
第四次会议通过）

第一届全国人民代表大会第四次会议收到提案 243 件，超过了本届全国人民代表大会历次会议提案的件数。这些提案，属于政治、法律、国防、人事、编制、民族事务、华侨事务方面的 23 件，属于财政、金融、粮食、贸易方面的 23 件，属于工业、交

通、基本建设、劳动、工资方面的 79 件，属于农业、林业、畜牧、水利方面的 23 件，属于文化、教育、科学、卫生、体育方面的 95 件。

提案审查委员会根据这次会议的提案情况，参考过去审查提案的经验，设立了综合、财金贸易、工业交通、农林水利、文教卫生五个专业审查组，由委员分别参加各组。所有提案，都先由有关的专业审查组分析研究和提出初步审查意见，再由委员会全体会议详加审查，逐案通过。

这次会议的提案，有些是国家正在办理中或者已在计划办理中，或者根据必要和可能的条件应该办理的；有些是牵涉方面较多，需要筹划周妥才能办理，或者需要准备条件逐步实施，或者一部分能够办理一部分还须周密研究的；有些是牵涉第二个五年计划项目问题，需要全盘考虑的，或者是对于实际情况，还需要进行全面调查和深入了解才能肯定能否办理的；提案审查委员会按照这些情况，分别拟具了审查意见。

提案审查委员会认为：所有这些提案，反映了我国各民族人民加强团结、和平建设伟大祖国的强烈愿望，对于我国社会主义事业的继续发展具有积极的作用。为此建议：把这些提案分别交由全国人民代表大会常务委员会、国务院，依照审查意见进行处理，并且在下一次会议提出处理情况的报告。

现在把提案审查委员会通过的"第一届全国人民代表大会第四次会议提案和提案审查意见（草案）"向大会提出，请予审议。

五、第一届全国人民代表大会第五次会议的代表提案工作

（一）第一届全国人民代表大会第五次会议提案审查委员会主任委员和委员名单

第一届全国人民代表大会第五次会议提案审查委员会主任委员和委员名单

主任委员：李雪峰

委员（按姓名笔划排列）：

朱学范　孙志远　孙起孟　吴有训　吴德峰　吴耀宗　成柏仁　李国伟　李德全　李颉伯　李烛尘　车向忱　陈此生　陈劭先　陈其瑗　陈望道　邵力子　郑振铎　姚依林　胡子昂　唐生智　高树勋　张友渔　张含英　张宗逊　郭棣活　彭迪先　杨秀峰　杨显东　杨静仁　董纯才　贾拓夫　靳树梁　管文蔚　钱瑛　谢扶民

（二）第一届全国人民代表大会第五次会议提案审查委员会关于提案的审查报告

第一届全国人民代表大会第五次会议提案审查委员会关于提案的审查报告

（1958年2月10日第一届全国人民代表大会第五次会议通过）

　　第一届全国人民代表大会第五次会议收到提案81件。提案审查委员会设立了综合、工业交通、农林水利气象、财政金融贸易、文教卫生五个专业组，由委员分别参加。这些提案，属于综合方面的11件；属于工业、交通方面的34件；属于农业、林业、水利、气象方面的7件；属于财政、金融、

贸易、粮食、水产方面的9件；属于文化、教育、科学、卫生、体育方面的20件。所有提案都先由有关的专业审查组分析研究提出初步审查意见，然后由委员会全体会议逐案审议通过。

提案审查委员会认为：这次会议的提案，反映了全国人民在进入社会主义建设第二个五年计划时期的革命干劲和新的生产高潮的蓬勃气象，也反映了贯彻执行又多又快又好又省、勤俭建国的方针和提倡节约、反对浪费的新的社会风气，对于促进我国社会主义建设事业的发展具有积极作用。为此建议：把这次会议的提案交由全国人民代表大会常务委员会、国务院依照审查意见进行处理，并将处理情况提出报告。

现在把提案审查委员会全体会议通过的"第一届全国人民代表大会第五次会议提案和提案审查意见（草案）"提出，请大会审议。

第二节　第二届全国人民代表大会的代表提案工作

1957年之后的一段时间里，因受政治运动影响，人民代表大会制度、代表提案制度停滞不前。在全国人大会议期间，代表所提议案的数量也逐年减少。1957年6月召开的一届全国人大四次会议，代表提案243件；1958年2月召开的一届全国人大五次会议，锐减为81件；1959年4月召开的二届全国人大一次会议，减为80件；1960年3月召开的二届全国人大二次会议，又减为 46 件。直到 1962 年 3 月召开的二届全国人大三次会议，代表提案才又回升到 163 件，二届全国人大四次会议代表提案为 172 件，但还是少于一届全国人大四次会议的数量。

一、第二届全国人民代表大会第一次会议的代表提案工作

（一）第二届全国人民代表大会第一次会议提案审查委员会主任委员、委员名单

第二届全国人民代表大会第一次会议提案审查委员会
主任委员、委员名单

主任委员：张友渔

委员（按姓名笔划排列）：

丁西林　韦悫　孙晓村　朱学范　车向忱　李国伟　李烛尘李颉伯　李德全　陈此生　陈劭先　陈其瑗　陈望道　吴有训吴德峰　吴耀宗　谷牧　张含英　邵力子　金明　胡子昂　高树勋　唐生智　郭棣活　曾传六　彭迪先　傅秋涛　贾拓夫　靳树梁　杨秀峰　杨显东　杨静仁　管文蔚　钱瑛　谢扶民　韩望尘

（二）第二届全国人民代表大会第一次会议提案审查委员会关于提案的审查报告

第二届全国人民代表大会第一次会议提案审查委员会
关于提案的审查报告

（1959 年 4 月 28 日第二届全国人民代表大会第一次会议通过）

第二届全国人民代表大会第一次会议共收到提案 80 件。其中工业 23 件，交通 4 件，基本建议（包括地质勘测）4 件，农

业6件，林业3件，水产4件，贸易7件，科学技术5件，医药卫生7件，文化1件，教育13件，文字改革1件，民政1件，劳动1件。

提案审查委员会由委员分别组成了工业、农业、财贸、文教、综合等5个专业审查组。所有的提案都先由各专业审查组提出初步审查意见，然后经委员会全体会议逐案审查通过。

提案审查委员会认为：这次会议的提案，对于社会主义建设事业的继续跃进，将起到积极的作用。为此建议：把这些提案都交国务院依照审查意见进行处理，并且在第二届全国人民代表大会第二次会议以前提出处理情况的报告。

现在把"第二届全国人民代表大会第一次会议提案和提案审查意见（草案）"向大会提出，请予审议。

二、第二届全国人民代表大会第二次会议的代表提案工作

（一）第二届全国人民代表大会第二次会议提案审查委员会名单

第二届全国人民代表大会第二次会议提案审查委员会名单

主任委员：张友渔

委员（按姓名笔划排列）：

丁西林　孙晓村　朱学范　车向忱　李国伟　李烛尘　李颉伯　李德全　陈此生　陈劭先　陈其瑗　陈望道　吴有训　吴德峰　吴耀宗　谷牧　张含英　邵力子　金明　胡子昂　高树勋　唐生智　郭棣活　曾传六　彭迪先　傅秋涛　靳树梁　杨秀峰

杨显东　杨静仁　管文蔚　钱瑛　谢扶民　韩望尘

（二）第二届全国人民代表大会第二次会议提案审查委员会关于提案的审查报告

第二届全国人民代表大会第二次会议提案审查委员会
关于提案的审查报告

（1960 年 4 月 10 日第二届全国人民代表大会第二次会议通过）

第二届全国人民代表大会第二次会议共收到提案 46 件。其中属于工业交通方面的 22 件，农林水利方面的 9 件，财政贸易方面的 2 件，文教卫生和科学技术方面的 13 件。

提案审查委员会设立了工业、农业、财贸、文教、综合 5 个专业审查组。所有提案，都先由有关的专业审查组进行研究，提出初步审查意见，然后经委员会逐案通过。

这次会议的提案，有些是正在办理或者已经列入国家计划准备办理的；有些是应当办理而又可能办理的；有些是牵涉方面较多，需要通盘考虑或者需要积极创造条件逐步实施的；有些是需要经过全面调查和深入了解之后才能肯定能否办理的；有些是在科学技术上有研究价值的。提案审查委员会按照这些情况，分别拟具了审查意见。

提案审查委员会认为：这次会议的提案，对于我国社会主义建设事业的继续跃进和技术革新、技术革命运动的深入开展，将起到积极的作用。为此建议：把这次会议的提案交由国务院依照审查意见进行处理，并将处理情况提出报告。

现在把提案审查委员会通过的"第二届全国人民代表大会第二次会议提案和提案审查意见（草案）"提请大会审议。

三、第二届全国人民代表大会第三次会议的代表提案工作

（一）第二届全国人民代表大会第三次会议提案审查委员会名单

第二届全国人民代表大会第三次会议提案审查委员会名单

主任委员：张友渔

委员（按姓名笔划排列）：

丁西林　孙晓村　朱学范　车向忱　李国伟　李烛尘　李颉伯　李德全　陈此生　陈劭先　陈其瑗　陈望道　吴有训　吴德峰　吴耀宗　谷牧　张含英　邵力子　胡子昂　胡愈之　高树勋　郭棣活　曾传六　彭迪先　傅秋涛　靳树梁　杨秀峰　杨显东　管文蔚　钱瑛　谢扶民　韩望尘

（二）第二届全国人民代表大会第三次会议提案审查委员会关于提案的审查报告

第二届全国人民代表大会第三次会议提案审查委员会
关于提案的审查报告

（1962 年 4 月 16 日第二届全国人民代表大会第三次会议通过）

第二届全国人民代表大会第三次会议收到代表提案 163 件，其中工业、交通方面的 55 件，农业、林业、水利、畜牧、水产方面的 41 件，财政、金融、贸易方面的 8 件，科学、文化、教育、卫生、体育方面的 50 件，政治法律、民族事务、华侨事务方面的 9 件。

提案审查委员会设立了五个专业审查组。所有提案，都先由有关的专业审查组进行研究，然后由委员会全体会议逐案审议，

决定审查意见。

这次会议的提案，充分表现了全国人民在总路线、大跃进、人民公社三面红旗的光辉照耀下，同心同德，发奋图强，和建设社会主义的高度积极性；对于贯彻执行当前国民经济工作以调整为中心的调整、巩固、充实、提高的方针，具有积极的作用。提案中所提的，有些是正在办理但是应该加强工作或者检查改进的，有些是已经列入国家计划准备办理或者是应该办理而又可能办理的，有些是需要经过研究、通盘考虑或者积极创造条件才能办理的，有些是需要经过全面调查、深入研究才能肯定能否办理的。提案审查委员会根据这些情况，分别提出了审查意见。为此建议：把所有的提案都交给国务院依照审查意见切实处理，并且在全国人民代表大会下一次会议以前提出处理情况的报告。

现在把提案审查委员会通过的"第二届全国人民代表大会第三次会议提案和提案审查意见（草案）"提请审议。

四、第二届全国人民代表大会第四次会议的代表提案工作

（一）第二届全国人民代表大会第四次会议提案审查委员会名单

第二届全国人民代表大会第四次会议提案审查委员会名单

主任委员：张友渔

委员（按姓名笔划排列）：

丁西林 孙晓村 朱学范 车向忱 李国伟 李烛尘 李颉伯 李德全 陈此生 陈劭先 陈其瑗 陈望道 吴有训 吴德

峰　吴耀宗　谷牧　张含英　邵力子　胡子昂　胡愈之　高树勋
郭棣活　曾传六　彭迪先　傅秋涛　靳树梁　杨秀峰　杨显东
管文蔚　钱瑛　谢扶民　韩望尘

（二）第二届全国人民代表大会第四次会议提案审查委员会
关于提案的审查报告

第二届全国人民代表大会第四次会议提案审查委员会
关于提案的审查报告

（1963 年 12 月 3 日第二届全国人民代表大会第四次会议通过）

第二届全国人民代表大会第四次会议共收到代表提案 172
件。其中工业、交通、劳动方面的 92 件，农业、林业、水利、
畜牧方面的 31 件，财政、金融、贸易方面的 8 件，文化、教育、
科学、卫生方面的 39 件，政法方面的 2 件。

提案审查委员会分设了五个专业审查组。所有提案，都先经
有关的专业审查组进行研究，然后由委员会全体会议逐案审议，
提出审查意见。

提案审查委员会认为，这些提案表明，在毛泽东思想光辉
的照耀下，在社会主义建设总路线的指引下，全国人民紧密团
结，自力更生、奋发图强的精神更加发扬，对于继续执行以农
业为基础、以工业为主导的发展国民经济的总方针，对于胜利
地完成和超额完成 1964 年的国民经济计划，将产生积极的作
用。为此，建议把这些提案全部交给国务院切实进行处理，并
且在第三届全国人民代表大会第一次会议以前，作出处理情况
的报告。

现在把提案审查委员会通过的"第二届全国人民代表大会第
四次会议提案和提案审查意见（草案）"提请审议。

第三节　第三届全国人民代表大会的
代表提案工作

　　1964 年 12 月 21 日至 1965 年 1 月 4 日，三届全国人大一次会议举行。会议期间提案审查委员会对会议收到的 188 件代表提案进行了审查，提出了审查报告，这也成为此后一段时间内唯一的提案审查报告。1966 年 7 月 7 日，三届全国人大常委会第三十三次会议召开，听取康生关于改期召开三届全国人大二次会议问题的说明，在没有经过讨论的情况下，会议作出决定：三届全国人大二次会议改期召开，具体日期另行决定。

一、第三届全国人民代表大会第一次会议提案审查委员会主任委员、委员名单

第三届全国人民代表大会第一次会议提案审查委员会
主任委员、委员名单

主任委员：张友渔

委员（按姓名笔划排列）：

王进喜　贝时璋　卢绍武　朱学范　孙晓村　杜若　李文宜　李世璋　李国伟　李烛尘　杨显东　吴波　吴学周　吴耀宗　谷牧　张含英　陈永康　陈劭先　周建人　赵国强　胡子婴　高树勋　郭棣活　夏之栩　曾一凡　曾传六　彭迪先　蒋南翔　董汝勤　韩望尘　傅秋涛　管文蔚

二、第三届全国人民代表大会第一次会议提案审查委员会关于提案的审查报告

第三届全国人民代表大会第一次会议提案审查委员会
关于提案的审查报告

（1965 年 1 月 4 日第三届全国人民代表大会第一次会议通过）

第三届全国人民代表大会第一次会议共收到代表提案 188 件。其中工业、交通方面的 92 件，农业、林业、水利、畜牧方面的 23 件，财政、贸易方面的 4 件，文化教育、科学技术、医药卫生、体育运动方面的 59 件，政治法律及其他方面的 10 件。

提案审查委员会认真地研究了这些提案，认为全部提案应予成立，并且逐案提出了审查意见。建议把这些提案分别交给全国人民代表大会常务委员会和国务院切实进行处理，在第三届全国人民代表大会第二次会议以前处理完毕，提出处理报告。

现在把提案审查委员会通过的"中华人民共和国第三届全国人民代表大会第一次会议提案审查意见（草案）"提请大会审议。

第四节　第五届全国人民代表大会的
代表提案工作

"文化大革命"后期，人民代表大会制度和人大工作有所恢复。1975 年 1 月四届全国人大一次会议之后，特别是 1976 年 10 月粉碎"四人帮"之后，到 1978 年 2 月 26 日五届全国人大一次

会议召开，四届全国人大常委会处理代表提案 753 件。以党的十一届三中全会的召开为标志，到 1982 年党的十二大召开和五届全国人大五次会议通过的新宪法颁布实施，人民代表大会制度实现了从初步恢复到全面恢复的过渡，从五届全国人大二次会议开始，停滞多年的全国人民代表大会提案审查委员会恢复行使职权，提出了关于提案的审查报告。人民代表大会制度和人大代表工作都迎来了一个新的春天。

一、第五届全国人民代表大会第二次会议的代表提案工作

（一）第五届全国人民代表大会第二次会议提案审查委员会主任委员、副主任委员、委员名单

第五届全国人民代表大会第二次会议提案审查委员会
主任委员、副主任委员、委员名单（66 人）

（1979 年 6 月 17 日第五届全国人民代表大会
第二次会议预备会议通过）

主任委员：张启龙

副主任委员：罗青长　赵辛初　洪学智　严济慈　李世璋
黄荣　秦力生

委员（按姓名笔划排列）：

丁光训　马志杰　马恒昌　王丙乾　扎西拉姆（女）　区棠亮（女）　方志纯　巴图巴根　巴金　邓力群　申纪兰（女）
史怀璧　成仿吾　成盛三　任新民　华凤翔　华煜卿　庄明理
刘毅　李富荣　肖隽英　吴国祯　吴学周　吴耀宗　何贤　张平化　陆榕树　阿衣奴拉·阿皮孜（女）　林巧稚（女）　林兰

英（女）　林佳楣（女）　金明汉　周里　周谷城　郑英　赵
发生　赵朴初　赵廷光　赵祖康　赵喜明　郝德青　施嘉明　莫
乃群　贾庭三　钱三强　徐伯昕　徐眉生　凌云　郭棣活　浦洁
修（女）　陶峙岳　彭迪先　惠浴宇　傅秋涛　童少生　曾志
（女）　谢冰心（女）　谢鑫鹤

（二）第五届全国人民代表大会第二次会议提案审查委员会
关于提案的审查报告

第五届全国人民代表大会第二次会议提案审查委员会
关于提案的审查报告

（1979 年 7 月 1 日第五届全国人民代表大会
第二次会议通过）

中华人民共和国第五届全国人民代表大会第二次会议开幕以
来，代表们带着全国各族人民的重托，向大会提出了各种提案，
充分反映了举国上下，万众一心，向四个现代化进军的大好
形势。

截至 6 月 25 日止，共提出了 1890 件提案。数量之多是空前
的，涉及的面是很广的。

属于工业交通和人民生活方面的有 636 件，其中包括方针政
策、计划安排、增产节约、体制改革、环境保护、经济立法、加
快少数民族地区生产建设以及城市建设、职工住宅、劳动就业、
工资奖励、职工福利等内容；

属于农业方面的有 209 件，其中包括进一步贯彻以农业为基
础的方针、加快农业生产基地的建设、健全农业科研体系、发展
林牧渔业、开垦荒地、改造沙漠、兴修水利、加快农业机械化、
加强革命老根据地和山区建设等内容；

属于财贸方面的有 119 件，其中包括改革财政管理体制、调

整税收政策和物价政策、发展对外贸易、增设商业网点、加快商品流转等内容；

属于科学文教卫生方面的有 468 件，其中包括改革教育制度和学制、提高教学质量、发展中等技术教育、加强对青少年的教育，搞好计划生育工作、做好卫生保健，加强科学技术工作、改革科研体制，加强出版工作、培养文艺创作队伍、活跃城乡文化生活、发展体育事业、加强文物保护等内容；

属于政法、国防、外事等方面的有 458 件，其中包括继续发展社会主义民主、健全民主生活、保证人民代表行使权利、加强法制、维护社会治安、树立社会新风尚、精简机构、反对干部特殊化，加强国防现代化建设、妥善安排复员转业军人的工作、做好优抚工作、发展旅游事业、落实民族政策和侨务政策等内容。

这次大会的提案，代表性非常广泛。许多提案是代表们事先征求了群众的意见提出来的，有些是经过代表们共同商议后联名提出来的。这说明了人民代表来自人民，代表人民，表达了人民最迫切的愿望和要求，充分体现了代表们当家作主的高度责任感和积极性。

提案审查委员会组成了工业、农业、财贸、文教、综合等五个专业审查组，认真审理了代表们提出的提案。各专业审查组对提案都征求了各有关部门的意见，进行了认真的研究，提出初步审查意见，然后提交提案审查委员会全体会议讨论通过。

人大常委会、国务院、最高人民法院、最高人民检察院，以及国务院各部门，都非常重视大会提案工作，热烈欢迎代表们对自己的工作提出建议，认真地及时地研究了代表们的提案，向提案审查委员会提供了有关的情况和处理提案的建议。

提案审查委员会根据提案的具体情况，分别提出了以下审查意见：凡是有关部门正在办理的或者计划办理的，以及应当办理而又可能办理的，都交由各该部门办理；凡是牵涉方面较多需要有关部门通盘考虑或者需要积极创造条件逐步实施的，都交由各该部门研究办理；凡是提案案情需要有关部门经过全面调查和深入了解之后才能肯定能否办理的，都交由各该部门进行调查研究。建议按照上述审查意见，把各项提案分别交由人大常委会、国务院、最高人民法院、最高人民检察院以及国务院各部门进行处理，并将处理情况和结果，随时向人大常委会报告，由人大常委会向下一次大会提出报告。

（二）第五届全国人民代表大会常务委员会关于处理第五届全国人民代表大会第二次会议交由常务委员会研究办理或者研究的 73 件提案的决议

第五届全国人民代表大会常务委员会关于处理
第五届全国人民代表大会
第二次会议交由常务委员会研究办理或者
研究的 73 件提案的决议

（1980 年 8 月 26 日第五届全国人民代表大会
常务委员会第十五次会议通过）

全国人民代表大会常务委员会于 1980 年 8 月 26 日第十五次会议讨论了第五届全国人民代表大会第二次会议交由常务委员会研究办理或者研究的提案共 73 件。

一、第 1、11、84、112、121、134、148、161、268、269、384、389、392、397、399、408、450、451、483、485、487、494、497、508、513、516、570、616、737、884、885、886、993、996、1003、1040、1132、1133、1185、1331、1332、1343、1344、1660、1763、1765 号提案 46 件，是建议制定各级人民代

表大会代表的权利、义务和工作章程，加强各级人民代表大会常务委员会同人民代表的联系，组织各级人民代表进行工作和学习活动，加强人民代表同群众的联系，以充分发挥人民代表的作用。决定作如下处理：

（一）关于制定各级人民代表大会代表的权利、义务和工作章程的问题，交由全国人民代表大会常务委员会法制委员会会同有关部门在修订 1954 年 9 月 28 日公布的《中华人民共和国全国人民代表大会组织法》，并拟定各级人民代表大会代表的权利和工作条例时，加以研究。

《中华人民共和国地方各级人民代表大会和地方各级人民政府组织法》第十八至第二十三等条，对地方各级人民代表大会代表的权利和工作职责已经作了规定，并在第二十八条第（五）项中规定县级以上的地方各级人民代表大会常务委员会的职权之一是"联系本级人民代表大会代表"，贯彻执行这些规定，代表的作用将能得到进一步的发挥。

（二）关于通报全国人民代表大会常务委员会的决议事项和加强全国人民代表大会常务委员会与全国人民代表大会代表的联系问题。全国人民代表大会常务委员会已经恢复出版《中华人民共和国全国人民代表大会常务委员会公报》，刊载全国人民代表大会及其常务委员会制定的法律、法令，通过的各项决议和任免等事项。这将有助于代表了解情况，沟通联系。在全国人民代表大会闭会期间，代表反映的问题和提出的建议，由全国人民代表大会常务委员会办公厅研究办理。

关于建议在地方上设立全国人民代表大会代表的办事组织，便利代表在大会闭会期间进行工作的问题。考虑到县级以上的地方各级人民代表大会已经设立或者即将设立常务委员会，决定由省、自治区、直辖市人民代表大会常务委员会同本选举单位选出的全国人民代表大会代表加强联系，并由地方各级人民代表大会常务委员会责成其办事机构负责为住在当地的全国人民代表大会代表在执行代表职务时提供必要的帮助。

（三）关于组织全国人民代表大会代表和省、自治区、直辖市人民代表大会代表视察工作和进行调查研究的问题，分别由全国人民代表大会常务委员会和省、自治区、直辖市人民代表大会常务委员会研究确定。其他地方各级人民代表大会代表，大多工作和生活在基层，比较了解当地实际情况，一般可以不必专门组织视察；各该级人民代表大会常务委员会可以根据工作需要，组织本级人民代表大会代表进行一些专题的调查研究。

（四）全国人民代表大会代表为了及时反映国家工作和人民群众的重大问题和意见，可以要求会见县级以上的地方各级人民代表大会常务委员会和地方各级人民政府的负责人；被要求会见的负责人，应当及时接见代表，听取他们的反映和建议，并责成有关部门负责研究处理。

（五）关于组织代表学习的问题。鉴于全国人民代表大会代表绝大多数都有工作职务，而且散处全国各地，因此，应当主要由代表所在单位和主管部门，按照代表的具体情况，安排他们的政治和业务学习，以利于他们更好地为人民服务。地方各级人民代表大会代表的学习，也应当按照这一精神，主要由代表所在单位和主管部门负责安排。

（六）关于印发代表名册（包括代表的工作单位、地址等）的问题。由全国人民代表大会常务委员会办公厅研究办理。

二、第 1484 号提案是建议改进人民代表的选举办法。全国人民代表大会常务委员会认为，《中华人民共和国全国人民代

表大会和地方各级人民代表大会选举法》对于各级人民代表大
会代表的选举办法，已经作了改进（例如县、自治县人民代表
大会代表改由选民直接选举，等额选举改为差额选举等）。今
后随着我国社会主义民主的继续扩大和发扬，选举制度也将进
一步加以改进。决定由全国人民代表大会常务委员会、国务院
继续研究。

三、第481、520、564、1349、1795号提案5件，是分别建
议在全国人民代表大会开会期间增设按科技、教育等不同战线划
分的小组，增设彝语翻译，调整大会座次，精简节约办好简报，
安排华侨代表一起座谈。决定由全国人民代表大会常务委员会办
公厅在今后办理召集全国人民代表大会会议有关工作时，会同大
会秘书处研究办理。

第94号提案是建议在人民大会堂安装表决机器。全国人民
代表大会常务委员会认为，全国人民代表大会对各项议案的表
决，是在普遍酝酿和讨论的基础上进行的，每个代表都可以对议
案充分发表意见，并在表决时按照自己的意愿表示"赞成"、
"反对"或者"弃权"，有效地行使人民代表的权利。研制和安
装表决机器需要一定的人力、物力和财力，决定暂缓办理。

四、第1137、1764、1857号提案3件，是分别建议在全国
人民代表大会常务委员会下设立国防委员会或者国防小组、重大
建设项目审议委员会、领导全国科学和教育的机构。决定由全国
人民代表大会常务委员会继续研究。

五、第484号提案是建议恢复原来国歌歌词。决定由全国人
民代表大会常务委员会继续研究。

六、第115、398、658、1002、1441号提案5件，是分别建
议为周恩来总理、朱德委员长编印选集，兴建纪念性建筑和塑

像。编印选集一事，有关方面正在积极进行，兴建纪念性建筑和塑像的问题，决定由全国人民代表大会常务委员会继续研究。

七、第116号提案是建议颁发国家最高勋章，并取消卖国贼林彪等过去所获勋章。决定：

（一）交由全国人民代表大会常务委员会法制委员会会同有关部门研究拟订授予为国家建立特殊功勋的人员以勋章的条例（草案）；

（二）1955年2月12日公布的《中华人民共和国授予中国人民解放军在中国人民革命战争时期有功人员的勋章奖章条例》第十一条规定："荣获勋章奖章的人员，如有犯罪行为时，应否剥夺其勋章、奖章，由人民法院根据其案情判决。"所提剥夺卖国贼林彪等过去被授予的勋章的问题，交由最高人民法院责成中国人民解放军军事法院依法处理。

八、第1766号提案是建议国家经常举行民意测验，使国家领导机关能了解下情。决定交由中国社会科学院进行研究，提出意见。

九、第114、159、394、447、650、1134号提案6件，是建议修改宪法第四十五条关于公民"有运用'大鸣、大放、大辩论、大字报'的权利"。第五届全国人民代表大会常务委员会第十四次会议已经根据中国共产党中央委员会关于修改宪法第四十五条的建议，通过了《关于建议修改宪法第四十五条的议案》，决定提请第五届全国人民代表大会第三次会议审议决定。

十、第1470号提案是建议不要把老中青三结合作为配备各级领导班子的一条法定原则。决定交由全国人民代表大会常务委员会法制委员会会同有关部门继续进行研究。

十一、第492、994号提案2件是建议处理人民信访案件，应注意不要把检举、控告信转给被检举、控告的人和单位处理，以免遭受打击报复。决定交由全国人民代表大会常务委员会办公厅照办。

二、第五届全国人民代表大会第三次会议的代表提案工作

（一）第五届全国人民代表大会第三次会议提案审查委员会主任委员、副主任委员、委员名单

第五届全国人民代表大会第三次会议提案审查委员会

主任委员、副主任委员、委员名单（63 人）

（1980 年 8 月 29 日第五届全国人民代表大会

第三次会议预备会议通过）

主任委员：张启龙

副主任委员：罗青长　洪学智　严济慈　李世璋　黄荣　秦力生　康永和

委员（按姓名笔划排列）：

丁光训　马志杰　马恒昌　扎西拉姆（女）　区棠亮（女）方志纯　巴图巴根　巴金　邓力群　申纪兰（女）　史怀璧　成仿吾　成盛三　任新民　华凤翔　华煜卿　庄明理　刘毅　李富荣　肖隽英　吴国祯　吴学周　何贤　张平化　陆榕树　阿衣奴拉·阿皮孜（女）　林巧稚（女）　林兰英（女）　林佳楣（女）　金明汉　周里　周谷城　郑英　赵发生　赵朴初　赵廷光　赵祖康　赵喜明　郝德青　施嘉明　莫乃群　贾庭三　钱三强　徐伯昕　徐眉生　凌云　郭棣活　浦洁修（女）　陶峙岳彭迪先　惠浴宇　傅秋涛　童少生　曾志（女）　谢冰心（女）

（二）第五届全国人民代表大会第三次会议提案审查委员会关于提案的审查报告

第五届全国人民代表大会第三次会议提案审查委员会
关于提案的审查报告

（1980 年 9 月 10 日第五届全国人民代表大会第三次会议通过）

第五届全国人民代表大会第三次会议的代表们，受全国各族人民的重托，本着关心国家大事和四化建设的精神，以当家作主的态度，向大会提出了各种提案。截至 9 月 7 日中午 12 时止，共提出提案 2300 件。提案数量之多，质量之高，内容之广，都是前所未有的。这些提案对国家机关各方面的工作提出了许多宝贵的意见、要求和建议。

属于工业交通方面的 903 件，包括加速交通和能源建设、治理环境污染、健全建设项目的批准程序、加强物价管理、加速住宅建设、改革工资制度、改善职工福利、安排待业青年就业等内容；

属于教育科学文化卫生方面的 507 件，包括改革高等教育管理体制和中学教育结构、提高科研在国民经济中的地位、改进科技人员的管理体制、扩大高等院校招生名额、加强青少年教育、重视婴幼儿教育、加强慢性病多发病防治、制定计划生育法、加强出版和文物保护工作等内容；

属于农业方面的 231 件，包括进一步落实农村经济政策、加快农业现代化的步伐、保护森林资源、充分发挥水利工程效益、加强水资源统一管理、培养壮大农业科技队伍、改善农业技术干部待遇、发展粮食和农林牧副渔业生产等内容；

属于财贸方面的 183 件，包括改革财贸体制、增加文教科研事业经费、扩大地方外贸经营自主权、加强进口管理、支持老区

和边疆少数民族地区建设、严格财政纪律、改进农副产品收购工
作、增加商业网点、制定市场管理条例等内容；

属于政权建设、政法、国防、民族、外事等方面的 476 件，
包括健全人民代表大会制度、修改宪法、加强法治、加速立法、
精兵简政、加强军队和民兵建设、妥善安置复员转业军人、做好
优抚工作、落实民族政策、落实侨务政策、加强司法工作建设、
整顿社会治安等内容。

以上各项提案，已经提案审查委员会审查通过。建议按照各
项提案的审查意见，分别交由全国人大常委会、国务院、最高人
民法院和最高人民检察院研究办理。

以上报告，请大会审议。

三、第五届全国人民代表大会第四次会议的代表提案工作

（一）第五届全国人民代表大会第四次会议提案审查委员会
主任委员、副主任委员、委员名单

第五届全国人民代表大会第四次会议提案审查委员会

主任委员、副主任委员、委员名单（61 人）

（1981 年 11 月 29 日第五届全国人民代表大会

第四次会议预备会议通过）

主任委员：罗青长

副主任委员：洪学智　严济慈　李世璋　黄荣　秦力生　康
永和

委员（按姓名笔划排列）：

丁光训　马志杰　马恒昌　扎西拉姆（女）　区棠亮（女）

方志纯　巴图巴根　巴金　邓力群　申纪兰（女）　史怀璧　成仿吾　成盛三　任新民　华凤翔　华煜卿　庄明理　刘毅　李富荣　肖隽英　吴国桢　吴学周　何贤　张平化　陆榕树　阿衣奴拉·阿皮孜（女）　林巧稚（女）　林兰英（女）　林佳楣（女）　金明汉　周里　周谷城　郑英　赵发生　赵朴初　赵廷光　赵祖康　赵喜明　郝德青　施嘉明　莫乃群　贾庭三　钱三强　徐伯昕　徐眉生　凌云　郭棣活　浦洁修（女）　陶峙岳　彭迪先　惠浴宇　童少生　曾志（女）　谢冰心（女）

（二）第五届全国人民代表大会第四次会议提案审查委员会关于提案的审查报告

第五届全国人民代表大会第四次会议提案审查委员会
关于提案的审查报告

（1981年12月13日第五届全国人民代表大会第四次会议通过）

第五届全国人民代表大会第四次会议代表向大会提出的提案，截至12月8日晚12时止，共2318件。其中：

属于工业交通方面的941件，包括工业生产、交通运输、基本建设、城市建设、国土整治、环境保护、劳动工资、物价管理等；

属于农业方面的228件，包括农业生产、水利建设、森林保护、水产资源开发和综合利用、农机具的改革和供应、农垦和国营农场建设、农村经济政策等；

属于财贸方面的164件，包括财政、税收、金融、粮食、内外贸易、工商行政管理等；

属于文教方面的458件，包括教育、科学技术、文化、出版、医药卫生、计划生育、体育等；

属于政权建设、精兵简政、国防和民兵建设、民族、外事、法制建设、社会治安、拥军优抚、宗教事务、侨务、旅游等527件。

提案中反映比较集中的问题有：整顿企业，改革工资制度和奖金办法；加强市场管理，打击投机倒把活动，采取有力措施稳定物价；广开就业门路，有计划有步骤地安排待业青年；尽快制定计划生育法等。

提案对发展国民经济，建设社会主义精神文明等提出了许多建设性的意见。其中不少提案，事先作了深入的调查研究，广泛地征求了意见，反映了人民群众的要求。

以上各项提案，已经提案审查委员会审查完毕。建议按照各项提案的审查意见，分别交由全国人大常委会、国务院、最高人民法院和最高人民检察院研究办理。有关国家机关对代表提案，应当认真负责地研究办理，并将办理情况及时报告全国人大常委会，由全国人大常委会办公厅答复提案人。

以上审查意见是否妥当，请审议。

四、第五届全国人民代表大会第五次会议的代表提案工作

（一）第五届全国人民代表大会第五次会议提案审查委员会主任委员、副主任委员、委员名单

第五届全国人民代表大会第五次会议提案审查委员会主任委员、副主任委员、委员名单（59人）

（1982年11月25日第五届全国人民代表大会
第五次会议预备会议通过）

主任委员：罗青长

副主任委员：洪学智　严济慈　李世璋　黄荣　秦力生　康永和

委员（按姓名笔划排列）：

丁光训　马志杰　马恒昌　扎西拉姆（女）　区棠亮（女）方志纯　巴图巴根　巴金　邓力群　申纪兰（女）　史怀璧　成仿吾　成盛三　任新民　华凤翔　华煜卿　庄明理　刘毅　李富荣　吴国祯　吴学周　何贤　张平化　陆榕树　阿衣奴拉·阿皮孜（女）　林兰英（女）　林佳楣（女）　金明汉　周里　周谷城　郑英　赵发生　赵朴初　赵廷光　赵祖康　赵喜明　郝德青　施嘉明　莫乃群　贾庭三　钱三强　徐伯昕　徐眉生　凌云郭棣活　浦洁修（女）　陶峙岳　彭迪先　惠浴宇　童少生　曾志（女）　谢冰心（女）

（二）第五届全国人民代表大会第五次会议提案审查委员会关于提案的审查报告

第五届全国人民代表大会第五次会议提案审查委员会
关于提案的审查报告

（1982 年 12 月 10 日第五届全国人民代表大会第五次会议通过）

第五届全国人民代表大会第五次会议的代表们，在党的十二大提出的四化建设的宏伟目标、本次大会通过的新宪法和"六五"计划激励下，以高度的政治热情，充分行使社会主义民主权利，积极为四化建设献计献策，向大会提出了各种提案。

截至 12 月 4 日下午 6 时止，共提出提案 2102 件（用少数民族文字提出的提案 68 件）。其中：

属于工业交通方面的 744 件，包括工业生产、能源开发、交通运输、城乡建设和环境保护、物价管理、经济法规、劳动工资等；

属于农业方面的 241 件，包括农业生产、水利电力建设、林业生产、森林保护、农业政策和立法、气象等；

属于财贸方面的 178 件，包括财政、金融、商业、工商行政管理、对外经济贸易等；

属于文教科技方面的 417 件，包括教育、科学、技术、知识分子特别是中年知识分子政策、文化、卫生、计划生育、体育、文物保护、文字改革等；

属于政法、国防、民族、外事方面的 522 件，包括法制建设、机构改革、干部离退休制度、社会治安、法制教育、行政区划、拥军优抚、少数民族地区经济建设、宗教事务、侨务等。

这次大会提案，围绕着十二大提出的四化建设的战略目标、战略重点和战略部署，提出了许多建设性意见和要求。农业方面，加强商品粮基地建设，兴建和修复各种水利设施，增加林业建设投资，疏通流通渠道，加强城乡物资交流等，共 161 件，占提案总数的 7.8%；能源交通方面，要求修桥修路通航，增加交通运输能力，加强能源开发，重视核能建设等，共 185 件，占提案总数的 8.8%；教育科技方面，要求增加教育科技经费，发挥知识分子的作用，加强职工技术和文化培训，普及农村小学教育，重视边远地区和少数民族地区教育等，共 379 件，占提案总数的 18%；要求加强社会主义法制，发扬社会主义民主等，共 129 件，占提案总数的 6%。

提案对劳动就业、物价管理和住房问题也有反映。农村实行责任制后，生产大发展，有些提案要求加强农业科技工作，解决卖粮棉油难和仓库冷库建设问题。

本次会议所提提案，已经提案审查委员会审查完毕。建议按照各项提案的审查意见，分别交由全国人大常委会、国务院、最高人民法院和最高人民检察院研究办理。

以上报告，请大会审议。

/ 第四章 /

第六届全国人民代表大会第一次会议至第十届全国人民代表大会第二次会议期间的代表议案、建议工作 （1983—2004）

1982 年召开的五届全国人大五次会议通过了重新起草的全国人民代表大会组织法，对 1954 年制定的全国人民代表大会组织法作了较大的修改和补充。其中一个重要修改就是明确规定全国人大代表可以依法提出议案或建议、批评和意见，不再采用大会提案的形式。因此，从 1983 年六届全国人大一次会议开始，代表"提案"制度正式退出历史舞台。根据相关规定，代表可以在人民代表大会会议期间提出"议案"，也可以提出"建议、批评和意见"。1989 年制定的全国人民代表大会议事规则，进一步完善了代表议案的提出、审议和建议处理等相关规定。在这一时期，人民代表大会会议召开期间大会秘书处负责研究代表提出的议案，形成"代表议案处理意见的报告"，对代表议案提出具体处理意见。同时，在该报告中对代表建议提出处理意见。本章主要收录了第六届、第七届、第八届、第九届全国人大历次会议，以及第十届全国人大第一次、第二次会议期间有关代表议案、建议的文件。

第一节　第六届全国人民代表大会的代表议案、建议工作

1983 年 6 月 6 日—21 日，六届全国人大第一次会议举行。

从这次会议开始，代表可以在人民代表大会会议召开期间提出"议案"，也可以提出"建议、批评和意见"，代表"提案"制正式退出历史舞台。同时，代表议案和建议主要由大会秘书处履行相关要件的技术性审核并提出处理意见的报告。

一、关于第六届全国人民代表大会第一次会议代表议案处理意见的报告

关于第六届全国人民代表大会第一次会议代表议案处理意见的报告

（1983 年 6 月 17 日第六届全国人民代表大会第一次会议

主席团第三次会议通过）

六届全国人大一次会议副秘书长　王汉斌

本次会议共收到代表团或者 30 名以上代表联名提出的议案 61 件。其中，属于财政经济方面的 29 件，属于教育、科学、文化、卫生方面的 17 件，属于政法方面的 7 件，属于国防方面的 6 件，属于华侨工作方面的 2 件。这些议案对我国经济、政治、文化等方面的工作提出了不少很好、很重要的建议。大会秘书处经过研究，建议这些议案可以不在本次会议审议决定；其中有一部分，可以交有关的专门委员会审议，提出是否由下次全国人大会议或者由全国人大常委会作为议案列入议程的意见，报告全国人大常委会；另一部分基本上是向国务院等有关部门提出的工作建议，全国人大和全国人大常委会不能直接处理，建议分别交国务院等有关部门研究处理，并负责答复。现将具体处理意见报告如下：

第一部分，建议交有关专门委员会审议的 33 件，其中：

（一）建议交教科文卫委员会审议的 12 件：

1. 贝时璋等 62 名代表关于为培养高级专业人才，选择 50 所

左右高等院校列为国家重大建设项目的建议（第2号）；

2. 浙江省代表团关于加速普及初等教育、制定"普及初等义务教育法"的建议（第5号）；

3. 斯霞等89名代表关于制定"小学义务教育法"的建议（第7号）；

4. 甘肃省代表团关于从速制定中华人民共和国教育法的建议（第20号）；

5. 林泽萱等36名代表关于制定计划生育法和优生法的建议（第28号）；

6. 广西壮族自治区代表团关于制定"普及小学教育法"的建议（第36号）；

7. 熊君福等45名代表关于制订控制吸烟法规、全面开展劝止吸烟活动的建议（第38号）；

8. 姚建平等35名代表关于教育部门应大力兴办各类业余大学并加强对各地督促检查的建议（第34号）；

9. 许学受等35名代表关于应提倡尸体解剖并制定有关法规的建议（第35号）；

10. 四川省代表团关于国家应增加教育经费，并动员社会力量支援教育事业的建议（第37号）；

11. 杨应修等34名代表关于筹集和增加教育经费的建议（第41号）；

12. 青海省代表团关于对少数民族地区教育事业应给予特殊照顾的意见（第45号）。

（二）建议交法律委员会审议的8件：

1. 黑龙江省代表团关于补充修改《地方各级人民代表大会和地方各级人民政府组织法》《人民法院组织法》《人民检察院

组织法》某些条文的建议（第9、10、11号）；

2. 韩怀智等32名代表关于尽快制定"中华人民共和国军事设施保护法"的建议（第17号）；

3. 谢正浩等33名代表关于制定"海区管制法"的建议（第23号）；

4. 谢正浩等33名代表关于制定"军事设施保护法"的建议（第24号）；

5. 谢正浩等33名代表关于制定"战时动员法"的建议（第25号）；

6. 张晓兰等34名代表关于制定保护妇女、儿童合法权益法规的建议（第39号）。

（三）建议交财政经济委员会审议的11件：

1. 冯德民等32名代表关于在农村建立农民劳保组织的建议（第3号）；

2. 谈文钰等34名代表关于制定"物价管理法"的建议（第44号）；

3. 苏钢等52名代表关于成立开发不发达地区资源委员会的建议（第52号）；

4. 福建、湖南、江西3个代表团关于要求提前修建向赣龙铁路的建议（第1号）；

5. 浙江省代表团关于国家有关部门应重视对长江沿岸排污问题的控制和治理，以保护近海水产资源等问题的建议（第4号）；

6. 赵祖康等42名代表关于国家投资重建苏（州）嘉（兴）铁路的建议（第12号）；

7. 林月琴等31名代表关于提高烈属抚恤标准，解决残废军人的安置和生活保障问题的意见（第13号）；

8. 潘大逵等 30 名代表关于将残疾人福利事业列入社会发展计划以及创立中国肢体伤残者康复中心和残疾人福利基金会的建议（第 27 号）；

9. 张显忠等 32 名代表关于请国家统筹解决三线和边远地区各类人员工作和生活困难的建议（第 54 号）；

10. 徐尚志等 31 名代表关于提高职工住房的房租收费标准的建议（第 61 号）；

11. 福建省代表团关于要求批准福建省在吸收侨资、外资方面实行 8 条优惠办法的建议（第 15 号）。

（四）建议交华侨委员会审议的 2 件：

1. 蚁美厚等 33 名代表关于制定华侨、港澳同胞投资和捐献的奖励优待条例的建议（第 48 号）；

2. 蚁美厚等 33 名代表关于制定保护华侨、归侨和侨眷合法权益法律的建议（第 49 号）。

第二部分，建议交国务院有关部门研究处理的 28 件，其中：

（一）财政经济方面 17 件：

1. 湖北省代表团关于请国家投资加固荆江堤防近期工程的意见（第 31 号）；

2. 湖北省代表团关于要求将孟宝支线和京广线孟庙站以南铁路划归武汉铁路分局管辖的建议（第 32 号）；

3. 湖北省代表团关于要求将清江隔河岩水电工程列入 1984 年国家计划的建议（第 33 号）；

4. 赵梓森等 30 名代表关于发展邮电通讯事业，并将武汉市列为通讯重点发展城市的建议（第 46 号）；

5. 许士杰等 36 名代表关于恢复广州市主要计划指标单列体制的建议（第 53 号）；

6. 河南省代表团要求国家安排建设洛阳石油化工基地、濮阳大型化肥厂的建议（第 59 号）；

7. 湖北省代表团关于请国家拨专款支援湖北革命老根据地建设的建议（第 29 号）；

8. 湖北省代表团关于降低湖北省民用电价的建议（第 30 号）；

9. 福建省代表团关于减少福建省木材上调任务和增加木材生产基建投资的建议（第 14 号）；

10. 福建省代表团关于请国家尽快批准修建水口水电站、支持福建省电力建设的建议（第 16 号）；

11. 朱邦俊等 30 名代表关于适当降低湖北省棉花收购基数的建议（第 47 号）；

12. 马木托夫·库尔班等 33 名代表关于请国务院派专家组帮助治理新疆土地盐碱化问题的建议（第 42 号）；

13. 蚁美厚等 32 名代表关于请国家拨专款根治韩江的建议（第 51 号）；

14. 冯宏顺等 30 名代表关于将修复河南省石漫滩水库列入1984 年国家计划的建议（第 55 号）；

15. 河南省代表团关于将建设黄河小浪底水库工程列入"六五"计划的建议（第 57 号）；

16. 史来贺等 31 名代表关于请国务院主管部门解决晋豫两省因山西晋城县修建沁河水电站而发生争议问题的意见（第 60 号）；

17. 甘肃省代表团关于加快甘肃境内能源、交通建设的建议（第 21 号）。

（二）文教、科技、卫生方面 5 件：

1. 胡顺泉等 32 名代表关于整治杭州运河水系污染、保护杭州风景文物的建议（第6号）；

2. 湖北省代表团关于加强高等学校近代技术实验室建设的建议（第40号）；

3. 河南省代表团关于在河南省设置一、两所全国性重点大学的建议（第56号）；

4. 河南省代表团关于将郑州工学院恢复由河南省主办的建议（第58号）；

5. 潘其槐等50名代表关于建立上海龙华烈士纪念地的建议（第26号）。

（三）政法、国防方面6件：

1. 杨秀山等34名代表关于加强国防教育和国防建设的建议（第8号）；

2. 刘凯等32名代表关于制定"战时动员方案"的建议（第18号）；

3. 李光军等32名代表关于进行全民战备教育的建议（第19号）；

4. 甘肃省代表团关于制定解决省与省间边界争议问题的法律的建议（第22号）；

5. 吐尔逊·吾尔沙力等33名代表关于对新疆少数民族干部享受离休待遇应适当放宽的建议（第43号）；

6. 雷宇等31名代表关于改变海南行政区行政体制，设置海南行政区人民政府的建议（第50号）。

以上处理意见，请予审议。

此外，截至6月15日，大会秘书处还收到代表书面建议、批评和意见1433件。其中：工业、交通、能源方面381件，文教、科技、卫生方面348件，劳动就业、工资福利、技术职称方面 250 件，农林水利方面 116 件，财政、金融、贸易方面 86 件，政法、民族等方面 239 件，国防、外事方面 13 件。这些建议、批评和意见，已由人大常委会办公厅分别交由有关机关、组织研究处理，并负责答复代表。

二、关于第六届全国人民代表大会第二次会议代表提出的议案的处理意见的报告

关于第六届全国人民代表大会第二次会议
代表提出的议案的处理意见的报告

（1984 年 5 月 29 日第六届全国人民代表大会第二次会议
主席团第三次会议通过）

六届全国人大二次会议副秘书长　王汉斌

本次会议收到代表团提出的议案 30 件，30 名以上代表联合提出的议案 84 件，共 114 件。其中，属于政法方面的 34 件，属于财政经济方面的 49 件，属于教育、科学、文化、卫生方面的 31 件。这些议案，对我国社会主义法制建设、政权建设、经济建设、教育科学文化卫生等方面提出了很重要的意见。经大会秘书处同各专门委员会商议，建议将 44 件议案交有关的专门委员会审议，提出是否列入全国人大或常委会的议程的意见，由全国人大常委会审议决定。另有 70 件属于对各方面的工作提出的建议、批评和意见，拟按"全国人大组织法"的规定，由全国人大常委会办公厅交有关部门研究处理，并负责答复。现将具体处理意见报告如下：

第一部分，拟交专门委员会审议的 44 件，其中：

（一）交法律委员会审议的 21 件：

1. 张厘等 53 名代表：建议采取有力措施保证宪法、法律的

贯彻实施（第 22 号）；

2. 黑龙江省代表团、青海省代表团、赵明坚等 35 名代表、冯征等 30 名代表：建议修改、补充刑法的某些条款（第 9 号、55 号、78 号、90 号，共 4 件）；

3. 青海省代表团：建议修改刑事诉讼法第 92、97、125 条（第 56 号、57 号，共 2 件）；

4. 黑龙江省代表团：建议修改、补充地方组织法的若干条文（第 8 号）；

5. 王化成等 59 名代表、林作楫等 39 名代表、李世杰等 32 名代表：建议制定关于全国人大代表工作条例或规定（第 23 号、95 号、109 号，共 3 件）；

6. 宁夏回族自治区代表团：要求尽快颁布"律师法"（第 2 号）；

7. 宁夏回族自治区代表团：建议制定关于刑满释放和劳教期满人员继续留场就业的法律（第 3 号）；

8. 李文卿等 30 名代表、于努苏夫·艾山等 31 名代表、马秉臣等 30 名代表、杨国宇等 30 名代表：建议制定保护军队财产的法律（第 82 号、84 号、86 号、93 号，共 4 件）；

9. 温元凯等 37 名代表：建议制定"中华人民共和国公民人身保护法"（第 65 号）；

10. 温元凯等 38 名代表：建议在我国企业全面建立法人制度（第 63 号）；

11. 康立泽等 32 名代表：建议制定"边境管理法"（第 87 号）；

12. 叶笃正等 42 名代表：建议制定"浪费惩治法"（第 64 号）。

（二）交财经委员会审议的 14 件：

1. 白士明等 30 名代表：建议尽快制定"个体经济法"（第 7 号）；

2. 方明等 32 名代表：建议制定"乡镇企业法"（第 16 号）；

3. 刘纪元等 34 名代表：建议制定"重大引进和进口项目法"（第 60 号）；

4. 周执中等 48 名代表：建议制定"内河交通安全法"（第 67 号）；

5. 冯德明等 33 名代表、刘允中等 67 名代表：建议研究三峡水利枢纽工程对长江上游的经济及生态环境的影响（第 25 号、108 号，共 2 件）；

6. 陈钢等 32 名代表：建议开发四川的攀西地区（第 110 号）；

7. 韦纯束等 55 名代表、西藏自治区代表团、周荣昌等 32 名代表：建议调高广西、内蒙古自治区工资类别和西藏的干部、职工的生活待遇（第 13 号、34 号、99 号，共 3 件）；

8. 杨永瑾等 50 名代表、王凤林等 36 名代表、夏宗明等 32 名代表：建议修改现行国家干部、职工退休办法的规定（第 77 号、94 号、113 号，共 3 件）；

9. 李才等 30 名代表：请求从速解决丹江口水库移民的遗留问题（第 41 号）。

（三）交教科文卫委员会审议的 8 件：

1. 李缵仁等 30 名代表：建议制定"普通教育税征收法"（第 27 号）；

2. 吴锡军等 31 名代表：建议增加科技教育经费，制定"促进科技进步法"（第 45 号）；

3. 李松堂等33名代表：建议把教育事业提高到与能源交通同等地位（第51号）；

4. 高润华等32名代表、段苏权等32名代表：建议增加教育经费（第80号、92号，共2件）；

5. 江时等54名代表、高润华等32名代表：建议提高中小学教师和民办教师的地位和待遇（第61号、81号，共2件）；

6. 王大任等42名代表：建议将9月1日定为教师节（第101号）。

（四）交民族委员会审议的1件：

何郝炬等34名代表：建议改善四川省少数民族地区的经济待遇（第112号）。

第二部分，拟交有关部门研究处理的70件，其中：

（一）政法方面13件：

1. 湖南省代表团：要求全国人大常委会加强对地方人大常委会工作的指导（第20号）；

2. 辛显令等37名代表：建议充分发挥全国人大代表的作用（第102号）；

3. 刘立封等30名代表：建议制定"现役军人优待条例"（第88号）；

4. 王定烈等31名代表：建议制定"优待军属条例"（第14号）；

5. 李希庚等30名代表：要求妥善安置军队离休、退休转业干部（第91号）；

6. 杨国宇等33名代表：要求解决现役军人家属住房困难问题（第85号）；

7. 王定烈等35名代表：建议将在战备训练中牺牲的飞行人

员定为烈士（第 18 号）；

8. 芦增雨等 31 名代表：要求提高公安干警的福利待遇（第 79 号）；

9. 罗尚才等 52 名代表：要求国家对贵州省按民族自治区待遇（第 70 号）；

10. 夏宗明等 32 名代表：要求批准成立川东南土家族苗族自治州（第 26 号）；

11. 钟赛花等 32 名代表：建议设立畲族自治县（第 69 号）；

12. 安德等 34 名代表：要求将加格达奇、松岭两地划归内蒙古自治区（第 59 号）；

13. 庄世平等 31 名代表：建议简化港澳同胞出入境手续（第 30 号）。

（二）财政经济方面 34 件：

1. 王定烈等 34 名代表：建议尽快制定"军工产品生产法"（第 15 号）；

2. 张楚然等 30 名代表：建议加强立法保证基本建设用地（第 83 号）；

3. 施嘉明等 30 名代表：请求对四川省凉山、甘孜、阿坝三个自治州放宽政策，加速发展经济建设（第 107 号）；

4. 西藏自治区代表团：建议放宽政策发展边境民间贸易（第 38 号）；

5. 西藏自治区代表团：要求迅速建立西藏自治区航空公司（第 33 号）；

6. 西藏自治区代表团：要求保质保量按时完成修建青藏公路（第 32 号）；

7. 王家恒等 37 名代表：建议把"东方大港"的建设列为国

家开发项目（第73号）；

8. 卢声亮等35名代表：建议修建金（华）温（州）铁路（第71号）；

9. 曾世麟等32名代表：要求把云南铁路建设列入"七五"计划（第75号）；

10. 金潮甫等31名代表：请求中央帮助烟台改造邮电通信设备（第11号）；

11. 宁夏回族自治区代表团：建议将宁夏列入以山西为中心的煤炭重化工基地规划范围（第6号）；

12. 陕西省代表团：建议加快开发陕西神府煤田（第47号）；

13. 湖南省代表团：要求帮助湖南解决能源问题（21号）；

14. 湖北省代表团：要求调减湖北省照明电价（第44号）；

15. 江西省代表团：建议在江西建立核电站（第74号）；

16. 宁夏回族自治区代表团：建议将大坝电厂建设列入"七五"计划（第4号）；

17. 普朝柱等70名代表：请求将漫湾水电站建设列入"七五"计划（第12号）；

18. 连永智等33名代表：要求修建观音阁水库（第53号）；

19. 河南省代表团：建议尽快拆除安徽省临泉县的阻水工程（第10号）；

20. 宁夏回族自治区代表团：建议从速确定黄河黑山峡河段高坝一级开发方案（第5号）；

21. 甘肃省代表团：建议尽快确定黄河黑山峡河段低坝二级开发方案（第31号）；

22. 河南省代表团：建议停止使用北金堤黄河滞洪区（第98号）；

23. 刘有光等 30 名代表：建议三线和边远地区国防科技工业企事业单位实行事业津贴（第 89 号）；

24. 湖北省代表团：要求解决湖北省革命老根据地建设资金问题（第 43 号）；

25. 马允武等 32 名代表：建议对四川维尼龙厂进行技术改造（第 28 号）；

26. 何波等 32 名代表：要求将昆明市列为对外开放试点城市（第 76 号）；

27. 陕西省代表团：建议把西安市作为内地开放城市的试点（第 58 号）；

28. 逢树春等 32 名代表：请求减免上海市郊区粮食征购任务（第 39 号）；

29. 戴念慈等 39 名代表：建议把住房建设作为专项列入国家计划（第 40 号）；

30. 季文美等 31 名代表：建议提高房租发给房贴（第 49 号）；

31. 山西省代表团：关于重点工程的城镇设施配套问题（第 37 号）；

32. 绒木塔等 32 名代表：建议国家对熊猫保护区的人民给予经济支持（第 111 号）；

33. 山西省代表团：要求帮助山西省治理环境污染（第 36 号）；

34. 高素芳等 33 名代表：建议加强对环卫工人的劳动保护和制定环卫作业标准（第 29 号）。

（三）文教、科技、卫生方面 23 件：

1. 徐僖等 39 名代表：建议调整高等院校的科类结构和专业设置（第 114 号）；

2. 陈景润等 31 名代表：建议对重点大学进行调整（第 68 号）；

3. 李庆逵等 32 名代表：建议将南京大学列入第一批加快建设的重点大学（第 46 号）；

4. 吾甫尔·阿不都拉等 37 名代表：建议将新疆工学院扩建为全国重点综合性大学（第 106 号）；

5. 曾呈奎等 30 名代表：建议创办青岛大学（第 103 号）；

6. 钟赛花等 32 名代表：建议增加少数民族教育事业投资（第 72 号）；

7. 陈宜瑜等 36 名代表：建议改革现行高等院校取分制度（第 66 号）；

8. 彭六安等 31 名代表：关于办学不包分配，加速培养人才的建议（第 52 号）；

9. 西藏代表团：关于从社会上吸收知识分子的问题（第 35 号）；

10. 崔国良等 31 名代表：建议高等院校扩大对边疆地区的招生名额（第 100 号）；

11. 吾甫尔·阿不都拉等 30 名代表：建议选派新疆维吾尔自治区的少数民族学生出国留学（第 105 号）；

12. 肖衍雄等 59 名代表：建议尽快评定中小学教师的职称（第 62 号）；

13. 叶鹏等 30 名代表：建议制定自学申请答辩授予学位的办法（第 97 号）；

14. 新疆维吾尔自治区代表团：请求把新疆深部地质构造研究列入国家重点科技攻关项目（第 17 号）；

15. 甘肃省代表团：建议国家在兰州建立辐射应用研究中心（第 24 号）；

16. 王根长等 32 名代表：要求将湖北随州市擂鼓墩古墓区列

为国家重点文物保护单位（第42号）；

17. 陕西省代表团：建议扩大发掘秦始皇陵（第48号）；

18. 徐运北等42名代表：建议成立中国民间工艺美术研究院和筹建中国民间工艺美术博物馆（第50号）；

19. 吾甫尔·阿不都拉等31名代表：建议从国外进口维吾尔等民族文字的科技图书资料（第104号）；

20. 李怡森等32名代表：建议制定"计划生育法"（第1号）；

21. 卢惠霖等85名代表：建议制定"优生法"（第19号）；

22. 石冠卿等30名代表：建议加速发展我国传统医学（第96号）；

23. 董建华等32名代表：建议制定"中医法"（第54号）。

此外，截至5月28日，大会秘书处收到代表提出的建议、批评和意见2248件。对这些建议、批评和意见，全国人大常委会办公厅已组织力量进行整理，将于近期召开有关部门负责人会议，研究处理办法，并交由各承办单位负责答复代表。

以上当否，请审议。

三、关于第六届全国人民代表大会第三次会议代表提出的议案的处理意见的报告

关于第六届全国人民代表大会第三次会议
代表提出的议案的处理意见的报告

（1985年4月9日第六届全国人民代表大会第三次会议
主席团第三次会议通过）

六届全国人大三次会议副秘书长　王汉斌

本次会议收到代表团提出的议案13件，30名以上代表联合

提出的议案115件，共128件。其中，属于政法方面的29件，属于财政经济方面的74件，属于教育、科学、文化、卫生方面的25件。这些议案对我国社会主义法制建设、政权建设、经济建设、教育科学文化卫生事业等方面提出了很重要的意见。经大会秘书处同各专门委员会商议，建议将33件议案交有关的专门委员会审议，提出是否列入全国人大或全国人大常委会的议程的意见，由全国人大常委会审议决定。另有95件属于对各方面工作提出的建议、批评和意见，拟按全国人大组织法的规定，由全国人大常委会办公厅交有关部门研究处理，并负责答复代表。现将具体处理意见报告如下：

第一部分，拟交有关专门委员会审议的33件，其中：

（一）交法律委员会审议的12件：

1. 阮泊生等44名代表：建议制定全国人民代表大会和省、自治区、直辖市人民代表大会召开例会时间的法律（第46号）；

2. 李家咸等39名代表、吴康民等32名代表：建议将人大代表视察工作形成制度（第10号、23号）；

3. 何波等52名代表：建议对《地方各级人民代表大会和地方各级人民政府组织法》进行修改（第96号）；

4. 邵玉华等32名代表：建议对"诬陷罪"做出具体规定（第111号）；

5. 张楚然等30名代表：建议加快经济立法（第119号）；

6. 王家恒等49名代表：建议制定"海洋渔业法"（第11号）；

7. 刘瑞龙等34名代表：建议制定"公司法"（第73号）；

8. 王振英等32名代表、胡德华等57名代表：要求制定保护妇女儿童合法权益的法规（第5号、21号）；

9. 张广有等 31 名代表：建议制定"军官退出现役安置法"（第 114 号）；

10. 刘钊等 30 名代表：建议制定"军产和军事设施保护法"（第 117 号）。

（二）交财经委员会审议的 12 件：

1. 钱学溥等 33 名代表：建议全国人大常委会加强对国家财政的监督（第 72 号）；

2. 叶兴杰等 31 名代表：建议适当控制经济增长速度，增加智力投资（第 125 号）；

3. 宁夏回族自治区代表团、郑霖孙等 41 名代表：建议制定"价格管理法"（第 1 号、74 号）；

4. 唐嗣孝等 31 名代表：建议制定"职工劳动保护法"（第 109 号）；

5. 何佩德等 38 名代表：建议制定"电业法"（第 12 号）；

6. 杨一青等 31 名代表：建议制定"国家公路法"（第 7 号）；

7. 陈宗懋等 40 名代表：建议颁布"农药管理法"（第 42 号）；

8. 徐如人等 41 名代表：建议征收教育税及发行教育公债（第 35 号）；

9. 郑俊民等 31 名代表：建议对社会集资实行统一管理（第 77 号）；

10. 刘宗耀等 40 名代表、赵今声等 35 名代表：建议将引黄工程列入"七五"计划（第 9 号、20 号）。

（三）交教科文卫委员会审议的 4 件：

1. 胡克实等 81 名代表、刘丹等 34 名代表：建议制定"义务教育法"（第26号、41号）；

2. 路甬祥等30名代表：建议通过立法手段，强化职业教育
（第16号）；

3. 李才等30名代表：要求采取有力措施，加速山区人才培
养（第103号）。

（四）交民族委员会审议的5件：

1. 刀安钜等31名代表：建议制定"民族教育法"，加速培
养少数民族干部（第22号）；

2. 赵利新等38名代表：建议在有关立法中规定"稳定和加
强边疆少数民族地区知识分子队伍"的条款（第6号）；

3. 夏熙等32名代表：要求帮助边疆少数民族地区发展教育
事业（第104号）；

4. 巴岱等33名代表：要求将巴音郭楞蒙古自治州首府设到
和静县，并恢复原库尔勒地区（第4号）；

5. 谭学军等32名代表：要求建立环江毛难族自治县（第
53号）。

第二部分，拟交有关部门研究处理的95件，其中：

（一）政法方面12件：

1. 唐佛南等31名代表：建议恢复全国人大代表出国使用免
验公务护照（第128号）；

2. 韩怀智等32名代表：建议制定保护军人社会地位和权益
的法规（第112号）；

3. 王学善等34名代表：建议制定信访工作法规（第
126号）；

4. 钱学溥等33名代表：建议各级政府成立资源委员会（第
71号）；

5. 陈介新等 32 名代表：建议将国家医药管理局恢复为国务院直属局（第 49 号）；

6. 董建华等 32 名代表：建议成立传统医药部或中医药总局（第 81 号）；

7. 刘钊等 30 名代表：要求地方政府解决军队干部家属住房问题（第 118 号）；

8. 张贤约等 30 名代表：要求加强国防教育，提高军人政治和经济待遇（第 115 号）；

9. 张克忠等 38 名代表：要求搬迁河南商丘军事营区（第 67 号）；

10. 王培春等 34 名代表：建议将三门峡市升格为省辖市（第 66 号）；

11. 徐东花等 31 名代表：要求将山东省莘县、阳谷县部分乡、镇划归河南省（第 65 号）；

12. 韩怀智等 32 名代表：建议建立烈士碑和烈士纪念馆（第 113 号）。

（二）财政经济方面 62 件：

1. 赵喜明等 32 名代表、许广汉等 30 名代表：建议制定"保护消费者权利法"，健全消费者协会，并给予必要的权力（第 2 号、78 号）；

2. 黄猛忠等 30 名代表：要求扩大珠海特区范围（第 3 号）；

3. 吐尔逊·吾尔沙力等 38 名代表：建议开放边境城市喀什（第 48 号）；

4. 梁山等 37 名代表：建议将桂林市辟为旅游特区（第 52 号）；

5. 郑志新等 67 名代表：建议把杭州市建设成为世界第一流的旅游城市（第 18 号）；

6. 师回喜等33名代表：建议开发山西临汾地区的旅游事业（第44号）；

7. 安徽省代表团：要求国家支持开发安徽长江经济带（第87号）；

8. 潘治富等35名代表：建议建立贵阳经济开放区（第76号）；

9. 曾呈奎等31名代表：要求解决青岛市的财政困难（第99号）；

10. 王金平等32名代表：要求扶持陕西山区（第43号）；

11. 岩秒等31名代表：要求开发云南思茅林区（第97号）；

12. 聂秉林等31名代表：要求对伊春林区实行休养生息的方针（第33号）；

13. 王鹤亭等32名代表：要求国家给新疆补助草原建设专款（第105号）；

14. 安徽省代表团：要求将安徽省沿淮河行洪、蓄洪区列入贫困地区（第89号）；

15. 王家恒等30名代表：要求开放"舟山港"（第40号）；

16. 王重九等34名代表：要求开发乍浦—独山港（第14号）；

17. 王美珍等34名代表：要求开放嘉兴机场（第13号）；

18. 宋瑞甫等30名代表：要求修建民航宁波栎社机场（第15号）；

19. 向延槐等32名代表：要求将恩施机场的搬迁纳入国家计划（第95号）；

20. 史来贺等30名代表：要求迁移河南省新乡直升机场（第60号）；

21. 郑平等49名代表：建议连通东北东部纵贯铁路（第124号）；

22. 张逢雨等 52 名代表：要求修建赣南铁路（第 19 号）；

23. 宋瑞甫等 30 名代表：要求将萧甬铁路改成双轨（第 38 号）；

24. 谭庆麟等 58 名代表：要求把云南广通至下关铁路列入"七五"计划（第 98 号）；

25. 史来贺等 31 名代表：要求改造河南新乡车站客运站房（第 63 号）；

26. 王德忱等 32 名代表：要求解决洛阳铁路运输紧张问题（第 55 号）；

27. 阎发兵等 32 名代表：要求恢复宋（寨）大（冶）准轨铁路工程项目（第 58 号）；

28. 安徽省代表团：要求续建商（邱）阜（阳）铁路（第 91 号）；

29. 周从玉等 30 名代表：建议加强铁路运输管理（第 86 号）；

30. 李秋华等 31 名代表：要求解决城市公共交通"乘车难"的问题（第 100 号）；

31. 巴风等 31 名代表：要求利用牡丹江水资源修建莲花梯级电站（第 32 号）；

32. 潘克谅等 30 名代表：要求中央扶持地方兴办中型水电站（第 36 号）；

33. 沈敏娟等 30 名代表：要求增拨电站专项补偿费（第 39 号）；

34. 向延槐等 32 名代表：要求加速清江的开发（第 94 号）；

35. 高洪恩等 30 名代表：要求综合开发渠江续建工程（第 108 号）；

36. 安徽省代表团：要求将江淮运河工程列入国家"七五"计划（第88号）；

37. 郑福全等30名代表：建议治理九龙江，兴建南一水库（第121号）；

38. 陈彰嘉等32名代表：要求治理西洞庭湖（第127号）；

39. 刘蓟等51名代表：要求将西安市黑河引水工程列入"七五"计划（第82号）；

40. 河南省代表团：要求治理安阳河（第29号）；

41. 河南省代表团：要求对临淮岗控制工程作进一步技术论证（第27号）；

42. 河南省代表团：要求扩大淮河干流的行洪能力（第28号）；

43. 河南省代表团：要求对丹江口水库按原规划合理调度（第30号）；

44. 许步劭等37名代表：要求将湖州市排涝工程列入国家"七五"计划（第37号）；

45. 张长江等78名代表：要求解决红旗渠用水问题（第57号）；

46. 田遇奇等32名代表：要求开展山西永久水源的前期工程（第47号）；

47. 河南省代表团：建议建设濮阳大型石油化工基地（第61号）；

48. 莫如银等32名代表：建议进一步开发河南永夏煤矿（第110号）；

49. 王任之等38名代表：建议充分发挥我国重点建设项目的作用（第68号）；

50. 安徽省代表团：要求国家近期在安徽安排重点建设项目

（第 90 号）；

51. 张杰等 33 名代表：要求解决太原矿山机器厂技术改造所需资金（第 70 号）；

52. 田遇奇等 32 名代表：建议新建和扩建工程必须坚决贯彻环保"三同时"（第 45 号）；

53. 陈惠波等 30 名代表：要求解决"中国发明者协会"人员编制问题（第 102 号）；

54. 广西壮族自治区代表团：建议工资改革方案应鼓励人才到边疆和少数民族地区工作（第 50 号）；

55. 陈剑飞等 44 名代表：要求提高黑龙江省工资区类别（第 107 号）；

56. 杨秀山等 30 名代表：要求妥善安排部队编余职工（第 123 号）；

57. 赵明坚等 34 名代表：建议增加中越边境地带村民的防护设施及提高生活补助标准（第 51 号）；

58. 河南省代表团、陈昊苏等 30 名代表：建议在建筑和市政设计中考虑残疾人的需要（第 31 号、8 号）；

59. 艾莫尔吾拉等 36 名代表：要求取消新疆牧区的指令性计划，允许畜产品自由销售（第 84 号）；

60. 乔清建等 32 名代表：建议切实加强病虫测报工作（第 64 号）。

（三）文教、科技、卫生方面 21 件：

1. 张晓兰等 31 名代表：要求制定"提高妇女文化科技素质的教育法规"（第 92 号）；

2. 茅以升等 82 名代表：要求加速中国科技馆建设并列为国家重点项目（第 83 号）；

3. 冯端等 32 名代表：建议建立各级青少年科技馆（第 34 号）；

4. 曾呈奎等 31 名代表：建议加速建设"青岛海洋科技馆"
（第 101 号）；

5. 丁厚昌等 55 名代表：建议将受控核聚变研究项目列入国
家科技长远规划（第 85 号）；

6. 许学受等 71 名代表：建议对高级知识分子的离休退休另
列规定（第 93 号）；

7. 陈冰之等 32 名代表：建议科技、医务技术人员担任业务、
技术领导不宜以年龄为取舍（第 62 号）；

8. 唐佩弦等 30 名代表：要求对评定专业技术职称立即解冻
（第 120 号）；

9. 王定烈等 30 名代表：要求承认军队评定的技术职称（第
122 号）；

10. 刘钊等 30 名代表：要求承认军事院校毕业学员的学历
（第 116 号）；

11. 严仁英等 32 名代表：建议调整对医学博士学位的要求
（第 17 号）；

12. 王义明等 32 名代表：建议采取措施稳定云南科技队伍
（第 106 号）；

13. 诸福棠等 31 名代表：建议提高保教人员的文化水平和经
济待遇（第 79 号）；

14. 潘承孝等 102 名代表：建议将天津大学恢复为北洋大学
（第 24 号）；

15. 热合甫·阿巴斯等 37 名代表：要求将新疆大学列为重点
大学（第 25 号）；

16. 郭维淮等 32 名代表：要求恢复河南省"洛阳平乐正骨学

院"（第 59 号）；

17. 余宝笙等 42 名代表：建议将原属福建师范学院的校舍、土地拨归福建师范大学使用（第 75 号）；

18. 王汝耀等 34 名代表：要求加强洛阳市区文物保护（第 56 号）；

19. 张海涛等 46 名代表：建议开发和保护大汶口文化遗址（第 69 号）；

20. 邵球等 56 名代表：要求解决开封市古城保护和建设资金的问题（第 54 号）；

21. 钱信忠等 43 名代表：建议控制吸烟维护人民身体健康（第 80 号）。

此外，截至 4 月 8 日，大会秘书处还收到代表提出的建议、批评和意见 2089 件。对这些建议、批评和意见，全国人大常委会办公厅将会同国务院办公厅召开有关部门负责人会议，研究处理办法，分别交由有关部门、组织研究处理并负责答复代表。

以上处理意见是否妥当，请予审议。

四、关于第六届全国人民代表大会第四次会议代表提出的议案的处理意见的报告

关于第六届全国人民代表大会第四次会议
代表提出的议案的处理意见的报告

（1986 年 4 月 11 日第六届全国人民代表大会第四次会议
主席团第三次会议通过）

六届全国人大四次会议副秘书长　王汉斌

本次会议收到代表团提出的议案 18 件，30 名以上代表联合

提出的议案247件，共265件。其中，政法方面47件，财政经济方面137件，教育、科学、文化、卫生方面81件。这些议案对我国社会主义法制建设、经济建设、教育科学文化卫生事业等方面，提出了很重要的意见。经大会秘书处同各专门委员会商议，建议将50件议案交有关的专门委员会审议，提出是否列入全国人大或全国人大常委会的议程的意见，由全国人大常委会审议决定。另有215件属于对各方面工作提出的建议、批评和意见，拟按全国人大组织法的规定，由全国人大常委会办公厅交有关部门研究处理，并负责答复代表。现将具体处理意见报告如下：

拟交有关专门委员会审议的50件，其中：

（一）交法律委员会审议的17件：

1. 安徽省代表团、鲁光等31名代表：建议修改地方组织法（第7号、64号）；

2. 严克伦等31名代表：建议修改法院组织法和检察院组织法有关任免条款（第139号）；

3. 张厘等53名代表、安徽省代表团：建议制定"全国人民代表大会代表工作条例"和代表履行职务的法律（第8号、220号）；

4. 梁志仁等31名代表：建议修改刑法第一百五十二条（第28号）；

5. 袁雪芬等51名代表：建议制定"海关法"（第1号）；

6. 林枫等32名代表：建议制定"律师法"（第131号）；

7. 台湾省代表团：建议尽快制定"干部法"（第147号）；

8. 青海省代表团、林枫等31名代表：建议尽快制定劳动改造和劳动教养的法律（第108号、132号）；

9. 安徽省代表团：建议设立国家监察机构（第6号）；

10. 胡克实等 73 名代表、温元凯等 33 名代表：建议按照宪法规定建立国家级授勋制度（第 76 号、258 号）；

11. 西藏自治区代表团：建议将西藏自治区的县改称宗（第 24 号）；

12. 西藏自治区代表团：建议在西藏变通执行地方组织法等法律（第 25 号）；

13. 张玉环等 42 名代表：建议乡、镇人民代表大会设立常设机构（第 52 号）。

（二）交财经委员会审议的 18 件：

1. 蔡菊云等 34 名代表、陈庭元等 51 名代表：建议"七五"计划期间，要增加农业投资比例，降低农业生产资料价格（第 138 号、156 号）；

2. 何玉秀等 34 名代表：建议尽快制定"种子法"（第 161 号）；

3. 韩丽英等 32 名代表：建议加速制定"企业法"（第 51 号）；

4. 赵利新等 32 名代表：建议尽快制定"城市大气污染防治法"（第 50 号）；

5. 陈文孝等 33 名代表、张海涛等 31 名代表、吴秀芳等 36 名代表、黄为治等 32 名代表：建议尽快制定"公路法"、"运输管理法"和"公路交通安全法"（第 22 号、55 号、75 号、249 号）；

6. 王维珍等 30 名代表：建议制定"城市规划法"（第 20 号）；

7. 徐洽时等 31 名代表：建议制定"基本建设法"（第 112 号）；

8. 才吉尔乎等 31 名代表、应良登等 31 名代表、咸荣海等 31 名代表、王正立等 39 名代表、刘建等 30 名代表、胡景春等 30 名代表：建议建立社会保障制度，调整离退休人员经济待遇，制定"退休法"（第 10 号、45 号、93 号、148 号、189 号、241 号）；

9. 孙韬等 33 名代表：建议集体企业职工建立劳保基金制度

（第 194 号）。

（三）交教科文卫委员会审议的 11 件：

1. 李登瀛等 33 名代表、季文美等 46 名代表：建议制定"教育基本法""教育法"（第 86 号、137 号）；

2. 张承先等 303 名代表、杨辉等 31 名代表、陈日亮等 33 名代表：建议尽快制定"教师法"（第 136 号、226 号、228 号）；

3. 王维珍等 32 名代表：建议制定"职工教育法"（第 21 号）；

4. 吴康民等 34 名代表：建议财政预算中把教育经费单列为一大项（第 82 号）；

5. 王大珩等 32 名代表：建议采取适当措施加快科技发展（第 176 号）；

6. 胡克实等 61 名代表：建议建立科技人员继续教育制度（第 77 号）；

7. 马识途等 34 名代表：建议制定"出版法"和国家级"文学艺术作品奖励条例"（第 99 号）；

8. 付洛生等 33 名代表：建议制定"城市卫生管理法"（第 248 号）。

（四）交民族委员会审议的 4 件：

1. 唐家寿等 32 名代表：建议组织全国人大代表视察民族区域自治法的贯彻实施情况（第 122 号）；

2. 谭学军等 34 名代表：要求尽快批准成立广西环江毛难族自治县（第 69 号）；

3. 夏宗明等 35 名代表：建议国务院批准建立四川省酉阳土家族苗族自治州（第 211 号）；

4. 王德立等 30 名代表：要求建立四川省北川羌族藏族自治县（第 215 号）。

代表团和代表联合提出的议案中，有215件属于对各方面工作的建议、批评和意见，拟按全国人大组织法的规定，交有关部门研究处理。其中：政法方面26件，包括：制定和修改法律、法规7件，人大工作3件，机构设置12件，民政工作4件；财政经济方面119件，包括：农、林、牧、渔13件，水利6件，工业、基建15件，能源13件，铁路16件，交通运输10件，城乡建设和环境保护15件，财政、金融、贸易10件，劳动、工资、物价15件，扶持"老、少、边"地区6件；教育、科学、文化、卫生方面70件，包括：教育26件，科技15件，文化、出版8件，卫生21件。具体议案见附件。

此外，截至4月10日，大会秘书处还收到代表提出的建议、批评和意见2726件。对这些建议、批评和意见，全国人大常委会办公厅将会同国务院办公厅召开有关部门负责人会议，研究处理办法，分别交由有关部门组织研究处理并负责答复代表。

以上处理意见是否妥当，请予审议。

附件：拟作为建议、批评和意见处理的议案

代表团和代表联合提出的议案中，拟作为建议、批评和意见，交有关部门研究处理的215件。具体议案如下：

（一）政法方面26件。其中：

1. 制定和修改法律、法规7件：

（1）唐嗣孝等32名代表：建议尽快制定"妇女权益保护法"（第49号）；

（2）谈文钰等64名代表：建议制定"反浪费法"（第190号）；

（3）梁志仁等37名代表：建议制定关于"收容审查"的法律（第79号）；

（4）陈登科等30名代表：建议制定诬告必须反坐的法律细则（第256号）；

（5）李永新等32名代表：建议制定工矿企业与附近乡村工农互利关系的法规（第243号）；

（6）许学受等41名代表：建议制定关于派遣出国访问或考察的条例（第265号）；

（7）吕骥等39名代表：建议修改"义务教育法"（草案）（第192号）。

2. 人大工作3件：

（1）宁夏回族自治区代表团：建议全国人大常委会审查国家机关各部委颁发的法规性文件（第66号）；

（2）李津身等50名代表：关于改善全国人大常委会的组成和工作的建议（第123号）；

（3）任继愈等31名代表：建议在全国人大会议期间按工作系统安排若干次分组讨论会（第197号）。

3. 机构设置12件：

（1）何郝炬等48名代表：建议尽快成立三峡省（第29号）；

（2）张晓兰等32名代表：建议国务院设立妇女儿童事业发展部（第257号）；

（3）陈介新等30名代表、赵建础等31名代表、高德等30名代表、郑俊民等32名代表、曹献廷等31名代表、董建华等31名代表：建议恢复国家医药管理局为国务院直属局，或将该局归回卫生部领导，明确国家医药管理局为"药品生产经营主管部门"，中药工作划归国家中医药管理局统一领导（第47号、90号、155号、183号、198号、252号）；

（4）杭惠兰等31名代表：建议充实和设置基层检察工作机

构（第 238 号）；

（5）唐嗣孝等 32 名代表：建议成立各级退休职工管理服务机构（第 19 号）；

（6）洪家德等 30 名代表：建议成立全国性"老战士协会"（第 230 号）；

（7）沈敏娟等 30 名代表：要求明确地（市）、县委党校为大专、中专体制（第 209 号）。

4. 民政工作 4 件：

（1）才吉尔乎等 32 名代表：建议将每年 6 月 3 日定为"老年节"和 6 月定为"尊老爱幼活动月"（第 9 号）；

（2）周炳洪等 31 名代表：建议建立"台儿庄大战纪念馆"（第 54 号）；

（3）陆益栋等 32 名代表：建议提高和解决"五保户"生活费用（第 71 号）；

（4）仲济学等 32 名代表：要求迅速将北京市宣武区下斜街一号、三号院地产全部移交山西省驻京办事处（第 227 号）。

（二）财政经济方面 119 件。其中：

1. 农、林、牧、渔 13 件：

（1）杨立功等 34 名代表：建议尽快制定"中国农业机械化法"（第 11 号）；

（2）张文生等 32 名代表：建议确定工农业产品的合理比价，切实保护农民利益（第 247 号）；

（3）逢树春等 42 名代表：建议统筹规划加速农业机械化建设（第 40 号）；

（4）王桂林等 32 名代表：建议解决国营农场体制和落实政策的问题（第 221 号）；

（5）陈宗懋等32名代表：建议改善经济作物技术改进费的使用（第144号）；

（6）陕西省代表团：建议加强杨陵区农业科研基地建设，促进西北经济开发（第140号）；

（7）潘维俦等30名代表：建议对林业生产采取某些特殊政策（第27号）；

（8）郑华等48名代表：建议对水源涵养林、水土保持林经济补偿作出规定（第37号）；

（9）章文才等30名代表：建议制定果树种苗法规（第26号）；

（10）陈剑飞等32名代表：建议尽早解决黑龙江省森林资源锐减和森工企业经济危困问题（第16号）；

（11）江西省代表团：建议在鄱阳湖地区建设防护林（第109号）；

（12）张云卿等33名代表：建议将畜牧主要产品、产值列入国民经济和社会发展计划（第195号）；

（13）王家恒等30名代表：建议发展舟山外海远洋渔业（第113号）。

2. 水利6件：

（1）郑建栋等32名代表：要求将开发建设东平湖列入国家治黄规划（第12号）；

（2）陈宜瑜等31名代表：建议将洪湖综合治理和经济开发列入国家重点建设项目（第107号）；

（3）王森浩等31名代表：建议将万家寨小引黄工程列入"七五"计划（第126号）；

（4）张祚荫等33名代表：建议将怀洪新河列入"七五"计划（第260号）；

（5）孟富林等 30 名代表：要求在"七五"计划期间安排治淮几个重要工程（第 158 号）；

（6）全树仁等 41 名代表：要求将治理柳河列入"七五"计划（第 36 号）。

3. 工业、基建 15 件：

（1）冯瑞林等 34 名代表：建议制定"民族工业保护法"（第 187 号）；

（2）姚锦钟等 34 名代表：建议加速发展科学仪器工业（第 167 号）；

（3）钱毋荒等 32 名代表：建议充分发挥三线军工优势，加速建成军民结合型企业（第 98 号）；

（4）汪昌惠等 30 名代表：要求解决望江机器制造厂民品生产定点问题（第 102 号）；

（5）段子俊等 31 名代表：要求解决乡镇企业的原材料供应来源（第 33 号）；

（6）吴孟等 42 名代表、秦含章等 62 名代表：建议改革我国食品工业管理体制（第 105 号、116 号）；

（7）王桂兰等 30 名代表：建议尽快解决建筑业多头领导的管理体制问题（第 240 号）；

（8）刘培德等 30 名代表：建议加强对石材开发的组织领导（第 17 号）；

（9）江西省代表团：要求将 30 万吨合成氨厂等列入"七五"计划（第 208 号）；

（10）张秀梅等 31 名代表：要求把湖州市列为丝绸出口生产基地（第 78 号）；

（11）刘静清等 32 名代表：建议保证山西太钢尖山铁矿的建

设投资（第 130 号）；

（12）丁福嵩等 32 名代表：建议恢复建设濮阳至齐鲁输气管线（第 62 号）；

（13）朱思明等 33 名代表：建议重视盐民生活贫困、盐业生产停滞问题（第 229 号）；

（14）曾北危等 31 名代表：建议建立湖广经济区并列入"七五"计划（第 205 号）。

4. 能源 13 件：

（1）陈慕榕等 30 名代表：建议对水电站建设的库区移民、用电及航运过坝等问题予以立法（第 115 号）；

（2）吴祖恺等 31 名代表：建议解决"七五"计划中的薄弱环节电力供应问题（第 58 号）；

（3）徐洽时等 32 名代表：建议加快水电建设，以满足 2000 年工农业生产总值翻两番的需要（第 210 号）；

（4）陈刚等 36 名代表：建议将二滩水电站列入"七五"计划（第 216 号）；

（5）苏钢等 62 名代表：建议从速制定"农村水利水电工程管理条例"（第 53 号）；

（6）曾庆和等 32 名代表：要求国家近期在江西安排重点能源建设项目（第 172 号）；

（7）邵嘉瑜等 64 名代表：建议"七五"期间解决东北地区缺电问题（第 39 号）；

（8）张克忠等 32 名代表：要求解决商丘地区供电问题（第 242 号）；

（9）湖北省代表团：建议尽早批准兴建清江隔河岩水电站（第 42 号）；

（10）安振东等 33 名代表：建议大力开发能源，利用煤矸石发电（第 106 号）；

（11）冯德民等 32 名代表：要求将重庆市能源计划单列（第 94 号）；

（12）王文彬等 30 名代表：要求解决重庆发电厂扩建工程一号机组点火用油问题（第 101 号）；

（13）安毅夫等 37 名代表：建议建立贵阳市煤气供应系统（第 263 号）。

5. 铁路 16 件：

（1）张延杰等 30 名代表：要求建设东北第二条铁路大动脉（第 2 号）；

（2）徐树钧等 32 名代表：建议在东经 105 度至 110 度之间的地带内修建一条纵贯南北的交通干线（第 164 号）；

（3）云南省、贵州省、广西壮族自治区代表团，黄保尧等 31 名代表：要求将南昆（南宁至昆明）铁路建设列入“七五”计划（第 74 号、120 号）；

（4）师回喜等 30 名代表：建议加速南同蒲铁路双线施工进度（第 3 号）；

（5）张本等 30 名代表：建议从速修建金温（金华至温州）铁路（第 134 号）；

（6）曾世麟等 31 名代表：要求将修建广下（广通至下关）铁路干线列入“七五”计划（第 63 号）；

（7）陈燕发等 39 名代表：要求修建广东汕头至福建漳州铁路（第 168 号）；

（8）江西省代表团：要求加速浙赣复线建设、南浔线改造和将南昌—北京直快列车改为特快、增开南昌—广州直通快车（第

170 号）；

（9）江西省代表团：要求修建向塘—赣州—龙岩铁路（第171 号）；

（10）王森浩等 31 名代表：建议尽快建设山西侯马至月山铁路（第 125 号）；

（11）应良登等 31 名代表：建议将金华市区段铁路复线工程列入"七五"计划（第 43 号）；

（12）王德忱等 33 名代表：建议增开洛阳至北京、广州两对直达快车（第 31 号）；

（13）王茂林等 33 名代表：建议尽快增开太原至广州直达快车（第 127 号）；

（14）宋谋瑒等 31 名代表：要求成立长治铁路分局（第128 号）；

（15）师回喜等 31 名代表：要求尽快解决北京、郑州两铁路局风陵渡分界站的畅通问题（第 129 号）。

6. 交通运输 10 件：

（1）王培春等 31 名代表：建议在三门峡市茅津渡口建造黄河公路大桥（第 32 号）；

（2）苏桦等 32 名代表：要求建设安徽芜湖长江大桥（第159 号）；

（3）王文才等 32 名代表：建议将兴建南昌大桥建设项目纳入国家计划（第 110 号）；

（4）曾庆和等 32 名代表：要求将九江大桥列为"七五"计划期间竣工项目（第 173 号）；

（5）王重九等 30 名代表：建议开辟海盐到余姚的汽车轮渡航线（第 44 号）；

（6）纪卓如等33名代表：建议继续加强对城市公共交通改革的指导、扶持公共交通事业的发展（第201号）；

（7）朱扬等63名代表：要求兴建江淮运河（第160号）；

（8）郑志新等33名代表：建议将整治京杭运河杭州区段列入"七五"计划（第59号）；

（9）周凤席等32名代表：建议将广西桂平军用机场开放为军民两用机场（第73号）；

（10）李崇淮等34名代表：建议加强邮政管理，改善邮政设施（第202号）。

7. 城乡建设和环境保护15件：

（1）林兰英等34名代表：建议中央对首都建设给予特殊照顾（第184号）；

（2）林兰英等94名代表：建议在北京建设一个现代化国际会议中心（第179号）；

（3）郑志新等32名代表：要求国家拨款补助修建杭州市西郊水厂（第60号）；

（4）郑志新等33名代表：要求改善杭州市区交通，建设外环路（第61号）；

（5）何佩德等32名代表：要求恢复对绍兴等中小历史名城提取5%维修费（第114号）；

（6）王茂林等31名代表：建议解决山西古交矿区城镇配套建设问题（第124号）；

（7）王德忱等32名代表：建议国务院增拨经费开发洛阳旅游资源（第30号）；

（8）潘松辰等32名代表：要求解决陕西华山风景区基础工程建设计划资金（第89号）；

（9）胡云龙等33名代表：建议建设以黄山、屯溪为中心的皖南旅游区（第117号）；

（10）姚晓娥等32名代表：建议恢复府山公园（第23号）；

（11）王美珍等30名代表：建议将有关部门征用乍浦县的土地收回用于兴办旅游事业（第46号）；

（12）李宁等30名代表：建议制定在城市建设规划中建设体育设施的法规（第141号）；

（13）张祚荫等32名代表：建议尽快解决奎濉河污染源的治理和污染区人畜饮用水问题（第259号）；

（14）安振东等69名代表：建议采取果断措施治理松花江水系的污染问题（第177号）；

（15）吴占魁等30名代表：建议国家协助综合整治株洲市清水塘工业区环境污染（第261号）。

8. 财政、金融、贸易10件：

（1）关富胤等56名代表：建议调低农业企业银行贷款利率（第165号）；

（2）肖秋等33名代表：建议取消"外汇兑换券"（第97号）；

（3）蒋志坚等38名代表：建议提高农药产品进口关税（第92号）；

（4）杨维骏等30名代表：要求将云南能源交通重点建设基金超收部分全部留省，免予上交（第163号）；

（5）于祥云等30名代表：建议豁免天津市蓟县建筑石料铁路短途运输附加费（第204号）；

（6）蓝玉等32名代表：要求建立浙江省民族事务委员会和

增加少数民族补助费（第 135 号）；

（7）季羡林等 30 名代表：建议给高校社会科学研究工作拨付科研专项经费（第 185 号）；

（8）台湾省代表团：建议制定台胞投资条例，鼓励台胞到大陆投资（第 224 号）；

（9）张空凌等 31 名代表：建议制定有关华侨投资优惠等问题的法规（第 203 号）；

（10）李剑白等 31 名代表：建议扩大黑龙江省对外开展贸易和生产技术合作的权限（第 174 号）。

9. 劳动、工资、物价 15 件：

（1）郑霖孙等 43 名代表：建议价格改革要与调整税负同步进行（第 118 号）；

（2）章瑞英等 32 名代表：建议加强职工对物价的监督工作（第 188 号）；

（3）王鉴明等 33 名代表：建议提高蔗糖出厂价格（第 166 号）；

（4）李崇淮等 30 名代表：建议将工资和储蓄存款、国库券利率同物价指数挂钩（第 262 号）；

（5）陈祖慰等 32 名代表：建议实行基础工资以物价指数为计算单位（第 83 号）；

（6）周凤席等 32 名代表：建议把基层计划生育专业队伍的技术人员转为国家固定职工（第 72 号）；

（7）邵玉华等 33 名代表：建议关心从事劳改劳教工作的干警（第 35 号）；

（8）经自麟等 31 名代表：建议改善纺织工人工作条件，提高纺织工人工资基数（第 111 号）；

（9）高素芳等 34 名代表：建议提高环卫职工的工资和生活

福利待遇（第100号）；

（10）吴品清等32名代表：建议国务院批准广西设置民族地区生活津贴（第251号）；

（11）陈雷等31名代表：要求提高黑龙江省工资区类别和实行寒冷地区津贴（第15号）；

（12）师回喜等30名代表：建议调整南同蒲铁路工资区类别（第4号）；

（13）林兰英等30名代表：建议延长女科技人员的退休年龄（第218号）；

（14）赵瑞麟等31名代表：建议增加教师退休金（第13号）；

（15）唐由之等30名代表：建议医疗卫生事业单位业余服务和超额劳务提成不计入奖金（第153号）。

10. 扶持"老、少、边"地区6件：

（1）雷爱祖等32名代表：建议给予广西五年特殊照顾，以休养生息，发展经济（第142号）；

（2）杨维骏等30名代表：要求增加支援不发达地区发展资金（第162号）；

（3）王增佑等30名代表：建议增加对山西临汾贫困地区建设投资（第41号）；

（4）刘兴武等35名代表：建议将沂蒙山区老革命根据地列入国家重点扶持的地区（第56号）；

（5）杨超等41名代表：建议国家大力扶持川陕老革命根据地发展经济（第214号）；

（6）王俊等31名代表：建议将广西石山地区的综合治理和开发列入国家"七五"科研和开发攻关计划（第143号）。

（三）教育、科学、文化、卫生方面70件。其中：

1. 教育26件：

（1）吕永盛等33名代表：建议全社会都来关心青少年的成长（第34号）；

（2）高润华等33名代表：建议提高基础教育质量，建设合格稳定的中小学师资队伍（第57号）；

（3）曲啸等50名代表：建议加强和发展师范教育（第38号）；

（4）苏之泉等30名代表：建议一个县建立一所师范学校（第193号）；

（5）陆岊等40名代表：建议改革各部委所属院校招生办法（第191号）；

（6）谷超豪等30名代表：建议改进派遣留学生工作，改善国内科研和研究生培养工作（第81号）；

（7）杨承宗等31名代表：建议制定自费出国留学生条例（第255号）；

（8）沈正志等37名代表：建议制定大学毕业生必须从事基层对口专业工作期限的规定（第149号）；

（9）陈冰之等37名代表：建议适当增加中小学教育经费（第237号）；

（10）杨绍鸿等43名代表：要求对边疆少数民族地区发展教育制定特殊政策（第119号）；

（11）赵明坚等32名代表：建议在教育经费中单项列出幼儿教育经费（第18号）；

（12）诸福棠等32名代表：建议加速发展医学教育事业（第181号）；

（13）郑树等32名代表、周礼荣等32名代表：建议采取多层次、多形式办医学教育，加速为农村培养高中级医疗卫生人才（第152号、245号）；

（14）赵建础等30名代表：建议医学教育由卫生部门管理（第91号）；

（15）熊君福等56名代表：要求额外增加5%高级技术职称指标，以发展广西少数民族高教事业（第250号）；

（16）江西省代表团：要求增加高校在江西招生名额（第225号）；

（17）董建华等30名代表：建议成立国家中医药考试委员会（或考试中心）（第180号）；

（18）杨永瑾等44名代表：建议在广西边境县市建立几所综合性学校（第70号）；

（19）郭维淮等32名代表：建议中央直接拨款恢复洛阳正骨学院（第239号）；

（20）江筱芳等32名代表：建议中央对重庆市实行教育计划单列（第217号）；

（21）高士其等33名代表：建议北京师范大学尽快设立"科普系"（第169号）；

（22）余明炎等32名代表：建议拨专款扶持广西大学（第68号）；

（23）荣其光等31名代表：要求恢复广西林学院（第67号）；

（24）洪家德等30名代表：建议中小学课程增加国防教育内容（第231号）；

（25）李学敏等32名代表：建议允许私人创办中等兽医学校，毕业生经考核国家承认其学历（第254号）。

2. 科技 15 件：

（1）李登瀛等 32 名代表：建议制定"农村科学技术推广法"（第 85 号）；

（2）张兴兰等 32 名代表：建议制定科技人员直接申报成果或发明的补充规定（第 133 号）；

（3）王大珩等 43 名代表：建议充分发挥中国科学院学部委员的咨询参谋作用（第 88 号）；

（4）陈惠波等 56 名代表：建议设立发明基金，对个人发明和非职务发明给予资助（第 48 号）；

（5）王大珩等 64 名代表：要求增加国家自然科学基金（第 87 号）；

（6）刘东生等 94 名代表：建议国家财政增加国际科技合作与交流经费（第 235 号）；

（7）曾呈奎等 32 名代表、黄葳等 75 名代表：建议改善中年科技人员的工作、生活条件，充分发挥中年科技人员作用（第 199 号、222 号）；

（8）曾呈奎等 75 名代表：建议建立国际科技交流"国家队"（第 196 号）；

（9）王金陵等 32 名代表：建议澄清自然科学技术协会的性质，理顺其领导关系（第 219 号）；

（10）王忠烈等 35 名代表：建议建立新兴产业的科研生产联合集团（第 186 号）；

（11）温元凯等 32 名代表：建议进一步鼓励、扶植、促进民办科研和技术开发机构的发展（第 157 号）；

（12）苟文彬等 33 名代表、王大珩等 30 名代表：建议解决学术刊物办刊和发行难问题（第 95 号、175 号）；

（13）苟文彬等33名代表：建议改革引进国外科技书刊资料工作（第96号）。

3. 文化、出版8件：

（1）沙拉美提·阿里木等35名代表：建议制定"文艺法"（第264号）；

（2）崔德志等32名代表：建议为文艺工作者评定等级、设立文艺奖金、授予荣誉称号（第151号）；

（3）苏步青等41名代表：建议加强文物及古建筑的防火安全（第14号）；

（4）王世泰等33名代表：建议制定"中华民族礼仪道德规范"（第84号）；

（5）关山复等30名代表：建议人大常委会责成国务院明令新闻出版机构从速改变牟利办法降低报刊图书价格（第178号）；

（6）吕骥等46名代表：建议建立各民族民间文艺博物馆（第200号）；

（7）李铮友等32名代表：建议创办《中国民族报》（第121号）；

（8）侯学煜等60名代表：建议为促进两个文明的建设，人大常委会确定梅花为我国国花（第234号）。

4. 卫生21件：

（1）李云龙等38名代表：建议制定"中药法"（第253号）；

（2）许学受等34名代表：建议制定"结核病防治法"（第5号）；

（3）袁鸿锦等32名代表、俞渭江等42名代表：建议制定"肉品卫生法"与"屠宰场法"（第154号、233号）；

（4）钱信忠等 32 名代表：关于我国公民遗体供医学利用的建议（第 65 号）；

（5）胡克实等 31 名代表：建议加强对地方病防治工作的领导，搞好综合治理（第 207 号）；

（6）张震寰等 34 名代表：建议开展中医现代化研究（第 232 号）；

（7）董建华等 32 名代表：建议增加中医经费（第 182 号）；

（8）王宜之等 31 名代表：建议对中药给予扶持，以利中药事业的发展（第 145 号）；

（9）董建华等 42 名代表、叶兴杰等 32 名代表、吉林省代表团、唐昌祥等 32 名代表、周礼荣等 30 名代表：建议适当调整医疗收费标准（第 103 号、150 号、223 号、236 号、246 号）；

（10）高德等 32 名代表：建议农村公益金应包括为农民办卫生福利事业（第 146 号）；

（11）董建华等 42 名代表、郑淑真等 32 名代表：建议大力灭鼠，迅速控制流行性出血热（第 104 号、244 号）；

（12）焦林义等 34 名代表：建议加强对剧毒药品的管理（第 206 号）；

（13）唐昌祥等 32 名代表：建议"七五"计划期间国家投资建设二所现代化医院，其中一所在成都（第 213 号）；

（14）裘法祖等 32 名代表：建议为湖北省武汉市投资扩建一所重点装备医院（第 80 号）；

（15）唐昌祥等 32 名代表：建议国家在华西医科大学建一所"眼、耳、喉、鼻科"专科医院（第 212 号）。

五、关于第六届全国人民代表大会第五次会议代表提出的议案的处理意见的报告

关于第六届全国人民代表大会第五次会议
代表提出的议案的处理意见的报告

（1987 年 4 月 9 日第六届全国人民代表大会第五次会议
主席团第四次会议通过）

六届全国人大五次会议副秘书长　王汉斌

本次会议收到代表团提出的议案 17 件，30 名以上代表联名提出的议案 245 件，共 262 件。其中，政法方面 70 件，财政经济方面 127 件，教育、科学、文化、卫生方面 65 件。这些议案对我国社会主义民主与法制建设，社会主义现代化建设和社会主义精神文明建设等方面，提出了很重要的意见。经大会秘书处同各专门委员会商议，建议将 39 件议案交有关的专门委员会审议，提出是否列入全国人大或全国人大常委会的议程的意见，由全国人大常委会审议决定。其中，交法律委员会审议的 15 件，交财经委员会审议的 12 件，交教科文卫委员会审议的 9 件，交民族委员会审议的 2 件，交华侨委员会审议的 1 件。具体议案见附件一。另有 223 件，拟作为建议、批评和意见，按全国人大组织法的规定，由全国人大常委会办公厅交有关部门研究处理，并负责答复代表，其中有关政法方面 52 件，财政经济方面 115 件，教育、科学、文化、卫生方面 56 件。具体议案见附件二。

此外，截至 4 月 8 日，大会秘书处还收到代表提出的建议、批评和意见 2182 件。对这些建议、批评和意见，全国人大常委

会办公厅将会同国务院办公厅召开有关部门负责人会议，研究处理办法，分别交由有关部门组织研究处理并负责答复代表。

以上处理意见是否妥当，请予审议。

附件一：拟交有关专门委员会审议的议案（39件）

（一）交法律委员会审议的15件：

1. 安徽省代表团、李登瀛等37名代表：建议制定"人民代表法"（第17号、63号）；

2. 卢钟鹤等32名代表、王学善等32名代表、史定潮等31名代表、马龙翔等30名代表：建议制定"国家工作人员法"、"人事管理法"、"公务员法"和有关干部任免考核的行政法规（第41号、77号、78号、82号）；

3. 于兰馥等33名代表：建议制定"人才法"（第39号）；

4. 官宝等30名代表：建议尽快制定"人民警察法"（第85号）；

5. 曹绍琼等35名代表：建议尽早制定"律师法"（第138号）；

6. 金立强等34名代表：建议制定"劳动改造条例"（第139号）；

7. 刘运来等34名代表、张荫锡等33名代表：建议制定"劳动教养法"和对被处以劳教不服可向法院上诉的法规（第136号、219号）；

8. 荣广宏等32名代表：建议制定"公司法"（第51号）；

9. 吴宏美等32名代表：建议尽快制定"大气污染防治法"（第228号）；

10. 李之珍等31名代表：建议尽快制定"档案法"（第49号）。

（二）交财经委员会审议的12件：

1. 张光寅等30名代表：建议全国人大加强对经济与财政工作的监督（第48号）；

2. 郑霖孙等32名代表：改进财政体制，平衡财政收支（第86号）；

3. 李永新等32名代表、韩晶岩等31名代表：建议制定"固定资产投资法"，完善工业改建、扩建、新建项目审批程序（第209号、255号）；

4. 李云龙等41名代表、黄荣等33名代表：建议尽快制定"物价法"（第23号、125号）；

5. 高庆狮等32名代表、裔式娟等34名代表、章瑞英等31名代表、张长江等35名代表、罗国英等32名代表：建议物价指数与工资挂钩，并应有法律保证，使职工实际收入不受物价影响（第28号、92号、108号、217号、224号）；

6. 程宏盛等32名代表：建议尽快制定"矿山安全卫生法"（第195号）。

（三）交教科文卫委员会审议的9件：

1. 王锡庶等30名代表、沈敏娟等30名代表：建议尽快制定"教师法"（第190号、248号）；

2. 许学受等58名代表、胡克实等42名代表、许学受等33名代表：建议实行技术职称制，并对高级技术职称评定立法；技术职称改革实行职务聘任制的同时实行学衔制（第20号、164号、262号）；

3. 袁维蕃等39名代表：建议将每年4月中一周定为"爱护野生动物宣传周"并尽快制定"野生动物保护法"（第36号）；

4. 胡德华等44名代表、魏浤等32名代表、张戍珍等34名代表：建议尽快制定"计划生育法"（第 80 号、194 号、208 号）。

（四）交民族委员会审议的 2 件：

1. 宁夏回族自治区代表团：要求制定"民族区域自治法实施细则"（第 52 号）；

2. 刀安钜等 33 名代表：要求建立德宏自治州边境经济贸易开发区（第 25 号）。

（五）交华侨委员会审议的 1 件：

1. 张空凌等 31 名代表：建议放宽华侨和港澳同胞捐赠进口物资的规定（第 152 号）。

附件二：

（一）政法方面 52 件。其中：

1. 制定法律、法规 21 件：

（1）安徽省代表团、李登瀛等 37 名代表、王书枫等 35 名代表、金汉钟等 33 名代表：建议制定各级人民代表大会及其常委会行使监督权的法律（第 21 号、53 号、61 号、129 号）；

（2）王韬等 33 名代表：建议制定"地方各级人大常委会工作条例"（第 132 号）；

（3）曾庆和等 32 名代表：建议尽快制定行政法（第 123 号）；

（4）张长江等 71 名代表：建议制定民主监督方面的法律（第 220 号）；

（5）张空凌等 33 名代表：建议制定"人民团体法"（第 143 号）；

（6）唐嗣孝等 30 名代表：要求尽快制定"妇女权益保护法"（第 253 号）；

（7）胡德华等41名代表、陈日亮等55名代表：建议制定"青少年保护法"（第81号、159号）；

（8）王世泰等37名代表：建议制定维护老年人合法权益的法律（第64号）；

（9）张晓兰等32名代表：建议制定妇女参政的法规（第147号）；

（10）安徽省代表团、谈文钰等46名代表、杨辉等33名代表、丁福嵩等32名代表：建议制定反浪费的法律、法规（第15号、122号、221号、222号）；

（11）王学善等32名代表：建议制定"信访法"（第3号）；

（12）吴永乐等33名代表：建议全国人大法律委员会作出加强社会治安综合治理的决定（第137号）；

（13）吕永盛等30名代表：人民警察服装的发放和管理应立法（第59号）；

（14）童若兰等37名代表：要求制定"婚姻法实施细则"（第62号）。

2. 修改法律、法规14件：

（1）李剑白等31名代表、王书枫等36名代表、王韬等31名代表：建议设立乡镇人民代表大会常委会，乡人民代表大会会议主席团设常务主席（第8号、83号、180号）；

（2）安徽省代表团、王焕明等32名代表、王先俊等31名代表、徐永康等33名代表、杨念祖等33名代表、章增荣等35名代表、孙传琪等30名代表、王增佑等30名代表：建议修改"地方组织法"及"选举法"，将县、乡两级人大每届任期改为五年，延长县级领导干部任期（第5号、22号、34号、93号、105号、118号、155号、170号）；

（3）张楚然等 31 名代表：建议修改"全国人大组织法"（第 202 号）；

（4）卢盛和等 31 名代表：建议修改"人民检察院组织法"（第 2 号）；

（5）庄世平等 35 名代表：为改善外商投资环境，建议修改"民事诉讼法"有关条款（第 177 号）。

3. 人大工作 8 件：

（1）阮泊生等 36 名代表：建议规定全国人民代表大会和地方各级人民代表大会开会的时间（第 167 号）；

（2）安徽省代表团：建议组织各级人大代表视察宪法实施和普法宣传教育情况（第 18 号）；

（3）叶广成等 32 名代表：切实加强对省辖市、县、区人大常委会的领导（第 199 号）；

（4）李坚真等 51 名代表：建议进一步明确地方各级人大及其常委会的职责范围和机关编制（第 89 号）；

（5）杨敏之等 32 名代表：对县乡直接选举的几点建议（第 99 号）；

（6）杜静波等 44 名代表：建议改进"议案""建议、批评和意见"办理工作（第 198 号）；

（7）温元凯等 32 名代表：建议建立公民旁听全国人大会议的制度（第 135 号）；

（8）王韬等 32 名代表：建议改变地方各级人大常委会主任、副主任的称谓（第 87 号）。

4. 民族工作 1 件：

（1）龙川等 33 名代表：建议尽快批准成立广西恭城瑶族自治县（第 124 号）。

5. 机构设置 8 件：

（1）冯德民等 31 名代表：建议成立法律实施监督委员会（第 172 号）；

（2）安徽省代表团、曾呈奎等 32 名代表、石山等 32 名代表、陈秉林等 33 名代表、刘瑞龙等 34 名代表：建议成立环境和自然资源保护部或国家环境和自然资源保护署（第 19 号、31 号、37 号、43 号、183 号）；

（3）郑俊民等 33 名代表：建议恢复国家医药局为国务院直属局，行使全国医药行业主管部门的职权（第 189 号）；

（4）蒋志坚等 36 名代表：建立健全各级政府的咨询研究机构（第 88 号）。

（二）财政经济方面 115 件。其中：

1. 农、牧 6 件：

（1）逢树春等 33 名代表：建议增加农业投入，增强农业后劲（第 27 号）；

（2）陈天源等 30 名代表：建议帮助粮棉基地解决"以工补农"难的问题（第 156 号）；

（3）宋加明等 30 名代表：建议成立农民联合会（第 111 号）；

（4）匡衍等 32 名代表：合理调整蚕茧价格，促进蚕桑生产和丝绸工业的发展（第 69 号）；

（5）夏天等 33 名代表：建议制定畜产品保护价格法案，增加畜牧业投入（第 185 号）；

（6）哈力别克等 31 名代表：建议划拨牧区草原建设专款（第 56 号）。

2. 水利 8 件：

（1）黄知真等 31 名代表：建议将中日友好鄂北岗地水利建

设工程项目列入计划（第7号）；

（2）许士杰等31名代表：建议将天堂山水利工程纳入国家计划（第179号）；

（3）王德立等33名代表：建议尽快批准武都引水工程复工（第33号）；

（4）陈彰嘉等51名代表：要求增加治理洞庭湖区的投资（第4号）；

（5）黄知真等32名代表：建议在科学论证的基础上，尽早开工兴建长江三峡工程（第151号）；

（6）徐绍斌等32名代表：要求国务院组织治理南北大运河水网，发扬其综合效益（第127号）；

（7）李启万等31名代表：建议加强对黄河管理，合理使用黄河水（第192号）；

（8）张本等30名代表：建议对鄱阳湖控制利用工程项目进行可行性研究（第55号）。

3. 工业12件：

（1）许杰等50名代表：建议制定"地质勘查法"（第149号）；

（2）赵德尊等31名代表：关于保护民族工业的建议（第112号）；

（3）吉林省代表团、任继愈等43名代表、鲁义权等43名代表：建议严格控制进口小汽车，保护我国汽车工业（第32号、182号、239号）；

（4）陈传颖等31名代表：迅速发展我国轿车生产（第141号）；

（5）李觉民等30名代表：建议大力加强我国特殊钢的生产与发展（第140号）；

（6）孟庆平等 54 名代表：建议在海南岛建设钢铁厂（第
178 号）；

（7）赵瑞麟等 34 名代表：要求建设 30 万吨合成氨厂（第
131 号）；

（8）史可训等 30 名代表：要求在"七五"期间给陕西省安
排大型优质化肥厂建设项目（第 250 号）；

（9）叶挺镐等 32 名代表：建议调整国产农药价格和进口农
药关税，扶植国内农药工业（第 236 号）；

（10）王先俊等 30 名代表：建议发挥重庆老工业基地作用
（第 98 号）。

4. 能源 16 件：

（1）徐洽时等 32 名代表：建议制定"电业法"（第 246 号）；

（2）河南省代表团：改革电力工业管理体制，加快电力工业
发展速度（第 76 号）；

（3）杨景三等 33 名代表：建议增大电力投资比重（第
60 号）；

（4）西藏自治区代表团：要求在拉萨建设小型核电站（第
71 号）；

（5）王培春等 30 名代表：建议加快三门峡西电厂的建设
（第 212 号）；

（6）程扬波等 32 名代表、何佩德等 32 名代表、应良登等 31
名代表：要求确立专项资金，扶持农村小水电建设，并解决办小
水电贷款增息问题（第 176 号、237 号、243 号）；

（7）杨超等 31 名代表：建议加快开发利用雅砻江下游河段
水能资源（第 42 号）；

（8）鲁光等 32 名代表：建议加快坑口电站建设（第 225 号）；

（9）鲁光等31名代表：建议解决统配煤矿不执行地方法规的问题（第9号）；

（10）青海省、西藏自治区代表团：要求在"七五"期间同步配套建设格尔木炼油厂等青海油田三项工程（第117号）；

（11）孙韬等31名代表：建议齐齐哈尔市同大庆联合开发阿拉新油气田（第114号）；

（12）西藏自治区代表团：建议格尔木至拉萨管道输油价格维持不变（第74号）；

（13）刘祖德等32名代表：建议制定鼓励形成太阳能产业的有关政策和法规（第223号）；

（14）金锡如等31名代表：建议重庆市能源计划单列（第106号）。

5. 铁路9件：

（1）吴占魁等33名代表：要求修通茶陵至文竹铁路（第50号）；

（2）李应运等30名代表：建议速建苏北铁路（第90号）；

（3）许宁等32名代表：要求将成都至达县铁路列入"七五"计划（第110号）；

（4）赵瑞麟等32名代表：建议京九铁路衡水至商丘段走菏泽（第119号）；

（5）杨有道等42名代表：建议"七五"期间建成西（安）延（安）铁路秦延段（第187号）；

（6）王焕明等31名代表：请求修建邵阳至武岗铁路（第197号）；

（7）汪月霞等32名代表：要求从速落实修建金温铁路资金（第241号）；

（8）王重九等 32 名代表：建议修复苏嘉和嘉乍铁路（第 230 号）；

（9）吴锦庄等 30 名代表：建议恢复内昆铁路建设（第 207 号）。

6. 交通、邮电 13 件：

（1）季文美等 32 名代表：建议制定"航空法"（第 188 号）；

（2）伍坤山等 78 名代表：建议公路建设的投资不低于从公路交通部门征收的能源交通建设基金额（第 158 号）；

（3）李崇准等 32 名代表：建议尽快批准长江公路桥设计任务书并列入国家投资计划（第 47 号）；

（4）李家咸等 32 名代表：建议尽快集资完成九江长江大桥未完工程（第 150 号）；

（5）赵瑞麟等 32 名代表：建议修建东明黄河公路大桥（第 121 号）；

（6）西藏自治区代表团：要求批准修建边防公路（第 72 号）；

（7）张美凤等 31 名代表：要求将新安江过坝升船机工程列入 1987 年计划（第 67 号）；

（8）汪静花等 31 名代表：要求合理减免城市公共交通税费，允许适当调整票价，促使公交企业的发展（第 242 号）；

（9）陈文孝等 32 名代表：要求国务院放宽内蒙古自治区煤炭出口运输指标（第 254 号）；

（10）西藏自治区代表团：尽快开通拉萨至加德满都的航空客运（第 73 号）；

（11）孙家芸等 32 名代表：要求邮件运输给予优惠（第

238 号）；

（12）赵梓森等 32 名代表、张万钧等 30 名代表：建议调整邮政费、加强邮政建设、改善邮政职工待遇（第 45 号、193 号）。

7. 城乡建设 17 件：

（1）王维珍等 31 名代表：建议制定"村镇建设条例"（第 256 号）；

（2）张本等 32 名代表：要求将鄱阳湖区综合开发治理列入国土整治项目（第 54 号）；

（3）王家恒等 32 名代表：要求将舟山市列为海洋综合开发基地（第 65 号）；

（4）欧进钢等 51 名代表：请求加快福建沿海岛屿突出部的建设（第 160 号）；

（5）曾庆和等 30 名代表：建议将赣江流域综合治理开发列入国家规划项目（第 251 号）；

（6）王美珍等 32 名代表：要求将平湖县列入沿海经济开放区范围（第 231 号）；

（7）韩祯祥等 30 名代表：要求开辟杭州西湖刘庄、汪庄等沿湖地区为公共游览区（第 68 号）；

（8）汪月霞等 30 名代表：要求将楠溪江列为国家级风景区（第 234 号）；

（9）孙韬等 30 名代表：要求增加齐齐哈尔市城市建设资金（第 113 号）；

（10）温瑞生等 32 名代表：建议将二汽上缴利润留成 10%给十堰市（第 142 号）；

（11）张安居等 34 名代表：要求把成都市自来水六厂建设工

程列入 1987 年国家基建开工计划（第 58 号）；

（12）张克忠等 33 名代表：要求搬迁商丘军事营区以利城市规划建设（第 215 号）；

（13）王美珍等 32 名代表：要求收回海军乍浦机场征而未用的土地（第 232 号）；

（14）王洪图等 32 名代表：建议解决黑龙江省几个煤矿城市塌陷区居民搬迁资金（第 10 号）；

（15）冯志民等 33 名代表：建议尽快解决黄河北展工程区群众的实际困难（第 191 号）；

（16）王英等 32 名代表：要求对黄河滩区和背河洼地实行优惠政策（第 210 号）；

（17）张美凤等 31 名代表：再次要求解决新安江水库 108～108.4 米回水区移民问题（第 66 号）。

8. 环境保护 4 件：

（1）孙先余等 34 名代表：建议制定"环境卫生法"（第 100 号）；

（2）张祚荫等 31 名代表：建议制定"长江水土保持法"（第 148 号）；

（3）孙先余等 33 名代表：建议对城市垃圾处理所需资金问题作出规定（第 102 号）；

（4）陈慕榕等 31 名代表：要求对瓯江水质污染防治单位实行优惠政策（第 235 号）。

9. 财政、贸易 6 件：

（1）张仲礼等 30 名代表：建议制定"债权债务法"（第 154 号）；

（2）郑霖孙等 35 名代表：建议制定"保障企业在平等条件

下开展经济活动和竞争法"（第11号）；

（3）彭荆风等33名代表：要求解决"个人收入调节税暂行条例"与"个人所得税法"的矛盾（第181号）；

（4）王增佑等30名代表：建议修改三级投资政策（第157号）；

（5）杭惠兰等30名代表：压缩中间环节，保护工农业生产积极性（第162号）；

（6）章文才等33名代表：建议组织果工商运联合体，改革经营管理体制（第6号）。

10. 扶持"老、少、边、穷"地区8件：

（1）召存信等62名代表：建议恢复对自治区及边疆民族省实施财政补贴按比例递增的政策（第206号）；

（2）热合甫·阿巴斯等48名代表：要求国家保留对新疆财政定额补助每年递增10%的规定（第57号）；

（3）西藏自治区代表团：请求中央对西藏财政补贴仍维持每年递增10%（第75号）；

（4）广西壮族自治区代表团：建议把广西"老、少、边、山、穷"地区列为全国扶贫重点（第79号）；

（5）李才等32名代表：要求将湖北省郧西县、竹山县、竹溪县列入贫困县（第144号）；

（6）项士孝等31名代表：建议为"老、少、边、穷"地区增加智力投资（第46号）；

（7）吕骥等31名代表：建议边远地区的民族自治县设师范学校（第103号）；

（8）泽茸等45名代表：要求解决阿坝州和甘孜、凉山州林业的困难（第174号）。

11. 劳动、工资、人事16件：

（1）蔡菊云等32名代表：建议制定"编制法"（第184号）；

（2）张晓兰等31名代表：建议制定"乡镇企业劳动保护法"（第146号）；

（3）徐春阳等58名代表：建议尽快制定"军队干部转业安置法"（第14号）；

（4）李云龙等37名代表：建议制定"工资法"（第24号）；

（5）章瑞英等34名代表：建议尽快制定劳动工时法规（第91号）；

（6）宋喜云等32名代表：改革劳动用工制度应有利于发展职业技术教育（第216号）；

（7）段苏权等32名代表、王诚彪等32名代表：要求建立退（离）休人员管理体系和管理条例，进一步做好离退休老干部工作（第200号、247号）；

（8）常香玉等32名代表：干部离退休年龄的规定应男女相同（第213号）；

（9）龚雄等30名代表：建议国家立法、保障集体企业退休人员的生活（第161号）；

（10）黄子云等31名代表：建议重新划分北京地区工资类别（第226号）；

（11）应良登等32名代表：建议改革国营林场的劳动人事制度（第240号）；

（12）安振东等58名代表：建议批准黑龙江省实行严寒地区津贴（第12号）；

（13）郑华等 31 名代表：建议把林业公安队伍列入国家公安队伍编制（第 186 号）；

（14）刘新增等 30 名代表：建议将企业人武部和民兵工作列为厂长职责之一（第 173 号）；

（15）芦增雨等 35 名代表：建议检查倒流回京的刑满释放和解除劳教人员的问题（第 94 号）。

（三）教育、科学、文化、卫生类 56 件。其中：

1. 教育 16 件：

（1）张孝纯等 39 名代表、王季午等 32 名代表：建议从速制定"教育经费法"，以立法形式确定我国教育经费比例（第 128 号、245 号）；

（2）徐百汇等 30 名代表：建议制定保证智力投资与人才培训的法律（第 261 号）；

（3）张立光等 38 名代表：建议制定管理私人办学的法规（第 204 号）；

（4）李学盈等 44 名代表：建议端正办学指导思想（第 116 号）；

（5）肖衍雄等 35 名代表：呼吁全社会关心青少年健康成长，不能"片面追求升学率"（第 133 号）；

（6）邹学宁等 31 名代表：建议提高教育经费（第 196 号）；

（7）关富胤等 77 名代表：要求解决农垦系统中、小学教育经费的问题（第 175 号）；

（8）廉辉等 30 名代表：要求给新疆增拨教育专项经费（第 257 号）；

（9）郑树等 31 名代表：建议采取措施发展高等医药教育（第 244 号）；

（10）廉辉等 34 名代表：要求对新疆建立职业高中给予投资（第 260 号）；

（11）胡克实等 30 名代表：建议限期解决中小学危房问题（第 163 号）；

（12）刘佛年等 31 名代表：建议解决小学、初中校舍、设备、师资问题（第 169 号）；

（13）张震寰等 31 名代表：建议从教育入手，开展气功科学的教学和科研（第 201 号）；

（14）季明焕等 32 名代表：要求在河南省南阳地区创办南阳大学（第 214 号）；

（15）沈敏娟等 30 名代表：要求大胆起用人才（第 249 号）。

2. 科技 10 件：

（1）师昌绪等 42 名代表：建议制定"自然科学基金法"（第 130 号）；

（2）林作楫等 32 名代表：建议制定"农业科技成果转让法"（第 211 号）；

（3）张国民等 32 名代表：建议尽快制定"减轻地震灾害法"（第 13 号）；

（4）邵方铨等 30 名代表：建议制定专业人员政治、福利待遇的法规（第 205 号）；

（5）张仲礼等 32 名代表：建议专业技术职务聘任工作经常化（第 1 号）；

（6）徐洽时等 32 名代表：建议继续开展海洋能科研工作（第 229 号）；

（7）吴征镒等 92 名代表：提请重视生物资源开发利用与保护工作（第 26 号）；

（8）王大珩等 30 名代表：建议筹建国家现代计量测试科学研究基地（第 38 号）；

（9）陈祝安等 32 名代表：建议尽早建立中国农业科学院生物防治农业环保研究所（第 233 号）；

（10）陈宗懋等 32 名代表：建议设立农牧渔业科学技术改进费（第 70 号）。

3. 文化、出版、宣传 12 件：

（1）沙拉美提·阿里木等 34 名代表：建议制定"文艺法"（第 259 号）；

（2）周海婴等 32 名代表、纪卓如等 32 名代表：建议制定"广播电视法"及"音像版权法"（第 29 号、44 号）；

（3）谷超豪等 30 名代表：建议在"版权法"中不涉及参加国际版权联盟问题（第 84 号）；

（4）王秀荣等 31 名代表：建议尽快制定"广告法"（第 218 号）；

（5）钱毋荒等 30 名代表、裘法祖等 32 名代表：建议邮电部停止增加或少量增加科技学术期刊发行费（第 109 号、145 号）；

（6）吴作人等 32 名代表：建议恢复中国美术馆交付中国美协使用（第 168 号）；

（7）张国基等 30 名代表：建议筹建"北京齐白石纪念馆"（第 35 号）；

（8）周海婴等 30 名代表：建议改善北京自然博物馆的条件并在此基础上扩建为国家自然历史博物馆（第 252 号）；

（9）苏克明等 32 名代表：请求将彝文作为我国对外使用的文字之一（第 171 号）；

（10）叶挺镐等 30 名代表：建议改进文艺宣传工作（第 227 号）。

4. 医药、卫生 11 件：

（1）叶兴杰等 30 名代表：健全卫生立法以保证从速解决普遍存在的看病难、住院难问题（第 115 号）；

（2）李云龙等 32 名代表：建议制定"中医法"（第 203 号）；

（3）王群等 32 名代表：建议制定"安乐死"条例（第 101 号）；

（4）白介夫等 32 名代表：建议制定"公民义务献血法"（第 166 号）；

（5）杜琼书等 31 名代表、董建华等 32 名代表：建议进一步加强中医管理机构，充分发挥其独立管理中医工作的职能（第 97 号、107 号）；

（6）董建华等 32 名代表：建议调整中医事业费在国家卫生事业费中所占比例（第 96 号）；

（7）董建华等 32 名代表：建议实行中医药统一管理的体制（第 95 号）；

（8）孙先余等 34 名代表：建议改革城市环境卫生管理体制（第 104 号）；

（9）王群等 46 名代表：要求重视医药工业的发展，加强新药研制工作（第 165 号）；

（10）许学受等 32 名代表：建议敦促卫生部落实全国人大代表议案（第 30 号）。

5. 人口、计划生育6件：

（1）安徽省代表团：建议制定人口法律（第16号）；

（2）吕永盛等30名代表、帕太木·巴拉提等32名代表：建议加强计划生育工作（第134号、258号）；

（3）林佳楣等31名代表：建议加强卫生部门计划生育技术指导和科研工作（第40号）；

（4）谭盈科等32名代表：建议重申"一对夫妇只生一个孩子"的规定（第153号）；

（5）丁云鹏等32名代表：建议严格控制二胎和多胎出生率以控制人口过速增长（第120号）。

6. 体育1件：

（1）古拉热木等31名代表：要求将第七届全国冬运会委托新疆承办（第126号）。

第二节　第七届全国人民代表大会的代表议案、建议工作

在日渐开放的大环境下，尽管代表们已经逐渐敢于大胆"发声"，但是由于还没有制定关于人大代表履职的专门法律，不少代表议案和建议很不规范，代表履职主要靠学习宪法、相关法律和中央文件。为了进一步保证全国和地方各级人大代表能够依法行使代表的职权，1992年4月3日，七届全国人大五次会议通过了代表法，标志着包括代表议案和建议制度在内的代表工作从此走上了有法可依的轨道。

一、关于第七届全国人民代表大会第一次会议代表提出的议案的处理意见的报告

关于第七届全国人民代表大会第一次会议
代表提出的议案的处理意见的报告

（1988 年 4 月 9 日第七届全国人民代表大会第一次会议
主席团第六次会议通过）

七届全国人大一次会议副秘书长　王厚德

本次会议收到代表团提出的议案 40 件，30 名以上代表联名提出的议案 448 件，共 488 件。其中，政法方面 168 件，财政经济方面 222 件，教育、科学、文化、卫生方面 98 件。这些议案对我国的改革开放，社会主义民主与法制建设，社会主义现代化建设和社会主义精神文明建设等方面，提出了很重要的意见，经大会秘书处同各专门委员会商议，建议将 94 件议案，包括修改宪法第九十八条的议案，交有关的专门委员会审议，提出是否列入全国人大或全国人大常委会的议程的意见，由全国人大常委会审议决定。其中，交法律委员会审议的 41 件，交内务司法委员会审议的 5 件，交财经委员会审议的 11 件，交教科文卫委员会审议的 30 件，交民族委员会审议的 5 件，交华侨委员会审议的 2 件。另有 394 件，拟作为建议、批评和意见，按全国人大组织法的规定，由全国人大常委会办公厅交有关部门研究处理，并负责答复代表。其中，有关政法方面 119 件，财政经济方面 207 件，教育、科学、文化、卫生方面 68 件。

此外，截至 4 月 8 日，大会秘书处还收到代表提出的建议、批评和意见 2570 件。对这些建议、批评和意见，全国人

大常委会办公厅将会同国务院办公厅召开有关部门负责人会议，研究处理办法，分别交由有关部门组织研究处理并负责答复代表。

以上处理意见是否妥当，请予审议。

二、关于第七届全国人民代表大会第二次会议代表提出的议案的处理意见的报告

关于第七届全国人民代表大会第二次会议
代表提出的议案的处理意见的报告

（1989 年 4 月 1 日第七届全国人民代表大会第二次会议
主席团第三次会议通过）

七届全国人大二次会议副秘书长　曹　志

本次会议收到代表团提出的议案 22 件，30 名以上代表联名提出的议案 389 件，共 411 件。其中，政法方面 148 件，财政经济方面 192 件，教育、科学、文化、卫生方面 71 件。这些议案对治理整顿、深化改革，加强社会主义民主和法制建设，加强社会主义现代化建设和社会主义精神文明建设，稳定社会环境等方面，提出了很重要的意见。经大会秘书处同各专门委员会商议，建议将 74 件议案，交有关专门委员会审议，提出是否列入全国人大或全国人大常委会的议程的意见，由全国人大常委会审议决定。其中，交民族委员会审议 2 件，交法律委员会审议 20 件，交内务司法委员会审议 18 件，交财经委员会审议 22 件，交教科文卫委员会审议 10 件，交华侨委员会审议 2 件。另有 337 件，拟作为建议、批评和意见，按全国人大组织法的规定，由全国人大常委会办公厅交有关部门研究处理，并负责答复代表。其中，

政法方面106件，财政经济方面170件，教育、科学、文化、卫生方面61件。

此外，截至3月31日，大会秘书处还收到代表提出的建议、批评和意见2755件。对这些建议、批评和意见，全国人大常委会办公厅将会同国务院办公厅召开有关部门负责人会议，分别交由有关部门组织研究处理，并负责答复代表。

以上处理意见是否妥当，请予审议。

三、关于第七届全国人民代表大会第三次会议代表提出的议案的处理意见的报告

关于第七届全国人民代表大会第三次会议
代表提出的议案的处理意见的报告

（1990年4月2日第七届全国人民代表大会第三次会议
主席团第三次会议通过）

七届全国人大三次会议副秘书长　曹　志

本次会议收到代表团提出的议案20件，30名以上代表联名提出的议案364件，共384件。其中，政法方面173件，财政经济方面135件，教育、科学、文化、卫生方面76件。这些议案对治理整顿、深化改革，加强廉政建设，发展社会主义民主，健全社会主义法制，促进政治、经济和社会的进一步稳定发展，提出了很重要的意见。经大会秘书处同各专门委员会商议，建议将80件议案交有关专门委员会审议，提出是否列入全国人大或全国人大常委会会议议程的意见，由全国人大常委会审议决定。其中，交民族委员会审议5件，交法律委员会审议38件，交内务司法委员会审议14件，交财经委员会审议18件，交教科文卫委

员会审议4件，交华侨委员会审议1件。另有304件，拟作为建议、批评和意见，按全国人大组织法的规定，由全国人大常委会办公厅交由有关部门研究处理，并负责答复代表。其中，政法方面110件，财政经济方面122件，教育、科学、文化、卫生方面72件。

此外，截至4月1日，大会秘书处还收到代表提出的建议、批评和意见2397件。对这些建议、批评和意见，全国人大常委会办公厅将会同国务院办公厅召开有关部门负责人会议，分别交由有关部门组织研究处理，并负责答复代表。

以上处理意见是否妥当，请予审议。

四、关于第七届全国人民代表大会第四次会议代表提出的议案的处理意见的报告

关于第七届全国人民代表大会第四次会议
代表提出的议案的处理意见的报告

（1991年4月6日第七届全国人民代表大会第四次会议
主席团第四次会议通过）

七届全国人大四次会议副秘书长　曹　志

本次会议收到代表团提出的议案36件，30名以上代表联名提出的议案435件，共471件。其中：政法方面164件，财政经济方面220件，教育、科学、文化、卫生方面87件。很多议案是围绕着实现十年规划和"八五"计划，推进改革开放，贯彻执行国民经济持续、稳定、协调发展方针，发展社会主义民主，健全社会主义法制，完善人民代表大会制度提出的。根据全国人民代表大会组织法关于议案处理的规定，经大会秘书

处同各专门委员会商议，建议将 96 件议案交有关专门委员会审
议，提出是否列入全国人大或全国人大常委会会议议程的意见，
由全国人大常委会审议决定。其中：交民族委员会审议 4 件，
交法律委员会审议 34 件，交内务司法委员会审议 11 件，交财
经委员会审议 40 件，交教科文卫委员会审议 4 件，交华侨委
员会审议 3 件。拟将 375 件作为建议、批评和意见，由全国
人大常委会办公厅交由有关机关、组织研究处理，并负责答
复代表。

此外，截至 4 月 5 日，大会秘书处还收到代表对各方面工作
提出的建议、批评和意见 2308 件。这些建议、批评和意见，全
国人大常委会办公厅将会同国务院办公厅交由有关机关、组织研
究处理，并负责答复代表。

以上处理意见是否妥当，请予审议。

五、关于第七届全国人民代表大会第五次会议代表提出的议案的处理意见的报告

关于第七届全国人民代表大会第五次会议
代表提出的议案的处理意见的报告

（1992 年 4 月 1 日第七届全国人民代表大会第五次会议
主席团第三次会议通过）

七届全国人大五次会议副秘书长　曹　志

本次会议共收到议案 472 件，其中：代表团提出的 34 件，
30 名以上代表联名提出的 438 件。这些议案对促进改革开放的深
入发展，加快经济建设；健全社会主义民主和法制；维护社会安
定团结等方面，提出了很多重要的意见。根据全国人民代表大会

议事规则关于议案处理的规定，经大会秘书处同各专门委员会商议，建议将93件议案，交有关的专门委员会审议，提出是否列入全国人大或者全国人大常委会会议议程的意见，由全国人大常委会审议决定。其中，交民族委员会审议3件，交法律委员会审议26件，交内务司法委员会审议12件，交财经委员会审议41件，交教科文卫委员会审议11件。另外379件，作为建议、批评和意见，由全国人大常委会办公厅交由有关机关、组织研究处理，并负责答复代表。

此外，截至3月31日，大会秘书处还收到代表对各方面工作提出的建议、批评和意见1731件。这些建议、批评和意见，全国人大常委会办公厅将会同国务院办公厅交由有关机关、组织研究处理，并负责答复代表。

以上处理意见是否妥当，请予审议。

第三节　第八届全国人民代表大会的代表议案、建议工作

随着代表法的深入人心，代表意识逐步提高，越来越主动地了解社情民意，积极为人民谋福祉，为人民排忧解难，参与管理国家事务的能力不断增强。与此同时，建议所反映的问题越来越多地受到中央高度重视，这大大调动了代表提出建议的积极性，建议数量连续多年维持高位运行的态势。

一、关于第八届全国人民代表大会第一次会议代表提出的议案的处理意见报告

关于第八届全国人民代表大会第一次会议代表提出的议案的处理意见报告

（1993 年 3 月 29 日第八届全国人民代表大会第一次会议
主席团第五次会议通过）

八届全国人大一次会议副秘书长　曹　志

本次会议收到代表团提出的议案 47 件，30 名以上代表联名提出的议案 564 件，共计 611 件。这些议案对于建设有中国特色的社会主义，坚持党的基本路线，建立社会主义市场经济体制，进一步深化改革和扩大开放，加快社会主义现代化建设，发展社会主义民主，加强社会主义法制，维护社会秩序，加强社会主义精神文明的建设和发展各项社会事业等方面，提出了很多重要的意见。根据全国人民代表大会议事规则关于议案处理的规定，广东代表团提出的"建议八届全国人大一次会议通过决议，尽早成立香港特别行政区筹备委员会的预备工作委员会"议案，已经大会主席团决定列入本次大会议程；大会秘书处同法律委员会、财经委员会和有关部门商议，建议将 93 件议案交有关专门委员会审议，提出是否列入全国人大或全国人大常委会的议程的意见，由全国人大常委会审议决定。其中，交法律委员会审议 24 件，交财政经济委员会审议 36 件。待其他专门委员会成立后，交民族委员会审议 9 件，交内务司法委员会审议 3 件，交教育科学文化卫生委员会审议 19 件，交华侨委员会审议 2 件。另外 517 件，作为建议、批评和意见，由全国人大常委会办公厅交由有关机关、组织研究处理，并负责答复代表。其中，有关财经方面 324 件，政法方面 116 件，文教方面 77 件。

此外，截至 3 月 28 日，大会秘书处还收到代表对各方面工作提出的建议、批评和意见 1687 件。这些建议、批评和意见，全国人大常委会办公厅将会同国务院办公厅交由有关机关、组织研究处理，并负责答复代表。

以上处理意见是否妥当，请予以审议。

二、关于第八届全国人民代表大会第二次会议代表提出的议案的处理意见报告

关于第八届全国人民代表大会第二次会议代表提出的议案的处理意见报告

（1994 年 3 月 19 日第八届全国人民代表大会第二次会议
主席团第三次会议通过）

八届全国人大二次会议副秘书长　曹　志

本次会议收到代表团提出的议案 63 件，30 名以上代表联名提出的议案 660 件，共计 723 件。这些议案从抓住机遇、深化改革、扩大开放、促进发展、保持稳定的大局出发，以经济建设为中心，对加快建立社会主义市场经济体制，保持国民经济持续、快速、健康发展，加强社会主义民主和法制建设，促进教育科技文化卫生等事业的进步，提出了很多重要的建议和意见。经大会秘书处同各专门委员会商议，建议将 99 件议案交有关的专门委员会审议，提出是否列入全国人大或全国人大常委会的议程的意见，由全国人大常委会审议决定。其中，交民族委员会审议的 10 件；交法律委员会审议的 28 件；交内务司法委员会审议的 7 件；交财经委员会审议的 21 件；交教科文卫委员会审议的 24 件；交外事委员会审议的 1 件；交华侨委员会审议的 2 件；交环境保护委员会审

议的6件。另外624件，作为建议、批评和意见，由全国人大常委会办公厅交由有关机关、组织研究处理，并负责答复代表。

此外，截至3月18日，大会秘书处还收到代表对各方面工作提出的建议、批评和意见1605件。这些建议、批评和意见，全国人大常委会办公厅将会同国务院办公厅交由有关机关、组织研究处理，并负责答复代表。

以上处理意见是否妥当，请审议。

三、关于第八届全国人民代表大会第三次会议代表提出的议案的处理意见报告

关于第八届全国人民代表大会第三次会议
代表提出的议案的处理意见报告

（1995年3月16日第八届全国人民代表大会第三次会议
主席团第四次会议通过）

八届全国人大三次会议副秘书长　曹　志

大会主席团：

本次会议收到代表团提出的议案36件，30名以上代表联名提出的议案696件，共计732件。这些议案从抓住机遇、深化改革、扩大开放、促进发展、保持稳定的大局出发，围绕加快建立社会主义市场经济体制，保持国民经济持续、快速、健康发展，加强社会主义民主法制建设，就抑制通货膨胀，加快农业发展，积极推进国有企业改革，保护环境与资源，促进教育、科技、文化、卫生等事业的进步，加强廉政建设和社会治安综合治理等问题提出了很多重要的建议和意见。经大会秘书处同各专门委员会商议，建议将110件议案交有关的专门委员会审议，提出是否列

入全国人大或全国人大常委会的议程的意见，由全国人大常委会审议决定。其中，交民族委员会审议的 5 件；交法律委员会审议的 26 件；交内务司法委员会审议的 12 件；交财经委员会审议的 29 件；交教科文卫委员会审议的 28 件；交华侨委员会审议的 4 件；交环境与资源保护委员会审议的 6 件。另外 622 件，作为建议、批评和意见，由全国人大常委会办公厅交由有关机关、组织研究处理，并负责答复代表。

此外，截至 3 月 15 日，大会秘书处还收到代表对各方面工作提出的建议、批评和意见 1593 件。这些建议、批评和意见，全国人大常委会办公厅将会同国务院办公厅交由有关机关、组织研究处理，并负责答复代表。

以上处理意见是否妥当，请审议。

四、关于第八届全国人民代表大会第四次会议代表提出的议案的处理意见报告

**关于第八届全国人民代表大会第四次会议
代表提出的议案的处理意见报告**

（1996 年 3 月 16 日第八届全国人民代表大会第四次会议
主席团第三次会议通过）

八届全国人大四次会议副秘书长　曹　志

大会主席团：

本次会议共收到议案 603 件，其中：代表团提出的议案 31 件，30 名以上代表联名提出的议案 572 件。这些议案从"抓住机遇、深化改革、扩大开放、促进发展、保持稳定"的基本方针出发，围绕"九五"计划和 2010 年远景目标，促进国民经济持续、快速、健康发展，就推进经济体制和经济增长方式的转变，加强

社会主义精神文明和民主法制建设，增强农业基础建设，搞好国有企业改革和发展，发展教育和科技，加强勤政廉政建设和社会治安综合治理等问题提出了许多重要的建议和意见。经大会秘书处同各专门委员会商议，建议将124件议案交有关的专门委员会审议，提出是否列入全国人大或全国人大常委会的议程的意见，由全国人大常委会审议决定。其中，交民族委员会审议的4件；交法律委员会审议的26件；交内务司法委员会审议的13件；交财政经济委员会审议的43件；交教科文卫委员会审议的27件；交华侨委员会审议的6件；交环境与资源保护委员会审议的5件。另外479件，作为建议、批评和意见，由全国人大常委会办公厅交由有关机关、组织研究处理，并负责答复代表。

此外，截至3月15日，大会秘书处还收到代表对各方面工作提出的建议、批评和意见1958件。这些建议、批评和意见，全国人大常委会办公厅将会同国务院办公厅交由有关机关、组织研究处理，并负责答复代表。

以上处理意见是否妥当，请审议。

五、关于第八届全国人民代表大会第五次会议代表提出的议案的处理意见报告

关于第八届全国人民代表大会第五次会议
代表提出的议案的处理意见报告

（1997年3月13日第八届全国人民代表大会第五次会议
主席团第三次会议通过）

八届全国人大五次会议副秘书长　曹　志

大会主席团：

本次会议共收到议案700件，其中：代表团提出的议案32件，

30 名以上代表联名提出的议案 668 件。这些议案以邓小平建设有中国特色社会主义理论为指导，坚持党的基本路线和基本方针，围绕实施"九五"计划和 2010 年远景目标纲要，为深化改革、扩大开放，稳中求进，推进经济体制和经济增长方式的转变，就健全社会主义市场经济体制，集中力量抓好国有大中型企业和企业经营管理，加强农业基础地位，建立健全社会保障制度，发展科技教育文化事业，加强社会主义精神文明建设和民主法制建设等，提出了许多重要的建议和意见。经大会秘书处同各专门委员会商议，建议将 140 件议案交有关专门委员会审议，提出是否列入全国人大或全国人大常委会的议程的意见，由全国人大常委会审议决定。其中，交民族委员会审议的 9 件；交法律委员会审议的 32 件；交内务司法委员会审议的 8 件；交财政经济委员会审议的 42 件；交教育科学文化卫生委员会审议的 32 件；交外事委员会审议的 1 件；交华侨委员会审议的 3 件；交环境与资源保护委员会审议的 13 件。另外 560 件，作为建议、批评和意见，由全国人大常委会办公厅交有关机关、组织研究处理，并负责答复代表。

此外，截至 3 月 12 日，大会秘书处还收到代表对各方面工作提出的建议、批评和意见 1289 件。这些建议、批评和意见，全国人大常委会办公厅将会同国务院办公厅交由有关机关、组织研究处理，并负责答复代表。

以上处理意见是否妥当，请审议。

第四节　第九届全国人民代表大会的代表议案、建议工作

随着代表建议数量的上升，代表议案的数量也大量增加，出

现了大量"议案转建议"的情况。出现这种情况的重要原因，或者是因内容不属人大职权范围，或者是因内容缺乏可操作性和针对性等。例如2001年到2004年，每年代表向大会提交的议案均突破千件。但2001年作为议案处理的约占26%，2002年为24%，2003年为32.2%，2004年为46.7%。尽管如此，议案处理的工作量对于全国人大常委会有限的工作力量来讲都是一项艰巨的任务。

一、关于第九届全国人民代表大会第一次会议代表提出的议案的处理意见报告

关于第九届全国人民代表大会第一次会议
代表提出的议案的处理意见报告

（1998年3月16日第九届全国人民代表大会第一次会议
主席团第五次会议通过）

九届全国人大一次会议副秘书长　曹　志

大会主席团：

本次会议共收到议案830件，其中：代表团提出的议案26件，30名以上代表联名提出的议案804件。这些议案以邓小平理论为指导，坚持党的基本路线和基本方针，根据中国共产党第十五次全国代表大会精神，围绕深化改革，提高对外开放水平，推进依法治国，就完善人民代表大会制度，加强农业基础地位，加快国有企业改革、金融体制改革、政府机构改革，建立健全社会保障制度，发展科技教育文化事业，加强社会主义精神文明建设和民主法制建设等，提出了许多重要的建议和意见。经大会秘书处同有关工作部门商议，建议将190件议案交有关的专门委员会审议，提出是否列入全国人民代表大会会议或全国人大常委会会

议议程的意见，由全国人大常委会审议决定。其中：交民族委员会审议的 9 件；交法律委员会审议的 42 件；交内务司法委员会审议的 8 件；交财政经济委员会审议的 55 件；交教育科学文化卫生委员会审议的 41 件；交华侨委员会审议的 5 件；交环境与资源保护委员会审议的 18 件；交农业与农村委员会审议的 12 件。另外 640 件作为建议、批评和意见，连同大会期间收到代表提出的建议、批评和意见，由全国人大常委会办公厅交由有关机关、组织认真研究处理，并负责答复代表。

以上处理意见是否妥当，请审议。

二、关于第九届全国人民代表大会第二次会议代表提出的议案的处理意见报告

关于第九届全国人民代表大会第二次会议
代表提出的议案的处理意见报告

（1999 年 3 月 14 日第九届全国人民代表大会第二次会议
主席团第三次会议通过）
九届全国人大二次会议副秘书长　　何椿霖

大会主席团：

本次会议收到议案共 759 件，其中：代表团提出的议案 19 件，30 名以上代表联名提出的议案 740 件。这些议案以邓小平理论为指导，根据中国共产党第十五次全国代表大会和十五届三中全会的精神，就继续推进改革开放和现代化建设，在优化结构、提高质量和效益基础上实现经济较快增长，加强社会主义民主法制建设、推进依法治国，实施科教兴国战略和可持续发展战略，保护资源和生态环境，增加农民收入，减轻农民负担，稳定和加强农

业，深化国有企业改革，做好下岗职工基本生活保障和再就业工作，健全社会保障制度，整顿金融秩序，防范和化解金融风险，加强廉政建设，加强精神文明建设，繁荣社会主义文化事业，搞好社会治安综合治理等方面，提出了许多重要的建议和意见。经大会秘书处同各专门委员会商议，建议将229件议案交各专门委员会审议，并提出是否列入全国人民代表大会会议或全国人大常委会会议议程的意见，由全国人大常委会审议决定。其中，交民族委员会审议的4件；交法律委员会审议的57件；交内务司法委员会审议的11件；交财政经济委员会审议的58件；交教育科学文化卫生委员会审议的49件；交外事委员会审议的1件；交华侨委员会审议的3件；交环境与资源保护委员会审议的19件；交农业与农村委员会审议的27件。另外530件作为建议、批评和意见，连同大会期间收到代表提出的建议、批评和意见，由全国人大常委会办公厅交由有关机关、组织认真研究处理，并负责答复代表。

　　以上处理意见是否妥当，请审议。

三、关于第九届全国人民代表大会第三次会议代表提出的议案的处理意见报告

关于第九届全国人民代表大会第三次会议
代表提出的议案的处理意见报告
（2000年3月14日第九届全国人民代表大会第三次会议
主席团第三次会议通过）
九届全国人大三次会议副秘书长　何椿霖

大会主席团：

　　根据九届全国人大三次会议主席团第一次会议通过的议

案截止时间，到 3 月 10 日 18 时，共收到议案 916 件，其中：代表团提出的议案 33 件，30 名以上代表联名提出的议案 883 件。

代表们认真履行代表职责，积极提出议案，议案的质量比往年有所提高。提出的议案涉及的主要内容有：继续推动改革开放和经济发展，推进依法治国，加强社会主义民主法制建设，坚持和完善人民代表大会制度，在扩大内需、调整经济结构和提高效益的基础上保持经济的较快增长，积极实施西部大开发战略、加快中西部地区的发展，增加农民收入、减轻农民负担、进一步稳定和加强农业，继续推进以国有企业改革为中心环节的经济体制改革，全面加强管理，健全社会保障体系，坚持和完善国有企业下岗职工基本生活保障、失业保险和城镇居民最低生活保障制度，继续实施科教兴国战略和可持续发展战略，推进国家创新体系建设，深化教育管理体制改革，保护资源和生态环境，继续加强廉政建设和反腐败斗争，切实加强精神文明建设，推进祖国和平统一、维护社会稳定等方面的问题。

按照全国人民代表大会组织法第十条和全国人民代表大会议事规则第二十一条的规定，大会秘书处在收到代表提交的议案后，及时分送各专门委员会提出初步处理意见。经大会秘书处同各专门委员会商议，建议将 916 件中的 195 件议案交有关专门委员会审议，提出是否列入全国人民代表大会会议或全国人大常委会会议议程的意见，由全国人大常委会审议决定。其中，交民族委员会审议的 5 件；交法律委员会审议的 42 件；交内务司法委员会审议的 8 件；交财政经济委员会审议的 42 件；交教育科学文化卫生委员会审议的 45 件；交华侨委员会审议的3件；交环境与资源保护委员会审议的24件；交农业与农村委员会审议的26件。其余的721件作为建议、批评和意见，连同大会期间收到代表提出的建议、批评和意见，由全国人大常委会办公厅交由有关机关、组织认真研究处理，并负责答复代表。

以上报告，请审议。

四、关于第九届全国人民代表大会第四次会议代表提出的议案的处理意见报告

关于第九届全国人民代表大会第四次会议代表提出的议案的处理意见报告

（2001年3月14日第九届全国人民代表大会第四次会议主席团第三次会议通过）

九届全国人大四次会议副秘书长　何椿霖

大会主席团：

根据九届全国人大四次会议主席团第一次会议通过的议案截止时间，到3月10日18时，共收到议案1040件，其中：代表团提出的议案25件，30名以上代表联名提出的议案1015件。

代表们认真履行职责，主要围绕国民经济和社会发展"十五"计划纲要，积极提出议案，议案的数量是九届全国人大以来最多的一年。议案涉及的主要内容有：坚持以发展为主题，继续推进改革开放和现代化建设；加强农业基础地位，增加农民收入，减轻农民负担；加大经济结构战略性调整力度，加快工业改组改造和结构优化升级，发展高新技术产业；实施西部

大开发战略，加快中西部地区发展；落实科教兴国战略，促进科技进步和创新，深化教育体制改革；继续实施可持续发展战略，保护和合理利用资源，加强环境保护和生态建设；深化国有企业改革，加快建立和完善现代企业制度；整顿和规范市场经济秩序；加强和改善宏观调控；进一步提高对外开放水平；不断改善人民生活，加快完善社会保障制度；加强社会主义民主法制建设，依法治国、建设社会主义法治国家；深入开展反腐败斗争，加强廉政建设；把依法治国和以德治国结合起来，大力推进社会主义精神文明建设；维护社会稳定；推进祖国和平统一等。

按照全国人民代表大会组织法第十条和全国人民代表大会议事规则第二十一条的规定，大会秘书处在收到代表提交的议案后，及时分送各专门委员会提出初步处理意见。经大会秘书处同各专门委员会商议，建议将1040件中的268件议案交有关专门委员会审议，提出是否列入全国人民代表大会会议或全国人大常委会会议议程的意见，由全国人大常委会审议决定。其中，交民族委员会审议的5件；交法律委员会审议的46件；交内务司法委员会审议的31件；交财政经济委员会审议的46件；交教育科学文化卫生委员会审议的31件；交华侨委员会审议的2件；交环境与资源保护委员会审议的45件；交农业与农村委员会审议的62件。其余的772件作为建议、批评和意见，连同大会期间收到代表提出的建议、批评和意见，由全国人大常委会办事机构交由有关机关、组织研究处理，并负责答复代表。

以上报告，请审议。

五、关于第九届全国人民代表大会第五次会议代表提出的议案的处理意见报告

关于第九届全国人民代表大会第五次会议
代表提出的议案的处理意见报告

（2002 年 3 月 13 日第九届全国人民代表大会第五次会议
主席团第三次会议通过）

九届全国人大五次会议副秘书长　　何椿霖

大会主席团：

根据九届全国人大五次会议主席团第一次会议通过的议案截止时间，到 3 月 10 日 18 时，大会秘书处共收到代表提出的议案 1194 件，其中：代表团提出的议案 27 件，30 名以上代表联名提出的议案 1167 件。

代表们认真履行宪法和法律赋予的职责，围绕国家改革发展稳定的重大问题和人民群众关注的重要问题，积极提出议案。议案的数量是九届全国人大历次会议最多的一次。这些议案涉及的主要内容有：坚持扩大国内需求的方针，继续实施积极的财政政策和稳健的货币政策；加快农业和农村的发展，确保农民减负增收；推进经济结构调整，促进高新技术产业和现代服务业的发展；加快西部开发的步伐，促进地区协调发展；深化经济体制改革，推进国有企业的现代企业制度建设，促进多种所有制经济共同发展；完善城镇社会保障体系，努力改善城乡人民生活；提高对外开放水平，做好加入世贸组织后的各项工作；整顿和规范市场经济秩序，加强社会信用制度建设；进一步落实科教兴国战略和可持续发展战略，加快人才培养，加强资源的合理开发和利

用，保护生态环境和防治污染；发展文化事业，加强精神文明建设；实施依法治国方略，推进民主政治的发展；加大反腐败力度，严惩各类犯罪活动，保障国家安全，维护社会稳定；促进港澳的稳定与发展，推进祖国和平统一等。

按照全国人民代表大会组织法第十条和全国人民代表大会议事规则第二十一条的规定，大会秘书处在收到代表提交的议案后，及时分送各有关专门委员会提出初步处理意见。经大会秘书处同各专门委员会商议，建议将1194件中的285件议案交有关专门委员会审议，提出是否列入全国人民代表大会会议或全国人大常委会会议议程的意见，由全国人大常委会审议决定。其中，交民族委员会审议的有2件；交法律委员会审议的有102件；交内务司法委员会审议的有46件；交财政经济委员会审议的有39件；交教育科学文化卫生委员会审议的有40件；交环境与资源保护委员会审议的有22件；交农业与农村委员会审议的有34件。其余的909件作为建议、批评和意见，连同大会期间收到的代表提出的建议、批评和意见，由全国人大常委会办事机构交由有关机关、组织研究处理，并负责答复代表。

以上报告，请审议。

第五节　第十届全国人民代表大会第一次、第二次会议期间的代表议案、建议工作

面对代表建议数量不断增加的现状，如何更好地办理代表建

议，推动解决经济社会改革发展中的难题，全国人大常委会在完善健全人大代表建议制度的过程中，开创性地建立起重点督办建议制度。

2004年，十届全国人大二次会议结束后，全国人大常委会首次确定了8个方面的重点督办建议，要求有关承办单位重点办理，由全国人大常委会办公厅和国务院办公厅共同督办。确定重点建议的原则是：内容属于党和国家的中心工作、改革发展稳定的重大问题、人民群众普遍关心的热点难点问题。

一、关于第十届全国人民代表大会第一次会议代表提出议案处理意见的报告

关于第十届全国人民代表大会第一次会议
代表提出议案处理意见的报告

（2003年3月14日第十届全国人民代表大会第一次会议
主席团第四次会议通过）

十届全国人大一次会议副秘书长　何椿霖

大会主席团：

根据第十届全国人民代表大会第一次会议主席团第一次会议规定的议案截止时间，到3月10日18时，大会秘书处共收到代表提出的议案1050件。其中，代表团提出的议案19件，30名以上代表联名提出的议案1031件。

全国人大代表依照宪法和法律规定，向全国人民代表大会会议提出属于全国人大职权范围内的议案，是代表人民参加行使国家权力的重要形式。在这次会议上，代表们以高度的政治责任感，认真履行宪法和法律赋予的职责，围绕发展社会主义民主政

治，健全社会主义法制，推进依法治国进程，促进改革开放和现代化建设，实现党的十六大提出的全面建设小康社会的宏伟目标，积极提出议案。

议案涉及的内容很多，主要有：农村税费改革，减轻农民负担和增加农民收入；加快农业和农村经济结构调整，推进农业产业化经营；深化国有企业改革，鼓励、支持和引导非公有制经济发展；发展高新技术产业，走新型工业化道路；扩大开放，提高对外经济合作水平；加快发展各级各类教育，提高教育质量和管理水平；增加就业岗位，完善社会保障体系；维护妇女合法权益；整顿和规范市场经济秩序，加强社会诚信建设；保障生产安全、食品安全和信息安全；加强生态环境保护和建设，合理利用自然资源；提高行政执法水平，推进司法体制改革；加强社会治安综合治理，维护社会稳定等。这些都是关系到国家改革发展稳定的重大问题，与人民群众切身利益密切相关。其中，要求制定、修改法律或者完善有关法律制度的议案，占议案总数的近三分之二。

按照全国人大组织法第十条和全国人大议事规则第二十一条的规定，大会秘书处在收到代表提交的议案后，进行了认真研究，建议将1050件议案中的338件交由有关专门委员会审议，提出是否列入全国人民代表大会会议或者全国人大常委会会议议程的意见，由全国人大常委会审议决定。其中，交由民族委员会审议的有4件；交由法律委员会审议的有100件；交由内务司法委员会审议的有51件；交由财政经济委员会审议的有67件；交由教育科学文化卫生委员会审议的有34件；交由外事委员会审议的有2件；交由华侨委员会审议的有1件；交由环境与资源保护委员会审议的有31件；交由农业与农村委员会审议的有48

件。其余的 712 件，需要由有关方面办理，转为建议、批评和意见，由全国人大常委会办事机构交由有关机关、组织研究处理，并负责答复代表。

以上报告，请审议。

二、关于第十届全国人民代表大会第二次会议代表提出议案处理意见的报告

关于第十届全国人民代表大会第二次会议
代表提出议案处理意见的报告
（2004 年 3 月 13 日第十届全国人民代表大会第二次会议
主席团第三次会议通过）
十届全国人大二次会议副秘书长　盛华仁

大会主席团：

全国人大代表依照法定程序向全国人民代表大会提出属于全国人民代表大会职权范围内的议案，是代表履行宪法和法律赋予的职责、参加管理国家事务的重要途径和形式。十届全国人大二次会议期间，代表们以对人民高度负责的精神和求真务实的态度，围绕推动经济与社会全面、协调、可持续发展和实现社会主义物质文明、政治文明、精神文明共同进步，积极向大会提出议案。截至 3 月 10 日 18 时（即议案截止时间），大会秘书处共收到代表团和代表联名提出的议案 1374 件。其中，代表团提出的议案 13 件，30 名以上代表联名提出的议案 1361 件。

本次会议代表团和代表联名提出的议案，与过去历次会议相比：一是数量有较大增加，是 1983 年六届全国人大一次会议实行代表议案制度以来最多的一次；二是在提出的议案中，属于全

国人民代表大会职权范围、符合议案规范要求、可作为议案处理的件数和比重都有较大增加；三是案由广泛，许多议案涉及解决经济与社会发展中的突出矛盾，解决关系人民群众切身利益的突出问题，其中要求制定、修改法律或者完善有关法律制度的约占60%。

代表提出的议案内容主要包括：加强和改善宏观调控，实现农民增收和农业增产，促进区域经济协调发展，实施科教兴国和可持续发展的战略，全面推进各项社会事业，深化经济体制和国有企业改革，发展非公有制经济，提高对外开放水平，增加就业和健全社会保障体系，提高人民生活水平，加强民主法制建设，维护社会稳定和国家安全等十多个方面。

根据全国人大组织法第十条和全国人大议事规则第二十一条的规定，大会秘书处在收到代表团和代表联名提出的议案后，及时与全国人大各专门委员会进行分析研究，并提出初步处理意见。经过对提出的1374件议案逐件分析，我们建议：对其中符合或者基本符合议案规范要求的641件作为议案处理（占提出议案总数的46.7%），分别交由有关专门委员会进行审议。其中，交由法律委员会审议的166件，内务司法委员会审议的90件，财政经济委员会审议的166件，教育科学文化卫生委员会审议的86件，外事委员会审议的5件，环境与资源保护委员会审议的72件，农业与农村委员会审议的56件。各有关专门委员会审议后，依法提出是否列入全国人民代表大会会议或者全国人大常委会会议议程的意见，由全国人大常委会审议决定。其余的733件，根据其内容分析，建议转为代表提出的建议、批评和意见，连同大会期间收到的代表提出的建议、批评和意见，由全国人大常委会办事机构依法交由有关机关、组织研究处理，并负责答复代表，同时将答复内容向全国人大常委会办事机构反馈，以便进行督促和检查。

全国人大各专门委员会对每件议案都要深入研究，认真处理。全国人大常委会办事机构要与承办单位加强联系和协调，认真改进代表建议、批评和意见的办理工作，为全国人大代表依法履行职责创造条件和提供服务。全国人大各专门委员会和常委会办事机构都要努力做好工作，接受代表的监督。

以上报告，请审议。

／ 第五章 ／

第十届全国人民代表大会第三次会议至第十三届全国人民代表大会第五次会议期间的代表议案、 建议工作

（2005—2022 ）

2005 年 6 月，全国人大常委会制定出台《全国人民代表大会代表议案处理办法》《全国人民代表大会代表建议、批评和意见处理办法》等文件。这些文件进一步完善了代表议案的基本要求、代表议案的提出、代表议案的处理等规定，更加明确了代表建议的基本要求、代表建议的提出范围、代表建议的交办和承办，以及提出向全国人大常委会报告建议办理情况机制等内容，推动代表议案、建议制度进入了新的发展阶段。本章主要收录了第十届全国人民代表大会第三次会议至第五次会议期间、第十一届、第十二届、第十三届全国人民代表大会历次会议期间代表议案、建议有关文件。

第一节　第十届全国人民代表大会第三次会议至第五次会议期间的代表议案、建议工作

2005 年，随着全国人大常委会制定出台《全国人民代表大会代表议案处理办法》《全国人民代表大会代表建议、批评和意见处理办法》等规定，代表议案和建议制度建设进入了新的发展阶段。由于议案的类型、构成要件和固定格式得到规范，"议案转建议"的情况明显减少，议案的数量也开始大幅下降，2006 年为 1006 件，2007 年为 796 件。但议案质量却有所提高，一些

法律议案还附有法律草案文本和说明。与此同时，代表建议提出范围、实行统一交办制度、建立重点督办建议机制、加强对建议办理督促检查及提出向全国人大常委会报告建议办理情况机制等也得到进一步明确，特别是重点督办建议制度实施以来，全国人大常委会每年都会研究确定若干项重点督办建议，推动解决了许多实际问题。

一、第十届全国人民代表大会第三次会议的代表议案、建议工作

（一）关于第十届全国人民代表大会第三次会议代表提出议案处理意见的报告

关于第十届全国人民代表大会第三次会议
代表提出议案处理意见的报告

（2005 年 3 月 12 日第十届全国人民代表大会第三次会议
主席团第四次会议通过）

十届全国人大三次会议副秘书长　盛华仁

十届全国人大三次会议主席团：

十届全国人大三次会议期间，代表们以对国家和人民高度负责的态度，认真履行宪法和法律赋予的职责，围绕全面落实科学发展观，推进社会主义物质文明、政治文明、精神文明建设与和谐社会建设这一总的要求，依照法定程序，积极向大会提出议案。到代表提出议案截止时间 3 月 10 日 12 时，代表团和 30 名以上代表联名提出的议案共 991 件，比上次大会 641 件增加了54.6%。其中，由代表团提出的议案 5 件，由 30 名以上代表联名提出的议案 986 件。

代表依法提出议案，是代表履行职责和行使权力的重要途径和形式。代表通过闭会期间参加视察和调研、深入群众了解社情民意的社会实践活动，掌握了大量的第一手材料，经过分析研究，认真负责地拟定和提出议案。与往年相比，本次会议上代表提出的议案不仅数量有较大增加，而且质量有明显提高。具有以下几个特点：一是提出的议案较好地表达了代表的意愿。代表团提出的议案，都经过代表团全体会议集体讨论通过；代表联名提出的议案，多数领衔代表在提出议案前都采取各种方式向附议代表介绍情况、征求意见，有的还向附议代表提供议案文本或者与附议代表进行集体讨论，在征求意见的基础上作了多次修改。二是议案文本较为规范。议案基本上做到了案由、案据清楚，方案具体，具有较强的针对性和适用性。其中，有512件议案提供了法律草案文本，占议案总数的51.6%。三是议案全部为法律案，大都是着眼于在本届全国人大任期内基本形成中国特色社会主义法律体系这一目标提出的。其中，提出制定法律的有452件，占总数的45.6%；提出修改法律的有539件，占总数的54.4%。有406件议案提出的51个立法项目，同全国人大常委会五年立法规划和2005年立法计划的立法项目相一致。这些都反映了全国人大代表对加快社会主义民主法制建设的强烈愿望，也反映了我国经济社会发展和人民生活改善对法律保障的迫切要求。

经过对本次会议上代表议案的逐件分析，按照中国特色社会主义法律体系七个部门的分类方法划分，大体分为：（一）属于行政法类的议案最多，共有316件，占议案总数的31.9%。如提出加强食品卫生安全方面的立法，制定食品安全法、农产品质量安全法等，从田间到餐桌全过程保证食品卫生安全；提出修改义务教育法，进一步促进我国义务教育事业的发展；制定治安管理处罚法等。（二）属于经济法类的议案有237件，占议案总数的24%。如提出修改审计法，扩大审计监督的范围，依法加强审计监督；提出修改土地管理法，改革土地审批制度，实行最严格的耕地保护制度；修改邮政法等。（三）属于社会法类的议案有128件，占议案总数的13%。如提出加快社会保障立法，规范和完善社会保险、城乡就业、社会救济；修改妇女权益保障法等。（四）属于宪法相关法类的议案有117件，占议案总数的11.8%。如提出修改代表法、选举法、组织法和全国人大议事规则等法律，制定监督法，进一步坚持和完善我国的人民代表大会制度。（五）属于刑法类的议案有81件，占议案总数的8.1%。如提出修改、完善刑法，加大对犯罪行为的预防和惩罚力度，维护社会安定。（六）属于民法商法类的议案有60件，占议案总数的6%。如制定或者修改证券法、知识产权法、企业破产法、公司法、合同法等。（七）属于诉讼与非诉讼程序法类的议案有52件，占议案总数的5.2%。如提出修改、完善刑事诉讼法、行政诉讼法、民事诉讼法等。办理好代表提出的这些议案，对于发展社会主义民主，健全社会主义法制，实施依法治国基本方略，构建社会主义和谐社会，将发挥重要的法律保障作用。

根据全国人大组织法第十条和全国人大议事规则第二十一条的规定，大会秘书处在收到代表议案后，及时与全国人大各专门委员会进行了分析研究，认为在这些议案中，还没有方案较为完备而又迫切需要列入本次大会审议的议案。我们建议，将代表议案分别交由全国人大有关专门委员会进行审议。其中，交由财政经济委员会审议320件，法律委员会审议274件，教育科学文化卫生委员会审议152件，内务司法委员会审议141件，环境与资源保护委员会审议54件，农业与农村委员会审议47件，华侨委员会审议 2 件，外事委员会审议 1 件。各有关专门委员会审议后，依法向全国人大常委会提出代表议案审议结果的报告，由全国人大常委会审议通过。

充分发挥代表作用，提高代表议案办理工作的质量，是坚持和完善人民代表大会制度的一个重要方面，也是全国人大常委会今年工作的重点之一。按照吴邦国委员长在常委会工作报告中提出的要求，要进一步加强和改进代表议案的办理工作，切实提高办理质量。建议全国人大有关专门委员会在审议代表议案时，要通过各种途径与代表进行沟通，认真听取提议案代表特别是领衔代表的意见；在制定或者修改有关法律时，负责起草的部门可邀请熟悉该项法律的代表参与调研、论证或者起草工作；全国人大常委会审议法律案时，可邀请有关代表列席常委会会议，参与审议，以提高立法效率和质量。有关专门委员会经审议后认为需要进一步调查研究和论证的议案，要向提议案代表作出说明，取得他们的理解和支持。

以上报告，请审议。

（二）全国人大常委会办公厅关于第十届全国人民代表大会第三次会议代表建议、批评和意见处理情况的报告

全国人大常委会办公厅关于第十届全国人民代表大会第三次会议代表建议、批评和意见处理情况的报告
——2005 年 12 月 28 日在第十届全国人民代表大会
常务委员会第十九次会议上
全国人大常委会副秘书长　何晔晖

全国人民代表大会常务委员会：

代表依法向本级人民代表大会提出建议、批评和意见（以下简称代表建议），是执行代表职务，参与管理国家事务的重要形

式。全国人大常委会高度重视代表建议工作。十届全国人大三次会议上，吴邦国委员长在常委会工作报告中明确提出，要改进代表建议的办理工作，切实提高代表建议的办理质量。今年5月，中共中央转发的《中共全国人大常委会党组关于进一步发挥全国人大代表作用，加强全国人大常委会制度建设的若干意见》，要求完善有关工作制度，认真负责地处理代表提出的建议。为了贯彻落实中央文件和常委会工作报告的要求，今年6月，经委员长会议原则同意，常委会办公厅出台了《全国人民代表大会代表建议、批评和意见处理办法》。按照这些要求和规定，经代表以及各有关方面的共同努力，加强和改进代表建议工作的举措初见成效。

现在，我代表常委会办公厅报告十届全国人大三次会议代表建议处理情况。

一、代表提出建议的基本情况

十届全国人大三次会议期间，代表们以对国家和人民高度负责的精神，认真履行宪法法律赋予的职责，在参加视察和调研、深入群众了解社情民意、掌握大量第一手材料的基础上，经过认真分析研究，广泛征求意见，提出建议5884件。参加提出建议的代表2508名，占代表总数的84%，35个代表团都有代表提出建议。

代表提出的建议，内容广泛，涉及各个领域，其中反映比较集中的有几个方面：一是涉及科技、教育、文化、卫生方面的有1022件，占建议总数的17.37%；二是涉及发展规划和综合经济方面的有958件，占16.28%；三是涉及社会及公共事务方面的有760件，占12.92%；四是涉及财政、税收和金融方面的有642件，占10.91%；五是涉及农林水利方面的有588件，占9.99%；

六是涉及法院、检察院工作及法制建设方面的有 538 件，占 9.14%；其他方面的有 1376 件，占 23.39%。

今年代表提出的建议质量有很大的提高。大多数建议都是围绕国家改革发展稳定的大局，政治、经济、文化、社会生活中的重大问题，人民群众普遍关心的问题提出的，建议的内容明确，有情况、有分析、有具体建议，有的还提出了解决问题的具体方案，针对性比较强，格式也比较规范。

二、加强和改进代表建议的办理工作

按照法律规定，有关机关、组织负有办理全国人大代表建议的职责。这些年来，代表建议办理工作积累了不少经验，也存在一些问题，主要是重视不够，思路不开阔，措施不够有力，办理效果不够理想。代表对一些承办单位的那种"感谢你提出了很好的建议、你的建议我们正在认真研究、希望你继续对我们的工作提出建议"的"三句话"式的答复提出严肃批评，要求认真改进代表建议的办理工作。

加强和改进代表建议的办理工作，关键是切实提高代表建议的办理质量。各承办单位、全国人大有关专门委员会和常委会办公厅针对代表提出的对代表建议"重答复、轻落实"的批评，紧紧围绕提高办理实效这个中心，采取了以下几项措施。

（一）改进代表建议的交办工作。一是建立了新的分类体系，提高交办的准确性和针对性。常委会办公厅总结代表建议分类中存在的问题，根据代表建议办理工作的需要，将代表建议的分类由以往的 4 个方面细化为 10 个方面 120 类。二是改进了代表建议的交办方式，由分别领取建议交办件，改为召开会议统一交办。常委会办公厅今年首次召开了全国人大代表建议交办会，国务院及其有关部门、最高人民法院、最高人民检察院等单位的近

300人参加了会议，其中部级领导干部30多人。会上将代表提出的建议，分别交由中央和地方的164个机关、组织研究处理。承办代表建议超过200件的有10个部委，共承办4704件，占代表建议总数的80%，其中国家发改委1215件，财政部1039件。三是交办中明确要求，落实任务。在会议上常委会办公厅对代表建议的办理工作，提出了"提高认识、统一交办、分别承办、严格责任、突出重点、认真答复"的"6句话24个字"和"将代表建议百分之百地交给承办单位，百分之百地落实到责任部门，百分之百地经过调研后办理，办理结果百分之百地答复代表"的"4个百分之百"的办理工作要求。通过统一交办，各承办单位、督办单位进一步提高了对办理代表建议重要性的认识，对办理好代表建议，起到了重要的推动作用。

（二）建立健全承办代表建议的责任制度。今年，常委会办公厅强调，对代表建议不能由具体承办人答复，也不能由部委的司局答复，而要由部委答复，答复的是部委的意见，要求各承办单位都要建立严格的责任制。这有利于避免答复的随意性，使答复有实质内容，建议能够得到落实，解决实际问题。绝大多数承办单位都建立了部委主管领导、司局领导、具体承办人分级责任制，并制定了具体办理工作方案或工作计划，把任务、责任落实到人，确保建议得到认真负责的办理，推动相关部门改进工作。许多承办单位的主要负责人直接参与代表建议的办理工作。水利部部长和分管的副部长亲自审阅办理工作方案，主要领导同志专门安排时间分别听取承办司局办理情况汇报。一些部委的部长、主任亲自修改建议答复稿。今年由部委领导签发并由部委答复的占建议答复总数的97%，比往年有较大幅度的提高，改变了以往许多单位由具体承办部门直接答复代表的状况。

（三）加强与提建议代表的沟通。这是今年改进代表建议办理工作的一个显著特点。一是承办单位在办理建议前，对代表建议内容不够明确的，多数单位采取信函、电话联系等方式，与提建议的代表进行沟通，听取他们的意见，了解代表所提建议的原意、提出的背景和办理的要求。二是在办理建议过程中，对部分代表希望参与建议办理的，承办单位采取邀请代表座谈、调研、考察等方式，与代表共同研究解决问题的办法，同时向代表介绍本单位开展的相关工作。据对建设部等 10 个部委的统计，10 部委办理代表建议共 850 件，在办理过程中，与代表直接联系或邀请代表直接参与的有 429 件，占 50.47%。三是在办理建议答复后，采取多种方式征求代表对建议答复的意见。民政部、财政部等一些部委的部长、主任亲自与提出建议的代表座谈，受到代表的好评。有代表反映，当了几届代表，第一次有部长就他提出的建议当面听取意见，这既体现了对代表的尊重，更感到了肩上的责任。常委会办公厅还直接或委托各省人大常委会代表联络工作机构征求代表对建议答复的意见，有 1020 名代表直接反馈了意见，表示满意和基本满意的有 943 名，占 92.45%。

（四）加大代表建议的督办力度。对代表建议的承办工作进行督办，是确保代表建议办理质量的重要环节和有效手段。今年第一次实行了代表建议分层次督办制度。一是常委会办公厅分阶段对代表建议办理工作督促落实。今年以来，先后召开了建议转办会、重点建议协调会、提高建议办理质量座谈会等 9 个会议，针对建议办理的不同阶段和不同情况，以工作会议的形式，对建议办理工作进行督促检查。二是首次由专门委员会对重点建议跟踪督办。为了使建议办理工作切实抓出成效，今年常委会办公厅会同国务院办公厅并商有关承办单位，确定了 10 项内容的建议作为今年重点办理的建议，即治理月饼过度包装及搭售其他物品、在黄土高原类型区推广小流域综合治理经验、发展西部干旱地区节水农业、改进法律援助工作、发展海水淡化、完善食品安全监管体系和加大食品安全执法力度、解决金融支农问题、治理煤矿瓦斯爆炸、加强淮河治理工程建设、简化海外华侨华人入境和签证手续。这10项建议，分别交由全国人大民族委员会、内务司法委员会、财政经济委员会、教育科学文化卫生委员会、华侨委员会、环境与资源保护委员会、农业与农村委员会进行督办。由专门委员会督办重点建议，是今年代表建议工作的新举措。各有关专门委员会非常重视这项工作，委员会的主要负责同志亲自抓，明确工作责任，指定专人与承办单位联系，采取听取办理工作汇报、参与调研等多种方式，全面了解情况，督促承办单位办好重点建议。专门委员会的督办不仅对重点建议的办理起到了积极的促进作用，也推动了承办单位办好其他建议。三是国务院办公厅加强对政府及其部门代表建议办理工作的督促检查，承办单位内部对办理工作采取多种形式督办。公安部对各局承办的建议分别建立基础台账，统一管理，掌握进度，督促各局按时高质量地办好建议。商务部办公厅为每件代表建议建立档案，对各部门的办理情况进行统计，及时向各部门通报，并利用办公自动系统在网上进行督办。实践表明，加强督办工作，对提高代表建议的办理质量具有重要作用。

三、代表建议办理工作取得的实效

今年代表提出的建议，已经全部办理并答复了代表。办理结果分为四种情况：一是代表所提问题已经解决或承办单位已经明确表示近期将解决的有1502件，占代表建议总数的25%；二是承办单位明确表示采纳代表建议，并且已经制定解决措施或明确

列入今后规划、计划的有 2347 件，占代表建议总数的 40%；三
是暂不具备解决条件，需在今后工作中加强调查研究，待条件成
熟后再予以解决的有 1930 件，占代表建议总数的 33%；另外还
有 105 件留作工作中参考。

代表认真提出建议，各有关单位切实改进和加强代表建议办
理工作，一些代表提出的建议得到采纳，在经济和社会生活中起
到了重要作用。

一是一些代表围绕经济与社会长远发展问题提出的建议得到
采纳，有些项目已经列入规划，实施后将对经济社会发展产生重
要作用。比如，宁夏代表团提出建议，要求发展西部干旱地区节
水农业，将宁夏作为全国省级节水型社会建设试点，水利部会同
国家发改委、农业部认真办理，组成调研组实地考察调研，协助
宁夏回族自治区编制《宁夏节水型社会建设规划》，国务院已将
宁夏作为节水型社会建设示范区。海南代表提出的关于加强海南
岛海岸防护林抵御海啸和风暴潮能力的建议，国家林业局会同财
政部、国家发改委认真承办，国务院决定将全国的沿海防护林体
系建设列入"十一五"规划，《沿海防护林体系建设工程规划》
已基本编制完成。

二是一些代表围绕解决改革发展中遇到的现实困难和问题提
出的建议，承办单位认真处理，有些问题得到比较好的解决。比
如，余红艺等 138 位代表提出 23 件建议，要求进一步完善出口
退税机制，财政部经过充分调研，制定实施了对去年出口退税较
重地区补助方案，国务院下发了《关于完善中央与地方出口退税
负担机制的通知》，将出口退税超基数部分，中央、地方分担比
例由原来的 75：25 改为 92.5：7.5，减轻了地方负担。澳门代表
贺一诚就珠海市修改《珠海市出租小汽车管理条例》、影响持有

珠海市出租小汽车营运牌照的澳门居民权益的问题提出建议，刘焯华、高开贤、崔世平 3 位澳门代表还为此专门走访了广东省人大常委会，在广泛听取意见后，珠海市采纳代表的建议，决定新条例出台前发出的出租车营运牌照按原合约管理，以确保持有珠海市出租小汽车营运牌照的澳门居民的权益不受影响，此举在澳门社会获得普遍好评。

三是一些代表围绕社会普遍关注、反映强烈、与人民群众切身利益密切相关的热点问题提出的建议，承办单位在认真办理的过程中积极解决，取得了比较好的社会效果。比如，王瑛等 44 位代表针对"天价"月饼现象和月饼过度包装及搭售贵重物品的问题提出的 5 件建议，国家发改委会同商务部、工商总局、质检总局发布了《关于规范月饼价格、质量、包装及搭售等行为的公告》，国家质检总局和国家标准委联合发布了月饼强制性国家标准，有关部门组织了联合检查，使今年中秋节"天价"月饼、搭售和过度包装现象初步得到遏制，人民群众得到了实惠。戴菊芳等 119 位代表针对医药价格高、群众看病贵的问题提出 9 件建议，国家发改委积极采纳代表的建议，再次降低了 22 个品种 600 多个剂型的药品价格，减轻群众负担近 40 亿元，这是迄今为止政府历次药品降价措施中降价幅度最大的一次，国家发改委还会同财政部、卫生部等单位向国务院上报了《关于解决群众看病贵、药价高问题的改革意见》。

代表们普遍对今年代表建议办理工作给予了肯定，认为全国人大常委会高度重视加强和改进代表建议工作，承办单位努力提高代表建议办理的效率和水平，工作更加规范，答复更加详细明确，并积极采纳代表的意见和建议，认真改进工作，办理质量有了一定提高。

委员长、各位副委员长、秘书长、各位委员：

总结今年的代表建议办理工作，我们清醒地看到，取得的成效还是初步的，还有许多不尽如人意的地方，特别是"重答复、轻落实"的问题仍有待于进一步解决，有的答复也还过于简单、缺乏针对性。我们要深入贯彻落实中央有关文件和相关工作文件的要求，继续加强和改进代表建议办理工作，进一步发挥代表的作用，努力开创代表工作的新局面。

二、第十届全国人民代表大会第四次会议的代表议案、建议工作

（一）关于第十届全国人民代表大会第四次会议代表提出议案处理意见的报告

关于第十届全国人民代表大会第四次会议
代表提出议案处理意见的报告

（2006 年 3 月 13 日第十届全国人民代表大会第四次会议

主席团第三次会议通过）

十届全国人大四次会议副秘书长　　盛华仁

十届全国人大四次会议主席团：

在十届全国人大四次会议上，代表们以对国家和人民高度负责的态度，围绕全面贯彻科学发展观，推进社会主义经济建设、政治建设、文化建设和社会建设全面发展这一总的要求，认真履行宪法和法律赋予的职责，积极提出议案。到大会提出议案截止时间，由 30 名以上代表联名和代表团提出的议案共 1006 件。其中，代表联名提出的议案 1003 件，代表团提出的议案 3 件。议案数量比上次会议的 991 件略有增加。

代表依法向本级人民代表大会提出议案，是代表履行职责和行使权力的重要途径和形式。党中央去年5月发出的9号文件，对改进代表议案工作、提高议案提出和处理质量提出了明确的要求。全国人大常委会办公厅据此制定的《全国人民代表大会代表议案处理办法》，具体规范了代表议案的范围和条件、议案的提出和处理程序，加强了代表提出议案的服务工作。这次会议上，代表们对提出议案比以往更加重视，议案质量有了明显提高。议案基本上达到了案由案据清楚、方案具体的要求，并附有必要的说明。在1003件法律案中，有541件提供了法律草案文本，占总数的53.9%。为了能够提出服务大局、反映民意、切实可行的议案，代表们在会前深入基层调查研究，为形成议案认真做了准备。在提出的议案中，代表通过专题调研和集中视察形成的有256件，占议案总数的25.5%；通过座谈、走访、征求意见等形式形成的有448件，占议案总数的44.5%；其他议案主要是代表结合本职工作，总结实践经验提出来的。在这次大会日程中，专门安排了半天时间供代表团和代表讨论和提出议案。这样，代表们共同讨论，汇集智慧，领衔代表和附议代表增加交流，增进共识，使提出的议案具有较强的针对性、实用性和民意基础。

这次提出的代表议案，绝大多数是法律案。按照立法工作的进程和性质分析，立法项目已经列入常委会五年立法规划和2006年立法计划的有436件，占议案总数的43.3%。这部分法律案，有的正在审议或正在起草，有的准备调研和起草，代表提出了法律草案文本，要求常委会在起草、审议这些法律案时，吸收他们草案文本的内容。在其他567件法律案中，提出修改现行法律的270件，占议案总数的26.8%；提出制定法律的297件，占议案总数的29.5%。按照中国特色社会主义法律体系七个法律部门来划分，根据代表提出议案的数量，依次情况是：（一）属于行政法类的333件，占议案总数的33.1%。例如，围绕增强自主创新能力、建设创新型国家，提出制定或修改科技进步法、促进科技成果转化法、自主创新促进法等；围绕教育优先发展等重大问题，提出制定或修改教育法、义务教育法、教育投入保障法等。（二）属于经济法类的202件，占议案总数的20.1%。例如，围绕建设社会主义新农村的重大历史任务，提出制定或修改农民合作经济组织法、农业投入法、农田水利促进法、农业技术推广法等，为支持"三农"、促进农村经济社会发展提供法律保障；围绕建设资源节约型、环境友好型社会，提出制定或修改节约能源法、能源法、电力法、土地管理法和循环经济法等。（三）属于社会法类的127件，占议案总数的12.6%。例如，围绕社会保障与救助、特殊群体保护等社会关注的问题，提出制定或修改劳动法、劳动合同法、社会保障法等，从法律上保障和谐社会的建设。（四）属于宪法相关法类的117件，占议案总数的11.6%。例如，围绕推进司法改革，加强司法队伍建设，提出修改人民法院组织法、人民检察院组织法、法官法、检察官法，建设公正司法和公正执法的法官、检察官队伍。（五）属于诉讼与非诉讼程序法类的99件，占议案总数的9.8%。例如，提出修改刑事诉讼法、民事诉讼法和行政诉讼法，完善诉讼制度，更好地维护司法公正。（六）属于民法商法类的74件，占议案总数的7.4%。例如，提出制定或修改知识产权保护法、著作权法等，加大知识产权保护力度。（七）属于刑法类的51件，占议案总数的5.1%。例如，提出修改、完善刑法有关条款，加强对犯罪行为的预防和惩罚，维护社会安定。另外，还有3件属于应由全国人大常委会决定事项的议案。

会议期间，大会秘书处成立了由常委会办公厅、全国人大各专门委员会和各代表团联合组成的议案组，一方面为代表提出议案提供服务，另一方面对收到的代表议案逐件进行分析。大会秘书处认为，在这次会议收到的议案中，没有需要列入本次大会审议的议案。我们建议，按照专门委员会的职责分工，将这些议案分别交由有关专门委员会进行审议。其中，由财政经济委员会审议的296件，法律委员会审议的283件，内务司法委员会审议的160件，教育科学文化卫生委员会审议的136件，环境与资源保护委员会审议的78件，农业与农村委员会审议的50件，外事委员会审议的3件。各有关专门委员会审议后，依法向全国人大常委会提出代表议案审议结果的报告。经过协商，各专门委员会已经同意。他们表示，待主席团批准后，将尽快开展工作。

大会秘书处和各有关专门委员会一致认为，这次会议上代表们提出的议案，都是经过深入调查和艰苦思索，花费巨大精力，集中集体智慧提出来的。认真处理好代表议案，是尊重代表权利、支持代表履职、发挥代表作用的必然要求，是我们的一项重大责任。去年大会以后，在改进代表议案处理工作方面取得了较好成绩，吴邦国委员长在常委会工作报告中已经向大会作了报告。今年要在去年工作的基础上，继续加以改进，务必认真负责地处理好每一件代表议案。一是，各有关专门委员会在审议代表议案时，都应邀请提出议案的代表主要是领衔代表参加会议，加强与代表的沟通，充分听取代表的意见。凡要采纳的议案要补充列入立法计划，一时不能采纳的要向代表说明情况，以取得代表的理解和支持。二是，代表议案列入立法计划后，在调研和起草的过程中，要请有关代表参加，把代表提出的相关议案文本内容和调研时提出的意见尽可能吸收到法律草案中去。三是，在常委会审议法律案时，要邀请提出相关议案的代表列席会议，参与审议，以提高立法质量和效率。在明年召开的十届全国人大五次会议上，将把代表议案审议结果和处理情况，向全体代表提出报告。

以上报告，请审议。

（二）全国人大常委会办公厅关于第十届全国人民代表大会第四次会议代表建议、批评和意见处理情况的报告

全国人大常委会办公厅关于第十届全国人民代表大会第四次会议代表建议、批评和意见处理情况的报告
——2006 年 12 月 28 日在第十届全国人民代表大会
常务委员会第二十五次会议上
全国人大常委会副秘书长　何晔晖

全国人民代表大会常务委员会：

我代表常委会办公厅向本次会议报告十届全国人大四次会议期间代表提出的建议、批评和意见（以下简称建议）处理情况。

四次大会期间，代表们围绕党和国家的工作大局以及人民群众普遍关心的问题，对各方面工作提出建议共 6511 件，主要集中在以下几个方面：一是涉及科技、教育、文化、卫生方面的有 1369 件，占建议总数的 21.03％；二是涉及社会及公共事务方面的有 1023 件，占 15.71％；三是涉及发展规划和经济工作方面的有 844 件，占 12.96％；四是涉及农林水利方面的有 759 件，占 11.66％；五是涉及财政、税收和金融方面的有 580 件，占 8.91％；六是涉及法院、检察院工作及法制建设方面的有 575 件，占 8.83％；其他方面的有 1361 件，占 20.9％。根据代表建议的内容和各单位的职责范围，统一交由 174 个承办单位研究办理。

各有关单位按照吴邦国委员长向十届全国人大四次会议作的常委会工作报告提出的要求，认真落实中央9号文件精神，把代表建议办理与加强和改进工作结合起来，着力在"巩固、完善、提高"上下功夫，代表建议办理工作取得了新的进展。

一、领导高度重视，形成办理合力

今年是中央9号文件下发的第二年，也是"十一五"规划纲要实施的开局之年，大会期间代表提出的建议数量多、综合性强，办理工作任务重、要求高。各有关方面对办理代表建议高度重视，切实加大工作力度，共同推进办理工作。国务院领导同志亲自就代表建议办理到现场调研，加强对工作的指导；许多承办单位的主要负责同志亲自主持制定建议办理工作方案，召开座谈会，带队实地调研，审改签发答复件；地方党委、人大常委会、政府积极配合落实，办好涉及本地区的代表建议。一些办理难度大，需要多部门、多方面协调落实的建议得到较好的办理。解决宁夏中部干旱带群众长期饮水困难问题就是一个突出事例。十届全国人大四次会议上，宁夏代表团全体代表提出建议，要求加快解决宁夏中部干旱带群众饮水困难问题。建议交办后，"五一"假日期间，温家宝总理在国家有关部委负责同志的陪同下，对宁夏中部干旱带农村人畜饮水困难问题进行了实地考察调研；回良玉副总理亲自听取了建议办理进展情况汇报。国家发改委马凯主任对做好建议办理工作提出了明确要求。国家发改委会同水利部制订了科学周密的办理工作方案。部委领导同志亲自带队，多次组织有关专家、学者及相关人员到宁夏中部干旱带的11个县（区）进行调研。两部委共同分析情况，论证解决方案，提出切实可行措施。宁夏回族自治区人大常委会、政府全力配合，全过程参与。目前，国家已在年度国债水利投资计划中安排宁夏饮水工程建设投资 1.1 亿元，解决 25 万人的饮水安全问题，同时安排了特大抗旱补助费 1700 多万元，宁夏中部干旱带群众饮水困难问题有望在"十一五"期间得到解决。多年来，归侨侨眷和海外侨胞普遍关心华侨农场问题。针对代表提出的关于加大华侨农场扶持力度的建议，8 月 1 日至 5 日，唐家璇国务委员率领国务院办公厅、劳动保障部、农业部等 9 个部门负责同志组成的调研组，赴广西南宁等 4 个市的华侨农场进行专题调研，并在南宁召开的华侨农场工作座谈会上作了重要讲话。国务院侨办负责同志约请财政部、林业局等 9 个部门召开专题会议；由 18 个部委和广东、广西两省区政府组成的华侨农场改革发展工作小组已经开展工作。由于多方面采取措施，华侨农场危房改造、道路和农田水利基础设施建设、债务处理以及职工养老和医疗保险等困难问题正在逐步得到解决。

二、加强联系沟通，发挥代表作用

各承办单位进一步加强了与代表的沟通联系，充分发挥代表在建议办理工作中的作用。在办理前，主动听取代表意见，了解代表所提建议的原意和办理要求；办理过程中，改进联系方式，由"口对口"电话联系，变成"手拉手"共同办理，主动邀请提出建议的代表一起，深入实际，开展调研和座谈，共商解决问题的办法；办理答复后，通过发送《代表建议办理和答复征求意见表》等多种形式，征求代表对答复的意见。据对最高人民法院、最高人民检察院、建设部等 10 家单位承办的 850 件建议办理情况的统计，在办理过程中与代表直接联系或邀请代表直接参与的有 582 件，占所办建议总数的 68.47%，比去年的 50.47% 提高了 18 个百分点。重点建议的承办单位共邀请了 77 名提出建议的代表，分赴 18 个省、自治区、直辖市参加办理重点建议实地调研。针对澳门代表提出的关于解决咸潮影响澳门供水问题的建议，在人民代表大会会议期间，水利部汪恕诚部长带领有关负责同志到澳门代表团驻地，与提出建议的代表座谈，认真听取意见，并介绍了水利部拟采取的改进措施。大会结束后，水利部有关部门根据代表建议，编制完成了专项规划，制定了应对枯水期咸潮的应急工程方案和保障措施，并专门派人赴澳门考察调研，向提出建议的澳门全国人大代表汇报办理进展情况。6月，国家防汛抗旱总指挥部正式批准成立了珠江防汛抗旱总指挥部，加大对珠江流域防洪与水资源调度和协调。11月上旬，珠江开始首次集中调水压咸，效果非常明显。11月9日，珠江上游淡水到达珠江三角洲口门，将肆虐多时的咸潮赶回大海，确保了今年秋冬季节澳门的供水安全。水利部认真办理建议，受到澳门全国人大代表的肯定，产生了较好的社会反响。承办单位主动与代表加强联系，邀请代表参与办理工作，既有利于代表全面了解办理情况，也有利于建议所提问题的解决。

三、加强跟踪办理，巩固办理成果

代表们提出的建议内容涉及方方面面，许多也是党和国家正致力于改进和加强的工作。有些问题由于种种原因，解决起来要有个过程。一些建议通过努力当年可以解决，一些建议需要逐步解决，还有一些建议通过办理已经取得了初步成效，但有可能出现反弹，需要继续办理。为此，许多承办单位采取积极措施，加强对建议的跟踪办理，取得了较好的效果。一是对近期能够解决的，结合当前工作，抓好落实。公安部结合本部门工作职责和重点，认真办理吴国龙代表提出的对组织青少年违法犯罪的行为加大打击力度的建议，在全国重点地区组织开展了"打击组织操纵未成年人违法犯罪专项行动"，打掉了近300个犯罪团伙，解救未成年人近 900 名，在社会上产生了良好的影响。公安部还列出今年建议答复中向代表作出的 21 项承诺，要求司局抓好跟踪落实，在明年大会前办结或取得阶段性成果。二是对当年尚未办结，但已经制定了解决措施或方案的建议，将其纳入今年的办理计划和安排中，继续落实往年的承诺。财政部、国土资源部、信息产业部等单位加大落实力度，解决了一批以前答复代表时还未能解决的问题。财政部吸纳去年大会上一些代表提出的关于改革和完善消费税政策的建议，完善了今年调整税收政策，报经国务院批准后出台了消费税调整方案，将一些不具有大众消费特征的商品以及资源性商品纳入征税范围，调减了一些日趋大众化商品的消费税税率，既体现了国家产业政策导向，也有利于促进消费增长。三是对已有办理结果，但有可能出现反弹的，实施跨年度办理，巩固办理成果。去年，通过重点建议办理，月饼过度包装及搭售其他物品问题初步得到了遏制；今年，国家发改委等部门继续将这项建议作为重点办理，积极采取措施，加强市场监管，使月饼包装进一步瘦身，月饼质量普遍提高，主流价格趋于合理，月饼"天价"、过度包装等现象没有出现反弹，去年办理工作成果得到了巩固。

四、完善督办制度，确保办理质量

对代表建议的承办工作进行督办，是提高办理质量的重要环节和有效手段。今年，各承办单位内部具体督办、各专门委员会重点督办、常委会办公厅协调督办的分层次督办制度得到进一步完善。一是承办单位加强对内部的督促检查。这是落实承办责任的基础环节。各承办单位综合部门采取多种方式，对办理的代表建议进行内部督办。财政部定期编写《办理进度通报》，督促承办司局及时办理代表建议；国防科工委专门制定了建议办理工作考核办法，将考核结果作为部门评比、干部任用的重要参考依据。许多承办单位还结合工作实际，选择了一些综合性强、涉及面广、代表反映集中的建议，作为本单位的办理重点，由单位负责人亲自组织，督促落实。通过内部重点督办的方式，解决了一批关系人民群众切身利益，对国家改革、发展、稳定产生较大影响的问题。针对胡平平等 21 名代表提出的要求降低农村中小学教育教学用电价格的建议，国家发改委经过调查研究，及时调整销售电价，将城乡中小学教学用电由"非居民照明电价"全部改为"居民生活电价"，由原来的平均千瓦时 0.73 元降低到 0.54元，预计每年可减轻城乡中小学用电负担 20.6 亿元，对发展中小学教育是一个有力推动。据统计，教育部、民政部等 18 家单位共确定 54 件部内重点建议，其中 44 件已得到解决，10 件已列入本单位近期工作重点，正在逐步解决。二是全国人大各专门委员会加强对重点建议的督办。这是落实办理责任的有效措施。各专门委员会采取听取办理工作汇报、参与调查研究、与常委会执法检查相结合、与承办单位和地方有关部门共同研究制定办理方案等措施，督促承办单位办好重点建议。为办好对甘肃省白银市污染进行综合治理的建议，全国人大环资委与有关承办单位组成联合调查组，在实地了解情况、听取当地政府和企业意见、与提出建议的代表多次沟通的基础上，共同研究拟定了办理工作方案。目前，国家发改委已原则同意将白银市列为全国资源型城市经济转型试点，白银公司治污项目已进入报批阶段，有的已经开工建设，投资较大的"热电联产"项目也已完成大部分项目核准所需的报告，白银市污染问题正在逐步解决。为了加大重点建议的督办力度，全国人大民委、内司委、华侨委等专门委员会将重点建议督办工作同常委会的执法检查相结合进行。全国人大内司委在督办西部地区及贫困地区基层人民法院、人民检察院人才短缺问题的重点建议过程中，结合今年常委会法官法、检察官法执法检查，制定了具体督办方案，督促承办单位加强办理工作。最高人民法院、最高人民检察院正通过严格执行退休制度、加大人才对口支援、大力开展选调生工作、实施西部基层"两院"志愿服务行动、加强培训、放宽西部县"两官"学历条件等措施，着力解决西部及贫困地区法官、检察官断档问题。三是常委会办公厅加强经常性督办。这是落实办理责任的重要抓手。针对建议办理的不同阶段和不同情况，常委会办公厅积极改进督办方式，通过召开协调会、情况通报会、经验交流会、工作座谈会，及时了解办理工作的进展情况，主动征求各方面的意见，协调解决办理工作中出现的问题和困难，督促各承办单位采取有效措施，提高代表建议办理质量。实践表明，督办工作抓与不抓，效果大不一样。

今年代表提出的建议办理情况已经全部答复了代表。总的来看，办理工作的质量有了进一步提高。一是所提问题已经解决或近期将解决的有1810件，占代表建议总数的28%，比去年的25%提高3个百分点；二是所提问题能够逐步解决，承办单位制定了解决措施或列入了改进计划的有3148件，占48%，比去年的40%提高8个百分点；三是所提问题因目前条件限制或其他原因不能予以解决的有1169件，占18%，比去年的33%降低15个百分点；还有384件工作中留作参考。从944名代表反馈的3950份意见看，表示满意的有2676份，占反馈意见总数的67.7%；基本满意的有1189份，占30.1%；另有85份提出不满意或不同意见，相关承办单位积极采取改进措施，力争使代表理解和满意。代表建议反映了人民群众的意见和要求，承办单位通过认真办理，把代表关注的热点问题列入工作重点，将代表反映集中的意见转化成行业政策，对促进承办单位改进工作，解决群众最关心、最直接、最现实的利益问题，推动社会主义和谐社会建设发挥了重要的作用。

回顾一年来代表建议办理工作，我们清醒地认识到还存在许多问题和不足。代表建议办理工作制度还不够完善，一些单位"重答复、轻办理"的现象依然存在，有的建议不够规范、针对性和可行性不强。我们要继续全面贯彻好中央有关文件，按照常委会领导同志的要求，进一步提高代表建议办理工作质量，以扎实的工作为代表履行职责和行使权力做好服务保障，充分发挥代表作用，努力使代表工作再上一个新台阶。

三、第十届全国人民代表大会第五次会议的代表议案、建议工作

（一）关于第十届全国人民代表大会第五次会议代表提出议案处理意见的报告

关于第十届全国人民代表大会第五次会议
代表提出议案处理意见的报告

（2007 年 3 月 15 日第十届全国人民代表大会第五次会议
主席团第三次会议通过）

十届全国人大五次会议副秘书长　盛华仁

十届全国人大五次会议主席团：

本次会议期间，代表们围绕全面落实科学发展观、推进社会主义和谐社会建设这个主题，以对国家和人民高度负责的态度，认真履行宪法和法律赋予的职责，积极向大会提出议案。到大会

规定的议案截止时间，共提出议案796件。其中，由30名以上代表联名提出的议案794件，由代表团提出的议案2件。

代表们这次提出的议案中，有794件属于法律案。这些议案具有几个鲜明的特点：一是，议案是经过深入调查研究、反复酝酿，根据实际需要提出的。在过去一年中，代表们通过有计划的专题调研、集中视察，了解社情民意；通过参与全国人大常委会、专门委员会的有关活动，了解全国大局。议案的绝大多数是在这个基础上形成的，针对性比较强。二是，议案的大部分属于加强社会领域立法，旨在为构建和谐社会夯实法治基础。经分类统计，属于宪法相关法类、社会法类、行政法类、民法商法类等的议案占78%，反映了着力促进社会发展和解决民生问题的要求和愿望。三是，议案中的法律案，属于修改、完善现行法律的占54%，属于制定新法律的占46%，体现了修改、完善现行法律与制定新法律并重的立法要求。四是，议案的内容更加完整、规范，案由、案据清楚，绝大多数议案有具体方案，许多法律案有法律草案文本，有的还有必要的说明。代表联名议案都经过领衔代表与附议代表共同研究、相互补充，集中了大家的智慧。代表团议案都经过全团代表集体讨论和修改。这反映了代表们责任意识进一步增强，依法履职能力普遍提高。

大会秘书处在会议过程中，一方面为代表提出议案提供信息、咨询、会务、文书等各方面的服务，另一方面对代表提交的议案逐件进行分析。经过分析认为，在这些议案中，没有需要列入本次大会审议的议案。我们建议将代表议案分别交由全国人大有关专门委员会进行审议。其中，交由财政经济委员会审议220件，法律委员会审议218件，教育科学文化卫生委员会审议131件，内务司法委员会审议123件，环境与资源保护委员会审议66

件，农业与农村委员会审议 31 件，外事委员会审议 3 件，华侨委员会审议 3 件，民族委员会审议 1 件。上述建议，已同各专门委员会协商一致，取得共识。各有关专门委员会审议后，将依法分别向全国人大常委会提出代表议案审议结果的报告。

今年是十届全国人大任期的最后一年。处理好十届全国人大五次会议代表议案，对于保证代表依法履职到任期届满，充分发挥代表作用，有着重要意义。为了尊重代表权利、支持代表履职，我们务必要以高度负责的态度对待处理代表议案这项重要工作。要按照吴邦国委员长在常委会工作报告中提出的要求，继续深入贯彻落实党中央〔2005〕9 号文件精神，进一步提高议案处理质量，努力取得更大成效。一是，全国人大各专门委员会审议代表议案，要继续邀请提出议案的代表特别是领衔代表参加，充分听取代表的意见。凡要采纳的议案，应补充列入立法计划；对于代表议案比较集中，但一时还不能列入计划的立法项目，应邀请提议案代表一起继续进行深入调研；对不能够采纳的议案，要向提议案代表充分说明情况，以使代表能够理解，并取得他们的支持。二是，制定常委会下一个五年立法规划和年度立法计划，要充分考虑代表在本次会议中提出的议案，把代表提出的法律案作为确定立法项目的重要依据。三是，在法律案起草、修改过程中，要更多地邀请提出相关议案的代表参加座谈、调研等活动，尽可能地把代表议案文本内容和代表提出的意见吸收到法律草案中来。四是，根据常委会会议议程，邀请提出相关议案的代表列席会议，参与对法律案的审议，以便进一步听取和吸收代表的意见，提高立法质量和效率。今年大会代表议案的审议结果和处理情况，经全国人大常委会审议通过后，将在明年三月召开的第十一届全国人大一次会议上，向全体代表提出报告，同时向未连任的十届全国人大代表作出反馈。

以上报告，请审议。

（二）全国人大常委会办公厅关于第十届全国人民代表大会第五次会议代表建议、批评和意见处理情况的报告

全国人大常委会办公厅关于第十届全国人民代表大会第五次会议代表建议、批评和意见处理情况的报告

——2007 年 12 月 28 日在第十届全国人民代表大会
常务委员会第三十一次会议上

全国人大常委会副秘书长　何晔晖

全国人民代表大会常务委员会：

我代表常委会办公厅向本次会议报告十届全国人大五次会议期间代表提出的建议、批评和意见（以下简称建议）处理情况。

一、代表建议提出和交办情况

五次大会期间，代表们认真履行法律赋予的职责，围绕国家改革发展稳定的大局和人民群众普遍关心的问题，提出建议 6091件。经过逐件分类分析，按照提出建议的数量多少，依次分为：一是关于科技、教育、文化、卫生方面的有 1205 件，占建议总数的 19.8%；二是关于资源环境、农林水利方面的有 1101 件，占 18.1%；三是关于人大、法院、检察院工作及法制建设方面的有 1015 件，占 16.6%；四是关于社会及公共事务方面的有 948件，占 15.6%；五是关于发展规划和综合经济方面的有 756 件，占 12.4%；六是关于财政、税收和金融方面的有 604 件，占9.9%；其他方面的有 462 件，占 7.6%。代表建议中反映比较突出的问题主要是，食品药品安全、医疗卫生体制改革、资源环境保护和生态建设，以及法律法规的制定、修改等，涉及这些问题的建议数量比四次会议有较大幅度增加。

今年代表提出的建议质量进一步提高，主要体现在：一是近70％的建议是代表通过专题调研和视察、座谈走访等方式，在了解社情民意的基础上提出来的，建议内容充分，反映了人民群众普遍关心的问题，具有较强的针对性。二是随着代表履职水平的不断提高，代表们更加关注经济社会发展的深层次问题，提出的建议涉及面更广、更具有宏观性，如关于健全城乡居民社会保障体系、建立生态环境补偿机制、改革县乡财政管理体制的建议等。三是以代表团名义提出的建议数量比去年明显增多。天津、山西、重庆等10个代表团提出建议31件，比四次会议增加19件。这些建议都是经过代表团集体讨论、反复酝酿形成的，反映出地方重视代表建议的作用，希望通过代表建议推动重大问题的解决。

大会闭幕后，常委会办公厅及时召开全国人大代表建议交办会，将代表提出的建议统一交由财政部、国家发展改革委、教育部等170个承办单位研究办理。同时，还确定了10项重点处理建议，分别交由人事部、水利部、卫生部等27个单位重点办理，并由全国人大民委、内司委、教科文卫委、环资委、农委5个专门委员会督办。

二、今年代表建议办理情况

今年是十届全国人大任期的最后一年。各有关单位按照"提高认识，统一交办，分别承办，严格责任，突出重点，认真答复"的"6句话24个字"的总体要求，不断总结办理工作的经验，结合常委会的立法和监督工作以及国务院的重点工作，采取许多新的有力措施，积极吸收采纳代表意见，加强部门工作，着力解决人民群众最关心、最直接、最现实的利益问题，代表建议办理工作取得了新的进展。

一是承办单位结合本部门的工作重点积极办理代表建议，促进和推动相关工作的深入开展。代表提出的建议，许多都涉及人民群众反映的热点、难点问题，也是今年政府工作报告作出部署、有关部门正在抓紧解决的问题。承办单位将本部门的工作与办理代表建议相结合，在制定相关政策时认真考虑吸收代表提出的合理意见，产生了良好的社会效果和影响。比如，林哲龙等23名代表针对上世纪50年代至70年代修建的中小水库大部分已年久失修，提出关于加快病险水库除险加固工程建设的建议，这也是当前水利建设的重点工作，水利部等单位主动邀请代表共同调研，认真听取代表意见，重新编制专项规划，加大了中央财政投入，增补了一批需要加固的大中型病险水库和重点小型水库，以保证水库正常运行，确保人民群众生命财产安全。加快发展职业教育是国务院有关部门近几年的一项重要工作，经过努力，目前已经取得明显成效。今年纪尽善等168名代表又提出建议，希望加快解决职业教育发展中的有关问题，教育部在加强与代表沟通的基础上，进一步完善了具体工作计划，利用中央财政资金，重点支持建设一批职业教育实训基地、农村县级职教中心、示范性中等职业学校，培训骨干教师队伍等，为加快职业教育发展提供保障。国务院明确提出2007年在全国农村全面建立最低生活保障制度的目标，民政部在研究部署工作时，充分考虑杨国林等140名代表所提建议的有关内容，与财政部联合下发了《关于加强农村最低生活保障资金管理有关问题的通知》，并下拨中央财政补助资金30亿元，有效缓解了农村贫困人口的生活困难，得到了社会各界的普遍赞誉。

二是承办单位结合落实常委会执法检查、审议专项工作报告提出的意见，对代表多年多次提出、解决难度较大的建议加大办理工作力度，有关专门委员会认真督办，促使建议涉及的问题得到有效解决。比如，在办理牛惠兰等27名代表提出的关于修订水污染防治法、完善相关防治措施的建议时，国家环保总局结合落实常委会跟踪检查有关环境保护法律实施情况的意见，制定了三峡库区、南水北调和淮河流域的污染事故应急预案，以及水污染物排放总量控制等一批环保政策措施，水污染防治法修订草案已提请常委会会议审议。多年来，代表们多次提出建议，要求尽快制定法官法、检察官法相关配套政策，解决法官、检察官待遇和人员编制不足问题。常委会连续两年开展"两官法"执法检查，提出加强相关工作的意见，全国人大内司委将执法检查工作和督办重点建议相结合，积极督促落实，有关承办单位加大了工作力度，经国务院批准，从今年7月起实行审判和检察津贴，提高法官、检察官待遇，并增加了政法专项编制，使基层法院、检察院人员编制不足的问题得到了初步缓解。

三是承办单位根据国家统筹区域发展的需要，妥善处理代表建议中涉及地区经济社会协调发展的问题。在代表提出的建议中，每年都有一些建议是代表根据本地区的实际情况，提出需要中央给予支持和解决的问题。对这些建议，承办单位在加强调研、多方协调、统筹考虑的基础上，在符合国家总体发展政策和项目建设要求的前提下给予大力支持，有些问题得到了较好的解决，受到代表们的好评。比如，财政部、水利部、农业部等部门结合工作重点，研究办理内蒙古代表团提出的关于巴彦淖尔市河套灌区中低产田改造的建议，从农业综合开发、河套灌区续建配套及节水改造建设等方面，加大中央财政支持，并将该市纳入沃土工程基本建设规划，对加快中低产田改造、提高粮食产量、保障国家粮食安全起到了较好的示范效果。国家发展改革委今年继续对任继东等 18 名代表提出的关于综合治理甘肃白银市污染的建议进行追踪办理，在去年工作的基础上，将白银市列为全国资源枯竭型城市经济转型试点，并积极推进白银公司污染综合治理项目的审批和建设，"三废"治理项目已于今年 3 月建成投产，废气、废水全部达到国家排放标准，治污工作取得阶段性成果。

今年代表提出的建议已经全部办理答复代表。从办理结果来看，代表建议所提问题得到解决或计划逐步解决的有 4630 件，占代表建议总数的 76%；所提问题因目前条件限制或其他原因难以解决的有 813 件，占 13.3%；还有 648 件供有关部门在工作中参考。从代表反馈的 3201 份意见看，表示满意的有 2348 份，占反馈意见总数的 73.4%；基本满意的有 803 份，占 25.1%；另有 50 份提出不满意或不同意见，相关承办单位积极采取改进措施，再次研究办理。

三、做好代表建议办理工作的几点体会

本届全国人大以来，代表建议工作得到了改进和加强。2005年，中共中央 9 号文件对代表建议工作提出了新的要求。全国人大常委会、国务院以及各承办单位领导同志对代表建议办理工作高度重视，切实加强建议办理工作的领导。在各方面的共同努力下，代表建议办理工作水平逐年提高。五年的工作实践，使我们对做好代表建议办理工作有了更深刻的认识和体会。

第一，健全制度是做好建议办理工作的基础。加强制度建设，对于落实办理责任、规范办理工作起着重要作用。几年来，通过建立并实行统一交办、分级负责、分层次督办和答复反馈等建议办理工作制度，使办理责任和任务得到有效落实，办理工作逐步规范化、制度化。实践表明，通过不断加强制度建设，为做好建议办理工作打下了较为坚实的基础。

第二，加强与代表沟通是保证建议办理质量的重要环节。这些年代表提出的建议数量多，涉及面广，有些建议涉及的问题解决起来需要有一个过程。为取得代表的理解和支持，绝大多数承办单位改进办理方式，采取多种形式加强与代表的联系沟通，积极邀请代表参与办理工作，充分听取代表的意见，深入了解代表提出建议的意图和要求，提高了办理效率，也使代表更多地了解国家政策，了解建议办理的进展情况，产生了双向互动的良好效果。

第三，突出重点是推动建议办理工作的有效方法。在认真分析研究的基础上，选择部分代表建议进行重点办理，对推动建议办理工作具有很好的促进作用。几年来，常委会办公厅会同国务院办公厅先后共同研究确定了32项重点建议，有关承办单位高度重视，主要负责同志亲自负责，组织力量研究办理，有关专门委员会积极督办。通过办理重点建议，解决了一批人民群众十分关注、代表反映集中的问题，对办理好其他建议起了示范作用，形成了建议办理的综合效应。

第四，注重解决问题是增强建议办理实效的关键。从近年来代表提出建议的情况看，代表反映最集中的问题，往往也是人民群众最关心、最迫切要求解决的问题。许多承办单位对当年或者近期能够解决的，结合工作抓紧落实解决；对应当解决但一时难以落实解决的，列入工作计划，跨年度继续办理。总体来看，越来越多的承办单位办理代表建议不仅做到"件件有答复"，而且更加注重解决代表提出的实际问题，使代表建议办理质量得到不断提高。

代表提出建议是依法履行职务，参与管理国家事务的一项重要工作，办理好代表建议是有关机关、组织的法定职责。这些年代表建议办理工作虽然有了一定的加强和改进，但我们也清醒地认识到，工作中还存在一些问题和不足，特别是为代表提出建议提供的服务还不够到位，对建议办理工作中出现的新情况、新问题的研究还不够深入，办理代表建议的协调工作还需要进一步加强。我们将认真贯彻党的十七大精神，继续落实好中央9号文件的要求，进一步提高代表建议办理工作质量，以实际行动为代表履行职责和行使权力做好服务。

第二节　第十一届全国人民代表大会的代表议案、建议工作

一、第十一届全国人民代表大会第一次会议的代表议案、建议工作

（一）关于第十一届全国人民代表大会第一次会议代表提出议案处理意见的报告

关于第十一届全国人民代表大会第一次会议
代表提出议案处理意见的报告

（2008年3月14日第十一届全国人民代表大会

第一次会议主席团第四次会议通过）

十一届全国人大一次会议副秘书长　王万宾

十一届全国人大一次会议主席团：

在十一届全国人大一次会议上，代表们围绕全面贯彻党的十七大精神，深入贯彻落实科学发展观，加快全面建设小康社会进

509

程的目标和任务，以对国家和人民高度负责的精神，认真履行宪法和法律赋予的职责，积极向大会提出议案。到大会规定的议案截止时间，共提出议案462件。其中，由30名以上代表联名提出的议案460件，由代表团提出的议案2件。

在这次会议上，代表们提出的议案有以下特点：一是议案内容广泛，涉及国家经济、政治、文化和社会生活各个领域，特别是以改善民生为重点的社会领域立法和进一步转变政府职能、深化行政管理体制改革等方面的立法议案占多数。经初步分析，属于宪法相关法类、民法商法类、社会法类的议案占全部议案的35.8%；行政法类的议案占全部议案的30%。这些都反映了代表们深入贯彻落实科学发展观、实现全面建设小康社会奋斗目标的愿望和要求。二是紧紧围绕完善中国特色社会主义法律体系的目标提出议案。提出的法律案，涉及213个立法项目，属于制定新法律的196件，占法律案总数的42.5%；属于修改完善现行法律的265件，占法律案总数的57.5%，其中有17个代表团1315人次分别联名提出42件议案要求修改刑法，反映了人民群众对在制定新法律的同时不断修改完善现行法律的要求和加快社会主义民主法治建设的愿望。三是议案的准备比较充分，议案质量比较高。一些代表在出席大会前积极参加学习活动，努力掌握提出议案的法律规定和基本要求；形成议案前，认真进行调查研究，深入了解社情民意，对拟订和提出议案进行了较充分的论证。大会期间，各代表团都按照大会统一安排的时间组织代表讨论和提出议案。代表联名的议案领衔代表与附议代表共同研究、互作补充；代表团提出的议案都经过全团代表集体讨论修改。

会议期间，大会秘书处一方面为代表提出议案做好咨询、文书等服务，另一方面对代表提出的议案逐件进行认真分析。经过分析认为，在这些议案中，没有需要列入本次大会审议的议案。为此，大会秘书处建议将代表议案分别交由全国人大有关专门委员会进行审议。其中，交由法律委员会审议 137 件，财政经济委员会审议 136 件，教育科学文化卫生委员会审议 66 件，内务司法委员会审议 65 件，环境与资源保护委员会审议 30 件，农业与农村委员会审议 23 件，外事委员会审议 3 件，华侨委员会审议 1 件，民族委员会审议 1 件。上述议案由各有关专门委员会审议后，将依法分别向全国人大常委会提出代表议案审议结果的报告。

做好代表议案处理工作，对坚持和完善人民代表大会制度有着重要意义。今年是十一届全国人大任期的第一年，认真负责地处理好本次会议代表提出的议案，对于保障全国人大代表依法履职，切实发挥代表议案在立法中的作用，加强全国人大的立法工作都具有重要影响。建议，在今后的工作中，把处理代表议案与制定立法规划和实施年度立法计划更好地结合起来，把代表议案作为确定立法项目、实施立法计划的重要依据。各专门委员会在审议代表议案时，邀请提出议案的代表参加，通过多种途径加强与代表的沟通，充分听取他们的意见。在起草、修改法律案的过程中，更多地邀请提出相关议案的代表参加座谈、调研等活动，尽可能地吸收代表议案的内容和代表提出的意见。把立法内容比较完整、立法条件比较成熟、文本质量比较高的代表议案作为基础，形成法律草案。全国人大常委会召开会议审议法律案时，邀请提出相关议案的代表列席会议，参与审议，进一步听取他们的意见。

今年大会代表提出的议案的审议结果和处理情况，经由全国人大常委会审议通过后，将在明年 3 月召开的十一届全国人大二次会议上向全体代表提出报告。

以上报告，请审议。

（二）全国人大常委会办公厅关于第十一届全国人民代表大会第一次会议代表建议、批评和意见处理情况的报告

全国人大常委会办公厅关于第十一届全国人民代表大会第一次会议代表建议、批评和意见处理情况的报告

——2008 年 12 月 25 日在第十一届全国人民代表大会
常务委员会第六次会议上
全国人大常委会副秘书长　何晔晖

全国人民代表大会常务委员会：

我代表常委会办公厅向本次会议报告十一届全国人大一次会议期间代表提出的建议、批评和意见（以下简称建议）处理情况。

一、代表建议提出和交办情况

十一届全国人大一次会议期间，代表们认真履行法律赋予的职责，深入贯彻落实科学发展观，围绕国家改革发展稳定的大局和人民群众普遍关心的问题，提出建议 6279 件。经过逐件分类分析，按照提出建议数量的多少，依次分为：一是关于科技、教育、文化、卫生方面的有 1259 件，占建议总数的 20.1%；二是关于资源环境、城乡建设、农林水利方面的有 1073 件，占 17.1%；三是关于人大、法院、检察院工作及法治建设方面的有 967 件，占 15.4%；四是关于发展规划和综合经济方面的有 928 件，占 14.8%；五是关于社会及公共事务方面的有 804 件，占 12.8%；六是关于财政、税收和金融方面的有 662 件，占 10.5%；其他方面的有 586 件，占 9.3%。代表建议中反映比较突出的问题主要是，促进地区协调可持续发展、统筹城乡医疗卫

生体制改革、资源环境保护和生态建设，以及法律法规的制定、修改等，涉及这些问题的代表建议数量比去年有较大幅度增加。

今年代表建议有以下几个特点：一是代表提出建议更加关注科学发展、改善民生和健全法治，相关建议数量占总数的一半以上。二是新一届代表提出具有宏观性、综合性、倾向性的建议较多。需要多个部门共同办理的建议数量和所占比例处于较高的水平，达到2427件，占建议总数的38.65%。三是以代表团名义提出的建议数量进一步增多。海南、青海、宁夏等9个代表团以代表团名义提出建议53件，比去年增加22件。大会闭幕后，常委会办公厅及时召开交办会，对代表建议办理工作提出明确要求，将代表提出的建议统一交由财政部、发展改革委、人力资源和社会保障部等173家承办单位研究办理。

二、今年代表建议办理情况

今年是十一届全国人大任期的第一年，也是承前启后进一步落实中央9号文件要求的一年。虽然今年汶川地震灾害、北京举办奥运会和残奥会以及突发性公共安全事件等增加了承办单位的工作任务量，但是各有关单位贯彻落实科学发展观，积极落实吴邦国委员长在十一届全国人大一次会议所作常委会工作报告部署的各项任务，认真研究办理代表建议，努力推进问题的解决。主要采取了以下几项措施：

（一）加强领导，落实责任，把办理工作摆上议事日程。全国人大常委会、国务院领导同志亲自主持召开会议，实地考察调研，听取代表意见和有关单位的汇报，使关于集体林权制度改革、支持宁夏中部干旱带高效节水补灌工程建设等建议受到各方面的高度关注，一些重大问题得到解决。绝大多数承办单位把办理代表建议既当作专项任务来完成，也作为日常工作来管理，加强指导，统筹安排，及时研究解决办理工作中存在的重点难点问题。坚持实行部委主管领导、司局领导、具体承办人分级责任制，制定了具体办理工作方案或工作计划，把任务、责任落实到人。最高人民法院、最高人民检察院、水利部等许多单位主要负责同志和分管负责同志召开会议部署办理工作，有的还带队赴实地调研解决问题。今年，99%以上的建议答复由部委主管领导审核签发，其中科技部、民政部、卫生部等单位的主要负责同志亲自审改签发答复件，进一步提高了十一届全国人大一次会议代表建议的办理质量。

（二）突出重点，以点带面，推动办理工作深入开展。今年常委会办公厅确定了11项重点处理的建议，分别交由财政部等29家单位重点办理，并由全国人大民委等7个专门委员会协调督促落实。按照突出重点、讲求实效的工作思路，各承办重点建议的单位高度重视，组织力量研究制定切实可行的办理方案，结合部门工作部署，认真解决代表建议反映的问题。各有关专门委员会主要负责同志亲自抓，明确工作责任，采取听取办理工作汇报、参与调研等多种方式，督促承办单位办好重点建议。为了巩固往年重点建议的办理成果，司法部等单位对于十届全国人大期间确定的部分重点建议开展追踪办理，继续落实答复中承诺的计划和措施。文化部等21家承办单位还结合部门工作，确定了111件本部门重点办理的建议。通过结合开展工作办理重点建议，今年以国务院或部委名义制订下发14个指导性文件，出台43项政策规定或具体措施，推动解决一批事关经济建设和社会发展的重大问题，取得了较好的办理成效。

（三）改进方法，主动沟通，充分听取代表的意见。办理建议过程中，多数单位积极邀请代表参与办理工作，充分听取代表的意见，切实做到办前电话联系，办中调研座谈，办后征求意见，努力将办理工作由"文来文往"转变为更注重"人来人往"，产生了双向互动的良好效果。一些单位结合工作实际，不断丰富和拓展沟通方式。交通运输部创新工作思路，建立对口联系制度，直接听取代表意见；对建议反映情况较复杂的问题，人民银行等单位在加强调研的基础上，采取上门走访的方式，面对面听取意见。还有的单位反复与代表沟通，最大限度地争取代表的理解和支持。安全监管总局与一名代表电话联系20余次，并多次传真往来，代表表示满意后才正式行文答复。据对国土资源部等10家单位承办的1060件建议办理情况的统计，在办理过程中与代表直接联系或邀请代表直接参与达到了1763人次。承办单位充分听取代表意见的做法，得到了代表们的肯定和好评。

（四）克服困难，密切配合，保质保量完成办理任务。今年我国大事多、难事多、灾情多，客观上使建议办理难度加大，各有关方面充分调动积极性，克服诸多困难，通过密切配合，合理安排，确保了办理工作与各项业务工作"两不误、两促进"。一是主办单位与协办单位加强协作。每年5月是协办单位向主办单位提供意见的高峰期，"5·12"汶川大地震发生后，许多承办单位工作重点转移至抗震救灾以及灾后恢复重建，主办单位与协办单位加强协商，相互支持，由多家单位会同办理的建议中，90%以上主办单位综合了相关协办单位意见，统一答复代表。二是中央机关与地方有关部门积极配合。今年代表们从奥运规范、奥运志愿者、奥运安保、奥运宣传等方面提出了多项建议，奥组委在中央机关和北京市有关部门支持配合下，认真吸收采纳代表意见，为举办一届高水平、有特色的奥运会发挥了积极作用。三是承办单位加强内部协调。今年国务院进行机构改革，发展改革委办公厅专门发出通知，对"三定方案"前后建议办理工作进行安排，承办司局认真配合，保证了代表建议办理工作顺利完成。公安部承担奥运安保任务，工作压力大，办公厅与各司局加强协调，周密安排，7月底前完成了所有办理工作。

三、办理工作取得的实效

今年各有关承办单位深入学习实践科学发展观，认真总结办理代表建议的经验，结合各部门的重点工作，积极采纳吸收代表建议内容，着力解决人民群众最关心、最直接、最现实的利益问题，建议办理工作取得了新的进展。

一是承办单位坚持以人为本，在办理代表建议的过程中，着力解决涉及人民群众切身利益的民生问题，促进和推动相关工作深入开展。比如，建立基本药物制度是医药卫生体制改革要抓好的一项重要民生工作，今年田玉科等23名代表提出关于建立国家基本药物制度的建议，全国人大教科文卫委认真督促，卫生部等单位成立专门领导小组，邀请代表共同研究，明确了从基本药物价格和支付报销机制等8个方面初步建立国家基本药物制度的政策框架，并积极研究制订具体的实施方案和措施。蔡宁等17名代表提出建议，希望加快建立刑事被害人救助制度，全国人大法律委积极督促，有关部门采纳吸收代表建议内容，目前已将其纳入司法体制改革总体方案，正在推动具体实施办法的出台，体现了党和政府的人文关怀。许多代表提出增加运力保障重点物资运输的建议，今年由于粮食市场波动等原因，黑龙江等东北省区粮食外运难题一度较为突出，铁道部结合建议办理工作，主要负责同志专程赴黑龙江，集中全路运力资源，决战60天，疏运东北地区粮食1000万吨，保障了粮食价格和国民经济平稳运行，广大人民群众得到了看得见、摸得着的实惠。

二是承办单位把代表建议办理纳入总体工作部署，结合"三农"问题扎实做好办理工作，促使一批制约科学发展的问题得到有效解决，产生了较好的社会效应。比如，今年宁夏代表团提出关于恳请国家支持宁夏中部干旱带高效节水补灌工程建设的建议，全国人大民委加强协调，水利部等单位结合落实往年的答复意见，根据国务院常务会议原则通过的《关于进一步促进宁夏经济社会发展的若干意见（送审稿）》，目前完成了《宁夏中部干旱带高效节水补灌工程总体实施方案》的批复工作，拟按补助工程总投资的80%重点支持，计划5年内完成该项目的建设。今年西藏代表团及83名代表从可持续发展的角度，提出关于开发清洁可再生能源的建议，全国人大环资委结合相关法律的实施，加大督促力度，发展改革委等部门认真研究代表意见，目前正在组织制定一揽子政策措施，推动我国可再生能源的持续健康发展。海河流域是国家"三河三湖"流域水污染防治的重要组成部分，买世蕊代表提出关于对海河流域实施工业点源治理的建议，环境保护部等单位结合重点工作认真办理，在国家补助国债资金54.4亿元基础上，今年国务院又批复了《海河流域水污染防治规划（2006—2010）》，根据规划安排，"十一五"期间，将通过发展循环经济、实施工业污染物总量控制等措施，开展重点企业的点源污染综合整治工作，确保海河流域工业污染治理取得成效。

三是承办单位抓住牵动全局的主要工作和突出问题，着力推进，重点突破，一些代表集中关注的问题得到了较好解决。比如，今年南方低温雨雪冰冻灾害发生后，伍冬兰等56名代表提出关于加大对低温雨雪冰冻灾害地区林业生态恢复扶持力度的建议，全国人大农委认真督促，国家林业局等单位研究部署相关工作时，统筹考虑代表意见，编制了《雨雪冰冻灾后林业生态恢复重建规划》，代表提出的科技救灾、灾后生态恢复工程向重灾的边远贫困地区倾斜、调整采伐限额指标、减免林业税费等问题已纳入规划、获得解决，其他的合理化意见将逐步予以吸收采纳，有力推动了灾后南方林业生态的恢复建设。针对国际国内经济形势的变化，许海等 8 名代表提出关于实行有差别的货币信贷政策、促进西部地区经济平稳较快发展的建议，人民银行结合今年经济金融形势和抗震救灾工作，认真研究采纳代表建议的内容，调增中西部地区和粮食主产区支农再贷款限额 100 亿元，为支持汶川地震灾后重建，调增四川省支农再贷款额度 97 亿元，并规定对重灾区农信社支农再贷款执行优惠利率，适当拓宽使用范围，对促进西部地区发展、支持灾区恢复重建发挥了重要作用。

今年代表提出的建议已经全部办理答复代表。从办理结果来看，代表建议所提问题得到解决或计划逐步解决的有 4489 件，占代表建议总数的 71.5%；所提问题因目前条件限制或其他原因难以解决的有 851 件，占 13.5%；还有 939 件工作中留作参考。从代表的反馈意见看，多数代表对今年办理工作表示满意或基本满意，也有少部分代表对答复不满意或提出不同意见。对于这部分意见，常委会办公厅已及时交有关承办单位积极采取改进措施，再次研究办理，相关代表表示理解并给予肯定。

今年是十一届全国人大任期的第一年，也是不平凡的一年，在各方面的协调配合努力下，代表建议的办理答复工作较顺利地完成。但我们也清醒地认识到，面对代表建议的新特点、新情况，办理工作还存在一些问题和不足，为代表提出建议的服务工作还有待进一步加强。我们将深入学习实践和贯彻落实科学发展观，继续落实中央 9 号文件精神，进一步提高协调服务水平和办理工作质量，为代表履行职责、行使权力服好务，努力推动办理工作再上新台阶。

二、第十一届全国人民代表大会第二次会议的代表议案、建议工作

（一）关于第十一届全国人民代表大会第二次会议代表提出议案处理意见的报告

关于第十一届全国人民代表大会第二次会议
代表提出议案处理意见的报告

（2009 年 3 月 12 日第十一届全国人民代表大会第二次会议
主席团第三次会议通过）

十一届全国人大二次会议副秘书长　王万宾

十一届全国人大二次会议主席团：

全国人大代表依法向全国人民代表大会提出议案，是反映人民意愿、行使代表职权的重要途径。到 3 月 9 日大会规定的议案截止时间，在本次大会上代表共提出议案 518 件。其中，由 30 名以上代表联名提出的议案 509 件，由代表团提出的议案 9 件。

会议期间，代表们以邓小平理论和"三个代表"重要思想为指导，深入贯彻落实科学发展观，围绕全面贯彻党的十七大、十七届三中全会和中央经济工作会议精神，着眼于应对国际金融危机冲击、保持经济平稳较快发展，着眼于保障和改善民生、维护社会和谐稳定，以对人民高度负责的精神和求真务实的态度，积极向大会提出议案。主要有以下特点：一是议案的准备比较充分。一次大会以来，代表们积极参加视察、调研和代表小组等活动，深入了解社情民意，注重了解实际情况，掌握了大量第一手资料。本次大会召开之前，代表们通过参加集中学习，进一步了解提出议案需要把握的基本要求。大会期间，代表们认真修改完

善议案文本；对以代表团名义提出的议案和代表联名提出的重要议案，各代表团组织代表认真讨论研究。总的看，本次大会上代表所提议案，文本较为规范，案由、案据明确具体，议案的质量比较高，有55％的法律案提供了法律草案的文本。二是议案的范围有所扩展。代表提出的议案中，除了大量的法律案外，还形成了一些要求依法加强人大监督工作等方面的议案。本次大会共提出法律案508件，监督工作等方面的议案10件。在提出的508件法律案中，属于修改完善现行法律的占59％；属于制定新法律的占41％。三是议案的内容重点突出。代表所提议案涉及经济、政治、文化、社会以及生态建设各个领域，其中属于经济法类、行政法类和社会法类的议案有318件，占议案总数的61％。这些议案中，要求保持经济平稳较快发展、继续改善民生、进一步完善社会保障体系等方面的议案比较集中，反映了代表对保增长、保民生、保稳定的关切，对解决好关系人民群众切身利益重大问题的愿望和要求。

根据全国人大组织法第十条和全国人大议事规则第二十一条的规定，大会秘书处与全国人大各专门委员会及时对代表所提议案逐件进行了分析研究，认为没有需要列入本次大会审议的议案。大会秘书处建议将代表议案分别交由全国人大有关专门委员会进行审议。其中，交由法律委员会审议152件，财政经济委员会审议99件，内务司法委员会审议98件，教育科学文化卫生委员会审议86件，环境与资源保护委员会审议53件，农业与农村委员会审议29件，外事委员会审议1件。上述议案由各有关专门委员会审议后，依法分别向全国人大常委会提出代表议案审议结果的报告。

认真处理代表提出的议案，对于保障代表依法行使职权，坚持和完善人民代表大会制度具有重要意义。为此提出四点建议：

一、建议全国人大各专门委员会审议代表议案时邀请提出议案的代表特别是领衔代表参加；同时采取多种形式加强与代表的联系和沟通，充分听取代表的意见。

二、建议把处理代表议案与实施立法和监督工作计划更好地结合起来，积极地采纳代表议案，对于具备条件的议案及时补充列入年度立法工作计划或监督工作计划。

三、建议全国人大各专门委员会、全国人大常委会各工作委员会在起草、修改法律案时邀请提出相关议案的代表参加座谈和调研，尽可能地吸收代表议案的内容和代表的意见，积极形成更多的以文本质量比较高的代表议案为基础的法律草案。

四、建议全国人大常委会召开会议时邀请提出相关议案的代表列席；组织执法检查时，邀请有关代表参加。

十一届全国人大二次会议代表所提议案的审议结果和处理情况，经由全国人大常委会审议通过后，建议在十一届全国人大三次会议上向代表作出报告。

以上报告，请审议。

（二）全国人大常委会办公厅关于第十一届全国人民代表大会第二次会议代表建议、批评和意见处理情况的报告

全国人大常委会办公厅关于第十一届全国人民代表大会第二次会议代表建议、批评和意见处理情况的报告

——2009 年 12 月 25 日在第十一届全国人民代表大会

常务委员会第十二次会议上

全国人大常委会副秘书长　何晔晖

全国人民代表大会常务委员会：

我代表常委会办公厅向本次会议报告十一届全国人大二次会

议期间代表提出的建议、批评和意见（以下简称建议）处理情况。

一、代表建议提出和交办情况

十一届全国人大二次会议期间，代表们共提出建议 7426 件。经过分析分类，按照提出建议数量的多少，依次分为：一是关于科技、教育、文化、卫生方面的有 1431 件，占建议总数的 19.3%；二是关于资源环境、城乡建设、农林水利方面的有 1289 件，占 17.3%；三是关于社会及公共事务方面的有 1102 件，占 14.8%；四是关于人大、法院、检察院工作及法治建设方面的有 1007 件，占 13.6%；五是关于财政、税收和金融方面的有 891 件，占 12%；六是关于发展规划和综合经济方面的有 885 件，占 11.9%；其他方面的有 821 件，占 11.1%。代表反映比较突出的问题主要是，关于深化医疗卫生体制改革、加强食品药品安全监管、促进地区协调可持续发展、推进社会主义新农村建设、完善社会保障体系，以及妥善解决大学生就业压力等，涉及这些问题的代表建议数量较多。

今年代表提出的建议有以下几个特点：一是建议总数比去年增加 1147 件，是历次会议新高，反映出代表履职更加积极，对国计民生问题的关切。二是经过近两年的履职实践和培训，代表们更加注重通过专题调研、视察和座谈走访等方式形成建议，这部分建议有 4271 件，占建议总数的 57.5%。三是需要多个部门共同办理的综合性建议增多，这类建议有 3648 件，增幅为 41%。大会闭幕后，常委会办公厅及时召开交办会，对代表建议办理工作提出明确要求，将代表提出的建议统一交由财政部、发展改革委、教育部等 173 家承办单位研究办理。

二、今年代表建议办理情况

今年，在我国经济发展面临国际金融危机严峻挑战的形势下，代表提出建议的数量多、综合性强，办理的工作量增大。各有关单位继续贯彻落实科学发展观和2005年中央9号文件精神，努力克服各种困难，积极创新办理的方式方法，进一步加强和改进代表建议的办理工作。主要表现在以下几个方面：

（一）领导对建议办理更加重视。今年许多单位承办的建议数量有较大幅度增加，各级领导高度重视成为办好代表建议的重要保障。一是领导同志亲自参与办理工作。全国人大常委会领导同志亲自主持会议，带队实地调研，听取建议办理情况汇报。最高人民法院、最高人民检察院和发展改革委等单位的主要负责同志亲自召开座谈会，听取代表意见，邀请代表开展调研，共同推动解决建议提出的问题。二是加强对办理工作的指导。更多领导同志对建议办理工作作出批示，要求提高思想认识、加强组织领导、规范工作制度等。国家能源局第一次独立承办代表建议，党组全体成员先后批示，要求认真开展办理工作。工业和信息化部、水利部等单位还在领导同志的指导下，总结经验，重新修订工作制度，使办理代表建议的规范化、制度化进一步加强。三是坚持审改签发建议答复。今年，99%以上的建议答复由部委主管领导审核签发。其中财政部、交通运输部、卫生部等单位的主要负责同志亲自审改签发答复件，有的还直接做大篇幅的修改完善，或提出具体意见，对建议办理起到了重要的推动作用。

（二）与代表沟通联系更加广泛。多数承办单位把代表满意作为办理工作的重要要求，杜绝简单答复，全面加强与代表沟通联系，与代表形成了良好的互动。一是主动邀请代表参与调研和座谈，共同协商办理建议。据统计，今年商务部、农业部等8家单位共组织了17次调查研究或座谈，邀请了90余名代表参与有关活动。二是利用电话沟通、上门走访等方式，与代表充分沟通交流。人力资源和社会保障部、民政部、安全监管总局等单位均明确要求，对书面答复代表的建议，必须与领衔代表直接沟通后再行答复。据对人民银行等 10 家单位承办的 830 件建议办理情况的统计，在办理过程中与代表直接联系达到了 1459 人次。三是办理答复后，注重跟踪收集代表的反馈意见，做好说明解释工作。今年我们共收到承办单位处理代表反馈意见的专项报告 77 份，从这方面的工作情况看，有关承办单位对代表的反馈意见十分重视，认真向代表说明情况，有的按规定再次答复，取得了代表对办理答复工作的理解和支持。承办单位邀请代表参与互动，充分听取意见，结合代表建议改进部门工作的做法，得到了代表们的一致好评。

（三）协同配合更加密切。今年需要多个部门共同办理的建议数量多，有关单位主动协调配合，加大协同力度。一是主办单位增强牵头办理的主动性，认真考虑综合协办单位的意见，协办单位积极配合支持主办单位的工作。公安部、国家林业局等单位明确提出首先办理需要协办的代表建议。对暂时有不同意见的，主办和协办单位通过座谈积极协商，争取在共同研究的基础上答复代表。二是全国人大专门委员会加大督促力度，常委会办公厅加强协调服务，共同推动建议办理工作深入开展。负责督办的有关专门委员会采取多种方式与承办单位联系，组织或参加相关办理调研和座谈活动，全面了解情况，并通过全委会议和主任办公会议听取汇报，督促办好重点处理建议。常委会办公厅改进协调服务方式，在建议办理的不同阶段召开办理协调会、情况通报会、工作研讨会，及时了解情况，征求意见，协调解决问题。三是承办单位加强内部工作配合，努力提高办理效率。环境保护部、住房和城乡建设部等许多单位形成了一套分管领导分工负责、司局认真办理、综合部门动态督办的内部协调配合机制，保障了办理工作按照要求完成。

（四）办理的重点更加突出。各有关单位结合常委会的立法和监督工作以及国务院的重点工作，采取有力措施，突出重点办理代表建议，办理工作取得了新进展。一是突出办理常委会办公厅交办的重点处理建议。今年的 8 项重点处理建议，分别交由 26 家单位研究办理，并由全国人大民委等 5 个专门委员会协调督促落实。按照加大力度、突出实效的工作要求，有关单位的主要负责同志亲自过问，组织力量分析研究，认真解决建议提出的问题。二是对往年重点处理建议继续跟踪落实。全国人大环资委将审议代表议案和跟踪督办去年的重点处理建议相结合，在统筹研究代表意见的基础上，起草提出了可再生能源法修改意见，可再生能源法修正草案已提请常委会会议审议。往年确定的关于建立刑事被害人救治制度、整治虚假医疗广告以及有关解决宁夏水问题等一批重点处理建议，通过追踪办理均取得了实质性进展。三是承办单位自加压力，确定本单位重点办理的建议数量大幅度提高。与去年相比，今年确定内部重点办理的建议数量增加了一倍多，科技部、文化部、保监会等 27 家承办单位根据部门工作实际，确定了 260 件建议进行重点办理，大都取得了明显的效果，带动了建议办理工作质量整体提高。

三、办理工作取得的实效

今年是实施"十一五"规划的关键之年，也是进入新世纪以来我国经济发展最为困难的一年。各有关承办单位结合开展部门工作认真办理代表建议，推动解决事关经济建设和社会发展的重大问题，取得了较好的办理实效。

一是承办单位围绕今年经济工作的首要任务认真研究代表建

议，积极出台政策措施应对金融危机，保持经济平稳较快发展。比如，最高人民法院从"为大局服务，为人民司法"工作主题出发，将姜健等74名代表提出的要求司法机关服务经济发展的11件建议确定为内部重点进行办理，先后出台13个司法解释和近50个指导性意见，为应对国际金融危机提供了可靠的司法保障和法律服务。最高人民检察院高度重视代表提出的关于预防"四万亿"投入可能引发的职务犯罪案件的建议，结合今年检察工作的重点，5月份召开全国检察机关第三次预防职务犯罪工作会议，并就保障"四万亿"重大投资和项目的安全问题，向有关部门发出了《对新增中央预算内投资项目有关事项的建议函》。许多代表提出建议，要求加快交通基础设施建设、给予交通建设资金政策支持。发展改革委、交通运输部等单位结合贯彻落实"保增长、扩内需"的政策措施，切实考虑代表的意见，重点支持铁路客运专线、高速公路网、农村公路、中西部机场等交通基础设施建设，有效地拉动了经济的增长。

二是承办单位立足科学发展和改善民生，按照总体工作部署充分考虑代表建议，落实各项惠农措施，人民群众得到了更多实惠。比如，农业部连续两年对2007年十届代表提出的关于加强农村沼气建设的建议进行追踪办理，联合有关部门成立工作小组，分赴各地进行工作督导。目前，农村沼气建设投入进一步加大，中央2008年至2009年两年投入资金110亿元，地方安排项目配套投资17.8亿元。今年陈国荣等4名代表提出关于提高农村五保供养水平的建议，民政部把办理建议与推进部门工作相结合，大幅度提高了农村五保供养水平。预计2009年累计支出五保供养资金85亿元，比2008年提高了10%，全国农村五保对象基本实现"应保尽保"。金硕仁等8名代表提出关于解决农民卖粮难问题的建议，国家粮食局等单位在总结相关政策实施经验的基础上，研究代表提出的具体意见，适度提高粮食收购价格，完善最低收购价粮和临时存储粮的收购办法，粮食收购量明显增加，有效缓解了农民卖粮难问题，得到了主产区种粮农民的拥护和欢迎。

三是承办单位结合部门职责积极采纳代表建议，加强社会管理，有些问题得到较好解决，维护和促进了社会和谐稳定。比如，姜鸿斌等7名代表提出关于整治垃圾短信的建议，工业和信息化部积极会同公安部等单位，加快推进手机短信服务相关立法工作，深入开展垃圾短信专项整治行动，从源头防治垃圾短信。宋心仿等89名代表提出关于促进高校毕业生就业的建议，全国人大教科文卫委加强协调，教育部与有关部门积极配合，邀请代表深入开展调研和座谈，制定出台了几十项促进高校毕业生就业的政策措施。柳树林等51名代表提出关于加强我国对外劳务合作管理工作的建议，全国人大外事委积极督促，商务部等承办单位根据代表提出的具体建议，结合对外劳务合作管理体制改革思路，进一步完善规章制度，起草《对外劳务合作管理条例》，清理整顿外派劳务市场秩序，并取得阶段性成果。

二次会议期间代表提出的建议已经全部办理答复代表。从办理结果来看，代表建议所提问题得到解决或计划逐步解决的有5523件，占代表建议总数的74.4%；所提问题因目前条件限制或其他原因难以解决的有1077件，占14.5%；还有826件工作中留作参考。从代表的反馈意见看，多数代表对今年办理工作表示满意或基本满意，也有少部分代表对答复不满意或提出不同意见。对于这部分意见，常委会办公厅已及时交有关承办单位积极采取改进措施，再次研究办理，相关代表表示理解。

委员长、各位副委员长、秘书长、各位委员，总结一年来代表建议办理工作，我们感到还存在一些问题和不足，为代表提出建议的服务工作还需要加强，代表建议处理的工作机制还有待完善。我们将深入学习实践科学发展观，继续贯彻落实中央9号文件精神，健全制度，改进工作，进一步提高办理质量，为广大代表履行职责服好务，为充分发挥代表作用作出新的贡献。

三、第十一届全国人民代表大会第三次会议的代表议案、建议工作

（一）关于第十一届全国人民代表大会第三次会议代表提出议案处理意见的报告

关于第十一届全国人民代表大会第三次会议
代表提出议案处理意见的报告

（2010年3月13日第十一届全国人民代表大会第三次会议
主席团第三次会议通过）

十一届全国人大三次会议副秘书长　王万宾

十一届全国人大三次会议主席团：

全国人大代表向全国人民代表大会提出议案，是依法行使代表职权的重要方式和途径。会议期间，代表们以邓小平理论和"三个代表"重要思想为指导，深入贯彻落实科学发展观，本着对人民高度负责的精神和求真务实的态度，从加快全面建设小康社会进程、努力实现经济社会又好又快发展的目标出发，提出了涉及经济建设、政治建设、文化建设、社会建设以及生态文明建设各个领域的议案。到3月9日大

会规定的议案截止时间，共提出议案 506 件。其中，法律案
500 件，监督工作方面议案 6 件；以代表团名义提出的议案 5
件，30 名以上代表联名提出的议案 501 件。有 2052 位代表领
衔或参加附议。

经过初步分析，我们认为今年代表提出的议案，前期工作更
为扎实，调查研究更加深入，分析论证比较充分，议案质量有明
显提高。大会之前，代表们积极参加集中视察、专题调研和代表
小组等活动，深入基层、深入实际、深入群众，在了解掌握第一
手资料的基础上，做了大量的准备工作，基本形成了议案文本。
大会期间，各代表团组织代表认真讨论，以代表团名义提出的议
案都经过全团集体讨论，代表联名提出的议案，领衔代表与附议
代表充分沟通、共同研究，使得议案文本进一步得到完善。本次
大会所提议案绝大部分为法律案，共涉及 226 个法律项目。其
中，一些代表根据全国人大常委会立法规划和 2010 年立法工作
计划所列立法项目，提出了质量较高的法律草案文本；许多代表
从立法的必要性和可行性等方面对未列入规划、计划的法律项目
提出了很好的意见。一些代表还就加强监督工作提出议案，都是
要求对有关法律的实施情况开展执法检查的。因此，认真办理代
表议案，对于确保形成中国特色社会主义法律体系目标如期实
现，推进依法治国有着重要意义。

根据全国人民代表大会组织法和全国人民代表大会议事
规则的规定，大会秘书处与全国人大各专门委员会对代表提
出的议案逐件进行了分析研究，认为没有需要列入本次大会
审议的议案。大会秘书处建议将这些代表议案分别交由全国
人大有关专门委员会审议。其中，财政经济委员会审议 156
件，法律委员会审议 137 件，教育科学文化卫生委员会审议

74 件，内务司法委员会审议 63 件，环境与资源保护委员会审议 41 件，农业与农村委员会审议 27 件，外事委员会审议 3 件，华侨委员会审议 3 件，民族委员会审议 2 件。上述议案经各有关专门委员会审议后，依法分别向全国人大常委会提出审议结果的报告。

为了办理好、审议好代表提出的议案，大会秘书处建议：

一、认真吸纳代表议案文本的意见。在法律草案的起草、修改和审议中，更加积极深入地研究采纳代表议案提出的意见。对于所涉及的立法项目已经列入全国人大常委会立法规划、年度立法工作计划的议案，建议尽可能地吸收议案内容，将代表附有条文建议的议案作为基础形成法律条文。

二、积极以代表议案为依据制定立法和监督工作计划。对于尚未列入本年度立法、监督工作计划的议案，建议全国人大常委会和各专门委员会在研究制定 2011 年立法工作和监督工作计划时予以高度重视，通过深入调研论证、充分采纳代表意见，使形成的立法、监督工作计划更加符合国家经济社会发展大局的需要，更加符合广大人民群众的意愿和要求。

三、继续邀请代表参加立法和监督工作。建议全国人大常委会审议法律案和专项报告时邀请提出相关议案的代表列席，开展执法检查时邀请有关代表参加；建议全国人大有关专门委员会通过多种形式加强与代表的联系与沟通，在审议代表议案时邀请提出议案的代表列席会议，发表意见。

十一届全国人大三次会议代表所提议案的审议结果和处理情况，经由全国人大常委会审议通过后，建议在十一届全国人大四次会议上向代表提出报告。

以上报告，请审议。

（二）全国人大常委会办公厅关于第十一届全国人民代表大会第三次会议代表建议、批评和意见办理情况的报告

全国人大常委会办公厅关于第十一届全国人民代表大会

第三次会议代表建议、批评和意见办理情况的报告

——2010 年 12 月 24 日在第十一届全国人民代表大会

常务委员会第十八次会议上

全国人大常委会副秘书长　何晔晖

全国人民代表大会常务委员会：

我代表全国人大常委会办公厅向本次会议报告十一届全国人大三次会议期间代表提出的建议、批评和意见（以下简称建议）办理情况。

一、代表建议提出和交办情况

十一届全国人大三次会议期间，代表们共提出建议 7590 件。经过分析分类，按照提出建议数量的多少，依次分为：一是关于科技、教育、文化、卫生方面的有 1473 件，占建议总数的 19.4%；二是关于发展规划和综合经济方面的有 1336 件，占 17.6%；三是关于资源环境、城乡建设、农林水利方面的有 1237 件，占 16.3%；四是关于社会及公共事务方面的有 1101 件，占 14.5%；五是关于人大、法院、检察院工作及法治建设方面的有 1017 件，占 13.4%；六是关于财政、税收和金融方面的有 575 件，占 7.6%；其他方面的有 851 件，占 11.2%。代表反映比较突出的问题主要是，促进区域协调发展，推动产业结构升级，加快节能减排进程，加强生态环境保护，落实各项强农惠农政策，推进教育事业发展，深化医药卫生体制改革，完善社会保障体系，加强房地产市场调控，以及修改制定有关法律法规等，涉及这些问题的建议数量比去年有较大幅度增加。

今年代表提出的建议有以下几个特点：一是建议数量继续增长，比去年增加 164 件，增长 2.2%。其中，山东、河南、湖南等代表团代表提出建议数量较多。二是代表建议更具有宏观性、综合性，多数建议需要承办单位共同研究办理。代表们就国民经济和社会发展第十二个五年规划的制定实施提出的建议有 480件，由多个部门共同办理的建议数量占总数的 53.7%。三是代表联名提出的建议所占比例比去年增长了 6.5%，更多的省份以代表团名义提出建议。反映了代表认真负责的态度和更加注重通过共同研究讨论提出建议。

大会闭幕后，全国人大常委会办公厅及时召开交办会，对代表建议办理工作提出明确要求，将代表提出的建议统一交由财政部、国家发展和改革委员会、人力资源和社会保障部等 180 家承办单位研究办理。

二、代表建议的办理情况

今年是全面实现"十一五"规划目标、为"十二五"发展打好基础的重要一年，大会期间代表提出建议的数量多，综合性强。各有关单位认真落实 2005 年中央 9 号文件的各项要求，把办理代表建议作为一项重要工作，切实加大办理力度。主要表现在以下几个方面：

（一）加强组织领导，落实各项责任。今年 9 月，吴邦国委员长在宁夏考察调研期间，把检查有关代表建议的办理情况作为重要内容，对建议办理工作作出了重要指示。按照建议办理工作总体要求，各承办单位加强组织领导，把办理工作列入重要议事日程，与年度工作计划、人员安排等统筹结合起来，切实落实各项责任。一是承办单位领导高度重视。最高人民法院、最高人民检察院和国家发展和改革委员会等许多单位的主要领导多次批示提出要求，分管领导主持召开内部交办会布置办理任务，并由部领导对建议答复逐件审核签发。二是亲自协调办理代表建议。对全国人大常委会办公厅确定的重点建议和涉及疑难复杂问题的建议，承办单位主要领导牵头负责，成立专门的办理领导小组，分管领导直接参与办理工作，听取办理情况汇报，亲自邀请代表座谈调研，协调解决困难和问题。三是继续实行分级办理。在领导同志的带动下，承办单位司局和具体负责同志层层落实，形成了建议办理齐抓共管、分级负责的良好工作状态。

（二）完善办理机制，提高工作质量。各有关单位不断探索改进办理工作的方式方法，进一步完善办理机制，切实提高工作质量。一是加强综合分析，做好办前准备。建议交办后，越来越多的承办单位先组织人员对承办建议开展综合分析，从建议构成情况、代表关注的重点、办理要求等方面进行认真梳理分类，归纳整理出代表建议中需要研究解决的问题，结合部门职能部署办理任务。二是重视总结经验，完善办理工作程序。许多承办单位结合本部门实际，认真总结经验，学习借鉴其他单位的做法，对已有的工作程序不断调整补充和完善。如，制定方案、限时办结、动态督查、定期通报、总结表彰等过去的典型做法，经过几年来交流推广，现在成了固定工作程序。三是实行分层督办，加大督促力度。在建议办理全程中，承办单位加强内部具体督办、有关专门委员会重点督办、全国人大常委会办公厅协调督办，通过听取汇报、分阶段检查、情况通报和定期催办等方式，确保了按时保质完成建议办理工作。四是加强承办人员培训，提高办理质量。教育部、公安部、人民银行等一些单位在提高具体承办人员素质和能力上下功夫，通过举办办理工作培训班、研讨班或者专题讲座，提高承办人员对办理代表建议的认识和能力，取得了较好的效果。

（三）多方协商沟通，增强办理实效。各有关单位始终把多协商、多沟通作为改进办理工作的重要环节，形成合力，增强办理工作实效。一是承办单位加强与代表互动交流。建议办理中与代表联系沟通，介绍办理情况，已成为各承办单位普遍采取的做法，一些承办单位明确要求办理每件建议都要与代表沟通联系。对于一时难以落实的代表建议，有的承办单位还主动上门走访，邀请代表参加调研座谈，与代表共商对策。二是承办单位之间积极协调配合。今年需要多个部门共同办理的建议数量比往年多，主办单位认真负起牵头责任，协办单位积极参与，齐心协力做好建议办理工作。工业和信息化部先后与 47 家协办单位联系征求意见 377 次，全面了解有关协办情况。财政部及时向 82 家主办单位提供书面协办材料 1485 份，为主办单位准确答复代表提供意见。三是加强承办单位、全国人大专门委员会和全国人大常委会办公厅的沟通联系。及时通报建议办理的进度情况，统一思想认识，研究解决办理中的一些疑难问题。据统计，今年三方共同组织了 34 次联合调研或座谈，保障了建议办理工作的顺利进行。

（四）突出重点办理，加大办理力度。各有关单位结合全国人大常委会的立法和监督工作以及国务院的重点工作，着力解决代表建议反映的突出问题，进一步加大重点处理建议的工作力度。一是提高重点建议选题的质量。大会闭会后，全国人大常委会办公厅在对代表建议分析研究的基础上，广泛听取各方面意见，反复协商确定选题。充分考虑代表关注的问题，多次征求国务院办公厅和有关承办单位的意见，认真听取全国人大专门委员会的建议，经全国人大常委会领导同志批准后，确定了各方面普遍认可，意见较为一致的 13 项内容作为今年的重点处理建议。

二是加大督办力度。全国人大对重点建议持续督促和关注，全国人大常委会领导同志亲自主持会议，实地考察调研，听取各有关方面对重点建议办理、督办情况汇报，促进各项办理工作协调开展。全国人大各专门委员会主要负责同志亲自抓重点建议的督促办理工作，全国人大与常委会执法检查相结合，提出意见和建议，督促承办单位办好重点建议。三是承办单位积极办理。各承办重点建议的单位高度重视，研究制定切实可行的办理方案，认真开展调查研究，充分听取代表意见。从解决问题出发，采取各种措施，保证重点建议办理取得成效。对于往年确定的部分重点建议，水利部等单位统筹安排跨年度跟踪办理，继续落实答复中承诺的计划和措施。民政部、文化部、新闻出版总署等许多承办单位还结合部门工作，确定内部重点办理的建议，多数取得了明显效果。

三、代表建议办理工作取得的实效

在党中央、全国人大、国务院领导同志的直接关心下，各有关承办单位坚持将建议办理作为推动部门工作、服务科学发展和落实各项任务的重要途径和抓手，积极吸收采纳代表意见，加强部门工作，特别是在涉及"三农"问题、民生问题和环境保护问题等方面，取得了比较明显的办理效果。

一是承办单位结合办理代表提出的有关"三农"问题的建议，积极落实各项强农惠农政策，加强农村基础设施建设，促进农业稳定发展和农民持续增收。比如，内蒙古代表团提出关于加大草原保护建设力度、完善惠牧政策、增加牧民收入的建议，财政部高度重视，全国人大农业与农村委员会认真督促，互相配合、共同努力，今年10月，国家出台了建立草原生态保护补助奖励机制促进牧民增收的政策措施，决定从2011年起，中央财政每年安排资金 134 亿元，在内蒙古、西藏、新疆、青海、甘肃、四川、宁夏和云南 8 个草原牧区省（区）全面建立草原生态保护补助奖励机制，使草原生态保护和惠牧政策上升到了新的阶段。一些代表提出关于尽快启动实施全国坡耕地水土流失综合治理工程的建议，水利部结合重点工作认真办理，编制完成综合整治工程规划，安排中央投资 7 亿元，在 20 个省 70 个县启动综合治理试点，积极推动了西部地区治理水土流失、改善生态环境。农村电网改造和无电地区供电是代表们较为关注的问题，今年国家能源局承办有关建议 22 件。7 月，国家能源局在京召开全国农村电网改造升级工作会议，根据中央 1 号文件精神，计划用 3 年左右的时间，对全国尚未改造农网进行全面改造，并解决新的农村电网供电能力不足问题。

二是承办单位十分重视代表建议涉及的民生问题，加强保障和改善民生工作，着力解决人民群众关心的热点、难点问题。比如，人力资源和社会保障部会同有关单位积极研究办理关于加强职业技能培训，重点提高农民工和城乡新增劳动力就业能力的建议，按照国务院办公厅关于进一步做好农民工培训工作的指导意见的要求，抓紧落实加大农民工培训资金投入等措施，提高农民工技能水平和就业能力，促进农村劳动力向非农产业和城镇转移，推进城乡经济社会一体化进程。卫生部结合落实国务院关于公立医院改革试点指导意见，办理代表提出的相关建议，积极推进中央和各省（区、市）确定的试点城市公立医院改革工作。加大政府投入，完善医疗质量管理制度，逐步解决群众到大医院"看病难"的问题。民政部、全国老龄办等单位共同研究办理关于应对人口老龄化、加快建立健全社会养老服务体系的建议，积极协调推动社会养老服务体系的发展。目前，国家加大财政投入，专门安排 5 亿元在 12 个省开展基本养老服务体系建设工程试点工作，让越来越多的老年人老有所养，安享晚年生活。

三是承办单位把办理代表建议与建设资源节约型、环境友好型社会结合起来，积极采取措施，推动生态文明和低碳环境建设。比如，今年国家发展和改革委员会办理多项涉及能源、资源和生态环境的建议。在办理代表提出的关于建立健全生态补偿机制的建议过程中，认真组织进行实地调研，将代表的意见建议吸收到相关政策制定当中。现在，已确立了生态补偿条例的初步框架，关于建立健全生态补偿机制若干意见的征求意见稿也已经完成。许多代表提出要倡导低碳消费和生活方式，推动构建低碳社会的建议，承办单位积极吸收采纳。交通运输部在办理关于低碳交通运输体系建设、促进交通运输发展与资源环境和谐统一的建议时，多次召开专题办公会议研究部署，提出推进低碳交通运输体系建设的指导意见和政策措施，并拟将成果纳入"十二五"规划中。代表建议起到了很好的促进作用。

三次会议期间代表提出的建议已经全部办理答复代表。从办理结果来看，代表建议所提问题得到解决或计划逐步解决的占代表建议总数的 76.7%，多数代表对今年办理工作表示满意或基本满意。

总结一年来代表建议办理工作，我们感到还存在一些问题和不足，为代表提出建议的服务工作还需要进一步加强，重点处理建议工作程序还有待完善。我们将认真学习贯彻党的十七届五中全会精神和代表法的有关规定，健全制度，改进工作，切实提高办理质量，为人大代表履行职责、充分发挥作用做好服务工作。

四、第十一届全国人民代表大会第四次会议的代表议案、建议工作

（一）关于第十一届全国人民代表大会第四次会议代表提出议案处理意见的报告

关于第十一届全国人民代表大会第四次会议
代表提出议案处理意见的报告

（2011 年 3 月 13 日第十一届全国人民代表大会第四次会议
主席团第三次会议通过）

十一届全国人大四次会议副秘书长　王万宾

十一届全国人大四次会议主席团：

在本次大会上，全国人大代表以邓小平理论和"三个代表"重要思想为指导，深入贯彻落实科学发展观，本着对国家和人民高度负责的精神，依照宪法和法律的规定提出属于全国人民代表大会职权范围内的议案。到 3 月 9 日 12 时议案截止时间，共提出议案 566 件，其中，以代表团名义提出的议案 4 件，30 名以上代表联名提出的议案 562 件。代表所提议案中，立法方面的议案 558 件，监督方面的议案 7 件，其他议案 1 件。

提出议案的全国人大代表在大会召开前作了充分准备，深入实际、深入基层、深入群众进行调查研究，认真起草议案文本。大会期间，为进一步完善议案文本，以代表团名义提出的议案由全团代表进行了集体讨论，代表联名提出的议案由领衔代表主动与附议代表沟通研究。大会秘书处对代表议案进行了初步分析，认为今年的代表议案案由鲜明、案据充分、方案具体，质量比较高，在内容上有三个方面新的特点：

一是高度关注"十二五"规划纲要的有效实施。"十二五"时期是全面建设小康社会的关键时期，是深化改革开放、加快转变经济发展方式的攻坚时期。代表们紧紧围绕科学发展这个主题、加快转变经济发展方式这个主线，按照"十二五"规划纲要确定的目标任务，积极提出推动规划纲要有效实施的议案，涉及经济结构战略性调整、促进科技进步和创新、保障和改善民生、推动节能环保、深化改革开放等内容。这方面议案占议案总数的近60%，反映了人民群众对中央重大决策部署的衷心拥护，对全面建成小康社会的愿望和要求。

二是高度关注中国特色社会主义法律体系的完善。中国特色社会主义法律体系的形成，是我国社会主义民主法制建设史上的重要里程碑，是中国特色社会主义制度逐步走向成熟的重要标志。完善中国特色社会主义法律体系，是一项长期而艰巨的任务。在代表提出的558件立法方面议案中，要求修改完善法律和制定法律配套法规的有312件。代表提出的7件监督方面议案，要求推动法律有效实施，做到有法必依、执法必严、违法必究。这方面议案反映了人民群众对全面落实依法治国基本方略、加快建设社会主义法治国家的愿望和要求。

三是高度关注社会管理的加强和创新。加强和创新社会管理，对于维护最广大人民根本利益、构建社会主义和谐社会具有十分重要的意义。今年代表在这方面提出的议案有130件，占议案总数的23%，反映了人民群众对加强社会组织建设、维护社会公平正义、保障人民安居乐业、促进社会和谐稳定的愿望和要求。

根据全国人民代表大会组织法、全国人民代表大会议事规则和新修改的代表法的有关规定，大会秘书处与全国人大各专门委员会对代表提出的议案逐件进行了分析研究，认为没有需要列入本次大会审议的议案。大会秘书处建议本次大会结束后将代表议案分别交由全国人大有关专门委员会审议。其中，法律委员会审议 147 件，财政经济委员会审议 139 件，教育科学文化卫生委员会审议 88 件，内务司法委员会审议 87 件，环境与资源保护委员会审议 57 件，农业与农村委员会审议 39 件，外事委员会审议 5 件，民族委员会审议 2 件，华侨委员会审议 2 件。上述议案经各有关专门委员会审议后，分别依法向全国人大常委会提出审议结果的报告。

审议代表议案，是法律赋予全国人大专门委员会的职责。为了把代表议案审议好、处理好，大会秘书处提出如下建议：

一、进一步提高代表议案处理质量。在认真总结经验的基础上，根据形势发展的要求和人民群众的期待，拿出更多的时间和精力，对代表议案深入分析论证，加强调查研究，完善处理方案，改进处理方式，回应代表关切，充分发挥代表议案的作用。

二、认真研究采纳代表议案的内容。对于具备条件的代表议案，及时补充列入常委会年度立法工作计划、监督工作计划。在起草、修改和审议法律草案过程中，将比较成熟的代表议案直接作为起草法律案的基础，将代表议案中比较成熟的条文直接吸纳到法律草案中。

三、扩大代表对立法、监督活动的参与。邀请提出相关议案的代表列席常委会会议、专门委员会会议；专门委员会审议议案时，邀请提案人列席会议、发表意见；邀请提出相关议案的代表参加立法调研、立法论证、执法检查、专题询问等活动，认真听取他们的意见和建议。

四、加强与代表的联系沟通。通过多种方式，保持与提出议案代表的联系沟通；同时加强与国务院及其有关部门、最高人民法院、最高人民检察院和常委会工作机构的沟通协调，共同提高代表议案处理的质量。

有关专门委员会关于代表议案审议结果的报告经全国人大常委会审议通过后，印发十一届全国人大五次会议。

以上报告，请予审议。

（二）全国人大常委会办公厅关于第十一届全国人民代表大会第四次会议代表建议、批评和意见办理情况的报告

全国人大常委会办公厅关于第十一届全国人民代表大会
第四次会议代表建议、批评和意见办理情况的报告
——2011 年 12 月 28 日在第十一届全国人民代表大会
常务委员会第二十四次会议上
全国人大常委会副秘书长　何晔晖

全国人民代表大会常务委员会：

我代表常委会办公厅向本次会议报告十一届全国人大四次会议期间代表提出的建议、批评和意见（以下简称建议）办理情况。

一、代表建议提出和交办情况

十一届全国人大四次会议期间，代表们共提出建议 8043 件。经过分析分类，按照提出建议数量的多少，依次分为：一是关于科技、教育、文化、卫生方面的有 1518 件，占建议总数的18.9%；二是关于资源环境、城乡建设、农林水利方面的有 1392件，占 17.3%；三是关于发展规划和综合经济方面的有 1329 件，占 16.5%；四是关于社会及公共事务方面的有 1265 件，占15.7%；五是关于人大、法院、检察院工作及法治建设方面的有992 件，占 12.4%；六是关于财政、税收和金融方面的有 668

件，占8.3%；其他方面的有879件，占10.9%。代表反映比较突出的问题主要是，加强和改善宏观调控，促进区域协调发展，推进经济结构调整，确保国家粮食安全，加大环境保护力度，建立健全基本公共服务体系，加强和创新社会管理，以及修改制定有关法律法规等。

今年代表提出的建议有以下几个特点：一是代表建议数量是历次大会最多的一次，比去年增加453件，增长6%。二是代表围绕党和国家工作大局，提出建议的重点更加突出，针对"十二五"规划纲要的有效实施提出建议1522件，占建议总数的19%。三是需要多个部门共同研究办理的建议有3822件，占总数的47.5%。四是代表就同一问题多年多次提出的建议有602件，比上年增长8.1%。

大会闭幕后，常委会办公厅及时召开交办会，对代表建议办理工作提出明确要求，将代表提出的建议统一交由财政部、发展改革委、教育部等177家承办单位研究办理。

二、代表建议的办理工作情况

各承办单位认真落实代表法的有关规定，把办理代表建议作为一项法定任务，结合实施"十二五"规划，切实加大办理工作力度。主要做法有以下几个方面：

（一）领导同志带头参与，促进建议办理质量整体提高。去年9月，吴邦国委员长在宁夏考察调研期间，专门检查了有关代表建议的办理情况。今年9月和11月，吴邦国委员长又两次对重点建议有关工作作出重要批示，极大地推动了代表建议办理工作的开展。各承办单位主要领导、分管领导和司局负责同志一级抓一级，形成齐抓共管、各负其责的良好局面。一是承办单位高度重视，主要领导统筹部署办理工作。最高人民法院、最高人民检察院、人力资源和社会保障部等一批单位专门召开党组会议、部务会议，部署安排建议办理工作；财政部、发展改革委、水利部等许多单位的主要领导多次作出批示，对年度办理工作方案和计划提出指导意见；国务院食品安全办、民航局等单位由领导牵头成立专门的办理工作领导小组，抽调专人集中精力协调督促办理代表建议。二是承办单位有关领导参与办理，推动解决具体问题。住房和城乡建设部等多数承办单位都由分管领导主持召开内部交办会，传达建议办理要求，具体布置办理工作；农业部、人民银行等许多承办单位领导专门主持有关工作会议，邀请代表共同座谈调研，协调解决代表建议集中反映的问题；绝大多数单位的领导同志对建议答复认真进行修改，逐件审核签发，保证了建议答复的质量。

（二）突出办理工作重点，推动解决建议提出的问题。各有关方面结合中心任务，进一步加强重点建议工作。一是认真确定重点建议的选题。大会闭会后，常委会办公厅在对代表建议深入分析研究的基础上，多次征求国务院办公厅和有关承办单位的意见，同相关专门委员会反复协商，围绕人大代表和人民群众关注关心的问题，拟定重点建议的选题，经常委会领导同志批准，最终确定了可操作性较强、各方面普遍认可的 11 项内容作为今年的重点处理建议。二是承办单位认真研究办理。多数承办单位对交办的重点建议，研究制定切实可行的办理方案，积极开展调查研究，充分听取代表意见，出台的政策措施以解决问题为出发点和落脚点，保证重点建议办理取得实效。同时，工业和信息化部、国家中医药管理局等越来越多的承办单位结合部门工作，研究确定内部重点办理的建议，推动加强和改进工作，多数取得了明显效果。三是开展重点建议跟踪办理。今年，常委会办公厅共安排了对往年 10 项重点建议的跨年度跟踪办理，有关承办单位加强内部协调督促，继续落实答复中承诺的计划和措施。

（三）委员会加强协调工作，督促办好代表建议。全国人大有关专门委员会和常委会工作委员会加大力度，结合委员会工作加强建议的督促协调和办理。一是积极开展调研。在重点建议办理过程中，专门委员会与承办单位一起深入实际调查研究，与代表座谈，共同研究解决有关问题。二是及时听取情况汇报。专门委员会主要负责同志主持召开主任委员会议或委员会全体会议以及联席会议，了解有关代表建议办理情况，听取答复代表意见的汇报，督促承办单位办好重点建议。三是结合立法和监督工作办理建议。常委会法工委、预算工委等单位结合修改制定法律、法规备案审查和预算审查监督等业务工作，办理落实代表建议，受到代表的肯定。

（四）健全办理工作机制，形成建议办理的协同合力。为办理好代表建议，承办单位注重不断完善工作机制，加强协调配合。一是完善内部办理工作程序。民政部、公安部等更多的承办单位注重加强办前综合分析，归纳整理代表建议关注的重点难点问题，结合部门职能安排办理任务；卫生部等许多承办单位加强内部工作管理，定期举办工作培训班、研讨班和专题讲座，提高具体工作人员的素质和能力；大多数承办单位完善了包括内部统一交办、分阶段限时办结、动态督查通报、总结表彰先进等一整套工作程序。二是相关单位之间积极配合。今年需要多个部门共同办理的建议数量占到总数的一半，牵头办理单位答复代表时认真综合考虑协办单位意见，协办单位主动提出意见，积极支持配合主办单位的工作；多数承办单位加强与常委会办公厅、专门委员会的经常性联系，协同保障建议办理工作的顺利完成。

三、代表建议办理取得的实效

各承办单位和有关专门委员会共同努力，在编制"十二五"专项规划和推动工作的过程中，充分吸收采纳代表意见，带动了有关问题的解决，特别是在调结构、促发展、惠民生、促和谐、稳粮强农等方面取得了较好效果。

一是承办单位牢牢抓住加快转变经济发展方式的主线，认真研究吸收代表建议，积极支持区域协调发展，进一步促进经济结构优化调整。比如，代表提出加快渤海区域环境管理立法的建议，全国人大环资委作为主办单位，深入开展办理调研，形成专项报告，提出具体立法建议，推动了相关立法工作的开展。结合代表提出支持云南、河南等地区发展的建议，发展改革委牵头做好调查研究、文件起草等工作，全国人大财经委、全国人大民委积极督促协调，《关于支持云南省加快建设面向西南开放重要桥头堡的意见》和《关于支持河南省加快建设中原经济区的指导意见》已实施，推动了区域发展总体战略的落实。针对代表提出扶持中小企业发展的建议，工业和信息化部在吸收代表意见基础上，制定新的中小企业类型划分标准和"十二五"中小企业成长规划，推动出台金融财税支持措施。结合代表的建议，最高人民法院协调建立东部六省市与青海藏区六地区对口援助关系，人民银行积极推动银行卡刷卡手续费调整优化，促进商业服务业发展。

二是承办单位坚持把"三农"工作放在重中之重，结合办理代表建议进一步巩固和加强农业基础地位，推进生态文明建设。比如，针对代表提出支持粮食主产区发展的建议，财政部等单位认真组织办理，建立并完善了粮食主产区利益补偿机制，今年中央财政加大产粮大县奖励力度，增加粮食主产省（区）粮食风险基金规模，调动了粮食主产区重农抓粮的积极性。林业改革是代表建议反映较多的问题，全国人大农委采取多种方式进行督促，国家林业局作为牵头办理单位，明确了重点国有林区改革的思路，启动了国有林场改革试点工作。根据代表有关开展农村河道综合整治的建议，水利部提出拟用3—5年时间开展"百县千乡万村"试点，适时在全国推开，力争使农村河道水环境得到明显改善。

三是承办单位积极加强和创新社会管理，制定出台政策措施，推动解决代表集中关注的问题，促进社会和谐稳定。比如，许多代表提出加快养老服务业发展的建议，全国人大内司委结合老年人权益保障法执法检查和修改开展督促工作，民政部认真组织办理，制定了"十二五"社会养老服务体系建设专项规划和优先发展政策文件，决定连续5年开展老年福利事业推进年活动，确保"十二五"目标的实现。代表关注的完善食品安全监管机制问题，全国人大教科文卫委、国务院食品安全办加强协调配合，根据代表建议明确将优化整合食品检验资源列入"十二五"国家食品安全监管体系规划重点改革试点项目。此外，最高人民检察院在开展民事执行活动法律监督试点方面，文化部在推进建设互联网上网服务营业场所管理长效机制方面，安全监管总局在建设完善煤矿井下安全避险"六大系统"方面，积极吸纳代表建议，有关工作取得较大进展。

四次会议期间代表提出的建议已经办理答复代表。从办理结果来看，代表建议所提问题得到解决或计划逐步解决的占建议总数的77.2%，比去年有所上升。多数代表对今年办理工作表示满意或基本满意。

回顾一年来代表建议办理工作，我们深刻认识到还存在一些问题和不足，还需要更加充分认识代表建议办理工作的重要性，进一步加强和改进代表提出建议的服务工作和办理工作，为充分发挥代表作用做好服务保障，努力推动建议办理工作取得更大成效。

五、第十一届全国人民代表大会第五次会议的代表议案、建议工作

（一）关于第十一届全国人民代表大会第五次会议代表提出议案处理意见的报告

关于第十一届全国人民代表大会第五次会议
代表提出议案处理意见的报告

（2012 年 3 月 13 日第十一届全国人民代表大会第五次会议
主席团第三次会议通过）

十一届全国人大五次会议副秘书长　王万宾

十一届全国人大五次会议主席团：

今年是本届全国人大任期的最后一年。在本次会议上，全国人大代表以邓小平理论和"三个代表"重要思想为指导，深入贯彻落实科学发展观，以对国家和人民高度负责的精神和饱满的政治热情，依照宪法和法律的规定提出属于全国人民代表大会职权范围内的议案。到 3 月 9 日大会规定的议案截止时间，共提出议案 489 件，其中，有关立法方面的议案有 477 件，监督方面的议案有 8 件，其他方面的议案有 4 件；以代表团名义提出议案 5 件，30 名以上代表联名提出议案 484 件。

大会秘书处分析认为，全国人大代表代表人民的利益和意志，会前深入实际、深入基层、深入群众进行大量调查研究，会

中认真进行讨论和沟通，所提议案案由鲜明、案据充分、方案具体，针对性、可操作性都较强。代表议案内容涉及经济建设、政治建设、文化建设、社会建设以及生态文明建设等各个领域，主要集中在以下几个方面：

一是贯彻稳中求进的工作总基调，努力实现经济平稳较快发展。今年是"十二五"时期承前启后的重要一年。代表所提议案针对错综复杂国际形势的挑战和我国经济社会发展中存在的不平衡、不协调、不可持续的问题，建议进一步深化改革、扩大开放，加强和改善宏观调控，实施积极的财政政策和稳健的货币政策，转变发展方式，调整经济结构，推动科技创新，抓好节能减排，推进工业化、城镇化、农业现代化，促进区域经济协调发展等。

二是切实保障和改善民生，努力保持社会和谐稳定。注重解决民生问题是实现全面建设小康社会的必然要求。代表所提议案反映了对建设和谐社会、实现美好生活的新期待，建议努力实现物价总水平基本稳定，实施积极的就业政策，深化收入分配制度改革，完善社会保障体系，依法保障教育优先发展，大力推进医药卫生事业改革发展，推动文化大发展大繁荣，维护社会公平正义等。

三是不断完善和有效实施法律，努力加快社会主义法治国家建设进程。中国特色社会主义法律体系形成后，法律体系的完善、法律的有效实施和法制宣传教育的任务更为繁重。代表所提议案希望全面实施依法治国基本方略，善于在法制轨道上推进改革发展稳定各项工作，建议修改法律、加强法律实施和普法教育。

根据全国人大组织法、全国人大议事规则和代表法的规定，大会秘书处与全国人大各专门委员会对代表提出的议案逐件进行了分析研究，认为没有需要列入本次会议审议的议案。大会秘书处建议本次会议结束后，将代表议案分别交由全国人大有关专门委员会审议。其中，财政经济委员会审议 123 件，教育科学文化卫生委员会审议 96 件，法律委员会审议 88 件，内务司法委员会审议 74 件，环境与资源保护委员会审议 58 件，农业与农村委员会审议 43 件，外事委员会审议 5 件，民族委员会审议 1 件，华侨委员会审议 1 件。上述议案经各有关专门委员会审议后，分别依法向全国人大常委会提出审议结果的报告。

为了审议好、处理好代表议案，大会秘书处建议：

第一，认真研究分析代表议案。认真总结经验，深入研究分析，完善处理方案，改进处理方式，回应代表关切，依法按程序审议好、处理好代表提出的每一件议案。特别是对代表议案内容反映比较集中或代表多次提出议案涉及的重要问题，要加大处理力度，落实处理措施，增强处理实效，进一步提高代表议案处理工作的质量和水平。

第二，积极采纳代表议案内容。把处理代表议案与改进常委会立法、监督工作结合起来，在起草、修改法律案时尽可能地吸收代表议案的内容，将比较成熟的代表议案作为法律条文形成的基础；在组织实施执法检查、专题询问等监督工作时积极采纳代表议案的相关内容。建议国务院、最高人民法院、最高人民检察院在实施各项工作时，认真研究吸收代表议案的相关内容。通过代表议案的处理，推动国家机关改进和加强工作。

第三，进一步密切与代表的联系沟通。邀请提出议案的代表列席常委会会议、专门委员会会议参加审议相关议案，在立法调研过程中参加有关座谈会、论证会等活动，在监督工作中参加执法检查、专题调研等活动。通过多种方式加强与代表的联系与沟通，充分听取和反映他们的意见，更好地发挥代表的作用。

有关专门委员会关于代表议案审议结果的报告经全国人大常委会审议通过后，印发十二届全国人大一次会议，同时向十一届全国人大代表作出反馈。

以上报告，请予审议。

（二）全国人大常委会办公厅关于第十一届全国人民代表大会第五次会议代表建议、批评和意见办理情况的报告

全国人大常委会办公厅关于第十一届全国人民代表大会
第五次会议代表建议、批评和意见办理情况的报告

——2012 年 12 月 26 日在第十一届全国人民代表大会
常务委员会第三十次会议上
全国人大常委会副秘书长　何晔晖

全国人民代表大会常务委员会：

我代表常委会办公厅向本次会议报告十一届全国人大五次会议期间代表提出的建议、批评和意见（以下简称建议）办理情况。

一、代表建议提出和交办情况

十一届全国人大五次会议期间，代表们认真履行法律赋予的职责，围绕国家改革发展稳定的大局和人民群众普遍关心的问题，共提出建议 8189 件。经过分析分类，按照提出建议数量的多少，依次分为：一是关于科技、教育、文化、卫生方面的有1636 件，占建议总数的 20%；二是关于资源环境、城乡建设、农林水利方面的有 1401 件，占 17.1%；三是关于社会及公共事务方面的有 1327 件，占 16.2%；四是关于发展规划和综合经济方面的有 1165 件，占 14.2%；五是关于民主法制建设方面的有

1043 件，占 12.7%；六是关于财政、税收和金融方面的有 836 件，占 10.2%；其他方面的有 781 件，占 9.6%。代表反映比较突出的问题主要是，促进区域协调发展，推进生态文明建设，加强教育、医疗和社会保障等基本公共服务体系建设，解决贷款融资难，加大交通运输、农业水利方面建设改革力度，以及推动文化事业和文化产业繁荣发展等。

今年代表提出的建议有以下几个特点：一是代表建议数量多，达到了 8189 件，是历届历次会议最多的一次。二是代表建议综合性强，需要多个部门共同研究办理的建议有 4162 件，超过总数的一半。三是代表建议关注的重点集中，针对区域发展、教育医疗、环境保护、文化建设等方面提出的建议有 1745 件，占总数的 21.3%。四是以代表团名义提出的建议进一步增加，达到了 50 件，比去年增长 11%。

大会闭幕后，常委会办公厅及时召开交办会，对代表建议办理工作提出明确要求，将代表提出的建议统一交由财政部、发展改革委、教育部等 175 家承办单位研究办理。同时，还确定了 13 项重点处理建议，分别交由农业部、工业和信息化部、文化部等 40 家单位重点办理，并由全国人大民委、内司委、财经委、教科文卫委、环资委、农委 6 个专门委员会督办。

二、今年代表建议办理情况

今年是十一届全国人大任期的最后一年。各承办单位和全国人大有关专门委员会认真贯彻落实代表法有关规定，努力将代表建议办理同业务工作结合起来，着力解决建议提出的问题，特别是在推动区域可持续发展、推进经济结构战略性调整、加强社会建设和生态文明建设等方面取得了较好效果。

一是深入贯彻落实科学发展观，结合全面建成小康社会的奋斗目标，承办单位认真研究采纳代表意见，推动城乡发展一体化，增强了区域发展的平衡性、协调性和可持续性。2010年9月，吴邦国委员长在宁夏视察期间，把检查宁夏代表团有关建议办理情况作为重要内容，对重点建议涉及的宁夏中部干旱地区饮水难、发展高效节水农业、南部山区城乡饮水安全和马铃薯种薯基地建设等4个问题作出了重要指示，要求在2012年年底前切实解决落实好。2011年9月和11月、2012年9月和10月，又先后四次对办理工作作出重要批示。发展改革委、财政部、水利部、农业部等单位，密切配合，经过两年持续不断的积极努力，较好解决了相关问题，为宁夏中南部干旱地区实现与全国同步进入全面小康社会的奋斗目标创造了条件。当地干部群众满怀热情地说："有了水就有了希望，脱贫致富奔小康就有了盼头！"针对代表普遍关注的推进城乡社会保障一体化问题，人力资源社会保障部等单位积极采纳落实代表意见，认真部署、加强督导，实现了新型农村社会养老保险和城镇居民社会养老保险在全国范围的全覆盖，至9月底，参保城乡居民人数达到4.49亿，1.24亿城乡老年居民按月领取养老金，越来越多的老年人生活得到保障。结合办理代表提出加快西部铁路建设的建议，全国人大民委积极协调督办，铁道部会同有关单位认真研究，结合中长期铁路网建设，规划了川藏、成兰铁路等项目，到"十二五"末，西部地区铁路营业里程可达5万公里左右，对外通道运输能力将大幅提升，为国家实施西部大开发战略提供了有力保障。

二是紧紧围绕深化经济体制改革，推进经济结构战略性调整的要求，承办单位结合办理代表建议，推动解决了一些制约经济持续健康发展的重大结构性问题。比如，支持小微企业发展是加快转变经济发展方式的一项重要内容，今年许多代表提出了扶持小微企业的建议。工业和信息化部、全国人大财经委会同16家承办单位深入调研，反复协商，提出一揽子政策建议，推动出台《关于进一步支持小型微型企业健康发展的意见》，中央财政专项支持资金由128.7亿元增加到141.7亿元，技术改造资金达到35亿元，支持项目1803个，带动企业投资425亿元，有力支持了小微企业快速发展。为办理好关于加强文化产业发展的建议，全国人大教科文卫委加大督促力度，文化部、财政部等单位认真研究，发布了《"十二五"时期文化产业倍增计划》，修订了《文化产业发展专项资金管理暂行办法》，通过多种方式，重点推进文化体制改革和文化产业发展。结合办理山西、内蒙古、新疆等代表团提出支持地区煤炭产业发展的建议，国家能源局、全国人大环资委等单位分赴三省区开展实地调研，认真听取当地全国人大代表的意见，积极协助地方政府编制有关规划并加快项目审批，推动了煤炭生产和利用方式变革，促进了煤炭资源清洁高效利用。

三是以加强社会建设和生态文明建设为重点，承办单位通过办理代表建议推动中心工作，在保障和改善民生、建设美丽中国等方面取得新进展。比如，针对西藏代表团多次提出的加快推进西藏拉洛水利枢纽及配套灌区建设的建议，全国人大农委加强督办，专题听取发展改革委、水利部的情况汇报，组织开展实地调研，协调有关方面加大支持力度。目前，该项目已通过发展改革委立项审批，投资额约50亿元。该项目的实施，将为改善当地农业生产条件，增加农牧民收入，改善生态环境，促进边疆社会稳定发挥重要作用。针对许多代表提出加强食品安全风险监测评估体系建设的建议，卫生部、国务院食品安全办、全国人大教科文卫委等单位高度重视，由主要负责同志带队深入实地调研，通过共同努力，初步构建起以国家食品安全风险评估中心为龙头，以相关实验室和地方技术机构为支撑的监测评估体系，建立了多部门数据共享机制，促进了我国食品安全保障水平的提高。稳定物价是代表一直关注的热点问题。发展改革委、商务部等部门认真研究采纳代表建议，加大物价调控工作力度，治理流通环节不合理收费，开展电力价格、银行和医院收费问题专项检查，社会反响较好。为促进绿色增长，加强森林抚育经营工作，落实代表提出的相关建议，国家林业局、全国人大农委会同相关单位，多次邀请代表深入实地调研，推动改进各项工作。目前，森林抚育经营补贴资金已由 5 亿元增加到 56.76 亿元，抚育任务由 500 万亩增加到 5150 万亩，试点范围扩大到全国各省区，森林抚育经营工作取得较大进展。

今年代表提出的建议已经全部办理答复代表。从办理结果来看，代表建议所提问题得到解决或计划逐步解决的占建议总数的78.9%，比去年有所上升。多数代表对今年办理工作表示满意或基本满意。

三、做好代表建议办理工作的几点体会

十一届全国人大期间，我们继续深入贯彻落实中共中央 9 号文件精神，努力建立健全代表建议工作规章制度，认真负责地处理代表提出的建议，不断增强办理工作实效。总结这些年的工作实践，我们对做好代表建议工作有了更深刻的认识和体会。

第一，领导同志高度重视，亲自指导，推动代表建议工作不断开创新局面。中央领导同志非常重视和关心代表建议工作，胡锦涛、吴邦国、温家宝等同志多次作出重要指示。全国人大常委会、国务院的领导同志多次亲自听取汇报、带队调研，协调解决代表建议办理中的重点难点问题。全国人大各专门委员会和各承

办单位的负责同志也都切实加强领导，直接研究部署建议办理工作。领导同志的重要指示和亲自指导，极大鼓舞了各承办单位做好建议办理工作的积极性，使代表建议办理工作形成了办理质量逐年提高、办理实效不断增强的良好局面。

第二，人大代表认真负责地提出建议，积极参与建议办理，推动代表建议工作不断取得新进步。十一届全国人大期间，代表提出建议的积极性明显增强，代表建议质量不断提高。五年来，代表们紧紧围绕党和国家中心工作，提出代表建议 37527 件，比上届增加了 9649 件，增幅达到 34.6%。这些建议中，有 14834 件是代表们在开展专题调研、视察、座谈、走访基础上，认真酝酿提出的，占建议总数的 39.5%；还有很多建议是代表们结合本职工作，总结实践经验，经过慎重考虑后提出的，建议内容更加符合实际情况，更有针对性和前瞻性。在办理过程中，越来越多的代表和承办单位一起深入基层调查研究，共商解决问题的办法。人大代表全程参与建议的提出、办理和督办工作，对于提高建议办理质量，推动办理工作落实，发挥了至关重要的作用。

第三，各有关单位突出重点，以点带面，推动代表建议工作不断取得新成效。在常委会领导同志的指导下，几年来，常委会办公厅、国务院办公厅会同有关单位共同研究确定了 88 项重点建议，越来越多的承办单位也结合本部门中心工作确定内部重点办理的建议。全国人大专门委员会和中央部委高度重视重点建议办理工作，积极采取有效措施，坚持不懈地跨年度跟踪办理和滚动督办，解决了一批代表反映集中、社会普遍关注、关系人民群众切身利益、影响地方经济发展的问题，支持了西部贫困地区、少数民族地区的发展，维护了当地的社会和谐稳定，产生了良好的社会影响。认真负责办理重点建议，充分发挥示范效应，带动了建议办理工作质量的整体提高。

第四，各有关方面加强沟通协调，密切配合，推动代表建议工作不断取得新进展。近年来，各单位普遍把加强与代表沟通，作为办好代表建议的重要环节，许多单位主要负责同志通过邀请代表联合调研、座谈、走访等方式，在办中、办前和办后，面对面听取代表意见，深入了解代表提出建议的意图和要求，共同研究解决问题的办法。在代表建议交办、办理和督办过程中，全国人大机关、国务院办公厅会同承办单位，不断丰富拓展沟通渠道和方式，通过建立健全办理协调会、通报会、研讨会等联席会议机制，加大协调力度，共同推动重点难点问题的解决。多方面、多层次、分阶段、多角度的沟通协商，有利于形成办理合力，有利于提高办理工作质量，切实保证了代表建议的真正落实。

第五，各有关部门努力完善办理机制和制度，推动代表建议工作不断迈向新台阶。十一届全国人大以来，在全国人大机关、国务院办公厅和各承办单位的共同努力下，建立健全了综合分析、统一交办、分级负责、重点办理、分层次督办和答复反馈等一整套建议办理工作机制和制度，使办理责任和工作要求得到有效落实，办理工作逐步规范化、制度化。实践表明，通过不断完善办理机制，完善办理制度，为做好建议办理工作打下了较为坚实的基础，对于改进和加强代表建议工作起到了非常重要的促进作用。

回顾五年来代表建议办理工作的实践和经验，我们清醒认识到，工作中还存在许多不足，还需要进一步提高对代表建议工作重要性的认识，还需要进一步加强对建议办理工作规律的把握和总结。我们将认真贯彻党的十八大精神，继续落实好中央9号文件和代表法的要求，进一步研究完善办理建议的工作机制和制度，不断加强和改进工作，努力推动代表建议办理取得新进展，以实际行动为代表依法履职做好服务。

第三节　第十二届全国人民代表大会的代表议案、建议工作

一、第十二届全国人民代表大会第一次会议的代表议案、建议工作

（一）关于第十二届全国人民代表大会第一次会议代表提出议案处理意见的报告

关于第十二届全国人民代表大会第一次会议代表提出议案处理意见的报告

（2013 年 3 月 13 日第十二届全国人民代表大会第一次会议主席团第四次会议通过）

十二届全国人大一次会议副秘书长　王万宾

十二届全国人大一次会议主席团：

今年是十二届全国人大任期的第一年。全国人大代表按照大会的指导思想，认真学习党的十八大和十八届一中、二中全会精神，以邓小平理论、"三个代表"重要思想、科学发展观为指导，以对党和国家事业高度负责的精神，代表人民的利益和意志，依照法律规定的程序向全国人民代表大会提出属于全国人民代表大会职权范围内的议案。到 3 月 11 日本次大会规定的代表提出议案的截止时间，全国人大代表共提出议案 401 件，其中，有关立

法方面的 393 件，监督方面的 5 件，其他方面的 3 件；以代表团名义提出的 7 件，30 名以上代表联名提出的 394 件。

今年代表提出的议案有如下特点：

一是绝大多数议案为完善中国特色社会主义法律体系的立法案。在代表提出的议案中，立法方面的议案占总数的 98%，涵盖了中国特色社会主义法律体系的全部七个法律部门。在这些立法案中，宪法相关法类 34 件，占总数的 8.65%；民法商法类 51 件，占总数的 12.98%；行政法类 133 件，占总数的 33.84%；经济法类 100 件，占总数的 25.45%；社会法类 30 件，占总数的 7.63%；刑法类 27 件，占总数的 6.87%；诉讼与非诉讼程序法类 18 件，占总数的 4.58%。在这些立法案中，要求制定法律的 145 件，占总数的 36.9%，涉及 96 件法律项目；要求修改法律的 245 件，占总数的 62.34%，涉及 97 件法律项目；要求废止法律的 2 件，占总数的 0.51%；要求作出立法解释的 1 件，占总数的 0.25%。代表议案法律性强，反映了广大人民群众对完善中国特色社会主义法律体系，推进科学立法、严格执法、公正司法、全民守法，全面推进依法治国，加快建设社会主义法治国家的迫切要求。

二是议案内容涉及建设中国特色社会主义事业五位一体总布局的各个方面。代表议案围绕党和国家工作大局，从推进社会主义经济建设、政治建设、文化建设、社会建设、生态文明建设，促进经济社会全面、协调、可持续发展等各个方面建言献策。代表议案中，有关经济建设方面的 110 件，有关政治建设方面的 67 件，有关文化建设方面的 46 件，有关社会建设方面的 102 件，有关生态文明建设方面的 76 件。代表议案涉及加强社会主义民主法制建设，深化经济体制改革，进一步扩大开放，加快经济结构调整，大力推进产业转型升级，巩固和加强农业基础地位，坚持实施科教兴国战略，推进社会主义文化强国建设，加大环境资源保护力度和治理大气、水、土壤污染等方面内容，这部分议案所占比重很大。代表议案还十分关注保障和改善民生问题，其中要求千方百计扩大就业的 8 件，完善社会保障制度的 15 件，缩小收入分配差距的 10 件，保障粮食和食品药品安全的 21 件，提高人民卫生健康水平的 14 件，加大妇女儿童保护力度的 27 件，加强和创新社会管理的 20 件，上述议案占到议案总数的 28.68%。代表议案还有促进民族地区经济社会发展、加强侨务工作、开展对外交往等方面的内容。代表议案涉及面广泛，针对性强，反映了人民群众对全面建成小康社会，实现中华民族伟大复兴的中国梦的强烈期盼。

三是议案文本比较规范。新老代表提出议案的热情都很高，连任代表发挥了经验丰富的优势。在代表联名提出的议案中，新任代表领衔提出 142 件，连任代表领衔提出 252 件。为了提出高质量的议案，代表们在这次大会召开前做了充分的准备，深入实际、深入基层、深入群众，通过多种方式认真进行调查研究；大会期间，以代表团名义提出的议案都经过全团集体讨论，代表联名提出的议案由领衔代表与附议代表认真沟通和研究，积极分析论证。总的看，代表提出的议案大都案由鲜明、案据充分、方案具体，一些法律案还附有法律草案文本和说明。代表议案对于今后改进和加强国家各方面工作具有重要的意义和作用。

根据全国人民代表大会组织法和全国人民代表大会议事规则的规定，大会秘书处对代表议案逐件进行了认真分析研究，认为没有需要列入本次会议审议的议案。大会秘书处建议本次会议后，将代表议案分别交付全国人大有关专门委员会审议。其中，民族委员会审议 2 件，法律委员会审议 111 件，内务司法委员会审议 54 件，财政经济委员会审议 81 件，教育科学文化卫生委员会审议 65 件，外事委员会审议 6 件，华侨委员会审议 1 件，环境与资源保护委员会审议 54 件，农业与农村委员会审议 27 件。上述议案经各有关专门委员会审议后，分别依法向全国人大常委会提出审议结果的报告，报告经常委会审议通过后印发十二届全国人大二次会议。

大会秘书处就今年的代表议案审议和相关工作提出如下建议：

一是高度重视议案的审议工作。认真审议全国人民代表大会主席团交付的代表提出的议案，是法律赋予全国人大专门委员会的重要职责。要从贯彻落实党的十八大精神、保障代表依法履职就是保证人民当家作主、充分发挥最高国家权力机关作用的高度，充分认识做好代表议案审议工作的重要性，高度重视代表议案审议工作，依法按程序审议好每一件代表议案。要对代表议案进行深入的研究分析，积极回应代表关切，提出务实可行的处理方案和办法，完善审议工作方式，落实工作责任制。

二是在议案审议过程中切实加强与代表、有关机关的联系和沟通。建议全国人大各专门委员会在开展相关工作时，邀请提出议案的代表参加立法调研、专题调研和执法检查，列席常委会和专门委员会会议，充分听取、反映和采纳代表的意见。还要与国务院及其有关部门、最高人民法院、最高人民检察院保持经常的联系和沟通，与全国人大常委会有关工作机构加强协调和协作，形成工作合力。

三是努力提高议案审议工作的质量和实效。建议全国人大各专门委员会根据有关代表议案的内容，积极向全国人大及其常委会提出建议，以利于不断改进和加强全国人大常委会的立法、监督、代表联络、对外交往、自身建设等工作。在制定立法规划和年度立法、监督工作计划时，认真研究代表议案反映比较集中的问题，作为确定立法、监督项目的重要依据。对于具备条件的代表议案，及时补充列入常委会有关工作计划，在起草、修改法律案和组织实施执法检查等工作时，积极采纳代表议案的内容。建议国务院及其有关部门、最高人民法院、最高人民检察院在实施各项工作时，认真研究、采纳代表议案的有关意见，加强和改进相关工作。

以上报告，请审议。

（二）全国人大常委会办公厅关于第十二届全国人民代表大会第一次会议代表建议、批评和意见办理情况的报告

全国人大常委会办公厅关于第十二届全国人民代表大会第一次会议代表建议、批评和意见办理情况的报告

——2013 年 12 月 25 日在第十二届全国人民代表大会常务委员会第六次会议上

全国人大常委会副秘书长　何晔晖

全国人民代表大会常务委员会：

我代表常委会办公厅向本次会议报告十二届全国人大一次会议期间代表提出的建议、批评和意见（以下简称建议）办理情况。

今年，在十二届全国人大常委会第一次会议上，张德江委员长对代表建议办理工作作出重要指示，要求"把办理代表建议与推动有关方面改进工作有效结合起来，充分尊重和考虑代表意见和建议，切实提高办理质量"。一年来，有关专门委员会、常委会办公厅会同各承办单位，认真贯彻落实张德江委员长重要指示精神，不断加强改进办理工作，努力提高办理实效，推动了代表

建议交办、办理和督办工作深入开展。

一、代表建议提出和交办情况

十二届全国人大一次会议期间，新一届代表紧紧围绕党和国家大政方针，围绕贯彻落实党的十八大精神和各项战略部署，认真履行职责、积极建言献策，共提出建议 7569 件。经过分析分类，按照提出建议数量的多少，依次分为：一是关于资源环境、城乡建设、农林水利方面的有 1572 件，占建议总数的 20.8%；二是关于科技、教育、文化、卫生方面的有 1545 件，占 20.4%；三是关于发展规划和综合经济方面的有 1122 件，占 14.8%；四是关于社会及公共事务方面的有 1050 件，占 13.9%；五是关于民主法制建设方面的有 778 件，占 10.3%；六是关于工交能源方面的有 668 件，占 8.8%；七是关于财政、税收和金融方面的有 649 件，占 8.6%；其他方面的有 185 件，占 2.4%。代表反映比较突出的问题主要是，推进城乡统筹协调发展，强化大气污染防治力度，加强教育、医疗和社会保障等基本公共服务体系建设，以及促进农业现代化发展等。

今年代表提出的建议有以下几个特点：一是准备充分。今年建议中的 6044 件都是代表通过专题调研、视察和座谈、走访，结合本职工作，并经过认真研究、慎重考虑后提出的，内容实实在在，反映了实际情况。二是重点集中。许多代表建议的内容涉及人民群众普遍关心的环境保护、城乡和区域协调发展、医疗教育和食品安全等民生问题，反映了代表们对"五位一体"协调发展的高度关注和对广大人民群众的高度负责。三是代表团提出的建议增多，达到了 67 件，比去年增长 34%，体现了各选举单位更加注重组织代表集体酝酿研究提出建议。四是办理工作任务重。同比十一届全国人大一次会议，今年代表提出建议的数量增长了20.5%，其中需要多个部门共同办理的建议有4180件，需要做大量的沟通和协调工作。

大会闭幕后，常委会办公厅及时召开代表建议交办会。王晨副委员长兼秘书长出席会议并讲话，明确要求各有关方面提高思想认识，加强组织领导，增强代表建议办理工作实效。财政部、发展改革委、教育部等单位的负责同志和承办人员参加了会议。此外，常委会办公厅会同国务院办公厅，在广泛征求各方面意见的基础上，报请常委会领导同志批准后，确定了12项重点处理建议，分别交由科技部、工业和信息化部、环境保护部等34家单位重点办理，并由全国人大民委、内司委、财经委、教科文卫委、环资委、农委6个专门委员会负责督办。

二、今年代表建议办理工作的主要做法

今年是十二届全国人大任期的第一年，各有关方面深入贯彻党的十八大精神，认真落实中央"八项规定"和党的群众路线教育实践活动要求，进一步加强和改进代表建议办理工作，主要做法有以下几个方面：

（一）结合党的群众路线教育实践活动，各级领导统筹部署，直接参与建议办理，主动加强与代表的深层次交流，推动办理工作呈现新面貌。一是全国人大常委会领导同志高度重视，亲自指导和参与建议办理工作，协调推动重大问题的解决。张德江委员长对代表建议办理工作作出重要指示。李建国副委员长多次对办理工作作出批示，提出明确要求；陈昌智副委员长与代表共同开展重点建议办理调研；王晨副委员长兼秘书长亲自审改签发建议答复；沈跃跃副委员长结合常委会工作带队进行重点建议督办调研；艾力更·依明巴海副委员长亲自参与提出代表建议。领导同志的关心和直接参与，极大鼓舞了各有关方面加快办理落实代表建议的积极性，对推动重点难点问题的解决起到了决定性作用。二是承办单位负责同志将办理建议作为践行群众路线的重要举措和有效载体，切实加强组织领导，面对面听取代表意见。最高人民法院、最高人民检察院、工业和信息化部、环境保护部、国务院扶贫办等单位主要负责同志提出，要将办理建议作为群众路线教育实践活动的重要内容，作为了解部门工作存在问题的重要渠道，要真正动脑筋、动感情、动真格，积极回应代表和人民群众的新期待、新要求。教育部党组专题研究办理工作，有计划地安排每位负责同志分别牵头召开 10 场建议办理座谈会，直接听取代表意见。卫生计生委负责同志坚持开门办建议，邀请代表来京当面交流，汇报办理进展及答复情况。三是各承办单位业务司局负责同志将本部门群众路线教育实践活动安排与办理工作紧密结合，采取多种形式，广泛征求代表对办理建议和改进部门工作的意见。如，文化部、工商总局、银监会、证监会等单位采取电话、邮件、视频、短信微信、委托地方厅局等形式，加强与代表的沟通联系。发展改革委、财政部分别组织了 30 多个建议办理调研组，分赴各地走访代表。国务院扶贫办业务司局负责同志还利用休假时间，深入农村走访代表和群众，帮助解决实际困难。许多代表反映，今年办理工作有了新的变化，和部长们坐在一起交流的场合更多了，和司局长们一起研究讨论问题的机会更多了，各级领导干部直接参与建议办理，面对面与代表沟通交流，体现了各单位切实践行党的群众路线，积极转变作风的新面貌。

（二）承办单位严格遵守中央"八项规定"精神，切实转变工作作风，努力提高办理水平，推动办理工作取得新进展。一是认真完成办理任务，着力提高办理质量。各承办单位重视加强办前分析和培训，为办理答复工作奠定基础。如，公安部、卫生计生委、人民银行不断完善建议分析制度，连续多年坚持撰写分析报告。民政部、海关总署、国家海洋局等单位注重对具体承办人员进行培训，提高办理工作能力。在办理过程中，越来越多的承办单位建立健全协同配合、内部督办、考核评价等工作机制，调动各方面参与办理工作的积极性。此外，中央编办、交通运输部、中国铁路总公司等单位，努力克服机构改革带来的困难，顺利完成了各项办理任务。二是切实改进会风，提高会议实效。今年，各单位严格遵守中央"八项规定"，在召开建议办理座谈会、研讨会时，主动压缩会期和经费，坚持节俭办会。同时，注重改进组织方式，将一般性经验交流向深入开展主题研讨转变，更加重视研究解决实际问题，提高了会议的针对性和实效性。三是积极转变调研作风，努力克服"四风"问题。民政部、科技部、国家林业局等单位强调，要严格遵守中央要求，轻车简从、减少陪同、简化接待；要多深入基层，多到困难和矛盾集中的地方，多了解群众的实际困难和迫切需求，不能走马观花、流于形式。参与调研的代表普遍反映，调研过程中自助餐工作餐多了、宴请少了，入村入户入企多了、只坐在会议室听汇报的现象少了，集中乘大车多了，警车开道、沿线布警布控的现象基本不见了，调研作风有了较大转变。

（三）专门委员会切实加强组织领导，结合工作安排，多种形式开展重点建议督办，推动办理工作迈上新台阶。一是重视提前介入，加大督办协调力度。代表建议交办会后，委员会主要负责同志及时了解重点建议情况，研究部署督办工作。如，教科文卫委柳斌杰主任委员主持召开主任委员办公会，研究督办工作，提出工作要求。环资委陆浩主任委员主持召开主任委员会议，明确督办分工。内司委马馼主任委员、农委陈建国主任委员要求督办工作务求实效。各专门委员会工作机构主动联系代表，了解建议提出的背景和意图。同时，提前与承办单位沟通协商，共同研究拟定办理方案，推动了办理工作的及时开展。二是结合常委会立法、监督工作计划以及委员会重点工作安排，增强督办实效。如，内司委将完善社会救助体系重点建议督办同立法工作紧密结合，相互促进。财经委将督办关于城镇化健康发展的重点建议，与常委会听取相关工作报告结合起来，由负责同志带队开展督办调研。教科文卫委在参与修订促进科技成果转化法时，认真研究重点建议，努力将代表的合理化意见转化为法律成果。环资委结合常委会执法检查和听取审议工作报告，以及委员会专题调研等工作安排，就建议反映的问题进行跟踪督办，督促承办单位抓好落实。三是不断探索改进督办方式，完善督办工作机制。专门委员会采取召开全体会议、专项督办会议等方式，推动解决重点问题。如，民委李景田主任委员主持召开委员会全体会议，听取相关承办单位的汇报，对落实答复承诺事项提出要求。农委召开督办座谈会，听取水利部等8家承办单位汇报办理进展情况。环资委召开工作总结会，明确强调加强追踪落实，巩固办理成果。各专门委员会将督办工作与闭会期间代表履职活动紧密结合，邀请代表全程参与督办调研。如，农委组织宁夏团在京代表，结合专题调研活动，检查建议办理进展情况，推动重点建议落实。环资委由主任委员和副主任委员带队，先后8次邀请代表参与督办调研。另外，内司委、财经委、教科文卫委工作机构也积极会同承办单位，邀请代表共同研究解决问题的办法。据不完全统计，今年共有160多位代表，赴20多个省（区、市）参加了重点建议调研活动。委员会的督办工作受到了各方面的普遍肯定，山西、海南、甘肃、宁夏等地人大常委会工作部门，受当地党委、人大、政府委托，以来函来电等方式，对专门委员会加大督办力度，与相关承办单位共同办理建议，着力推动解决制约当地经济社会发展的困难和问题给予肯定。

三、代表建议办理取得的实效

今年代表提出的建议已经全部办理答复完毕。从办理结果来看，代表建议所提问题得到解决或计划逐步解决的占建议总数的81％，比去年有所上升。多数代表对办理工作表示满意或基本满意。在办理过程中，各承办单位认真吸收采纳代表提出的意见，推动改进相关工作，取得了较好成效。

一是承办单位紧紧围绕经济社会改革发展中的重点问题，注重在顶层设计中吸收代表合理化建议，统筹研究出台重大问题解决方案，推动深化重点领域改革。针对代表普遍关心的城镇化发展问题，发展改革委会同有关部门在研究《国家新型城镇化规划（2013—2020 年）》及配套政策时，积极采纳代表意见，统筹考虑户籍管理、土地管理等重要领域和关键环节体制机制改革，积极稳妥推进城镇化健康发展。针对代表集中关注的大气污染问题，在中央领导同志的关心推动下，环境保护部与有关部门协同配合，在起草《大气污染防治行动计划》过程中，积极回应代表建议的要求。9 月 10 日，国务院正式发布了该行动计划，提出了10 条 35 项具体措施，并要求明年上半年出台 22 条配套政策。目前，已安排 50 亿元专项资金，用于京津冀及周边地区大气污染治理工作。这些举措，将加快转变经济发展方式，逐步改善空气质量。工业和信息化部把办理建议作为推动淘汰落后产能、推进产业升级的抓手，在制定相关政策时充分吸纳代表的意见，推动出台《国务院关于化解产能严重过剩矛盾的指导意见》，促进产业结构调整和布局优化。许多代表提出关于加强党风廉政制度建设，严格落实中央"八项规定"精神的建议，要求进一步规范"三公"经费使用、改革公务接待制度，推进公车制度改革。在研究制定《党政机关厉行节约反对浪费条例》的过程中，有关单位将代表建议作为重要参考，对党政机关经费管理、公务接待、公务用车等问题作出了全面规范。

二是承办单位紧紧围绕全面建成小康社会奋斗目标，结合办理代表建议，大力支持贫困地区、民族地区，以及边疆等欠发达地区脱贫致富和可持续发展。今年，宁夏、海南等地代表提出加强集中连片特殊困难地区扶贫攻坚的建议，国务院扶贫办等单位深入 5 省区开展办理调研。目前，已安排 3750 万元中央彩票公益金，支持海南革命老区扶贫工作，同时，拟采取多项措施，支持宁夏建立产业扶贫试验区等工作。为办好关于加强河西走廊国家级高效节水灌溉示范区建设的建议，水利部开展专题调研，提出了《关于支持河西走廊节水农业的工作方案》，今年共安排 4.97 亿元专项资金，计划发展高效节水灌溉面积 146 万亩，支持河西走廊和沿黄地区发展。代表多次提出加快沿边地区开发开放的建议，今年，发展改革委、商务部等部门结合追踪办理往年建议，在研究《加快沿边地区开发开放的若干意见（送审稿）》和《沿边地区开放开发规划（2013—2020 年）（征求意见稿）》时，吸纳代表的意见，加快沿边地区开放的步伐。

三是承办单位紧紧围绕解决好代表和人民群众反映强烈的社会问题，创新社会治理体制，完善出台有关政策措施，促进社会公平正义，增进人民福祉。近年来，代表和人民群众广泛关注养老服务业发展等问题。民政部积极邀请代表联合调研，共商解决问题的办法。今年，国务院出台了《关于加快发展养老服务业的若干意见》，预计到 2020 年，全国机构养老、居家社区生活照料和护理等服务提供就业岗位超过1000万个，社会养老床位数达到每千名老年人35—40张，将逐步缓解日益增长的养老服务需求。深化医改、健全城乡医疗卫生服务体系是代表和人民群众普遍关心的问题。卫生计生委大力推进相关工作。目前，全国人均基本公共卫生服务经费标准增加到30元，城镇居民医保、新农合的人均补助标准提高到280元，住院费用报销比例分别提高到70%和75%。同时，启动了城乡居民大病保险工作，基层医疗卫生机构基本药物价格下降30%左右，减轻了人民群众的用药就医负担。结合办理保护个人信息安全和保障网络信息安全的代表建议，工业和信息化部、公安部出台多项政策，加强经营许可证年检审查，规范电信和互联网企业收集、使用个人信息的形式及范围，同时，开展打击侵害公民个人信息违法犯罪的专项行动，破获案件651起，打掉犯罪团伙263个，有力维护了公民个人信息安全和人民群众合法权益。

四是承办单位紧紧围绕建设美丽中国，认真研究相关代表建议，推进绿色发展、循环发展、低碳发展，切实推动生态文明制度建设。近几年，代表在完善生态补偿机制、加强重点区域生态保护方面提出许多建议。今年，发展改革委、国家林业局等单位在实地调研的基础上，向国务院报送了《关于加快建立健全生态补偿机制的若干意见（送审稿）》。新疆代表提出支持伊犁哈萨克自治州分步建设生态州的建议，环境保护部高度重视，加强政策和资金支持，共同推动将伊犁州列为生态文明建设试点地区。山西代表团提出关于深化煤层气管理体制改革，支持清洁能源发展的建议，国土资源部、国家能源局等单位多次深入矿区调研，决定在山西省开展审批制度改革试点，探索矿业权登记分级管理，促进煤层气的合理开发。许多代表提出关于加强水污染治理的建议，住房城乡建设部等部门认真研究，出台了《关于加快城市供水管网改造的意见》，支持城市供水管网改造、贫困县和严重缺水县城供水设施建设。

今年是十二届全国人大任期的第一年，在各方面的协同努力下，代表建议的办理答复工作比较顺利地完成了。但我们也清醒地认识到，在新情况新形势下，代表建议办理工作还存在重答复轻落实等问题和不足。我们将按照中央部署要求，认真践行党的群众路线，转变工作作风，努力提高服务保障水平，推动代表建议办理再上新的台阶。

二、第十二届全国人民代表大会第二次会议的代表议案、建议工作

（一）关于第十二届全国人民代表大会第二次会议代表提出议案处理意见的报告

关于第十二届全国人民代表大会第二次会议
代表提出议案处理意见的报告

（2014 年 3 月 12 日第十二届全国人民代表大会第二次会议
主席团第三次会议通过）

十二届全国人大二次会议副秘书长　王万宾

十二届全国人大二次会议主席团：

在本次会议上，全国人大代表以邓小平理论、"三个代表"重要思想、科学发展观为指导，认真学习贯彻党的十八大和十八届二中、三中全会精神，认真学习贯彻习近平总书记系列重要讲话精神，紧紧围绕党和国家工作大局，针对关系改革发展稳定的重大问题和人民群众普遍关注的突出问题，在深入调查研究、广

泛听取意见、认真讨论的基础上，依法向大会提出属于全国人民代表大会职权范围内的议案。到 3 月 9 日大会规定的代表提出议案的截止时间，共提出议案 468 件，其中，有关立法方面的 461 件，监督方面的 5 件，其他方面的 2 件；以代表团名义提出的 9 件，30 名以上代表联名提出的 459 件。

今年代表提出的议案，绝大多数为法律案。最大特点是落实全面深化改革总目标和任务的要求，围绕完善和发展中国特色社会主义制度、推进国家治理体系和治理能力现代化，从法律的制定、修改、废止、解释的角度，提出意见和建议。主要内容集中在以下几个方面：一是以经济体制改革为重点，推动经济持续健康发展。代表就使市场在资源配置中起决定性作用和更好发挥政府作用，加强和改善宏观调控，深化财税、金融、价格体制改革，完善国有资产管理体制，发展混合所有制经济，促进中小企业发展，转变发展方式，调整经济结构，节约能源资源，实施创新驱动，促进科技成果转化，推进高新技术、新能源发展，加强市场监管和知识产权保护，保障粮食安全，维护农民权益，解决好"三农"问题，推进区域均衡发展，走以人为本的新型城镇化道路等方面提出议案，反映了广大人民群众对通过全面深化改革推动科学发展、提高发展质量和效益的强烈愿望。二是以加强社会主义民主政治建设为重点，推动依法治国基本方略贯彻实施。代表就发挥法治在国家治理中重要作用，完善国家机构组织制度，健全人大立法、监督工作机制，强化权力运行制约和监督体系，修改刑法等法律，有效惩治腐败，保障国家和公民信息安全，打击暴力恐怖犯罪，促进依法行政、公正司法、全民守法等方面提出议案，反映了广大人民群众对完善中国特色社会主义法律体系、维护宪法和法律权威、促进社会公平正义、推进法治中国建设的高度关注。三是以切实保障和改善民生为重点，推动社会建设和创新社会治理。代表就进一步解决好人民群众最关心最直接最现实的利益问题，在住房交通、发展各类教育、医疗卫生保健、食品药品安全、公共场所禁烟、安全生产工作、化解社会治安矛盾、弘扬中华传统文化、培育和践行社会主义核心价值观等方面提出议案，反映了广大人民群众对过上美好幸福生活的迫切要求。四是以治理大气污染、水污染、土壤污染为重点，推动生态文明建设。代表就加快修改环境保护法、大气污染防治法等法律，加大防治大气、水、土壤污染力度，转变能源生产和消费方式，加强水资源、森林资源和野生动物保护等方面提出议案，反映了广大人民群众对建设更加美丽、更加宜居幸福家园的热切期盼。代表还就促进民族地区经济社会发展，加强国家海洋权益维护和海洋资源开发等方面提出议案。

根据全国人民代表大会组织法和全国人民代表大会议事规则的规定，大会秘书处对代表议案逐件进行了认真分析研究，认为没有需要列入本次会议审议的议案。大会秘书处建议，将代表议案分别交由全国人民代表大会有关专门委员会审议。其中，民族委员会审议 1 件，法律委员会审议 160 件，内务司法委员会审议 55 件，财政经济委员会审议 86 件，教育科学文化卫生委员会审议 86 件，外事委员会审议 1 件，环境与资源保护委员会审议 54 件，农业与农村委员会审议 25 件。上述议案经有关专门委员会审议后，分别依法向全国人大常委会提出审议结果的报告，经全国人大常委会审议通过后印发第十二届全国人民代表大会第三次会议。

全国人大代表依法提出议案，是执行代表职务、参加行使国家权力的重要体现。认真审议全国人民代表大会主席团交付的代表提出的议案，是法律赋予全国人民代表大会各专门委员会的重要职责。为此，大会秘书处提出如下建议：

一、围绕实现全面深化改革的总目标审议代表议案。党的十八届三中全会提出了全面深化改革的总目标并作出全面部署，为全国人大立法工作指明了根本方向，规定了鲜明指向。落实改革措施，需要把立法决策与改革决策更好地结合起来，充分发挥全国人大常委会在立法工作中的主导作用，充分发挥立法在引领、推动和保障改革方面的作用，充分发挥代表议案在加强和改进立法工作方面的重要作用。建议审议代表议案要紧紧围绕实现全面深化改革的总目标和具体任务，着重抓好全国人大常委会立法规划和2014年立法工作计划的落实，充分采纳代表议案的内容，着力推进重点领域立法，保证各方面改革于法有据、有序进行。代表议案所提立法项目已列入立法规划和计划的，予以充分重视，逐件认真研究。对于议案质量较高、经过完善可以形成法律草案的，经过法定程序提请全国人大常委会审议；对于尚不具备形成法律草案条件的，在法律案起草、审议过程中尽可能采纳其中的内容；对于所提立法项目确属必要、立法条件较为成熟的，及时提出补充列入年度立法计划的建议。

二、站在立法为了人民、立法依靠人民的高度审议代表议案。人民通过人民代表大会行使国家权力，人民是人民代表大会制度富有生机和活力的源泉所在。代表议案来自人民，体现人民的意愿和智慧，建议把审议代表议案作为全国人大常委会推进科学立法、民主立法的重要途径。在对代表议案研究、分析的基础上，提出切实可行的审议意见和工作方案；在审议过程中，密切与提出议案代表的联系，扩大代表对审议工作的参与，邀请代表参加有关立法调研、专题调研和执法检查，列席全国人大常委会和专门委员会会议，充分听取代表的意见。

三、着眼于推动人民代表大会制度与时俱进审议代表议案。人民代表大会制度是符合中国国情、体现社会主义国家性质、保障人民当家作主的根本政治制度。建议把审议代表议案与全国人大常委会、专门委员会密切联系全国人大代表和人民群众有机结合起来，与健全全国人大及其常委会议事程序和工作制度有机结合起来，与改进和加强人大立法工作和人大监督工作有机结合起来，推进人民代表大会制度理论和实践创新。对代表议案反映比较集中的问题，既作为立法工作的重要来源，也作为监督工作的重要来源，及时提出安排听取审议"一府两院"相关工作报告、开展执法检查、开展专题调研的建议，通过加强人大监督促进"一府两院"解决问题、改进工作；同时为健全完善相关法律制度积累经验、增进共识、创造条件。建议全国人大有关专门委员会加强与国务院及其有关部门、最高人民法院、最高人民检察院的联系，加强与全国人大常委会工作机构、办事机构的沟通，各专门委员会之间也加强协调，形成工作合力。建议"一府两院"有关方面积极配合全国人大有关专门委员会做好代表议案审议工作。

以上报告，请审议。

（二）全国人大常委会办公厅关于第十二届全国人民代表大会第二次会议代表建议、批评和意见办理情况的报告

全国人大常委会办公厅关于第十二届全国人民代表大会
第二次会议代表建议、批评和意见办理情况的报告
——2014 年 12 月 26 日在第十二届全国人民代表大会
常务委员会第十二次会议上
全国人大常委会副秘书长　何晔晖

全国人民代表大会常务委员会：

我代表全国人大常委会办公厅，报告十二届全国人大二次会

议期间代表提出的建议、批评和意见（以下简称建议）办理
情况。

党中央高度重视发挥人大代表作用。习近平总书记在庆祝全
国人民代表大会成立 60 周年大会上的重要讲话强调："各级国家
机关及其工作人员一定要为人民用权、为人民履职、为人民服
务，把加强同人大代表和人民群众的联系作为对人民负责、受人
民监督的重要内容，虚心听取人大代表、人民群众意见和建议，
积极回应社会关切，自觉接受人民监督，认真改正工作中的缺点
和错误。"全国人大常委会把提高建议办理实效作为发挥代表作
用的重要环节。张德江委员长多次对建议办理工作作出重要指
示，强调充分发挥代表作用的关键，就是要重视代表提出的意见
建议，改进有关工作，解决有关问题；不仅做到件件有答复，而
且要努力做到解决问题。国务院、最高人民法院、最高人民检察
院领导同志对建议办理工作也提出了明确要求。李克强总理主持
国务院常务会议，专门听取全国人大代表建议办理工作情况汇
报，强调要把受领、办理建议作为接受人民监督、回应人民呼声
的重要渠道，让办理工作成为政府转作风、办实事、解难题的过
程。一年来，全国人大常委会办公厅会同全国人大有关专门委员
会和各承办单位，认真贯彻落实中央领导同志指示精神，不断加
强和改进建议办理工作，建议办理取得了新成效新进展。

一、代表建议提出和交办情况

十二届全国人大二次会议期间，代表们依法认真履行职责，
参与管理国家事务，共提出建议 8576 件，建议数量创历史新高。
提出建议较多的代表团有：河南代表团 676 件，山东代表团 628
件，湖南代表团 588 件，浙江代表团 442 件，广东代表团 394 件，
四川代表团 389 件，安徽代表团 386 件，湖北代表团 370 件，江

苏代表团 363 件，河北代表团 332 件。澳门、青海、湖南、新疆、浙江 5 个代表团的代表人均提出 4 件以上建议。共有 102 名常委会委员和专门委员会委员领衔提出建议 326 件，比去年增加 23%。安徽、宁夏、西藏、海南、江西等 22 个代表团以代表团名义提出建议 105 件，比去年增加 56.7%。

代表们紧紧围绕党和国家工作大局，深入开展调查研究，认真听取群众意见，提出的建议聚焦全面深化改革，更加关注民生问题。经过分类分析，代表建议关于科技、教育、文化、卫生方面的有 1696 件，占建议总数的 19.7%；关于资源环境、城乡建设、农林水利方面的有 1673 件，占 19.5%；关于社会建设及公共事务方面的有 1418 件，占 16.5%。

十二届全国人大二次会议闭幕后，常委会办公厅及时召开代表建议交办会，王晨副委员长兼秘书长出席会议并讲话，对建议办理工作作出总体部署、提出明确要求。根据代表建议内容和承办单位职能，8576 件代表建议交由 180 家承办单位研究办理。

二、代表建议办理情况和成效

各承办单位认真履行办理代表建议的法定职责，强化组织领导，落实承办责任，完善工作机制，规范办理程序，加强沟通协调，听取代表意见，努力改进工作、完善政策，切实提高建议办理工作效率和质量。全国人大常委会委员长会议组成人员直接指导和参与建议办理工作，组织开展办理调研和座谈，协调推动重大问题的解决。全国人大常委会办公厅、全国人大有关专门委员会、国务院办公厅加强对建议办理工作的督促检查，积极协调和推动重点建议办理。目前，十二届全国人大二次会议期间代表提出的建议已全部办理完毕，并由各承办单位答复代表。从办理结果来看，代表建议所提问题得到解决或计划逐步解决的占建议总数的 79.8％，建议办理工作取得了较好效果。

（一）各承办单位在贯彻落实重大改革举措时认真研究采纳代表建议，促进了决策民主化、科学化。2014 年是全面深化改革元年。代表们十分关注重大改革举措的贯彻落实，提出了许多务实中肯的建议。各承办单位把办理代表建议与全面深化改革结合起来，在研究起草政策文件和法律法规时充分吸收采纳代表意见，通过办理建议凝聚社会共识，破解发展难题，推进事业发展。比如，海关总署、交通运输部、新闻出版广电总局等部门，按照党中央和国务院的部署，围绕抓紧规划建设"一带一路"，通过实地调研、召开座谈会等形式，认真办理相关代表建议，面对面听取代表意见，推动国务院批准设立喀什综合保税区，推进区域通关便利化、周边互联互通网络、丝路文化项目等工作。针对代表们提出的推动长江经济带发展的建议，发展改革委在牵头起草相关文件时，邀请全国人大财经委和相关地区代表赴湖南、四川实地调研。9 月 12 日，国务院印发《关于依托黄金水道推动长江经济带发展的指导意见》和《长江经济带综合立体交通走廊规划（2014—2020 年）》，代表提出的许多意见得到充分体现。建立规范合理的中央和地方政府债务管理及风险预警机制，是党的十八届三中全会提出的重要改革任务。代表们站在全局高度，结合地方情况，提出了许多针对性很强的建议。财政部高度重视代表提出的意见，努力从体制机制上解决问题，9 月 21 日国务院印发《关于加强地方政府性债务管理的意见》，对加快建立规范的地方政府举债融资机制、对地方政府债务实行规模控制和预算管理、控制和化解地方政府性债务风险等提出明确要求。广泛实行人民陪审员、人民监督员制度，拓宽人民群众有序参与司法渠道，是深化司法改革的重要内容，也是代表建议较为关注的问题。最高人民法院、最高人民检察院结合办理代表建议，邀请代表视察基层法院、检察院工作，认真研究采纳代表提出的人民陪审员、人民监督员选任管理和经费保障等具体意见。目前，最高人民法院在 19 个法院开展了人民陪审员制度改革试点，最高人民检察院、司法部印发《关于人民监督员选任管理方式改革试点工作的意见》。针对代表广泛关注的户籍改革、不动产登记、公共场所禁烟等问题，公安部、国土资源部、卫生计生委在研究起草户籍制度改革的意见、不动产登记条例、公共场所控制吸烟条例时，认真考虑代表建议，充分反映代表意见，得到了代表们的肯定。

（二）各承办单位积极回应人大代表和人民群众关切，推动解决了一批重大民生问题。住房和城乡建设部在报请国务院办公厅印发的《关于进一步加强棚户区改造工作的通知》中，针对代表建议关注的保障房建设资金缺口大、配套建设跟不上、规划布局不合理等问题，进一步明确了有关工作要求，《城镇住房保障条例》也已向社会公开征求意见。农村饮水安全关系人民群众生命健康，这些年来受到代表们的广泛关注，仅今年就提出了 22 件相关建议。水利部结合办理代表建议，组织召开全国视频会议，建立部领导包片指导、分片督导检查制度，加大民族地区和边境地区农村饮水安全投资力度，今年政府工作报告提出的再解决 6000 多万农村人口饮水安全问题的任务已基本完成。针对代表们提出的加快农村金融改革的建议，银监会等部门出台多项金融服务"三农"发展措施，增加设立村镇银行数量，推进基础金融服务"村村通"。至 2014 年 9 月底，涉农贷款余额达到 22.9 万亿元，高于各项贷款平均增速 1.2 个百分点。交通运输部把关于农村公路建设和养护管理的建议列为部内重点建议，深入青海

省等西部地区基层调研，会同财政部及时下达农村公路建设中央
补助资金，全年新建改建农村公路 20 万公里，并完善县乡村三
级农村公路管养体制，极大改善了农村居民出行条件。针对代表
们提出的推动全国范围内学籍管理互联共享、提高大学生助学贷
款额度等建议，教育部出台《关于做好全国中小学生学籍信息管
理系统全面应用工作的通知》，解决了中小学生跨省转学慢且成
本高的问题，保障了进城务工人员子女受教育权益；印发《关于
调整完善国家助学贷款相关政策措施的通知》，上调助学贷款资
助标准和比例，保证了家庭经济困难学生都能够顺利完成高等教
育。针对代表们提出的促进重点群体就业、打击假冒伪劣商品、
深化药品审评审批制度改革等问题，人力资源社会保障部、商务
部、食品药品监督管理总局分别出台相关文件，有力促进了有关
民生问题的解决。

（三）全国人大有关专门委员会加大督办协调力度，推动重
点建议办理取得较好成效。根据代表建议提出的保障民生、生态
建设、地区发展等较为集中的问题，全国人大常委会办公厅确定
了 19 项重点建议，涉及 14 个代表团和 611 位代表提出的 147 件
建议，分别由全国人大 7 个专门委员会负责督办。经过各专门委
员会和有关承办单位、地方政府的共同努力，重点建议办理取得
了较好成效。比如，为办理加快边疆地区经济社会发展等建议，
全国人大民委、教科文卫委、外事委通过听取办理情况报告，提
出办理工作意见等多种形式加强督办，国家民委、外交部、教育
部等部门邀请代表开展调研座谈，向国务院报送了加快广西、云
南边境地区建设和发展的报告，国务院领导同志专门作出批示，
促进了边疆地区扶贫攻坚和教育、就业等各项事业发展。针对社
会普遍关注的大气、水、土壤污染问题，代表们从完善法律制

度、加大执法力度等方面提出了许多建议。全国人大环资委、农委、全国人大常委会法工委和国务院法制办、环境保护部、农业部、水利部等单位，推动修改了环境保护法，加快了修订大气污染防治法、水污染防治法和制定土壤污染防治法等法律的立法进程。全国人大内司委督办、民政部会同有关单位承办大力发展养老服务业的建议，在一年内先后出台了10多个部门文件，推动了养老服务标准化、养老机构责任保险、养老服务设施建设等工作，自2015年1月1日起，国家对养老机构建设免征或减半征收行政事业性收费。针对近年来多个代表团提出的关于加快推进特高压电网建设的建议，国家能源局、全国人大财经委共同组成调研组，邀请代表参与调研座谈。目前，建议涉及的2项特高压工程已经核准，8项工程纳入国家规划。代表提出的加快中西部铁路规划建设的建议，得到交通运输部、发展改革委、国家铁路局、中国铁路总公司等部门的高度重视。目前，安庆至九江铁路项目正加快推进前期工作，南昌至赣州铁路已获国家立项，银川至西安、蒙西至华中等铁路已纳入今年开工重点项目。

三、进一步加强和改进代表建议工作的措施

提出建议是代表依法履职的重要内容，办理代表建议是国家机关的法定职责。这些年来，代表履职积极性不断提高，提出建议数量逐年增加；承办单位认真履行法定职责，建议办理成效明显。尊重代表提出建议的权利，提高代表建议办理质量，进一步密切了国家机关同人民群众的联系，畅通了社情民意表达渠道，推进了党和人民事业发展，体现了人民代表大会制度优势。与此同时，代表建议工作也面临一些新情况新问题。一是部分承办单位办理建议数量多，国务院有的部门每年办理（包括协办）建议超过2000件，个别业务处室每年办理建议数百件。二是一些代

表特别是基层代表反映，由于知情知政渠道不够畅通，对国家机关的工作情况了解不够深入，提出高质量的建议存在不少困难。三是部分代表反映，有的代表建议交办不够准确，有的承办单位主动听取代表意见不够，有的办理答复针对性不强，代表"被满意"的情况仍有发生。四是人民群众对代表建议提出和办理工作高度关注，要求公开代表建议和办理答复的呼声越来越高。我们要贯彻落实中央领导同志关于代表建议工作的重要指示，认真总结代表建议工作行之有效的有益做法，按照"进行新的探索、尝试新的机制"的工作要求，适应代表建议工作新的形势和任务，着力加强和改进服务保障、协调督办等工作，推动代表建议工作迈上新的台阶。

（一）切实改进服务保障工作，协助代表依法提出高质量建议。一要进一步拓宽代表知情知政渠道。健全和落实全国人大常委会、专门委员会、工作委员会重要工作事项向代表通报和征求意见机制，推动"一府两院"加强同代表的联系，密切代表同原选举单位的联系，多渠道多形式为代表提供知情知政信息，方便代表深入了解改革发展形势和国家机关工作。二要精心组织代表开展专题调研、集中视察、代表培训和代表小组活动，把代表闭会期间活动与代表提出建议有效结合起来，通过深入调查研究、广泛听取意见，提高建议的针对性和可行性。三要发挥常委会委员联系代表的机制优势，围绕常委会立法、监督等重点工作和人民群众关注的热点难点问题，在共同调查研究的基础上联名提出建议。四要做好代表提出建议服务工作，鼓励各选举单位组织代表结合本职工作，针对熟悉行业和领域，共同酝酿和提出建议。

（二）探索建议办理工作新机制，提高办理质量，增强办理实效。一要加强建议分类分析，提高建议交办准确性。二要健全沟通联系代表工作机制。承办单位办理前主动联系代表，深入了解代表提出建议的背景和要求；办理中积极邀请代表参与调研座谈，共同研究解决问题；办理后认真征求代表对答复的意见，做到不仅件件有答复、有着落，而且要努力解决问题、改进工作。三要充分发挥全国人大专门委员会、常委会办公厅、国务院办公厅的督促协调作用，加强代表建议主办单位和协办单位的协同配合，特别是针对综合性强、涉及面广、办理难度大的建议，要发挥主办单位的主体作用，共同推动办理工作扎实开展。四要加强全国人大常委会办公厅、承办单位、选举单位代表联络机构之间的沟通，及时向代表反馈建议办理工作进展和所提意见采纳、落实情况。五要探索建立建议办理的考核评价和激励机制，激发代表建议办理工作的新活力和新动力。

（三）推进代表建议工作信息化建设和代表建议公开工作，积极回应社会关切。一要依托国家电子政务网，加快建设代表建议网络平台，推动代表建议提出、交办、办理和督办等工作环节信息化，提高代表建议工作的效率。二要按照积极稳妥、分步推进的原则，努力实现代表建议对全国人大代表公开，探索代表建议和办理答复同步向社会公开工作机制，逐步扩大公开范围。三要做好代表建议和办理答复公开的舆论引导工作，切实回应社会关切，自觉接受人民监督，不断推动改进工作。

在各方面的共同努力下，十二届全国人大二次会议期间代表提出建议的办理工作比较顺利地完成了。我们将继续坚持代表主体地位，坚持为代表服务思想，探索和完善代表建议办理工作新机制，切实提高代表建议办理工作质量和水平，支持和保障代表依法履行职责，更好地发挥代表参与管理国家事务的作用。

三、第十二届全国人民代表大会第三次会议的代表议案、建议工作

（一）关于第十二届全国人民代表大会第三次会议代表提出议案处理意见的报告

关于第十二届全国人民代表大会第三次会议
代表提出议案处理意见的报告

（2015 年 3 月 14 日第十二届全国人民代表大会第三次会议
主席团第三次会议通过）

十二届全国人大三次会议副秘书长　王万宾

十二届全国人大三次会议主席团：

在本次会议上，全国人大代表认真贯彻党的十八大和十八届三中、四中全会精神，以邓小平理论、"三个代表"重要思想、科学发展观为指导，深入贯彻习近平总书记系列重要讲话精神，紧紧围绕全面建成小康社会、全面深化改革、全面依法治国、全面从严治党的战略布局，着眼于党和国家工作大局，着力解决人民群众普遍关注的突出问题，依法向大会提出属于全国人民代表大会职权范围内的议案。到 3 月 10 日大会规定的代表提出议案的截止时间，共提出议案 521 件。其中，有关立法方面的 510 件，有关监督方面的 8 件，有关决定事项方面的 3 件。以代表团名义提出 15 件，代表联名提出 506 件。

依法提出议案，是人大代表代表人民的利益和意志依法参加行使国家权力的重要体现。代表们闭会期间深入调查研究，认真听取人民群众意见，会议期间认真酝酿讨论议案文本，努力提高议案质量。与本届前两年相比，今年代表议案数量分别增加 120

件和53件；领衔提出议案的代表282名，分别增加60名和20名。代表通过专题调研、视察或者座谈走访等方式形成的议案有390件，占议案总数的74.86%；在提出的法律案中，附有法律草案文本的有210件，占法律案总数的41.26%。

建设中国特色社会主义法治体系，完善以宪法为核心的中国特色社会主义法律体系，是党的十八届四中全会作出的重大部署，也是全国人大代表关注的焦点之一。代表提出的立法方面的议案占议案总数的97.89%，其中涉及制定法律的213件，占41.76%，修改法律的296件，占58.04%，还有1件关于加强立法解释工作的议案。在法律案中，宪法相关法类60件，占11.79%；民商法类64件，占12.57%；行政法类189件，占37.13%；经济法类104件，占20.43%；社会法类40件，占7.86%；刑法类33件，占6.48%；诉讼与非诉讼程序法类19件，占3.73%。

经初步分析，代表提出的立法方面的议案在内容上主要涉及以下几个方面：一是，在完善社会主义市场经济体制，使市场在资源配置中起决定性作用和更好发挥政府作用，切实提高经济发展质量和效益等方面，提出编纂民法典，修改物权法、公司法、证券法、反不正当竞争法、专利法、促进科技成果转化法、标准化法以及农村土地承包法、土地管理法、农民专业合作社法等法律，制定财政税收、金融监管、电子商务、社会信用等方面的法律。二是，在加强社会主义民主政治建设，坚持和完善人民代表大会制度，完善和发展基层民主制度，完善国家机构组织，推进反腐败国家立法等方面，提出修改选举法、代表法、地方组织法、人民法院组织法、人民检察院组织法、村民委员会组织法、行政监察法以及法官法、检察官法等法律，修改刑法等法律加大对贪污贿赂犯罪惩治力度。三是，在保护生态环境，解决人民群众关注的突出环境问题等方面，提出修改大气污染防治法、水污染防治法、环境影响评价法等法律，制定土壤污染防治、资源综合利用、生态补偿、气象灾害防御等方面的法律。四是，在保障和改善民生，推进社会治理体制创新等方面，就教育、就业、医疗卫生、社会保障、食品安全、慈善、民族地区经济社会发展和妇女儿童、老年人、残疾人以及归侨侨眷合法权益保护等，提出一批修改和制定法律的议案。五是，在促进文化繁荣发展方面，提出制定公共文化服务保障法、文化产业促进法、公共图书馆法等法律。六是，在加快国家安全法治建设方面，提出制定国家安全、网络安全等方面的法律。代表提出的 8 件监督方面的议案，要求对农业法、职业教育法、水污染防治法、消费者权益保护法、老年人权益保障法、消防法等法律的实施情况进行执法检查。

根据全国人民代表大会组织法和全国人民代表大会议事规则的规定，大会秘书处对代表议案逐件进行了认真分析研究，认为没有需要列入本次全国人民代表大会会议审议的议案。大会秘书处建议，将代表议案分别交由全国人民代表大会有关专门委员会在大会闭会期间审议。其中，建议交由民族委员会审议 4 件，法律委员会审议 147 件，内务司法委员会审议 79 件，财政经济委员会审议 116 件，教育科学文化卫生委员会审议 63 件，华侨委员会审议 1 件，环境与资源保护委员会审议 65 件，农业与农村委员会审议 46 件。上述议案经有关专门委员会审议后，依法向全国人大常委会提出审议结果的报告，经全国人大常委会审议通过后印发第十二届全国人民代表大会第四次会议。

认真审议全国人民代表大会主席团交付的代表提出的议案，

是法律赋予全国人民代表大会各专门委员会的重要职责。为此，大会秘书处提出如下建议：

一、把审议代表议案与服务党和国家工作大局更好地结合起来。建议各专门委员会在审议议案时，按照"四个全面"的战略布局，着力从保证重大改革于法有据、立法主动适应改革和经济社会发展需要出发，认真研究吸纳代表议案关于深化改革、推进法治等方面的合理意见建议，注重增强法律的及时性、系统性、针对性、有效性，从法律制度上推动中央重大战略举措的贯彻落实，促进改革和法治相辅相成、相互促进、相得益彰，为实现全面建成小康社会战略目标提供坚实的法律支撑。

二、把审议代表议案与落实全国人大常委会工作部署更好地结合起来。全国人大常委会工作报告对今后一年的工作作出了全面部署。建议各专门委员会在审议议案时，紧紧围绕贯彻落实本次会议精神和全国人大常委会工作部署，统筹谋划和推进人大立法、监督等各项工作。对代表议案所提立法项目和监督事项已列入工作计划的，通过多种方式听取和吸纳代表意见建议，以提高工作质量、增强工作实效。对尚未列入工作计划的加强调研论证，议案所提立法项目确属必要、立法条件较为成熟的，研究提出列入年度立法计划或者补充列入立法规划的建议。针对代表议案反映比较集中的问题，结合全国人大常委会监督工作安排，研究提出安排听取审议专项工作报告、开展执法检查、进行专题调研的建议。

三、把审议代表议案与加强同人民群众的联系更好地结合起来。尊重代表的权利就是尊重人民的权利。建议各专门委员会审议议案时，加强同人大代表的联系，通过多种方式听取人民群众的意见，高度重视议案反映的人民群众的愿望和诉求，努力做到民有所呼、我有所应。积极邀请相关代表参与立法起草、论证、协商、审议、评估，参加有关立法调研、执法检查活动，列席全国人大常委会和专门委员会会议，充分发挥代表作用。加强与国务院及其有关部门、最高人民法院、最高人民检察院的联系，加强同相关专门委员会和常委会工作机构、办事机构的协调，努力形成工作合力，提高议案审议质量。改进议案审议结果答复工作，直接向提出议案的代表反馈审议结果和意见采纳情况，加强和改进议案审议工作宣传报道，积极回应社会关切。

以上报告，请予审议。

（二）全国人大常委会办公厅关于第十二届全国人民代表大会第三次会议代表建议、批评和意见办理情况的报告

全国人大常委会办公厅关于第十二届全国人民代表大会
第三次会议代表建议、批评和意见办理情况的报告
——2015年12月24日在第十二届全国人民代表大会
常务委员会第十八次会议上
全国人大常委会副秘书长　古小玉

全国人民代表大会常务委员会：

现在，我代表常委会办公厅向本次会议报告十二届全国人大三次会议期间代表提出的建议、批评和意见（以下简称建议）办理情况。

今年大会期间，张德江委员长在常委会工作报告中对代表建议办理工作作出重要指示，要求"改进代表建议办理机制，推动承办单位加强与代表的直接沟通和联系，注重改进工作、完善政策、解决问题"。一年来，常委会办公厅会同各有关方面，认真贯彻落实张德江委员长重要指示精神，努力改进工作，着力提高办理实效，推动了代表建议交办、办理和督办工作的落实。

一、代表建议提出和交办情况

十二届全国人大三次会议期间，代表们认真履行法律赋予的职责，围绕国家改革发展稳定大局和人民群众普遍关心的问题，共提出建议 8239 件。今年代表提出建议有以下几个特点：一是代表履职积极性高，提出建议数量多、质量较好。其中，通过专题调研、视察、座谈、走访等形式广集民意形成的有 5290 件，多数代表建议内容具体、分析深入，针对性和可操作性都较强。二是关注的重点集中。建议内容主要涉及全面推进依法治国，加快推动"一带一路"战略实施，加大大气、水和土壤污染治理力度，保障农业可持续发展和食品安全，推动医疗卫生和教育体制改革，加快社会养老服务体系建设等方面。三是共识性较强。今年有 22 个代表团以代表团名义提出 134 件建议，比去年增加 29 件，增幅为 27.6%。

十二届全国人大三次会议闭幕后，常委会办公厅及时召开代表建议交办会，王晨副委员长兼秘书长出席会议并讲话，对办理工作作出总体部署，提出明确要求。8239 件建议统一交由 186 家承办单位研究办理。同时，经秘书长办公会议讨论原则通过，并报请常委会领导同志批准，确定了 20 项重点督办建议，交由 43 家承办单位重点办理，由全国人大 7 个专门委员会负责督办。

二、代表建议办理工作的主要做法

今年，各有关方面深入贯彻党的十八大和十八届三中、四中全会精神，结合开展"三严三实"专题教育，进一步加强和改进建议办理工作，主要做法有以下几个方面：

（一）各级领导高度重视，推动建议办理工作深入开展。一是"一府两院"领导同志亲自指导和部署办理工作。国务院李克强总理年初主持召开国务院常务会议，专题听取全国人大代表建议办理情况汇报，督促指导办理工作。最高人民法院、最高人民检察院召开党组会议，研究部署建议办理工作。二是承办单位负责同志直接参与办理工作。水利部、农业部等许多单位主要负责同志对建议办理工作作出明确批示；国家民委、住房城乡建设部等许多单位负责同志亲自带队，邀请代表实地调研座谈，协调解决具体困难和问题。三是常委会办公厅、国务院办公厅和全国人大有关专门委员会加强协调督办。国务院办公厅增配督办专职力量，制定督查调研方案，加大对国务院相关部门办理建议的专项督察和协调指导力度。

（二）多方沟通协商，形成建议办理合力。一是承办单位主动与代表联系沟通，邀请代表参与办理工作。国资委等单位要求面对面与代表沟通，增加沟通次数，提高沟通实效。还有很多单位加大调查研究力度，据不完全统计，为办好重点督办建议，有关承办单位赴20多个省（区、市）开展了40多次调研和座谈活动，邀请200余人次代表参加，共同商量办理工作。二是承办单位之间加强协调配合。今年，需要多个部门共同办理的综合性建议有5055件，占总数的61.4%。在办理过程中，牵头单位主动与协办单位一起制订方案、开展调研，共同研究解决问题。形成答复意见时，多数协办单位主动向牵头单位提供意见，保证建议答复全面准确。三是承办单位主动加强与常委会办公厅、国务院办公厅和有关专门委员会，以及省级人大相关部门的沟通，联合开展调研座谈，推动建议办理落实。今年，各承办单位首次将建议答复抄送代表原选举单位的联络工作机构，便利代表原选举单位掌握情况，协助代表提高建议质量。

（三）突出办理重点，推动代表建议落实。一是提高重点督办建议选题的质量。在确定选题过程中，结合常委会和国务院重点工作，充分考虑代表集中关注的重点问题，突出重点督办建议选题的经济、民生和社会效应。二是有关专门委员会加大协调督促力度。办理前，通过多种形式主动了解情况，提前研究部署督办工作。办理中，通过召开督办工作会议、参与调研座谈活动等方式，加大协调督促工作力度。办理后，通过召开委员会全体会议、主任委员会议，邀请相关方面汇报办理情况，共同推动建议落实。三是承办单位加大办理工作力度，从解决问题出发，开展实地调研，充分听取代表意见。对于往年的部分重点督办建议，继续进行跟踪落实。此外，还有部分单位研究确定了一批内部重点办理的建议，突出办理重点，推动了建议办理实效增强。

（四）完善内部工作机制，提高办理质量和效率。一是认真开展办前分析，有针对性地部署办理任务。中央纪委监察部机关对代表提出的党风廉政建设和反腐败工作建议汇总整理，形成相关工作的意见建议，并在中央纪委常委会上作了汇报。公安部等单位梳理分析建议主要内容和新的意见，结合部门职能部署办理任务，为科学办理建议奠定基础。二是提高办理工作的信息化水平。银监会实现了建议办理的全流程信息化，国土资源部等单位开发专门的建议办理信息系统，海关总署等许多单位建立电子台账，确保建议时时监控、件件落实。三是加强内部检查督办和考核评价。教育部等许多单位将办理工作纳入绩效考核，建立表彰奖励制度。质检总局等多数单位通过集中催办、编发通报等形式加强督办，保证了办理进度。

三、代表建议办理取得的实效

今年代表提出的建议已经全部办理完毕并答复代表。从办理结果看，代表建议所提问题得到解决或计划逐步解决的占建议总数的80.1%。在办理过程中，各承办单位充分尊重代表参与管理国家事务的权利，积极回应代表和人民群众关切，认真研究采纳代表建议内容，推动改进工作、完善政策、解决问题，取得了较好成效。

一是承办单位在调研"十三五"规划纲要和专项规划，以及参与制定政策文件、法律法规时，认真研究采纳代表意见，促进决策的科学化、民主化。今年，有近800件代表建议就编制"十三五"规划纲要和"十三五"时期经济社会发展提出意见。对这些建议，发展改革委在牵头研究"十三五"规划纲要时，充分吸收建议内容，并开展问计求策活动，进一步扩大规划编制的社会参与度。相关单位在研究专项规划时，认真考虑代表关于区域协调发展、财政税收金融、教育文化交通、少数民族特色村镇保护与发展等方面的建议；有关省区市在参与办理过程中，主动考虑将代表建议纳入地方"十三五"规划。今年，代表们就加强重点领域立法、提高立法质量提出许多建议。全国人大有关专门委员会、常委会法工委、国务院法制办等部门在开展办理工作时，积极邀请代表参与立法项目调研、起草、论证、审议和评估等活动，认真研究吸收代表意见。如，刑法修正案（九）增加了"袭警罪"、删去了收买被拐卖妇女儿童免除刑事责任的条款。在修改大气污染防治法、起草反家庭暴力法草案，以及起草中国公民收养子女登记办法等法规修订草案时，充分考虑了代表的意见建议。最高人民法院、最高人民检察院结合办理相关建议，分别出台了人民法院、人民检察院完善司法责任制的若干意见。其他有关方面在司法体制改革实践中，结合建议内容，推动出台了完善法律援助制度、保障律师执业权利、改革法院立案登记制度等规定，开展查办和预防损害群众利益、惠农扶贫领域职务犯罪专项工作，努力维护人民群众合法权益。中组部、中编办、国家信访局等单位，在加强农村基层组织建设、推动城市执法体制和信访制度改革等工作中，充分考虑吸收代表意见，完善了相关工作制度。

二是承办单位结合办理代表建议，邀请代表共商改革发展举措，适应经济发展新常态，提高发展的质量和效益。代表们十分关注推进"一带一路"和长江经济带建设、推动京津冀协同发展等问题。发展改革委、交通运输部、商务部等单位在去年工作基础上，继续进行重点办理，全国人大财经委加强跟踪督办，邀请代表到河北、重庆、四川、新疆等地调研，认真听取代表意见。目前，已发布实施"一带一路"建设战略规划和京津冀协同发展规划纲要，正在抓紧完善长江经济带建设规划纲要，并陆续出台相关产业投资、科技文化、财税金融等支持措施，推动了对外直接投资、与周边国家基础设施互联互通、京津冀交通一体化，以及长江黄金水道治理提升等方面取得进展。针对深入实施创新驱动发展战略、优化升级产业结构等问题，代表们提出了许多建议。科技部、工业和信息化部、财政部等单位结合办理工作，邀请代表参与专项调研，认真听取各方面意见，推动印发了《中国制造2025》《关于积极推进"互联网＋"行动的指导意见》等相关政策文件，对促进科技成果产业化和产业转型升级，激发非公有制经济活力和创造力等方面有重要推动作用。人民银行等单位积极回应代表关切，结合办理关于启动农村承包土地经营权和农民住房财产权抵押贷款试点的建议，推动国务院出台了有关意见，指导地方审慎稳妥推进试点工作，为农村金融注入新活力。此外，农业部、海关总署、工商总局等单位，在推进农村一二三产业融合发展、加快边境地区口岸对外开放、加快推进"三证合一"登记制度改革等工作中，邀请代表参与有关工作，积极采纳代表的意见。

三是承办单位紧紧围绕全面建成小康社会，努力解决代表和人民群众普遍关切的精准扶贫、民生保障、生态环境保护等短板问题。农村贫困人口脱贫是全面建成小康社会的一个短板。代表们连续多年提出建议，要求大力支持集中连片贫困地区和革命老区、民族地区、边疆地区脱贫致富。常委会办公厅将这些建议确定为重点督办建议，全国人大民委、外事委、农委等专门委员会积极开展督办调研，多次召开全体会议听取情况汇报，有关承办单位加大办理工作力度。如，国务院扶贫办在研究"十三五"扶贫开发规划和起草相关文件时，吸纳代表提出的精准扶贫、产业扶贫、金融扶贫、易地搬迁等意见；教育部启动教育扶贫全覆盖行动，并实施了 20 项特殊的教育扶贫政策；中国铁路总公司努力推动数十项铁路项目的落实，对中西部贫困地区给予了较大的倾斜和支持。加大生态环境保护力度，形成绿色发展方式和生活方式，也是代表和人民群众十分关注的问题。全国人大环资委等专门委员会加大督办力度，督促组织环境保护部、林业局、能源局等单位，赴山西、内蒙古等地开展调研，听取代表和代表团意见，推进生态环境保护工作。目前，《关于加快建立健全生态保护补偿机制的意见（送审稿）》已报送国务院，有关方面正在积极推进跨省流域生态补偿试点工作。人民生活水平和质量的普遍提高，是全面建成小康社会的重要标准。在全国人大内司委、教科文卫委等专门委员会积极督办下，民政部、人力资源社会保障部、住房城乡建设部、卫生计生委等单位邀请代表赴贵州、浙江、河南、福建等地调研，通过完善财税金融政策、鼓励社会资本参与等措施，促进养老产业融合发展、医养结合发展，并在降低社会保险费率、推进分级诊疗制度、实施城乡居民大病保险、城镇棚户区和城乡危房改造等民生保障方面，出台了一系列政策措施，取得了较好的社会效果。此外，水利部、食品药品监管总局、审计署等单位，在巩固提升农村饮水安全、监督管理网络食品经营、编制环境资源审计指南体系等工作中，认真研究吸纳代表意见，推动了相关工作深入开展。

在各方面的协同努力下，今年的代表建议办理工作基本完成。我们将继续坚持代表主体地位，坚持服务代表思想，按照"三严三实"要求，进一步转变工作作风，努力提高服务保障水平，创新办理工作机制方式，推动代表建议办理再上新的台阶。

四、第十二届全国人民代表大会第四次会议的代表议案、建议工作

（一）关于第十二届全国人民代表大会第四次会议代表提出议案处理意见的报告

关于第十二届全国人民代表大会第四次会议
代表提出议案处理意见的报告

（2016 年 3 月 15 日第十二届全国人民代表大会第四次会议
主席团第三次会议通过）

十二届全国人大四次会副秘书长　信春鹰

十二届全国人大四次会议主席团：

在本次会议上，全国人大代表认真贯彻党的十八大和十八届三中、四中、五中全会精神，以邓小平理论、"三个代表"重要思想、科学发展观为指导，深入学习贯彻习近平总书记系列重要讲话精神，认真按照"五位一体"总体布局和"四个全面"战略布局的要求，紧紧围绕党和国家工作大局，着眼于"十三五"

规划纲要贯彻实施，反映人民群众关注的突出问题，依法向大会提出属于全国人民代表大会职权范围内的议案。到 3 月 11 日 12 时大会规定的代表提出议案的截止时间，共提出议案 462 件。其中，有关立法方面的 442 件，有关监督方面的 14 件，有关决定事项方面的 6 件。以代表团名义提出 12 件，代表联名提出 450 件。

今年代表提出的议案，绝大多数为法律案。其中涉及制定法律的 209 件，占 47.29%，修改法律的 228 件，占 51.58%。内容主要集中在以下几方面：一是在完善社会主义市场经济法律制度方面，围绕使市场在资源配置中起决定性作用和更好发挥政府作用，着力提高经济社会发展和市场经济运行的法治化水平，提出编纂民法典，制定民法总则、电子商务法、资产评估法、社会信用管理法，修改反不正当竞争法、中小企业促进法、农村土地承包法、农民专业合作社法、预算法、标准化法、安全生产法、商标法、专利法、证券法、税收征收管理法、消费者权益保护法，统筹修改中国人民银行法等，改革金融监管制度。二是在发展社会主义民主政治方面，围绕坚持和完善人民代表大会制度、完善基层民主制度、完善司法体制，提出修改代表法、人民法院组织法、人民检察院组织法、城市居民委员会组织法、村民委员会组织法、行政诉讼法、行政复议法等法律。三是在切实保障和改善民生方面，围绕加强和创新社会治理，提出制定学前教育法、基本医疗卫生法、中医药法、社区矫正法，修改民办教育促进法、职业教育法、食品安全法、药品管理法、红十字会法、收养法、未成年人保护法等法律。四是在坚持绿色发展，促进生态文明建设方面，围绕构建最严格的生态环境保护制度，加大生态环境保护力度、解决生态环境领域突出问题，提出修改循环经济促法、水污染防治法、土地管理法、海洋环境保护法、野生动物保护法、渔业法、森林法、水法、海岛保护法等法律，制定土壤污染防治、土壤环境保护、生态补偿、湿地保护等方面的法律。五是在深化文化体制改革方面，围绕健全现代文化市场体系，加强市场监管，传承发展优秀传统文化，就公共文化服务保障、文化产业促进、公共图书馆、古都保护、国家传统村落保护、国家历史文化名城名镇保护、民族民间传统文化保护、古籍保护等提出制定法律的议案。六是在推进反腐败立法方面，提出制定国际刑事司法协助法、反腐败法、贿赂犯罪法，修改刑法中行贿受贿犯罪有关规定。同时，在加强法律监督方面，代表提出 14 件议案，要求对食品安全法、环境保护法、道路交通安全法、促进科技成果转化法、安全生产法、未成年人保护法以及教育领域有关法律的实施情况进行执法检查。

根据全国人民代表大会组织法和全国人民代表大会议事规则的规定，大会秘书处对代表提出的议案逐件进行认真分析研究，认为没有需要列入本次全国人民代表大会会议审议的议案。大会秘书处建议，将代表提出的议案分别交由全国人民代表大会有关专门委员会审议。其中，交由民族委员会审议 1 件，法律委员会审议 124 件，内务司法委员会审议 71 件，财政经济委员会审议 110 件，教育科学文化卫生委员会审议 68 件，外事委员会审议 1 件，环境与资源保护委员会审议 64 件，农业与农村委员会审议 23 件。有关专门委员会对上述议案进行审议后，向全国人大常委会提出审议结果的报告，经全国人大常委会审议通过后印发第十二届全国人民代表大会第五次会议。

全国人大代表依法提出议案，是人大代表代表人民的利益和意志依法参加行使国家权力的重要体现。认真审议全国人民代大会主席团交付的代表提出的议案，是法律赋予全国人民代表大会各专门委员会的重要职责。为此，大会秘书处提出如下建议：

一、把审议代表议案与服务党和国家工作大局紧密结合起来。建议各专门委员会按照"四个全面"战略布局的要求，进一步完善社会主义市场经济和社会治理法律制度。认真研究吸纳代表议案关于创新发展、协调发展、绿色发展、开放发展、共享发展等方面的合理意见建议，围绕"十三五"规划确定的宏伟目标、主要任务和重大举措，发挥立法的引领和推动作用，把经济社会发展纳入法治轨道，为实现全面建成小康社会战略目标提供坚实的法律支撑。

二、完善代表议案审议工作机制，充分发挥代表议案在立法、监督工作中的重要作用。把审议代表议案与编制立法计划、监督计划，制定修改法律紧密结合。代表议案所提立法项目和监督事项已列入工作计划的，通过多种方式听取和吸纳代表意见建议。尚未列入工作计划的加强调研论证。议案所提立法项目确属必要、立法条件较为成熟的，研究提出列入年度立法计划或者补充列入立法规划的建议。针对代表议案反映比较集中的问题，结合全国人大常委会监督工作安排，研究提出听取审议专项工作报告、开展执法检查、进行专题调研的意见。

三、加强与代表的联系和沟通，扩大代表对议案审议工作的参与。建议各专门委员会审议议案时，加强同人大代表的联系，邀请相关代表参与立法论证、调研、审议等工作，参加执法检查，参与专门委员会活动，通过多种方式，深入听取和研究吸纳代表提出的意见和建议。积极完善议案审议结果答复工作，直接向提出议案的代表反馈审议结果和意见采纳情况。同时，加强与国务院及其有关部门、最高人民法院、最高人民检察院的联系，加强同其他相关专门委员会和常委会工作机构的协调，努力形成工作合力，进一步提高议案审议质量。

以上报告，请予审议。

（二）全国人大常委会办公厅关于第十二届全国人民代表大会第四次会议代表建议、批评和意见办理情况的报告

全国人大常委会办公厅关于第十二届全国人民代表大会
第四次会议代表建议、批评和意见办理情况的报告
——2016 年 12 月 21 日在第十二届全国人民代表大会
常务委员会第二十五次会议上
全国人大常委会副秘书长　信春鹰

全国人民代表大会常务委员会：

现在，我代表常委会办公厅向本次会议报告十二届全国人大四次会议期间代表提出的建议、批评和意见（以下简称建议）办理情况。

张德江委员长在十二届全国人大四次会议上所作的常委会工作报告中，明确指出"完善代表建议办理工作机制和方式方法，努力使办理过程成为国家机关密切联系代表、加强改进工作的过程"；要求"加强对代表建议办理工作的督促和协调，推动重点督办建议办理工作取得更多实效"。一年来，常委会办公厅会同各有关方面，认真贯彻落实张德江委员长重要指示精神，加强改进工作，突出办理重点，提高办理实效，推动了代表建议交办、办理和督办工作深入开展。

一、代表建议提出和交办情况

十二届全国人大四次会议期间，代表们围绕国家改革发展稳定大局和人民群众普遍关心的问题，认真依法履行职责，共提出建议 8609 件。今年代表提出建议有以下几个特点：一是建议数

量多、综合性强，需要多个部门共同办理的建议有5496件，占建议总数的63.8%，比去年进一步增加。二是建议内容重点突出，主要涉及"十三五"规划纲要编制实施，推进供给侧结构性改革，实施制造强国战略，推动区域协调发展，大力推进精准扶贫和脱贫，加强资源环境生态保护，规范发展互联网金融，推进医疗、教育、养老体制改革等方面。三是需要沟通联系的建议多，代表明确提出希望承办单位在办理过程中，加强联系沟通的建议有3345件，占建议总数的38.9%。

十二届全国人大四次会议闭幕后，常委会办公厅及时召开代表建议交办会，王晨副委员长兼秘书长出席会议并讲话，对办理工作作出总体部署，提出明确要求。8609件建议统一交由185家承办单位研究办理。同时，经秘书长办公会议讨论原则通过，并报请常委会领导同志批准，确定了20项重点督办建议，涉及216件具体建议，交由53家承办单位重点办理，由全国人大6个专门委员会负责督办。

二、代表建议办理工作的主要做法

今年，各有关方面深入贯彻党的十八大和十八届三中、四中、五中、六中全会精神，结合开展"两学一做"学习教育，完善办理机制和方式方法，进一步加强改进工作，主要做法有以下几个方面：

（一）领导高度重视，加强组织协调。一是"一府两院"领导同志亲自指导部署。李克强总理年初主持召开国务院常务会议，第三次专题听取全国人大代表建议办理情况汇报，督促指导办理工作。最高人民法院、最高人民检察院主要领导同志主持召开专题会议，研究部署建议办理工作。二是承办单位负责同志直接参与。科技部、住房城乡建设部、食品药品监管总局等单位召开党组会议或部务会议，部署安排办理任务；交通运输部、水利部、卫生计生委、国家统计局等许多单位，主要负责同志通过主持内部交办会和座谈会、作出批示指示、审改签发答复稿等方式，直接参与办理建议；工业和信息化部、环境保护部等许多单位，负责同志带队邀请代表实地调研座谈，协调解决重点难点问题。三是承办单位司局负责同志抓好落实。许多部门把办理代表建议既作为政治任务来部署，也纳入部门重点来管理，努力健全完善分级责任制，由司局负责同志作为第一责任人，牵头办理重点难点建议，及时研究解决具体困难和问题。

（二）突出工作重点，推动建议落实。一是在确定重点督办建议选题过程中充分吸收各方面意见。在全国人大专门委员会和承办单位推荐基础上，常委会办公厅召开专门会议，征求专门委员会、国务院办公厅、相关承办单位意见，进一步突出重点督办建议选题的经济、民生和社会效应。二是承办单位加大办理工作力度。各牵头单位会同有关方面研究制定专门办理方案，加大调查研究力度，充分听取代表意见，据不完全统计，为办好重点督办建议，有关承办单位赴20多个省（区、市）开展了40多次调研和座谈活动，邀请200余人次代表参加，共同商量办理工作。对于往年的部分重点督办建议，有关方面继续跟踪落实。同时，国家能源局等单位还研究确定了一批内部重点办理的建议，取得较好效果。三是全国人大有关专门委员会加大协调督办力度。办理前，通过多种形式主动了解情况，提前研究部署督办工作。办理中，通过召开督办协调会或座谈会、牵头组织或参与调研座谈等方式，加大督促工作力度。办理后，通过召开委员会全体会议、主任委员会议，邀请相关方面汇报办理情况，共同推动建议落实。

（三）加强沟通配合，形成办理合力。一是拓展与代表沟通的深度和广度，增强沟通效果。中央组织部、财政部等多数单位把加强与代表沟通，作为办好建议的重要环节，建立健全了办前联系、办中沟通、办后回访的沟通机制；银监会等单位进一步提出，所有主办的建议要百分之百与代表面对面沟通，深入了解代表意图和要求后再行答复。总体上，与代表沟通呈现既有"文来文往""言来言往"，又有"人来人往""常来常往"的良好局面。二是承办单位之间加强协调配合。今年，针对需要多个部门共同办理的综合性建议，在办理过程中，牵头单位主动与协办单位一起研究制定方案、开展实地调研，共同研究解决问题。形成答复意见时，协办单位主动向牵头单位提供意见，保证建议答复及时准确。三是全国人大机关、国务院办公厅会同有关方面，不断丰富拓展沟通渠道和方式，通过建立健全办理协调会、通报会、座谈会等联席会议机制，共同推动重点难点问题的解决。

（四）完善工作机制，提高办理质量。一是认真开展办前分析，有针对性地部署办理任务。中央纪委、监察部对代表提出的党风廉政建设和反腐败工作建议汇总整理，形成相关工作的意见建议，以中央纪委文件形式印发，督促内部各单位抓好落实；教育部、公安部等单位梳理建议的主要内容，从建议构成情况、代表关注的重点、办理要求等方面进行分类分析，结合部门职能部署办理任务，为科学办理建议奠定基础。二是推动办理工作的规范化和流程化。新闻出版广电总局、国家林业局等许多承办单位结合工作实际，不断完善办理程序，制定专门的建议处理办法和规程，推动办理工作规范化开展。多数承办单位认真调整完善已有工作流程，逐步形成内部统一交办、动态督查通报、限时办结答复、办后总结表彰等典型做法，经过几年来交流推广，形成了固定的工作机制。三是加强内部检查督办和考核评价。海关总署等许多承办单位将办理建议同整顿机关作风有机结合起来;国土资源部、税务总局等许多单位将办理工作纳入绩效考核,建立年度表彰激励机制;质检总局等许多单位通过办理台账、集中催办、编发专报等形式加强动态督办,保证了办理工作质量和效率。

三、代表建议办理取得的实效

今年代表提出的建议已经全部办理完毕并答复代表。从办理结果看,代表建议所提问题得到解决或计划逐步解决的占建议总数的80.6%。在办理过程中,各承办单位充分尊重代表主体地位,将办理代表建议与密切联系代表、加强改进工作结合起来,积极回应代表和人民群众关切,认真研究采纳代表意见,取得了较好成效。

一是承办单位将办理代表建议和开展工作结合起来,认真吸纳代表意见,推动立法、司法等法治建设工作。今年,全国人大专门委员会和常委会办事机构承办代表建议311件,在办理过程中,积极邀请代表参加立法监督工作,认真研究吸收代表意见。如,代表就资产评估法、网络安全法草案提出修改建议,要求对专业人员签署虚假评估报告、网络诈骗等新型违法犯罪加大惩处力度,常委会法工委邀请相关代表开展法律草案评估等活动,全国人大常委会在审议相关法律草案时吸纳了代表的意见。常委会预算工委结合业务工作办理建议时,认真考虑代表意见,推进资源税和环境保护税立法等工作,建立了预算审查前听取代表意见机制。国务院法制办、文化部、国家文物局等部门在起草文物保护法修订草案(送审稿)时,充分考虑吸收代表建议的内容。司法部等单位结合落实代表多年提出的建议,积极推动各省区市将法律援助纳入当地民生工程和"十三五"规划，联合印发关于进一步加强社区矫正工作衔接配合管理的意见，并推动了相关立法普法工作。最高人民法院、最高人民检察院等单位，在开展相关业务工作时，主动加强与代表沟通，认真研究采纳代表的意见。

二是有关方面突出重点督办建议办理实效，完善相关政策措施，促进经济平稳健康发展。今年大会期间，代表围绕贯彻落实新发展理念，推进供给侧结构性改革，推动区域协调发展提出许多建议，全国人大民委、财经委等专门委员会督促承办单位进行了重点办理。农业部等单位结合办理农业结构调整相关建议，赴东北等地区多次调研，在建立玉米生产者补贴制度，推进农业补贴合一，开展粮改饲、粮豆轮作、耕地休耕试点等工作中，研究采纳了代表意见。结合办理关于化解钢铁煤炭行业过剩产能的建议，发展改革委等单位与相关代表多次座谈，出台多个政策文件，积极妥善做好职工安置工作，提前实现全年产能退出任务，促进了行业脱困发展和转型升级。工业和信息化部等单位就进一步支持新能源汽车产业发展的建议，邀请代表赴北京、上海等地调研，认真研究采纳代表意见，在生产企业准入、安全技术条件、税收政策优惠等方面出台政策措施，促进了汽车产业转型升级和可持续发展。结合代表们提出的推广特高压输电技术问题，国家能源局等单位邀请代表赴云南、新疆等地调研，按照"稳增长、调结构"要求，加大跨省区输电工程建设力度，目前已建成特高压工程9项、在建12项，并计划进一步加快有关投资和项目建设。针对代表反映突出的科研经费管理问题，财政部等单位积极与代表沟通，在科研项目资金和出差会议管理等方面，推动出台一系列"松绑＋激励"政策措施，对于加快实施创新驱动发展战略具有重要意义。交通运输部、商务部、海关总署等单位，在推进"一带一路"建设、京津冀协同发展、长江经济带发展三大战略工作中，连续三年邀请代表赴四川、河北、甘肃等地调研，积极研究吸纳代表建议内容，加快推进规划蓝图向现实转化。

三是承办单位认真回应代表和人民群众关切，推动解决生态文明建设、保障和改善民生等工作中存在的问题。做好新一轮退耕还林还草工作，是代表们十分关心的问题。全国人大农委认真督办，国家林业局等单位加大办理力度，在与代表共同调研座谈基础上，形成调研报告和工作建议，全国人大常委会和国务院领导同志作出重要批示，有力推动了相关工作开展。今年代表针对治理大气雾霾提出许多建议，全国人大环资委进行重点督办，环境保护部等单位组织代表赴山东、浙江等地调研，认真研究落实代表建议内容，进一步推动中央环保督察、区域联防联控、监测监察执法垂直管理制度试点，决定加快建立全国统一实时环境监控系统。就进一步推进精准扶贫和脱贫工作，代表提出了许多建设性意见，扶贫办等单位邀请有关代表赴重庆、贵州等地调研，认真解决贫困人口建档立卡不准不实等问题，研究出台特色产业扶贫指导意见，启动金融扶贫实验示范区建设，发布了"十三五"易地扶贫搬迁规划。推进基本医保全国联网结算，是今年代表较为关注的问题，人力资源社会保障部等单位结合实际工作，在面对面听取代表意见基础上，提出2017年底前建立较为完善的全国异地就医联网结算系统，逐步解决跨省异地就医住院费用直接结算。对于代表和人民群众普遍关注的学前教育、留守儿童、饮水安全、医养结合等问题，全国人大内司委、教科文卫委等专门委员会认真督办，教育部、民政部、水利部、卫生计生委等单位邀请代表到山西、福建、湖北、重庆等地调研，充分考虑吸收代表提出的意见建议，推动了相关工作开展。

在各方面的协同努力下，今年的代表建议办理工作基本完成。我们将继续坚持代表主体地位，进一步转变工作作风，加强对建议办理工作的服务协调，努力完善工作机制和方式方法，推动代表建议办理再上新的台阶。

五、第十二届全国人民代表大会第五次会议的代表议案、建议工作

（一）关于第十二届全国人民代表大会第五次会议代表提出议案处理意见的报告

关于第十二届全国人民代表大会第五次会议
代表提出议案处理意见的报告

（2017年3月14日第十二届全国人民代表大会第五次会议
主席团第三次会议通过）

十二届全国人大五次会议副秘书长　信春鹰

十二届全国人大五次会议主席团：

受大会秘书处的委托，我向大会主席团就本次会议代表所提议案的处理意见报告如下。

在本次会议上，全国人大代表认真贯彻党的十八大和十八届三中、四中、五中、六中全会精神，以邓小平理论、"三个代表"重要思想、科学发展观为指导，深入学习贯彻习近平总书记系列重要讲话精神和治国理政新理念新思想新战略，紧紧围绕统筹推进"五位一体"总体布局和协调推进"四个全面"战略布局，贯彻落实新发展理念，着眼于党和国家工作大局，反映人民群众关注的突出问题，向大会提出属于全国人民代表大会职权范围内

的议案。到 3 月 11 日 12 时大会规定的代表提出议案的截止时间，共提出议案 514 件。其中，有关立法方面的 492 件，有关监督方面的 16 件，有关决定事项方面的 6 件。以代表团名义提出的 8 件，代表联名提出的 506 件。

依法提出议案，是人大代表反映民情民意，参与行使国家权力的重要途径。大会前，代表们积极参加履职活动，深入基层，深入群众，依法履职尽责，通过多种方式调查研究；会议期间认真酝酿讨论议案文本，努力提高议案质量。代表提出的议案中，通过专题调研、视察或者座谈走访等方式形成的议案有 350 件，占议案总数的 68.09%。在提出的法律案中，附有法律草案文本的有 209 件，占法律案总数的 42.48%。

今年代表提出的议案，绝大多数为法律案。其中涉及制定法律的 219 件，占 44.51%，修改法律的 272 件，占 55.28%。内容主要集中在以下几方面：一是为深化国家监察体制改革提供法治保障。贯彻落实党中央重大决策部署，提出将行政监察法修改为国家监察法，构建集中统一、权威高效的国家监察体系。二是围绕构建发展新体制完善法律制度。提出制定电子商务法、个人信息保护法等，修改中小企业促进法、农民专业合作社法、证券法、标准化法、专利法等法律，着力健全现代市场体系。三是发展社会主义民主政治，坚持和完善人民代表大会制度、完善基层民主制度、完善司法体制。提出修改地方组织法、城市居民委员会组织法、村民委员会组织法、人民法院组织法、人民检察院组织法等。四是切实保障和改善民生，完善社会治理体制，推进健康中国建设。提出修改职业教育法、食品安全法、药品管理法、未成年人保护法等法律，就社区矫正、社会救助、学校安全、基本医疗卫生等提出制定法律的议案。五是促进生态文明建设，解决人民群众关注的突出问题。提出制定土壤污染防治、湿地保护等方面的法律，修改大气污染防治法、水污染防治法、循环经济促进法等。六是发展文化事业和文化产业，保障人民文化权益。提出制定公共图书馆法、古都保护法、国家历史文化名城保护法等。同时，在加强法律监督方面，代表提出 16 件议案，要求对药品管理法、产品质量法、固体废物污染环境防治法、种子法、网络安全法等有关法律的实施情况进行执法检查。

根据全国人民代表大会组织法和全国人民代表大会议事规则的规定，大会秘书处对代表提出的议案逐件进行认真分析研究，认为没有需要列入本次全国人民代表大会会议审议的议案。大会秘书处建议，将代表提出的议案分别交由全国人民代表大会有关专门委员会审议。其中，交由法律委员会审议 180 件，内务司法委员会审议 80 件，财政经济委员会审议 91 件，教育科学文化卫生委员会审议 66 件，外事委员会审议 2 件，华侨委员会审议 2 件，环境与资源保护委员会审议 64 件，农业与农村委员会审议 29 件。有关专门委员会对上述议案进行审议后，向全国人大常委会提出审议结果的报告，经全国人大常委会审议通过后，向全国人大代表作出反馈。

大会秘书处就代表议案审议和相关工作提出如下建议：

第一，把审议代表议案作为保障代表依法履职的重要途径。认真审议全国人民代表大会主席团交付的代表提出的议案，是法律赋予全国人民代表大会各专门委员会的重要职责。建议进一步完善议案审议工作机制，把审议代表议案与服务党和国家工作大局更好地结合起来，从保障人民当家作主的高度，坚持尊重代表主体地位，支持和保障代表依法履职，依法按程序审议好每一件代表议案。

第二，把审议代表议案作为加强和改进工作的重要举措。建议各专门委员会根据有关议案的内容，积极向全国人大常委会提出建议，不断加强和改进人大立法工作和监督工作。对议案所提立法项目确属必要、立法条件较为成熟的，研究提出列入年度立法计划或列入立法规划的建议。对议案反映比较集中的问题，结合全国人大常委会监督工作安排，研究提出听取专项工作报告、开展执法检查、进行专题调研的意见。同时，加强与国务院及其有关部门、最高人民法院、最高人民检察院和常委会工作机构的联系，形成工作合力。

第三，把审议代表议案作为密切联系代表和人民群众的重要方式。建议各专门委员会加强与提出议案代表的联系和沟通，通过多种方式邀请提出议案的代表参与立法起草、论证、审议、评估等工作，参加有关立法调研、执法检查活动，列席全国人大常委会和专门委员会会议，充分听取、反映和采纳代表意见。向代表通报相关立法、监督工作进展情况，积极回应代表关切。完善议案审议结果答复工作，及时向提出议案的代表反馈审议结果和意见采纳情况。

以上报告，请予审议。

（二）全国人大常委会办公厅关于第十二届全国人民代表大会第五次会议代表建议、批评和意见办理情况的报告

全国人大常委会办公厅关于第十二届全国人民代表大会
第五次会议代表建议、批评和意见办理情况的报告
——2017 年 12 月 24 日在第十二届全国人民代表大会
常务委员会第三十一次会议上
全国人大常委会副秘书长　信春鹰

全国人民代表大会常务委员会：

现在，我代表常委会办公厅向本次会议报告十二届全国人大

五次会议期间代表提出的建议、批评和意见（以下简称建议）办理情况。

全国人大常委会高度重视代表建议办理工作。4月27日，张德江委员长在十二届全国人大常委会第二十七次会议上的讲话中指出，要支持和保证代表依法履职，办理好十二届全国人大五次会议期间代表提出的8360件建议。常委会办公厅会同各有关方面，认真贯彻落实张德江委员长指示精神，进一步加强和改进代表建议办理工作，做到了件件有着落、事事有回音，为推动和改善相关领域工作发挥了重要作用。

一、代表建议提出和交办情况

十二届全国人大五次会议期间，代表们认真履行宪法和法律赋予的职责，向大会提出建议8360件。今年代表提出建议有以下几个特点：一是代表提出建议着眼于党和国家工作大局，更加聚焦改革发展重点难点问题。其中需要多个部门共同办理的有5373件，占建议总数的64.3%。二是代表提出建议更加注重反映人民群众关注的突出问题。代表通过专题调研、视察、座谈、走访等形式，形成的建议有4993件，占建议总数的59.7%。三是以代表团名义提出建议131件。内容主要涉及加快基础设施建设、精准扶贫精准脱贫、加强生态环境建设等方面。

十二届全国人大五次会议闭幕后，常委会办公厅及时召开代表建议交办会，将代表建议统一交由189家承办单位研究办理。王晨副委员长兼秘书长出席会议并讲话，对办理工作作出部署、提出要求。同时，在征求全国人大各专门委员会、国务院办公厅和承办单位意见的基础上，经秘书长办公会议讨论通过，并报请常委会领导同志批准，确定了20项重点督办建议，涉及146件代表建议，交由53家承办单位重点办理，全国人大6个专门委员会负责督办。

二、代表建议办理工作的主要做法

各有关方面认真学习贯彻党的十八大和十九大精神，尊重代表主体地位，加强组织协调，不断改进代表建议办理工作。

（一）领导高度重视，加强组织协调，落实办理责任。一是"一府两院"领导同志统筹部署代表建议办理工作。李克强总理主持召开国务院常务会议，专题听取国务院系统办理代表建议情况汇报，作出重要指示。最高人民法院、最高人民检察院党组统一部署，多次召开工作会议，专题研究推动建议办理工作。二是承办单位负责同志直接协调办理代表建议。对全国人大重点督办的建议和涉及重点难点问题的建议，人力资源社会保障部、农业部、工商总局、扶贫办等单位主要领导牵头负责，成立专门办理领导小组，邀请代表调研座谈，当面听取意见，着力解决问题。多数承办单位的分管领导主持召开内部交办会，提出建议办理要求，协调督促办理进度，逐件审核签发建议答复。三是承办司局积极落实分级办理责任。承办单位把部门业务工作与建议办理工作紧密结合，办公厅督办协调，承办司局负责办理，明确责任，传导压力，一级抓一级，层层抓落实。

（二）加强重点督办，注重解决问题，推动建议落实。一是重点督办建议选题更加突出民生保障。20 项重点督办建议，内容主要涉及扶贫攻坚、食品安全、解决突出环境问题、加强城乡公共服务等方面。二是加大办理力度。各承办单位从解决问题出发，制定办理计划，明确目标措施，加强调查研究，充分听取代表意见。据统计，为办好重点督办建议，16 家牵头办理单位的负责同志，带队赴 15 个省区市，开展办理调研 30 多次，邀请 100 多名代表参加，共同推进建议的办理落实。对于往年的重点督办建议，相关单位跨年度追踪办理，继续落实办理答复中的承诺。同时，公安部、新闻出版广电总局、旅游局等许多单位，结合本单位工作重点，确定了一批内部重点办理的建议，推动改进相关工作。三是加强督办协调。全国人大有关专门委员会负责同志亲自协调重点建议的督办工作，多次召开专题会议，办前研究部署，办中深入调研，办后推动落实，督促各承办单位办好重点建议。

（三）密切沟通协作，形成办理合力，提升办理水平。一是与代表沟通更加深入广泛。多数承办单位明确要求办前联系、办中见面、办后回访，将全方位、多层次、多样化的沟通作为办好建议的重要环节。比如，财政部组织代表集中座谈 82 场，与代表见面沟通 1400 余人次；发展改革委召开 15 次座谈会，开展 20 次调研，与代表沟通 1350 余人次。二是承办单位之间配合更加密切。针对需要多个部门共同办理的代表建议数量多的特点，主办单位认真负起牵头责任，与协办单位共同开展调研；协办单位积极参与，及时向牵头单位提供意见，保证代表建议答复及时准确。比如，工业和信息化部、林业局、银监会等单位，都提前完成了协办建议办理工作。三是综合协调督办方式更加多样。全国人大机关、国务院办公厅会同有关方面，通过办理协调会、通报会、座谈会等形式，加强协调督办，抓住重点难点问题，开展专项督查。比如，国务院办公厅组织力量，通过书面调研、上门督办、经验交流等形式，督促国务院系统建议办理工作，取得了很好效果。

（四）完善办理机制，提升办理效率，提高办理质量。一是办理工作制度不断完善。许多承办单位结合工作实际，认真总结经验，相互学习借鉴，不断补充完善建议办理工作程序。现在，办前分析、办理沟通、建立台账、动态督办等行之有效的做法，已成为建议办理的规定动作。二是办理工作信息化水平不断提高。教育部、环境保护部、人民银行等许多单位，开发专门的建议办理工作系统，实现了分析、交办、流转、督办、答复全流程信息化。三是内部检查督办和问责激励机制不断强化。许多单位建立全流程可跟踪、可追溯、可问责的动态督查管理机制，强化了办理责任，保证了办理进度。国土资源部、文化部、税务总局等单位，通过通报表扬、评比表彰等形式，调动办理部门及工作人员积极性，提升了办理工作效率和质量。

三、代表建议办理取得的实效

十二届全国人大五次会议期间代表提出的建议已经全部办理完毕并答复代表。从办理结果看，代表建议所提问题得到解决或计划逐步解决的占建议总数的80.5%。各有关方面深入贯彻以人民为中心的发展思想，将办理代表建议与国家机关密切联系代表、加强改进工作结合起来，进一步增强了代表建议办理实效。

一是承办单位积极回应代表和人民群众关切，认真研究吸纳代表意见，推动立法、司法改革等法治建设工作。今年，全国人大各专门委员会和常委会办事机构共承办代表建议355件。在办理过程中，全国人大机关切实把代表建议作为开展工作的重要参考，及时研究、认真落实。比如，代表提出明确检察机关公益诉讼主体地位的建议，常委会法工委等单位邀请代表参加立法调研、法律案通过前评估等工作，常委会作出了修改民事诉讼法、行政诉讼法的决定，代表们的意见得到充分采纳。最高人民法院、最高人民检察院针对代表和人民群众广泛关注的全面落实司法责任制问题，积极邀请代表参与有关工作，制定印发全面推开司法责任制改革配套实施文件，进一步推进遴选员额法官检察官工作，把优秀的人才配置到一线办案，努力让人民群众在每一个司法案件中感受到公平正义。中央政法委、司法部等单位，在完善矛盾纠纷多元化解机制、引导律师参与社会治理等工作中，充分吸纳代表的建议，加强制度化、法治化建设。

二是承办单位充分发挥代表建议的重要参考作用，完善相关政策措施，保持经济平稳健康发展。发展改革委、科技部、工业和信息化部等单位，认真研究代表提出的培育战略性新兴产业、深化制造业与互联网融合发展、强化军民融合发展、发展新一代人工智能等建议，在制定专项规划和政策文件过程中，充分吸收代表的意见，推进了相关工作。质检总局、全国人大财经委，结合办理代表提出的提高供给质量的有关建议，与代表共同调研，广泛听取意见，推动印发了关于开展质量提升行动的指导意见，启动了质量提升攻坚行动。工商总局在推进商事制度改革过程中，认真考虑代表们提出的问题和意见，全力推进"多证合一"改革，探索建立市场监管新机制，推动了创业创新环境和营商环境改善。商务部在加快推进"一带一路"投资合作，加大自贸试验区开放力度等工作中，充分研究代表建议，提高了对外开放水平。国家民委、农业部、国资委等单位，在促进民族地区建设、推进农业绿色发展、推动国企国资改革等工作中，将代表建议吸收到有关政策文件中，取得了积极成效。

三是承办单位将办理建议和推进改进工作相结合，注重保障和改善民生，推进生态环境保护治理，促进社会和谐稳定。坚决打赢扶贫攻坚战，是人民群众的共同愿望。今年代表提出相关建议 193 件。常委会办公厅连续五年将其作为重点督办建议，交由扶贫办牵头办理，全国人大农委、全国人大民委负责督办。扶贫办高度重视，多位负责同志带队赴 8 个省区市，调研代表集中反映的突出问题，将建议办理与脱贫攻坚工作有效结合，对推进相关工作发挥了重要作用。卫生计生委、民政部等单位就办理重点督办建议，认真听取代表、全国人大教科文卫委、全国人大内司委意见，加快推进分级诊疗试点、家庭签约服务、医养结合等工作，提升了医疗服务体系整体效能和基层服务能力。交通运输部认真办理关于治理交通拥堵"城市病"的建议，邀请代表到深圳、上海调研，提出了大力发展城市公共交通、鼓励规范共享单车发展等解决方案。绿水青山就是金山银山。人民群众高度关注生态环境保护问题，代表们提出了大量建议。环境保护部、水利部等单位结合办理相关建议，邀请代表和负责督办的全国人大环资委，赴山东、江苏等地调研，全面推进河长制落实、重点流域区域海域水污染防治、农村饮水安全巩固提升等工作。能源局就推进北方地区冬季清洁取暖工作，认真研究河北代表团和有关代表提出的建议意见，出台规划文件，投入专项资金支持，降低群众用能成本，加强供暖期大气污染防治。林业局针对代表们关心的生态系统修复问题，加大办理力度，印发了《"十三五"森林质量精准提升工程规划》，着力提高森林质量和效益，构建健康稳定优质高效的森林生态系统。人力资源社会保障部、住房城乡建设部、食品药品监管总局等单位，积极回应落实代表建议，推进了农民工返乡创业、棚户区住房改造、食物中毒防控等工作。

本届全国人大期间，代表们共提出 41353 件代表建议，为党和国家各项事业发展提供了重要决策参考。全国人大常委会坚持把增强建议办理的实效作为发挥代表作用、推进改进工作的重要途径，在提升建议办理质量上做文章，务求取得让广大代表和人民群众满意的效果。"一府两院"和有关方面高度重视代表建议办理工作，努力使办理代表建议的过程成为国家机关转变作风、联系群众、改进工作的过程。代表建议办理工作的质量和效率稳步提升，推动解决了一批关系群众切身利益的重点难点问题。

我们清醒认识到，代表建议办理工作与代表的期望和要求还有不少差距。在今后工作中，我们将认真学习贯彻党的十九大精神特别是习近平新时代中国特色社会主义思想，充分尊重代表主体地位，更好发挥代表作用，进一步提高代表建议办理质量，努力推动代表建议办理工作取得新的成效。

第四节　第十三届全国人民代表大会的代表议案、建议工作

一、第十三届全国人民代表大会第一次会议的代表议案、建议工作

（一）关于第十三届全国人民代表大会第一次会议代表提出议案处理意见的报告

关于第十三届全国人民代表大会第一次会议
代表提出议案处理意见的报告

（2018 年 3 月 16 日第十三届全国人民代表大会第一次会议
主席团第六次会议通过）

十三届全国人大一次会议主席团：

今年是十三届全国人大任期的第一年。在本次会议上，全国人大代表深入学习贯彻习近平新时代中国特色社会主义思想，认真贯彻落实党的十九大和十九届一中、二中、三中全会精神，坚

持党的领导、人民当家作主、依法治国有机统一，依法向大会提出属于全国人大职权范围内的议案。根据大会主席团第一次会议决定的代表提出议案的截止时间，到3月14日12时，大会秘书处共收到代表提出的议案325件。其中，有关立法方面的322件，有关监督方面的1件，有关决定事项方面的2件。代表团提出的12件，代表联名提出的313件。

依法提出议案，是代表行使代表权利的重要途径，也是我国社会主义民主政治的重要方面。大会前，代表们积极参加代表学习活动，深入开展调查研究。会议期间，代表们认真酝酿讨论议案，努力提高议案质量。今年代表提出的议案，绝大多数为法律案。其中涉及制定法律的174件，占54.04%，修改法律的147件，占45.65%。内容主要集中在以下几方面：一是完善国家机构组织法，为深化国家机构改革提供法律支持。提出修改地方组织法、人民法院组织法、人民检察院组织法、法官法、刑事诉讼法等法律。二是适应建设现代化经济体系需要，完善市场经济法律制度。提出制定民法典各分编、商法通则、电子商务法、军民融合促进法、质量促进法、社会信用法等，修改公司法、专利法、商标法、个人所得税法等法律。为防范化解重大金融风险，提出修改商业银行法、证券投资基金法等，就互联网金融监管等提出制定法律的议案。三是切实保障和改善民生，加强和创新社会治理。提出修改老年人权益保障法、妇女权益保障法、职业教育法、道路交通安全法、药品管理法等，就社区矫正、校园安全、学前教育、法律援助、社会救助等提出制定法律的议案。四是发展文化事业和文化产业，培育和践行社会主义核心价值观。提出制定文化产业促进法、文明行为促进法、中国传统村落保护法等法律。五是加强生态文明建设，推动解决突出环境问题。提

出修改森林法、野生动物保护法、固体废物污染环境防治法及相
关法律，就湿地保护、垃圾分类、土壤污染防治等提出制定法律
的议案。同时，在加强法律监督方面，代表提出 1 件议案，要求
对环境保护法的实施情况进行执法检查。

根据全国人民代表大会组织法和全国人民代表大会议事规则
的规定，大会秘书处对代表提出的议案逐件进行认真分析研究，
认为没有需要列入本次会议审议的议案。大会秘书处建议，将代
表提出的议案分别交由全国人大有关专门委员会审议。其中，交
由宪法和法律委员会审议 104 件，监察和司法委员会审议 21 件，
财政经济委员会审议 68 件，教育科学文化卫生委员会审议 50
件，外事委员会审议 1 件，华侨委员会审议 6 件，环境与资源保
护委员会审议 41 件，农业与农村委员会审议 13 件，社会建设委
员会审议 21 件。有关专门委员会对上述议案进行审议后，向全
国人大常委会提出审议结果的报告，经全国人大常委会审议通过
后印发第十三届全国人民代表大会第二次会议。

审议全国人民代表大会主席团交付的代表提出的议案，是全
国人大各专门委员会的重要职责。为此，大会秘书处提出如下
建议：

第一，建议各专门委员会紧紧围绕统筹推进"五位一体"总
体布局和协调推进"四个全面"战略布局，按照立法法的有关规
定和《立法项目征集和论证工作规范》的要求，把审议代表议案
与加强立法项目论证结合起来，深入研究代表议案提出的意见建
议，对议案所提立法项目确属必要、立法条件较为成熟的，研究
提出列入立法规划或年度立法工作计划的建议，为研究编制十三
届全国人大常委会立法规划提供参考。

第二，建议各专门委员会通过多种方式邀请提出议案的代表

参与立法论证、调研、座谈、审议、法律案通过前评估等工作，参加有关执法检查、专题调研等活动，列席全国人大常委会会议和专门委员会会议，充分听取、认真研究采纳代表意见，更好发挥代表在立法、监督等工作中的作用。

第三，建议各专门委员会加强与提出议案的代表的联系和沟通，及时通报相关立法、监督工作进展，反馈审议结果和代表意见采纳情况。在审议代表议案的过程中，加强与国务院及其有关部门、国家监察委员会、最高人民法院、最高人民检察院和常委会工作机构的联系，形成工作合力。

（二）全国人大常委会办公厅关于第十三届全国人民代表大会第一次会议代表建议、批评和意见办理情况的报告

全国人大常委会办公厅关于第十三届全国人民代表大会
第一次会议代表建议、批评和意见办理情况的报告
——2018 年 12 月 24 日在第十三届全国人民代表大会
常务委员会第七次会议上
全国人大常委会副秘书长　信春鹰

全国人民代表大会常务委员会：

现在，我代表常委会办公厅报告十三届全国人大一次会议期间代表提出的建议、批评和意见（以下简称建议）办理情况。

全国人大常委会深入学习贯彻习近平总书记关于坚持和完善人民代表大会制度的重要思想，积极推动代表建议办理工作，努力做到民有所呼、我有所应。栗战书委员长强调，办理代表建议是保障代表依法履职的重要内容，体现了中国式民主的特点和优势。要进一步提升代表建议办理实效，真正推动解决实际问题，将人民代表大会制度的优越性更好发挥出来，让人民群众的呼声和期盼有着落、有回应。

一、代表建议提出和交办情况

十三届全国人大一次会议期间，代表们认真履行宪法和法律赋予的职责，向大会提出建议 7139 件。今年代表提出建议主要有以下几个特点：一是紧扣贯彻落实党中央重大决策部署，建议内容聚焦打好三大攻坚战、实施乡村振兴战略、推动经济高质量发展、保障和改善民生等方面。二是紧扣回应人民群众重大关切，反映人民群众愿望和呼声，代表通过视察、调研、座谈、走访等形式形成的建议有 4402 件，占建议总数的 61.7%。三是代表通过提出建议方式积极参与管理国家事务。今年是十三届全国人大代表依法履职的第一年。大会期间共有 2546 名代表提出建议，其中初任代表提出建议 4499 件，占建议总数的 63%；以代表团名义提出建议 126 件，涉及 18 个代表团。

十三届全国人大一次会议闭幕后，常委会办公厅加强对代表建议的分析，形成综合分析报告，拟定交办意见，召开代表建议交办会，将 7139 件代表建议统一交由 200 家承办单位研究办理。杨振武秘书长出席会议并讲话，对办理工作作出部署、提出要求。同时，在征求各方面意见的基础上，经秘书长办公会议讨论通过，确定 20 项重点督办建议，涉及 192 件代表建议，交由 36 家承办单位重点办理，全国人大 7 个专门委员会负责督办。

二、代表建议办理工作更加制度化、规范化

承办代表建议的有关机关、组织认真履行法定职责，把办理代表建议与转变作风、改进工作有机结合起来，加强同人大代表、人民群众的联系，完善办理机制，规范办理程序，主要做法有以下几个方面。

（一）领导同志亲自部署、直接参与建议办理工作。中共中央办公厅高度重视习近平总书记参加有关代表团审议时代表提出

建议的办理工作，努力在党的总书记与代表之间、领袖与人民群众之间架设起"便捷的桥梁"。李克强总理连续 5 年主持召开国务院常务会议，听取国务院部门办理代表建议情况的汇报，要求以对人民高度负责的态度做好办理工作。很多承办单位的主要负责同志在党组会、部务会上专题研究、部署代表建议办理工作。交通运输部、文化和旅游部、公安部、市场监督管理总局、证监会、退役军人事务部等单位主要负责同志或分管领导亲自带队调研，邀请代表座谈，面对面听取代表意见，着力推动问题解决。据不完全统计，今年承办单位就重点督办建议和内部重点建议办理赴 20 多个省（区、市）开展了 30 多次实地调研。全国人大有关专门委员会加大督办、协调力度，推动代表建议办理取得实效。

（二）加强同代表的沟通联系，深入分析代表建议，更好回应代表关切。很多承办单位将百分之百与提出建议的代表沟通作为办理答复的必经程序，通过电话短信、邮件传真、登门走访、调研座谈等多种形式，进一步深入听取代表的意见建议，了解基层实际情况和存在的问题，提高办理代表建议的针对性和实效性。发展改革委在办理代表建议过程中与代表沟通 1082 次，召开座谈会 10 次，开展专题调研 14 次，上门沟通 18 次。铁路总公司、税务总局分别同提出建议的代表沟通 445 人次和 240 余人次。最高人民法院、最高人民检察院、财政部把加强同代表的联系与办理代表建议结合起来，依托门户网站开通服务全国人大代表的网络平台，及时向代表通报建议办理进展情况，为保障代表知情知政提供各类信息资料。自然资源部等单位在办理代表建议前，认真研究建议内容，分析代表关注的焦点问题，有针对性地提出办理方案和工作措施。卫生健康委将代表建议内容归纳为 20

个大类、169 个子类，形成 3.5 万字的专题研究报告。科技部将代表建议汇编成册并印发本系统各单位，供研究制定政策措施时参考。交通运输部对承办的代表建议开展专题研究，形成《2018年代表建议情况分析报告》和《2013—2018 年代表多年反复建议原因分析专题报告》。农业农村部、税务总局结合全国人大常委会立法、监督工作安排，形成农产品质量安全、乡村振兴战略、税务税收工作等代表建议专项分析报告。

（三）积极探索提高代表建议办理质量的机制举措。一是突出办理重点。各承办单位认真办理全国人大常委会办公厅确定的20 项重点督办建议，推动一批关系人民群众切身利益的问题得到解决。同时，结合部门职责和工作，将代表反映集中、社会普遍关注的问题作为内部重点办理建议，推动改进相关工作。据不完全统计，承办代表建议数量较多的 30 家单位共确定内部重点办理建议 111 件。工业和信息化部共确定 31 件内部重点办理建议，占承办建议总数的 11.8%。住房和城乡建设部将完善外来人口住房保障政策等 13 件代表建议作为重点，有针对性地加强办理。二是积极推动承诺事项落实。多年来，承办单位在答复代表时表示建议所提问题已列入规划计划、有待进一步落实的占总数的约60%。一些承办单位建立答复承诺事项台账，持续推进落实，以实效取信于民。最高人民法院对承诺事项实行二次答复，及时向代表通报相关工作最新进展。农业农村部对需要继续落实的事项实行滚动办理，确保事事有着落。三是有序推进代表建议工作公开。许多承办单位利用门户网站等平台，公开代表建议办理答复和建议办理工作情况，自觉接受代表和人民群众监督。国家能源局办理的 202 件、林业和草原局办理的 135 件代表建议答复全部公开。卫生健康委、生态环境部代表建议答复公开率分别达到

98%和90%。

三、代表建议办理工作取得新的成效

十三届全国人大一次会议期间代表提出的建议已经全部办理完毕并答复代表。从办理结果看，代表建议所提问题得到解决或计划逐步解决的占建议总数的75.8%。各有关方面尊重人民主体地位，支持代表依法履职，增强建议办理实效，切实推动解决问题，代表联系人民群众的桥梁纽带作用进一步发挥，人民代表大会制度的优越性进一步彰显。

一是围绕打好三大攻坚战，推动党中央决策部署贯彻落实。今年大会期间，代表们就打好三大攻坚战提出建议709件，占建议总数的约10%。常委会办公厅将强化金融监管统筹协调，加大深度贫困地区精准扶贫力度，高质量完成易地扶贫搬迁建设任务，推动贫困地区交通扶贫，解决突出环境问题，完善生态保护补偿机制等6项共65件代表建议列为重点督办建议。经过各方面共同努力，相关工作取得重大进展。人民银行会同有关方面开展网络借贷、互联网资产管理、虚拟货币交易等互联网金融风险专项整治，研究出台规范金融机构资产管理业务、推进金融业综合统计、加强非金融企业投资金融机构监管等制度规范。扶贫办等单位在起草和落实《关于打赢脱贫攻坚战三年行动的指导意见》等文件的过程中，认真研究采纳代表建议，认为代表意见建议都是宝贵的"智慧库"和"信息源"，是脱贫攻坚的"催化剂"和"助推器"。发展改革委结合办理代表建议，推动易地扶贫搬迁由"求进度、重项目建设"向"求质量、重脱贫实效"转变。财政部、水利部推动贫困农村水利设施建设步伐，2018年用于贫困地区的中央财政水利设施建设补助资金比2017年增加56.1%。生态环境部等单位落实《打赢蓝天保卫战三年行动计

划》，加快煤电机组超低排放改造，扩大中央财政支持北方地区冬季清洁取暖试点城市范围。

二是围绕全面依法治国，推动法治中国建设。十三届全国人大一次会议审议通过宪法修正案，实现了现行宪法的与时俱进、完善发展。代表们提出加强宪法教育和实施以及制定修改法律、推进法治建设方面的建议 300 余件。司法部等单位认真研究采纳代表建议，开展"弘扬宪法精神增强宪法意识"活动，制定法治宣传教育考核评估指标体系，落实媒体公益普法制度，推动宪法学习宣传教育全覆盖。全国人大常委会法工委和有关方面认真梳理代表提出的立法建议，为研究编制十三届全国人大常委会立法规划提供重要参考，在推进民法典编纂、研究制定英雄烈士保护法等法律时邀请相关代表参与立法调研和评估。最高人民法院、最高人民检察院首次牵头办理重点督办建议，积极解决代表广泛关注的问题，在基本解决执行难、推进公益诉讼改革等方面取得积极进展。

三是围绕推动经济高质量发展，深化供给侧结构性改革。工业和信息化部承办"加强新一代人工智能技术开发和应用，促进与实体经济深度融合"重点督办建议，出台《促进新一代人工智能产业发展三年行动计划（2018—2020 年）》，发布《人工智能标准化白皮书 2018》，会同有关方面成立中国人工智能产业发展联盟。商务部针对代表提出的加大对自贸试验区建设支持力度的建议，编制 2018 年版负面清单，将外资准入特别管理措施缩短至 45 项；大力推动自贸试验区改革试点经验复制推广。发展改革委出台《关于建立特色小镇和特色小城镇高质量发展机制的通知》，建立规范纠偏机制、典型引路机制、服务支撑机制。财政部、银保监会等单位针对代表反映强烈的小微企业、民营企业融资难、融资贵问题，推进完善财税政策措施，对高新技术企业实行税收优惠及企业研发费用优惠政策，设立融资担保基金，加大对实体经济转型升级的金融支持力度。农业农村部邀请代表就实施乡村振兴战略进行座谈，开展专题调研，努力推动乡村振兴早见成效。

四是围绕保障和改善民生，增强人民获得感幸福感安全感。历年来，民生方面的代表建议数量最多、占比最高。今年，科教文卫体类和社会及公共事务类建议有 2375 件，占建议总数的 33.3%。针对代表提出的适度提高城乡居民养老保险补助标准的建议，人力资源社会保障部会同有关单位出台指导意见等文件，确定城乡居民基本养老保险待遇，建立基础养老金正常调整机制，将 2018 年基础养老金最低标准提高到 88 元。针对代表提出的将收入低的重度病残人员纳入低保对象的建议，民政部会同有关方面制订实施意见，对农村低保、特困人员救助供养、临时救助等保障性扶贫措施进行优化，提高了政策的针对性和可操作性。教育部结合办理代表建议，制定《关于学前教育深化改革规范发展的若干意见》，部署开展校外培训机构专项治理行动，印发《关于规范校外培训机构发展的意见》，对校外培训机构的设置标准、审批登记、培训行为、市场监管等作出明确规定。

全国人大常委会办公厅认真落实常委会部署要求，努力为代表建议的提出和办理做好协调服务工作。研究修改《全国人民代表大会代表建议、批评和意见处理办法》，进一步推动代表建议工作制度化、规范化。认真梳理和交办闭会期间代表建议、委员长主持部分代表座谈会时代表提出的建议、委员长会议组成人员和常委会委员联系代表时转交的建议，及时向代表报告承办单位研究处理情况。各选举单位代表联络工作机构精心组织代表开展专题调研、集中视察等闭会期间活动，密切代表同人民群众的联系，认真负责地为代表提出建议、参加建议办理活动提供服务保障。

今年的代表建议办理工作基本完成。我们将深入学习贯彻习近平总书记关于坚持和完善人民代表大会制度的重要思想，继续完善工作机制和方式方法，着力在协助代表提高建议提出质量和督促承办单位提高建议办理质量上做文章，推动代表建议工作再上新的台阶，更好发挥人民代表大会这一主要民主渠道的作用。

二、第十三届全国人民代表大会第二次会议的代表议案、建议工作

（一）关于第十三届全国人民代表大会第二次会议代表提出议案处理意见的报告

关于第十三届全国人民代表大会第二次会议
代表提出议案处理意见的报告

（2019 年 3 月 14 日第十三届全国人民代表大会第二次会议
主席团第三次会议通过）

十三届全国人大二次会议主席团：

在本次会议上，全国人大代表坚持以习近平新时代中国特色社会主义思想为指导，深入学习贯彻习近平总书记关于坚持和完善人民代表大会制度的重要思想、关于全面依法治国新理念新思想新战略，坚持党的领导、人民当家作主、依法治国有机统一，依法向大会提出属于全国人大职权范围内的议案。根据大会主席团第一次会议决定的代表提出议案的截止时间，到 3 月 11 日 12 时，大会秘书处共收到代表提出的议案 491 件，比去年增长

51%。其中，有关立法方面的487件，有关监督方面的4件。代表团提出的14件，代表联名提出的477件。

代表依法提出议案，反映人民意愿，汇聚人民智慧，是中国特色社会主义民主政治的重要方面，也是推进科学立法、民主立法、依法立法的重要渠道。今年代表提出的议案，涉及制定法律的231件，修改法律的247件，解释法律的4件，就有关法律问题作出决定的5件。这些议案紧紧围绕党和国家工作大局，着力通过立法推动和保障重大决策部署、重大发展战略的落实，内容主要集中在以下几方面：一是全面深化改革，扩大对外开放，推动高质量发展。提出修改公司法、证券法、中小企业促进法、企业破产法，制定社会信用法、商业秘密法等，依法平等保护产权，打造法治化营商环境。修改著作权法、商标法、科学技术进步法等，加强知识产权保护，实施创新驱动发展战略。修改反洗钱法、信托法，研究推动金融风险防控处置、互联网金融等方面的立法，防范化解重大金融风险。研究推动大数据、人工智能、自动驾驶等方面的立法，以法治方式引导和规范新技术新业态。制定乡村振兴促进法、农村集体经济组织法，修改城乡规划法等，推动实施乡村振兴战略。提出加强改革先行先试地区相关立法和授权决定工作，确保重大改革于法有据、顺利实施。二是保障和改善民生，增强人民群众获得感、幸福感、安全感。提出修改职业教育法、未成年人保护法、老年人权益保障法、妇女权益保障法、道路交通安全法、传染病防治法，制定个人信息保护、学前教育、校园安全、保健食品监管、法律援助、社会救助等方面的法律，一些代表就民法典编纂、修改民事诉讼法提出议案，强化对民事权利的保护。三是推进生态文明建设和绿色发展。提出制定长江保护法、资源综合利用法、湿地保护法、国家公园法，修改固体废物污染环境防治法、海洋环境保护法、森林法、矿产资源法等。四是维护国家安全，创新社会治理。提出制定海洋基本法、生物安全法、数据安全法，修改城市居民委员会组织法、村民委员会组织法、行政复议法、行政处罚法等。五是发展文化事业和文化产业。提出制定文化产业促进法、革命文物保护法、工业遗产保护和利用法，修改国家通用语言文字法等。一些代表还就修改刑法、刑事诉讼法等提出了议案。

根据全国人民代表大会组织法和全国人民代表大会议事规则的规定，大会秘书处对代表提出的议案逐件认真分析研究，认为没有需要列入本次会议审议的议案。大会秘书处建议，将代表提出的议案分别交由全国人大有关专门委员会审议。其中，交由宪法和法律委员会审议 173 件，监察和司法委员会审议 24 件，财政经济委员会审议 78 件，教育科学文化卫生委员会审议 69 件，外事委员会审议 1 件，华侨委员会审议 1 件，环境与资源保护委员会审议 63 件，农业与农村委员会审议 25 件，社会建设委员会审议 57 件。有关专门委员会对上述议案进行审议后，向全国人大常委会提出审议结果的报告，经全国人大常委会审议通过后印发第十三届全国人民代表大会第三次会议。

审议全国人民代表大会主席团交付的代表提出的议案，是全国人大各专门委员会的重要职责。大会秘书处就代表议案审议和相关工作提出如下建议：

一、建议各专门委员会深入学习贯彻习近平总书记全面依法治国新理念新思想新战略，紧紧围绕统筹推进"五位一体"总体布局和协调推进"四个全面"战略布局，顺应新时代新要求，满足人民群众新需要，完善代表议案审议工作机制，提高代表议案审议质量，以高质量立法保障和促进高质量发展，更好助力经济社会发展和改革攻坚任务，用法治保障人民权益，增进民生福祉。

二、建议各专门委员会将审议代表议案与研究制定立法、监督工作计划，起草和审议法律草案结合起来，积极推进重点领域立法，坚持立改废释并举，不断提高立法工作质量和效率。根据有关议案的内容，积极向全国人大常委会提出建议，对议案所提立法项目确属必要、立法条件较为成熟的，研究提出列入年度立法工作计划的建议；对议案反映比较集中的问题，研究提出听取审议专项工作报告、开展执法检查、进行专题询问或专题调研的建议。同时，加强与国务院及其有关部门、国家监察委员会、最高人民法院、最高人民检察院和常委会工作机构的联系，形成工作合力。

三、建议各专门委员会将审议代表议案与加强同代表和人民群众的联系结合起来，通过多种方式邀请相关代表参加法律案起草、论证、调研、审议和执法检查、专题调研等活动，扩大代表对常委会和专门委员会工作的参与，认真研究吸纳代表提出的意见和建议，及时通报相关立法、监督等工作进展，反馈议案审议结果和代表意见建议采纳情况，做到民有所呼、我有所应。

（二）全国人大常委会办公厅关于第十三届全国人民代表大会第二次会议代表建议、批评和意见办理情况的报告

全国人大常委会办公厅关于第十三届全国人民代表大会
第二次会议代表建议、批评和意见办理情况的报告
——2019 年 12 月 24 日在第十三届全国人民代表大会
常务委员会第十五次会议上
全国人大常委会副秘书长　信春鹰

全国人民代表大会常务委员会：

现在，我代表常委会办公厅报告十三届全国人大二次会议期

间代表提出的建议、批评和意见（以下简称建议）办理情况。

全国人大常委会深入学习贯彻习近平新时代中国特色社会主义思想特别是习近平总书记关于坚持和完善人民代表大会制度的重要思想，积极推动代表建议办理工作，努力做到民有所呼、我有所应。2018 年，修改《全国人大代表建议、批评和意见处理办法》。2019 年，出台《关于加强和改进全国人大代表工作的具体措施》。栗战书委员长强调，提出议案建议是代表依法履职基本的、最主要的方式，反映了人民群众的意愿和呼声。代表议案建议工作应当做到"内容高质量、办理高质量"，"既要重结果、也要重过程"。要督促有关方面认真负责地办理代表议案建议，认真听取、研究、吸纳代表提出的意见建议，实事求是、认真负责地答复代表，实现办理高质量。

一、代表建议的提出、分析、交办和督办情况

十三届全国人大二次会议期间，代表们认真履行宪法和法律赋予的职责，向大会提出建议 8160 件。全国人大常委会办公厅、有关专门委员会尊重代表主体地位，积极推进代表建议工作制度化、规范化，更好发挥代表作用。

（一）加大代表建议分析力度。常委会办公厅对代表提出的建议进行认真梳理和分析，形成综合分析报告。从代表建议的内容看，紧扣贯彻落实党中央重大决策部署，注重反映基层实际情况和人民群众关切，主要涉及继续打好三大攻坚战、保障和改善民生、促进区域协调发展和城乡融合发展、实施乡村振兴战略和深化农村改革等方面。从代表建议提出的方式看，会议期间共有 2130 名代表领衔提出建议，其中代表单独提出建议 6256 件，比去年增加 1445 件，占比首次超过建议总数的四分之三。代表团提出建议 157 件，比去年增加 31 件。从代表建议形成的方式看，代表通过专题调研、视察、座谈、走访等形式形成的建议有5353件，占建议总数的65.6%，占比增加了4个百分点。

（二）及时交办代表建议并首次向代表逐一通报。十三届全国人大二次会议闭幕后，常委会办公厅认真拟定交办意见，召开代表建议交办会，杨振武秘书长出席会议并讲话，对办理工作作出部署、提出要求。中共中央办公厅、国务院办公厅负责同志出席交办会。8160件代表建议统一交由193家承办单位研究办理，内容涉及多部门职能、需要多部门共同研究办理的有5651件，占建议总数的69.2%，比去年增加667件，增长13.4%。按照常委会领导同志指示，首次以常委会办公厅名义，向大会期间提出建议的代表及原选举单位逐一通报代表建议的交办情况。

（三）推动重点督办建议办理。在广泛征求各方面意见的基础上，经秘书长办公会议讨论通过，并报全国人大常委会领导同志同意，确定22项重点督办建议，涉及276件代表建议，交由国家发展改革委等17家单位牵头办理，全国人大7个专门委员会负责督办。有关专门委员会制定督办工作方案，通过召开督办工作座谈会、开展督办调研等方式，及时了解办理进展情况，加大督办力度，在监督中支持，在支持中监督。监察司法委召开重点督办建议工作座谈会，听取"两高"办理工作安排，提出明确要求。财经委多次参加工业和信息化部等5家单位组织的重点督办建议调研，实地考察情况，向35名代表汇报办理情况，征求做好重点督办建议工作的意见建议。教科文卫委召开重点督办建议推进会，结合职业教育法修改专题调研、高等教育法执法检查和常委会听取审议关于学前教育事业改革与发展情况的报告，认真吸收重点督办建议内容。

（四）认真处理反馈意见和总结办理工作。代表建议办理答复后，常委会办公厅采取多种方式征求代表对建议答复的意见，认真做好代表反馈意见的处理工作。截至目前，共收到代表反馈意见3713条，涉及2732件代表建议、1230名代表。其中，表示满意和基本满意的3607件，表示有不同意见的73件，表示不满意的33件。对有不同意见或不满意的，交由有关承办单位继续研究处理。

召开十三届全国人大二次会议代表建议办理工作座谈会，邀请15位全国人大代表和有关承办单位、全国人大专门委员会及各省区市人大常委会代表联络工作机构参加，总结交流代表建议工作，探索创新代表建议提出和办理工作方式方法。

二、承办单位办理代表建议的主要做法

各承办单位把建议办理工作同加强国家机关同人大代表、同人民群众的联系有机结合起来，加强协同配合，改进办理工作，认真研究采纳代表意见。主要做法有以下几个方面。

（一）各级领导高度重视，推动建议办理深入开展。中共中央办公厅把做好习近平总书记参加代表团审议时代表所提建议办理工作作为重中之重，推动有关方面切实把办理代表建议作为践行"两个维护"的实际行动，在党的总书记与人大代表之间、与人民之间架设起"便捷的桥梁"。李克强总理连续6年主持召开国务院常务会议，听取国务院部门办理代表建议情况的汇报，强调办理代表建议是政府必须履行的法定职责，既要坚持已经形成的规范做法，更要进一步改进办理工作，聚众智、汇众力，提高依法行政的能力和水平。各承办单位负责同志越来越多地直接参与建议办理工作。中央组织部、公安部等单位主要负责同志亲自审定办理方案，多次作出批示指示，逐件审定建议答复意见。最高人民法院、最高人民检察院等单位主要负责同志主持召开建议交办会，动员部署办理工作。科技部、交通运输部、国家税务总局等单位主要负责同志邀请代表调研座谈，当面听取代表意见建议，着力推动问题解决。

（二）认真研究建议内容，提高建议办理工作效率。各承办单位加强对代表建议特别是代表关注集中、连续多年提出问题的综合分析，有针对性地提出办理方案和工作措施，为办理答复工作奠定了很好的基础。国家卫生健康委连续 14 年组织课题组对代表建议进行年度分析和研究，形成分析报告，2019 年编发《卫生健康工作交流——代表建议摘编专刊》23 期。国家林业和草原局连续 10 年在办理前进行全面分析，根据建议内容分类提出办理要求、明确办理方案。最高人民检察院加强分析研判，深入了解建议背景、问题指向、意图主张，梳理代表建议的关键点和关注点，结合检察业务，分类分解办理任务。交通运输部组织开展代表建议专项分析研究，从主体、内容、时间、区域、机制等各个要素进行全面分析，深入探索内在规律。

（三）突出建议办理重点，推动代表建议事项落实。各承办单位在认真分析、深入调研基础上，确定办理重点，有针对性地加强办理，将办理建议与推动改进工作结合起来。工业和信息化部对代表建议中的重点热点问题进行认真梳理，确定 32 件部内重点办理建议，重点件占主办件总数的 12.7%，以点带面，有效带动办理水平整体提升。住房和城乡建设部建立代表建议 B 类答复事项跟踪督办机制，开展 2018 年代表建议 B 类答复承诺事项专项督办，推动相关承诺事项落实，其中承诺 2019 年内完成的事项均已全部落实。国家能源局建立 2018 年代表建议 B 类答复承诺事项台账并持续跟踪进度，截至 9 月底，54 项 B 类答复承诺事项中，已完成 20 项，其余 34 项将按计划持续推进。

（四）创新办理机制方法，推动建议办理取得实效。各承办单位在总结过去很多行之有效的经验做法和工作机制的基础上，不断探索，创新方式方法。国家发展改革委制定《高质量办理2019 年全国人大代表团建议工作方案》，各牵头司局负责同志带队，分赴 12 个省区向全国人大代表及省人大相关领导当面汇报建议办理情况，逐条回应建议事项。中国银保监会组织业务骨干对答复稿开展集中审读，集体审核把关，使建议复文表述更加准确、内容更加完整、格式更加规范。水利部由分管部领导带队和业务司局牵头，深入实地认真听取代表意见建议，确保重点督办建议调研率 100%。国家林业和草原局在办理"关于加大对保护长江母亲河力度"等参阅件过程中，不仅与代表沟通，还邀请代表参加调研，共同研究对策。教育部邀请代表出席教育部建议交办会，与人大代表就完善办理制度、提升办理质量现场交流。

（五）按照"既要重结果、也要重过程"的要求，加强与代表的沟通联系。很多承办单位明确提出，在办理代表建议过程中必须与提出建议的代表百分之百沟通，并作为办理答复的必经程序。中央宣传部、中央网信办、外交部、人力资源社会保障部、司法部、全国妇联等单位采取电话短信、邮件传真、登门走访、会议座谈和委托地方厅局等多种形式，在建议办理答复前与领衔代表沟通联系。国家卫生健康委 2019 年累计电话联系代表 1316次、走访 43 人次、座谈 64 人次、邀请代表参加调研 48 人次。国家发展改革委通过多种方式与代表沟通，2019 年开展座谈 45次，调研 40 次，面对面沟通 128 人次，电话联系 819 人次，信函、邮件等沟通 163 人次。国家税务总局与代表和其他部委共联络 412 次，其中当面沟通 54 次。

一些承办单位把办理代表建议同代表联络工作结合起来。财政部由部领导、司局负责同志带队，邀请 736 名代表参加集中座谈，汇报有关建议和财政重点工作进展情况，听取代表意见。中国银保监会召开专题座谈会，就降低企业融资成本、防范化解金融风险、加强网络借贷和校园贷监管、防范和处置非法集资等热点问题，集中听取人大代表和专家的意见建议。全国人大常委会法工委不断扩大代表对立法工作的参与，在项目确定、起草研究、立法调研、通过前评估等各个环节共邀请代表 67 人次参加。

三、代表建议办理工作取得的实效

十三届全国人大二次会议期间代表提出的建议已经全部办理完毕并答复代表。从办理结果看，代表建议所提问题得到解决或计划逐步解决的占建议总数的 71.28%。各有关方面充分尊重代表主体地位，支持代表依法履职，充分发挥代表建议在推进科学决策民主决策依法决策中的重要作用，切实推动解决问题，积极回应社会关切，自觉接受人民监督。

一是围绕继续打好三大攻坚战，推动防范化解重大风险，巩固脱贫成果防止返贫，推进污染防治。今年大会期间，代表们就继续打好三大攻坚战提出建议 1154 件，占建议总数的 14.14%。常委会办公厅将防范化解地方政府债务风险，巩固脱贫成果防止返贫，加强重点流域、重点湖泊污染防治和生态修复等 6 项共 85 件代表建议列为重点督办建议。财政部吸收代表意见，完善专项债券管理制度，指导地方开展建制县风险化解试点，增加地方政府新增债务额度，2019 年新增地方政府债务额度 30800 亿元，增加 9000 亿元。全国人大民委、国务院扶贫

办结合代表提出的加大产业扶贫、就业扶贫和易地扶贫搬迁后
扶力度、强化监测预警动态管理、严格考核退出等 33 条建议，
共同开展座谈调研，协调推动 26 个中央部门出台 49 个政策文
件，全方位支持贫困地区脱贫攻坚。全国人大农委将督办工作
同全国人大机关定点帮扶工作相结合，积极沟通协调，实地开
展调研。农业农村部会同有关部门在乌兰察布市建设马铃薯综
合试验站，将"镰刀弯"地区马铃薯种薯基地县纳入制种大县
奖励范围，每年每县 2000 万元。生态环境部、全国人大环资委
结合办理代表建议，健全水生态环境的法律制度，制定跨省级
行政区域河流流域水污染物排放标准，启动长江"三磷"专项
排查整治行动。2019 年重点生态功能区转移支付同比增长
12.5%，大气、水、土壤污染防治资金同比分别增长 25%、
21.8% 和 42.9%。

　　二是围绕推动经济高质量发展，培育发展先进制造业集群，
推动工业互联网、长三角区域一体化发展，缓解中小企业融资
难、融资贵。针对代表提出的增强制造业技术创新能力的建议，
工业和信息化部批复建立 13 家国家制造业创新中心，认定 107
家省级制造业创新中心。在代表的积极推动下，初步建立北京、
上海、广州、重庆、武汉工业互联网标识解析五大国家顶级节
点，工业互联网取得积极进展，网络、平台、安全三大体系建设
实现突破。针对代表提出的关于破解小微企业融资难融资贵问题
的建议，人民银行积极推动相关工作，多次降低存款准备金率，
扩大普惠金融定向降准政策考核范围等，将考核标准扩大至单户
授信 1000 万元以下小微企业，企业的信贷综合融资成本下降
1.26 个百分点。财政部加大减税降费力度，支持实体经济发展。
今年前 8 个月全国减税降费 1.5 万多亿元，有力促进了企业减

负、居民增收和就业增加，预计全年减税降费总额将超过 2 万亿元。

三是围绕乡村振兴发展，深化农村改革，补齐农村基础设施建设短板，推进农村人居环境整治。针对代表提出的关于进一步推进农村"厕所革命"的建议，农业农村部因地制宜、分类施策推进农村改厕，今年前三季度新开工改造农村户厕 1000 多万户。在补齐农业农村基础设施建设短板方面，会同有关部门共同推动落实中央财政资金近 860 亿元，建设高标准农田 8000 万亩，发展高效节水灌溉 2000 万亩。自然资源部在《关于加强村庄规划促进乡村振兴的通知》中，充分吸纳代表建议中关于统筹乡村规划编制、推动规划配套政策出台等内容。人民银行结合代表提出的完善农村金融服务等方面的建议，出台《关于金融服务乡村振兴的指导意见》，积极采取措施支持乡村振兴。文化和旅游部会同有关部门出台《关于促进乡村旅游可持续发展的指导意见》，多措并举推动乡村文化和旅游可持续发展，助力乡村振兴。

四是围绕保障改善民生和社会发展，推动教育改革，推进多层次养老服务体系建设，强化食品安全监管。教育部积极吸收扩大学前教育供给的建议，会同相关部门大力开展小区配套园治理工作，推动各地继续实施三期行动计划，新建改扩建公办园，积极扶持普惠性民办园发展，多渠道扩大普惠性资源。全国人大社会委将老年人权益保障法专题调研与督办工作相结合，会同民政部积极推进多层次养老服务体系建设，出台《关于进一步扩大养老服务供给，促进养老服务消费的实施意见》，着力破解养老服务发展中的"堵点"、"难点"问题。商务部在 2019 年 6 月"食品安全宣传周"期间，采取多种形式广泛宣传食品等重要产品追溯体系。市场监管总局针对代表们提出的加强行政执法与刑事司法衔接等建议，持续开展落实"四个最严"专项行动。积极推进保健食品注册备案双轨制运行，制定《保健食品原料目录与保健功能目录管理办法》，进一步强化产管并重，社会共治。医疗保障局针对多名代表提出的健全完善国家药品采购政策的建议，已完成集中采购和使用试点中期评估，印发《关于国家组织药品集中采购和使用试点扩大区域范围的实施意见》。

十三届全国人大二次会议闭幕以来，代表们依法提出建议157件，比去年增加57件，增长57%。按照《全国人大代表建议、批评和意见处理办法》的规定，常委会办公厅交由92家承办单位研究办理。十三届全国人大常委会加强与代表的联系，建立常委会会议列席代表座谈会制度，坚持常委会组成人员直接联系代表制度，通过多种方式听取代表的意见。截至目前，常委会会议列席代表座谈会共召开8次，会上代表提出的涉及人大工作的意见建议，由全国人大机关认真研究、积极采纳；涉及经济社会发展方面的意见建议共84条，交由102家承办单位研究办理。常委会组成人员在联系代表过程中提出和转交的代表意见建议共87条，交由105家承办单位研究办理。以上代表意见建议的交办和研究办理情况，均逐一向提出意见建议的代表通报。

今年的代表建议办理工作基本完成。我们将深入学习贯彻习近平总书记关于坚持和完善人民代表大会制度的重要思想，继续完善工作机制和方式方法，加强代表建议分析工作，为代表高质量提出建议和承办单位高质量办理代表建议提供服务保障，推动代表建议办理工作再上新的台阶。

三、第十三届全国人民代表大会第三次会议的代表议案、建议工作

（一）关于第十三届全国人民代表大会第三次会议代表提出议案处理意见的报告

关于第十三届全国人民代表大会第三次会议
代表提出议案处理意见的报告

（2020 年 5 月 27 日第十三届全国人民代表大会第三次会议
主席团第三次会议通过）

十三届全国人大三次会议主席团：

在本次会议上，全国人大代表坚持以习近平新时代中国特色社会主义思想为指导，全面贯彻党的十九大和十九届二中、三中、四中全会精神，增强"四个意识"、坚定"四个自信"、做到"两个维护"，坚持党的领导、人民当家作主、依法治国有机统一，依法向大会提出属于全国人大职权范围内的议案。根据大会主席团第一次会议决定的代表提出议案的截止时间，到 5 月 25 日 12 时，大会秘书处共收到代表提出的议案 506 件，其中，代表团提出的 17 件，代表联名提出的 489 件。在这些议案中，有关立法方面的 499 件，其中涉及制定法律的 196 件、修改法律的 297 件、解释法律的 2 件、就有关法律问题作出决定的 4 件，有关监督方面的 7 件。

今年的大会是在我国疫情防控取得重大战略成果的背景下召开的。代表们深入学习贯彻习近平总书记关于强化公共卫生法治保障的重要指示，结合在各条战线、各自岗位上参与疫情防控斗争的实践，针对疫情暴露出来的短板和不足，依法提出相关议案

122件，占代表议案总数的24%。主要有：围绕加快构建疫情防控法律体系，提出修改传染病防治法、治安管理处罚法、刑法，加大对瞒报传染病、妨碍防疫工作以及非法猎杀、销售、食用野生动物等行为的处罚力度，修改中医药法、执业医师法、献血法，以及制定公共卫生安全保障等方面的法律。围绕健全国家公共卫生应急管理体系，提出修改突发事件应对法、食品安全法、价格法、慈善法，制定社会救助法以及战略物资储备、行政征用、信息公开、应急管理、医疗保障等方面的法律。围绕构建国家生物安全法律法规体系，提出修改野生动物保护法、动物防疫法、渔业法，制定生物安全法等法律。

代表议案关注较多的还有以下几方面：一是完善民生领域立法，提出修改未成年人保护法、义务教育法、劳动合同法、社会保险法、消费者权益保护法等，制定法律援助法、学前教育法以及无障碍环境建设、物业管理等方面的法律。二是完善国家机构组织和职能立法，提出修改全国人民代表大会组织法、地方各级人民代表大会和地方各级人民政府组织法、各级人民代表大会常务委员会监督法、行政复议法、行政强制法等。三是完善生态文明建设立法，提出修改环境保护法、大气污染防治法、海洋环境保护法、环境噪声污染防治法、可再生能源法等，制定长江保护法、湿地环境保护法、国家公园法以及生态保护红线管理、生态保护补偿、环境保护教育、黄河保护、地下水资源保护、节约用水、电磁辐射污染防治、放射性废物管理等方面的法律。四是完善社会治理领域立法，提出修改安全生产法、道路交通安全法、城市居民委员会组织法、村民委员会组织法等，制定社会信用法、个人信息保护法以及公共安全检查、多元化纠纷解决机制等方面的法律。五是完善市场经济秩序、推动科技创新方面的立法，提出修改人民银行法、商业银行法、反洗钱法、科学技术进步法、专利法、著作权法、产品质量法等，制定乡村振兴促进法、数据安全法、电信法以及数字经济、人工智能、自由贸易港等方面的法律。

根据全国人民代表大会组织法和全国人民代表大会议事规则的规定，大会秘书处对代表提出的议案逐件认真分析研究，认为没有需要列入本次会议审议的议案。大会秘书处建议，将代表提出的议案分别交由全国人大有关专门委员会审议。其中，交由宪法和法律委员会审议 128 件，监察和司法委员会审议 33 件，财政经济委员会审议 91 件，教育科学文化卫生委员会审议 87 件，外事委员会审议 2 件，环境与资源保护委员会审议 93 件，农业与农村委员会审议 24 件，社会建设委员会审议 48 件。有关专门委员会对上述议案进行审议后，向全国人大常委会提出审议结果的报告，经全国人大常委会审议通过后印发第十三届全国人民代表大会第四次会议。

审议全国人民代表大会主席团交付的代表提出的议案，是全国人大各专门委员会的重要职责。大会秘书处就代表议案审议和相关工作提出如下建议：

一、坚持党中央对立法工作的集中统一领导，深入学习贯彻习近平总书记全面依法治国新理念新思想新战略特别是关于立法工作的一系列重要论述和指示，聚焦党和国家中心任务，坚持立法与改革精准衔接，不断提高立法质量和效率，为国家重大决策、重大战略顺利实施提供法律制度保障。

二、坚持以人民为中心的发展思想，聚焦强化公共卫生法治保障体系，发挥人大在立法工作中的主导作用，把审议代表议案与落实全国人大常委会立法规划、计划和相关专项立法工作计划结合起来，认真研究采纳代表意见建议，做好有关法律案的牵头起草和组织协调工作，加快构建和完善疫情防控、公共卫生应急管理、国家生物安全法律法规体系。

三、尊重代表主体地位，加强同提出议案的代表的联系，扩大代表对全国人大常委会、专门委员会工作的参与，坚持和完善代表参与立法起草、论证、审议、评估和执法检查、专题调研等工作机制，重要法律草案印发全体代表征求意见，专业性强的法律草案印发领衔提出议案的代表以及相关专业、领域的代表征求意见，更好发挥代表在立法、监督工作中的作用。

（二）全国人大常委会办公厅关于第十三届全国人民代表大会第三次会议代表建议、批评和意见办理情况的报告

全国人大常委会办公厅关于第十三届全国人民代表大会

第三次会议代表建议、批评和意见办理情况的报告

——2021 年 1 月 20 日在第十三届全国人民代表大会

常务委员会第二十五次会议上

全国人大常委会副秘书长　信春鹰

全国人民代表大会常务委员会：

现在，我代表常委会办公厅报告十三届全国人大三次会议期间代表提出的建议、批评和意见（以下简称建议）办理情况。

全国人大常委会深入学习贯彻习近平新时代中国特色社会主义思想特别是习近平总书记关于坚持和完善人民代表大会制度的重要思想，加强改进代表建议办理工作，积极回应民生关切，努力把各方面的智慧和力量凝聚到党和人民事业发展中来。栗战书委员长强调，尊重代表的权利就是尊重人民的权利，保障代表依法履职就是保证人民当家作主。提出议案建议是代表依法履职基本的、最主要的方式，代表议案建议工作应当聚焦党和国家中心

任务，着力解决好人民群众最关心最直接最现实的利益问题。要督促有关方面完善办理建议的工作机制，健全代表联络机制，通过全方位、深层次、多样化的沟通联系，提高建议办理的针对性和科学性。

一、代表建议的提出、交办和督办情况

十三届全国人大三次会议期间，代表们认真履行宪法和法律赋予的职责，向大会提出建议9180件，建议数量创历史新高。全国人大常委会办公厅、有关专门委员会提高政治站位，认真落实关于加强和改进全国人大代表工作的具体措施，改进代表建议提出、办理、反馈各环节工作，全力支持和保障代表依法履职。

（一）深入分析代表建议的特点。常委会办公厅组织力量，对代表提出的建议进行了认真梳理和综合分析。代表提出建议主要有以下两个特点：一是建议内容紧扣党中央重大决策部署，重点突出。主要涉及强化公共卫生法治保障，健全公共卫生应急管理体系；坚决打赢脱贫攻坚战，持续推进脱贫与乡村振兴有效衔接；强化就业优先政策，稳就业保民生等。特别是关于"疾病防疫"的建议数量同比增加了179%，关于医疗体制改革的建议数量达474件，反映出代表对总结疫情防控经验、补齐公共卫生建设短板的迫切期盼。二是不少地方把代表建议作为推动经济社会发展的重要抓手，以代表团名义提出建议数量增幅较大。据统计，以代表团名义提出建议189件，占建议总数的2.06%。在本届已召开的三次会议中，以代表团名义提出建议的数量同比涨幅均在20%以上，较十二届环比涨幅均在40%以上，整体呈上升趋势，反映出代表团对代表建议工作的重视程度持续提升。

（二）及时交办代表建议并向代表逐一通报。十三届全国人大三次会议闭幕后，常委会办公厅会同有关方面拟定交办意见，召开代表建议交办会。中共中央政治局委员、全国人大常委会副委员长王晨出席会议并讲话，对办理工作作出部署，提出要求。全国人大常委会秘书长杨振武主持会议。中共中央办公厅、全国人大常委会办公厅、国务院办公厅和有关承办单位负责同志及工作机构负责同志参加会议。9180 件代表建议统一交由 194 家承办单位研究办理。内容涉及多部门职能、需要多部门共同研究办理的有 6532 件，占建议总数的 71.2%，比 2019 年增加 881 件，增长 15.6%。按照常委会领导同志指示，继续以常委会办公厅名义，向大会期间提出建议的代表及原选举单位逐一通报代表建议的交办情况。

（三）突出代表建议办理工作重点。做好重点督办建议工作，围绕党和国家中心工作，反映社会关切和群众意见，形成改进工作合力，是增强建议办理实效的重要机制，已经形成了制度化安排。在广泛征求各方面意见的基础上，经秘书长办公会议讨论通过，并报全国人大常委会领导同志同意，确定了 9 项重点督办建议，涉及 181 件代表建议，交由卫生健康委等 11 家单位牵头办理，全国人大 5 个专门委员会负责督办。

二、办理代表建议的主要做法

十三届全国人大三次会议是在全国疫情防控阻击战取得重大战略成果之际召开的。各有关方面按照党中央要求，统筹推进疫情防控和经济社会发展工作，稳中求进，履职尽责，充分尊重代表主体地位，加强同代表的沟通联系，突出代表建议办理重点，完善工作机制，务求取得实效。主要有以下几个方面做法。

（一）中央领导同志和承办单位主要负责同志高度重视，示范推动办理工作提质增效。习近平总书记分别参加十三届全国人大三次会议内蒙古代表团和湖北代表团审议，同代表们亲切交流，并发表重要讲话，部分代表现场提出了一些意见建议，中办督查室专门就做好相关代表建议办理工作提出要求，推动把办理好代表建议作为贯彻落实以人民为中心发展思想的重要环节。李克强总理主持召开国务院常务会议，听取2019年代表建议办理情况汇报，提出要进一步提高建议办理工作的效能，在不断吸纳民意和接受监督中更好推动政府工作。栗战书委员长批示要求，将代表关于做好疫情防控、加强公共卫生能力建设等建议及时转送主管部门，支持代表依法履职，改进代表建议办理、反馈各环节工作，健全代表建议答复承诺解决机制。王晨副委员长要求加大重点督办建议的跟踪督办力度，把办理代表建议同落实党中央决策部署结合起来，将高质量建议转化为深化改革、推动发展的实际举措，增强代表建议办理效果。

各承办单位负责同志更加重视相关工作。发展改革委、教育部、财政部、水利部、农业农村部、银保监会、证监会、国家能源局、民航局等单位主要负责同志召开会议，明确任务分解方案，统筹办理工作。工业和信息化部、民政部、国家林草局、国务院扶贫办等单位主要负责同志带队分赴地方开展调研，了解实际情况，协调解决问题。科技部、人社部、生态环境部等单位主要负责同志参加代表座谈会，与代表当面沟通，深入了解建议的提出背景、主要诉求和基层存在的问题、短板。常委会法工委、国家民委、司法部、住房城乡建设部、文化和旅游部、国家铁路局、国家邮政局、共青团中央等承办单位负责同志作出批示，要求以高度的政治责任感，扎实做好代表建议办理工作。

（二）承办单位加强沟通，有力提升代表服务保障水平。一是推动线上"常来常往"。各承办单位主动适应疫情防控常态化要求，克服不利影响，灵活采用多种方式，千方百计加强同代表联系。水利部、农业农村部、市场监管总局、中医药局、台办等综合运用视频连线、远程调研、电话沟通、微信邮件等线上方式，充分听取代表意见，做好解释说明工作。工业和信息化部在平台中嵌入视频连线功能，与代表集中或点对点线上沟通，提高办理质效。全国人大教科文卫委多次召开视频会并邀请代表参加，加快推进办理工作全流程信息化。二是丰富见面沟通方式，努力做好"人来人往"。商务部、税务总局、国家医保局等充分发挥基层优势，委托本系统地方部门同志与代表面对面交流。最高人民检察院在建议办理过程中，既请代表"来"参加调研和座谈会，也主动"去"上门拜访代表，与代表深入交流，逐条分析建议相关内容。发展改革委对主办的58件代表团建议，专门制订工作方案，成立18个工作组，多次赴地方人大向代表当面沟通汇报建议办理情况，效果良好。三是进一步优化"文来文往"。主办单位与协办单位、承办单位内部机构间联系更加密切，配合更为顺畅，中央网信办、证监会、最高人民法院等单位，较早完成了协办工作。有的承办单位主动向代表推送相关材料，供代表参考。如卫生健康委结合代表关注热点和工作重点，确定了28个专题，以《卫生健康工作交流》简报形式编发专刊、发送代表。

（三）抓好关键环节，不断强化重点督办建议落实。一是抓督办。根据代表建议处理办法，重点督办建议由全国人大专门委员会负责督促办理。财经委、教科文卫委、环资委、农业农村委等召开重点督办建议协调会、工作会，监察司法委举行重点督办建议追踪办理工作会，委员会主要负责同志参加会议，了解办理情况，提出工作要求，同列席代表交流讨论。社会委等主动联系办理单位，推动就业民生等相关机制健全。二是抓落实。各承办单位从解决问题出发，将重点督办建议与年度重点工作同部署同推进，制定工作方案，明确任务分工，强化跟踪问效。很多承办单位多次会同有关单位和人大代表，开展调研、走访、座谈，实地了解情况。如人社部专门派员赴江西、广东、湖南、黑龙江等地，深入走访代表；应急管理部坚持与代表全过程持续沟通原则，多次邀请代表到地方调研，与有关协办部门座谈研讨；国务院扶贫办办领导、司领导带队调研座谈 7 次，调研率达 100%。最高人民法院、最高人民检察院积极开展协调联动，采取切实措施，推进追踪办理和滚动督办工作。中央农办、财政部等成立工作专班，建立与各协办单位的协调联络机制，共同推进建议办理落实。三是抓重点。在依法认真办理每件代表建议的同时，部分承办单位结合实际，确定了 195 件内部重点建议。办理过程中，有关方面注重以点带面，提升办理质量。

（四）完善工作机制，确保建议办理扎实有序推进。一是注重分析研究。公安部、司法部、国家药监局、全国妇联等对承办建议内容认真分析分类，有针对性地部署办理任务，做到有的放矢。退役军人事务部、人民银行、国家知识产权局、国铁集团等对代表建议工作进行研究梳理，编印了相关工作指引、资料汇编等，进一步规范了办理工作。国家电网等逐件分析建议内容，拟定办理计划，研判预期成效。国务院研究室及时与代表沟通联系，深入调研，结合贯彻落实中央决策部署，推动完善有关政策措施。二是办理与业务相结合。全国人大社会委、监察司法委、外事委、华侨委、常委会法工委等将代表建议办理与立法监督工作结合，在立法修改、检查调研等工作中，充分吸收代表建议的有益内容，反映代表关切，推动改进工作，高质高效办理代表建议。公安部、人民银行、最高人民检察院、广东省政府等将建议办理和业务工作同研究、同部署、同推进、同落实，不断加强和改进自身工作。三是提高答复质量，保证办理效率。工业和信息化部组织承办司局深入交流办理经验，并制定批分清单、任务清单和错情清单，为高质量办理夯实基础。银保监会组织集中校审建议答复，有效提升答复质量。中央军民融合办、外交部、商务部等通过建立台账、跟踪提醒、适时通报等方式，进行动态跟踪督办，保证办理时效。中央组织部、民政部、自然资源部、海关总署等搭建了建议办理相关系统平台，通过信息化方式进行批分、办理、统计，更好推进办理工作。云南省政府针对上年办复情况进行专项检查通报，严格办理要求。四是落实代表建议答复承诺事项，抓好跟踪落实工作。市场监管总局、最高人民法院等单位积极开展承诺解决事项二次反馈，及时向代表通报工作进展和落实情况。教育部针对前两年 B 类答复承诺事项开展跟踪督办，共完成 218 项承诺解决事项的落实反馈工作。

（五）按照常委会领导同志要求，即收即办代表建议，发挥了代表建议在国家突发公共卫生事件应急响应能力建设中的作用。2020 年，面对突如其来的新冠肺炎疫情，全国人大代表认真学习贯彻习近平总书记关于疫情防控的重要讲话和一系列重要指示精神，投身抗疫一线，密切联系群众，积极履职尽责。围绕疫情防控工作重点和突出问题，针对加大立法修法力度，强化疫情防控法治保障，依法科学有序防控，加快科技研发攻关，改革完善疾病预防控制体系，健全应急物资保障体系，加强公共卫生队伍建设，加强基层防控能力建设，统筹疫情防控和经济发展工作等方面，代表们积极提出建议，切实做到民有所呼、我有所应，在反映人民群众呼声和愿望中落实"内容高质量"。截至十三届全国人大三次会议召开前，代表们共提出涉及新冠肺炎疫情防控工作的建议 206 件，涉及 24 个代表团的 129 位全国人大代表。栗战书委员长、王晨副委员长高度重视，审阅批准交办工作方案，对办理工作提出要求。常委会办公厅认真落实常委会领导同志重要批示精神，即收即办、特事特办，在 3 个月内分 11 批次将 206 件建议交由 49 家承办单位参考、办理；其中涉及立法修法等方面的 31 件建议，同时交由全国人大教科文卫委、环资委和常委会法工委参考、办理。编辑代表建议摘编共 11 期，报送中央应对新型冠状病毒感染肺炎疫情工作领导小组秘书组参考。至 2020 年 6 月底，206 件代表建议均已办理完毕并反馈代表。各承办单位充分发挥代表建议在疫情防控中的重要作用，将办理建议与推动改进工作结合起来，推动代表建议转化为疫情防控政策措施，在推动党中央决策部署贯彻落实中实现"办理高质量"，得到代表充分肯定。

三、代表建议办理工作取得的实效

十三届全国人大三次会议期间代表提出的建议已经全部办理完毕并答复代表。从办理结果看，代表建议所提问题得到解决或计划逐步解决的占建议总数的 71.28%。各有关方面提高建议办理效率，支持代表依法履职，充分发挥代表建议在推进科学决策民主决策依法决策中的重要作用，切实推动解决问题，积极回应社会关切，自觉接受人民监督。

（一）坚决打赢脱贫攻坚战，努力实现全面建成小康社会目标任务。中央农办注重吸收转化代表建议，在牵头起草《关于实现巩固拓展脱贫攻坚成果同乡村振兴有效衔接的意见》过程中，将代表提出的设立过渡期、抓好扶贫产业后续发展、做好体制机制衔接等建议转化为具体政策举措。在牵头起草 2021 年中央一号文件、《关于加快推进乡村人才振兴的若干意见》等重要政策文件中，也对代表建议进行认真研究吸纳。财政部结合代表提出的建议，在抓好政策落地见效上见功夫，继续加大财政扶贫投入力度，安排中央专项扶贫资金，连续五年新增 200 亿元，2020 年还一次性安排综合性财力补助资金 300 亿元，重点用于支持 52 个挂牌督战县解决脱贫面临的突出问题。专门安排"三区三州"等深度贫困地区重点生态功能区转移支付资金 120 亿元，支持深度贫困地区打赢脱贫攻坚战，统筹做好生态补偿和脱贫攻坚工作。国务院扶贫办结合建议办理强化产业技术扶贫，全国动员4400 多个科研单位和技术部门、15000 多名专家参与产业扶贫，累计组建 4100 多个产业扶贫技术专家组，选聘 26 万名产业发展指导员，到村到户开展生产指导和技术服务，实现 832 个贫困县扶贫主导产业技术指导全覆盖。民政部认真研究代表提出的推动政府建立支出型困难家庭的救助政策、加大特困供养人员扶助力度等意见建议，出台《关于改革完善社会救助制度的意见》，完善顶层设计，印发《关于开展社会救助改革创新试点工作的通知》，围绕党建＋社会救助、服务类社会救助，积极开展社会救助改革创新试点工作。国家林草局认真办理有关乌兰察布生态屏障建设的代表建议，积极研究将阴山北麓五旗县纳入北方防沙带生态保护和修复重大工程，加大资金和项目支持力度，配套抓好抗旱造林水源工程，多措并举助力脱贫攻坚。

（二）统筹推进疫情防控和经济社会发展工作，保持制造业产业链供应链稳定性和竞争力。发展改革委聚焦代表提出的传统制造业改造提升、现代制造业高质量发展、推进制造业升级等方面建议，引导国家电网、海尔集团、万向集团等企业国家双创示范基地以融通创新为主要内容的主题日活动，促进不同创业主体技术链联通、供应链协同、产业链融通，累计吸引近千家中小企业参与，达成 300 多个合作项目。财政部结合建议办理，落实就业优先政策，部署中央财政安排就业补助资金 547.3 亿元，支持地方落实各项就业创业扶持政策。指导地方用好失业保险基金结余中提取的超过 1000 亿元职业技能提升行动资金，支持开展职业技能培训。充分发挥失业保险金促就业功能作用，支持企业稳定岗位。银保监会、人民银行等部门大力推动支持中小微企业发展方面建议落实，联合出台文件，将中小微企业贷款延期还本付息政策进一步延长至今年 3 月底，要求普惠小微企业贷款应延尽延，同时，对包括规模以上民营企业在内的其他困难企业，明确企业可与银行自主协商延期还本付息。工业和信息化部认真研究建立更有力的中小企业公共服务体系的建议，推动地方搭建以省级公共服务平台为枢纽、地市和行业窗口平台为依托的全国性中小企业公共服务网络平台，覆盖全国 30 个省、自治区、直辖市和 5 个计划单列市，集聚平台 1100 多个，汇集各类社会服务机构 8 万多家，形成线上线下相结合的服务网络，完善中小企业公共服务体系。人社部结合代表提出的强化就业优先政策建议办理，报请国务院出台《关于支持多渠道灵活就业的意见》，支持灵活就业健康发展；加大"降返补"力度，将中小微企业免征养老、失业、工伤社保费政策延期至 2020 年底，助力企业减负稳岗；将个人创业担保贷款额度提高到 20 万元，并扩大范围、降低门槛，激发创业带动就业的活力。

（三）做好常态化疫情防控工作，健全国家应急管理体系。科技部、卫生健康委、药监局等部门认真办理代表涉及疫苗研制的建议，成立科研攻关组，部署灭活疫苗、重组蛋白疫苗、减毒流感病毒载体疫苗、腺病毒载体疫苗、核酸疫苗等 5 条技术路线。科技部在"十四五"相关国家重点研发计划重点专项动议工作中认真吸纳代表建议，将加强对感染性疾病领域研究的支持力度，为新发突发传染病防控提供科技支撑。发展改革委、卫生健康委高度关注医疗资源配置方面的建议，印发《区域医疗中心建设试点工作方案》，启动区域医疗中心建设试点，先期选择 8 个省份，积累试点经验，通过"填平补齐"，在优质医疗资源短缺地区新增、扩容资源，满足群众就近享有高水平医疗服务的需求。国家林草局把办理好代表建议与完善全面禁食野生动物、配合全国人大环资委修订野生动物保护法紧密结合起来，详细梳理代表反映的政策落实"中梗阻"问题，认真研究提出解决方案，积极协商有关部委推动解决问题，2020 年通过积极沟通协调，全国已向养殖户补偿资金 55 亿元。应急管理部、民政部落实推动基层应急体系建设的建议，推动由村"两委"成员和社区工作人员担任灾害信息员，同时落实网格员在安全风险防范和突发事件应急处置中的责任，提高应急处置能力。目前，全国共有各级灾害信息员 70 余万人，在基层社区应急工作中发挥了重要作用。应急管理部将办理重点督办建议与推动应急管理事业改革发展紧密结合，修订完善国家总体应急预案和自然灾害类、安全生产类专项应急预案，规范预案编制、审批、演练、修订等工作流程，并指导各地各有关部门按照职责分工做好相关应急预案制修订工作，狠抓各项责任措施落实，全力维护人民群众生命财产安全。中医药局将建议办理与具体工作相结合，认真办理张伯礼等代表提出的建议，完善重大突发公共卫生事件应急响应机制，在相关应急预案中增加中医药内容，收到很好效果。

（四）围绕研究编制"十四五"规划纲要，推动实施区域发展战略，提高科技创新支撑能力。发展改革委在编制"十四五"规划时，将相关代表建议视作送上门的调研，将加强顶层设计与坚持问计于民统一起来，推动"十四五"规划编制更加顺应人民意愿、符合人民所思所盼。认真办理"落实支持湖北省经济社会发展一揽子政策"重点督办建议，明确时间表路线图，指导湖北用好抗疫特别国债、地方政府专项债券等资金渠道，确保支持政策全部落实。科技部围绕核心技术创新、加强基础研究等建议办理，通过国家重点研发计划和科技创新2030—"新一代人工智能"重大项目，在区块链、超算、人工智能、物联网、移动通信、集成电路等多个关键领域部署相关研究任务，加强核心芯片与器件攻关，推进关键共性技术研究，并将在2021—2035年国家中长期科技发展规划、"十四五"国家重点研发计划中进行统筹布局和重点攻关。工业和信息化部结合代表建议办理，推动湖北省经济社会恢复发展。支持一批国家重点产业在湖北布局，推动"芯屏端网"、生命健康、汽车及零部件、高端装备制造等产业发展。在湖北省布局建设一批国家级创新平台，支持武汉市建设精密重力测量研究设施等国家重大科技基础设施。加快湖北省对外开放通道建设，打造了一批内陆高水平开放平台。

闭会期间，代表们密切联系群众，听取群众呼声，反映群众意愿，依法提出闭会期间代表建议。去年以来，代表们在闭会期间提出的407件建议，已按照规定，交由98家承办单位研究办理。代表建议的交办和研究办理情况，均逐一向提出意见建议的代表通报。

委员长、各位副委员长、秘书长、各位委员，2020年的代表建议办理工作基本完成。我们要深入学习贯彻习近平总书记关于坚持和完善人民代表大会制度的重要思想，继续完善工作机制和方式方法，加快代表建议工作信息化建设，为代表高质量提出建议和承办单位高质量办理代表建议提供服务保障，推动代表建议办理工作再上新的台阶。

四、第十三届全国人民代表大会第四次会议的代表议案、建议工作

（一）第十三届全国人民代表大会第四次会议秘书处关于代表提出议案处理意见的报告

第十三届全国人民代表大会第四次会议秘书处
关于代表提出议案处理意见的报告

（2021 年 3 月 10 日第十三届全国人民代表大会第四次会议
主席团第三次会议通过）

十三届全国人大四次会议主席团：

在本次会议上，全国人大代表坚持以习近平新时代中国特色社会主义思想为指导，深入学习贯彻习近平法治思想，全面贯彻党的十九大和十九届二中、三中、四中、五中全会精神，坚持党的领导、人民当家作主、依法治国有机统一，依法向大会提出属于全国人大职权范围内的议案。根据大会主席团第一次会议决定的代表提出议案的截止时间，到 3 月 8 日 12 时，大会秘书处共收到代表提出的议案 473 件，其中，代表团提出的 16 件，代表联名提出的 457 件。在这些议案中，有关立法方面的 467 件，有关监督方面的 6 件。

代表依照法定程序提出议案，是宪法法律赋予代表的基本权利，是代表执行代表职务的主要形式。大会前，代表们积极参加代表学习、集中视察活动，深入开展调查研究，通过代表联络站、代表之家等代表工作平台和基层联系点，更加密切联系人民

群众，广泛听取意见建议。会议期间，代表们认真酝酿讨论、修改完善议案，努力提高议案质量。今年代表提出的议案，绝大多数为法律案。其中涉及制定法律的 208 件，修改法律的 247 件，解释法律的 4 件，编纂法典的 4 件，有关决定事项的 2 件。内容主要集中在以下几方面：一是加强民生保障、社会治理领域立法，提出制定社会救助法、法律援助法、个人信息保护法以及养老服务、无障碍环境建设、文化资源保护利用方面的法律，修改治安管理处罚法、道路交通安全法、妇女权益保障法、职业教育法、反家庭暴力法等。二是健全现代化经济体系法律制度，提出修改反垄断法、公司法、企业破产法、科学技术进步法、中国人民银行法、商业银行法等，制定社会信用法、增值税法、乡村振兴促进法以及数据交易和管理、民营企业促进等方面的法律。三是完善生态环保法律，提出制定国家公园法、自然保护地法以及黄河保护、低碳发展促进、资源综合利用、耕地资源保护、生态保护补偿、国土空间规划等方面的法律，修改环境噪声污染防治法、可再生能源法、海洋环境保护法等。四是完善国家机构组织和职能立法，提出制定监察官法以及检察公益诉讼、法律监督等方面的法律，修改地方组织法、监察法、代表法、国家赔偿法、审计法、行政复议法等。五是强化公共卫生法治保障，提出制定突发公共卫生事件应对法，修改传染病防治法、国境卫生检疫法、执业医师法、中医药法、野生动物保护法等。六是健全国家安全法治体系，提出修改突发事件应对法、网络安全法、安全生产法、反洗钱法、引渡法等，制定粮食安全保障法以及物资储备、海外投资保险等方面的法律。七是适时启动条件成熟领域法典编纂工作，提出编纂生态环境法典、教育法典、刑法典等。此外，还提出了修改刑法、刑事诉讼法、民事诉讼法以及对有关法律的规定作出解释的议案。

根据全国人民代表大会组织法和全国人民代表大会议事规则的规定，大会秘书处对代表提出的议案逐件认真分析研究，认为没有需要列入本次会议审议的议案。大会秘书处建议，将代表提出的议案分别交由全国人大有关专门委员会审议。其中，交由宪法和法律委员会审议119件，监察和司法委员会审议56件，财政经济委员会审议107件，教育科学文化卫生委员会审议64件，外事委员会审议2件，环境与资源保护委员会审议44件，农业与农村委员会审议25件，社会建设委员会审议56件。有关专门委员会对上述议案进行审议后，向全国人大常委会提出审议结果的报告，经全国人大常委会审议通过后印发第十三届全国人民代表大会第五次会议。

审议全国人民代表大会主席团交付的代表提出的议案，是全国人大各专门委员会的重要职责。大会秘书处就代表议案审议和相关工作提出如下建议：

一、深入学习贯彻习近平法治思想和习近平总书记关于坚持和完善人民代表大会制度的重要思想，坚持党对立法工作的领导，坚持以人民为中心，立足新发展阶段，贯彻新发展理念，构建新发展格局，推动高质量发展，加强重点领域、新兴领域、涉外领域立法，不断提高立法质量和效率，加快完善中国特色社会主义法律体系，推动法律全面有效实施，为推进国家治理体系和治理能力现代化、全面建设社会主义现代化国家提供有力法治保障。

二、尊重代表主体地位，把审议代表议案与落实全国人大常委会立法规划、计划和相关专项立法工作计划结合起来，与健全专门委员会联系代表机制结合起来，推进代表议案办理工作全流程信息化，加强与提出议案代表的联系和沟通，积极邀请代表参与立法调研、起草、论证、审议、评估和执法检查、专题调研等活动，认真研究吸纳代表提出的意见建议，及时通报相关立法、监督工作进展，反馈议案交付审议情况和代表意见采纳情况，紧紧依靠代表做好立法、监督工作。

三、发挥人大在立法工作中的主导作用，加强与国务院及其有关部门、国家监察委员会、最高人民法院、最高人民检察院和常委会工作机构的沟通协调，及时研究提出将条件成熟的议案列入立法规划、计划的建议，认真做好重要法律草案的牵头起草工作，对其他国家机关负责起草的法律草案，提前介入并加强督促和指导，推动解决立法难点问题，发挥审议把关作用，持续提升议案审议质量和水平。

以上报告，请审议。

（二）全国人大常委会办公厅关于第十三届全国人民代表大会第四次会议代表建议、批评和意见办理情况的报告

全国人大常委会办公厅关于第十三届全国人民代表大会
第四次会议代表建议、批评和意见办理情况的报告

——2021 年 12 月 21 日在第十三届全国人民代表大会
常务委员会第三十二次会议上

全国人大常委会副秘书长 信春鹰

全国人民代表大会常务委员会：

现在，我代表常委会办公厅报告十三届全国人大四次会议期间全国人大代表提出的建议、批评和意见（以下简称建议）办理情况。

习近平总书记在中央人大工作会议上的重要讲话，高度评价我国根本政治制度的优势和功效，系统阐释全过程人民民主重大

理念和实践，强调要坚持和完善人民代表大会制度，加强和改进新时代人大工作，不断发展全过程人民民主。习近平总书记指出，要充分发挥人大代表作用，做到民有所呼、我有所应。要完善人大的民主民意表达平台和载体，健全吸纳民意、汇集民智的工作机制。

全国人大常委会以习近平新时代中国特色社会主义思想为指导，深入学习贯彻习近平总书记关于坚持和完善人民代表大会制度的重要思想，全面贯彻落实中央人大工作会议精神，支持和保障代表更好依法履职，推动代表建议工作更好接地气、察民情、聚民智、惠民生，不断发展全过程人民民主。栗战书委员长强调，人大代表来自人民、代表人民，在全过程人民民主中发挥着重要作用。代表建议是代表依法履职基本的、最主要的方式，要按照"内容高质量、办理高质量"和"既要重结果、也要重过程"的要求，做好代表建议工作。要建好代表履职信息化平台，完善代表建议交办协调工作机制，协调解决意见最集中、反映最突出的问题，推动代表建议转化为促发展、惠民生、暖民心的政策举措。

在各有关方面的共同努力下，今年的代表建议办理工作取得了积极成效，是全过程人民民主的生动实践。人大代表密切联系群众，深入了解民情，真实反映民意，广泛集中民智，对于带有共性、普遍性的问题依法提出建议，推动从法律、政策层面予以解决。有关承办单位坚持以人民为中心，认真研究、逐件办理，在建议办前、办中、办后全过程与人大代表密切联系，高质量办理代表建议，积极回应社会关切。这是最广泛、最真实、最管用的社会主义民主的生动写照，充分体现了"国家一切权力属于人民"的重要原则。

一、建议内容接地气、察民情，交办、督办工作协调有序

全国人大常委会办公厅、有关专门委员会认真落实全国人大组织法、全国人大议事规则，深化落实关于加强和改进全国人大代表工作的具体措施，加强和改进代表建议工作，做到"提""交""办"有序对接。十三届全国人大四次会议期间，代表们充分反映人民意愿诉求，提出对各方面工作的建议8993件。4月6日，常委会办公厅召开代表建议交办会，王晨副委员长出席会议并讲话，对办理好今年代表建议作出部署。杨振武秘书长主持会议并通报相关情况。中共中央办公厅、国务院办公厅有关负责同志对相关工作提出要求。按照全国人大组织法和代表法的有关规定，8993件建议统一交由194家承办单位研究办理。

闭会期间，代表们听取群众呼声，反映群众意愿，依法提出闭会期间代表建议。今年以来，代表们在闭会期间提出的248件建议，已按规定交由91家有关承办单位研究办理。建议的交办和办理情况，均逐一向提出建议的代表通报。

（一）代表建议的特点。经认真梳理和综合分析，今年建议主要有以下几个特点：一是代表们心怀"国之大者"、主动服务大局，紧扣贯彻落实党中央重大决策部署提出建议。如，代表们围绕构建新发展格局，建议进一步巩固拓展脱贫攻坚成果，全面推进乡村振兴；围绕强化科技战略支撑，建议加强知识产权综合保护，提升企业技术创新能力，强化国家战略科技力量，推进数字社会建设；围绕保护生态环境，建议加快推动绿色低碳发展，持续改善环境质量。二是代表们把坚持以人民为中心的发展思想落实到履职全过程，聚焦人民群众所思所盼所愿，积极围绕保障改善民生、回应民生关切提出建议。今年建议中，与民生问题相关的合计2884件，占比32%。其中，808件涉及推进健康中国建设，735 件涉及建设高质量教育体系，218 件涉及完善养老服务体系。三是代表们更加密切联系人民群众，在深入调研、认真思考的基础上精心准备代表建议。今年建议中，基于专题调研、集中视察和座谈听取群众意见提出的达 65%。四是代表单独提出建议的比例高于本届以来历次会议，首次超过建议总数的 80%，较一次会议增幅 50%，代表的履职能力和履职积极性不断提升。

（二）做好代表建议服务保障工作。会前，探索代表提出建议前与部门沟通机制，向代表提供部分承办单位相关人员的联系方式，商请部分承办单位向代表提供机构职责、重点工作、重要任务等有关情况，为代表和承办单位搭好桥梁；向各选举单位发出通知，要求组织好代表集中视察、调研培训等活动，支持代表更加密切联系人民群众，为代表高质量提出建议打牢基础。会中，严把建议内容关，经分析梳理，共有 26 个代表团的 177 件建议存在内容相近、重复提出情况，经多次沟通，将部分建议调整为代表联名提出；完善代表建议交办协调工作机制，充分发挥代表建议批分交办协调机制作用，引导各承办单位在大会期间加强协商。会后，前置建议转办环节，召开代表建议批分意见调整会，听取各承办单位意见，在协商一致的基础上进行调整，今年交办意见调整数量有了大幅降低；交办意见确定后，按照常委会领导同志指示，继续以常委会办公厅名义，向各代表团和大会期间提出建议的各位代表一人一函逐一通报建议交办情况。

（三）突出代表建议办理工作重点。办理重点督办建议，是增强代表建议办理实效的一项重要举措。常委会办公厅围绕贯彻落实习近平总书记重要讲话和指示精神、党中央重大决策部署，对代表反映比较集中的问题认真研究筛选，经秘书长办公会议讨论通过，并报全国人大常委会领导同志同意，确定了 22 项重点督办建议，涉及代表建议 318 件，交由国家发展改革委等 17 家单位牵头办理，全国人大 7 个专门委员会负责督办。

二、各承办单位切实提高政治站位，将办理代表建议作为吸纳民意、汇集民智的重要抓手

十三届全国人大四次会议是在"两个一百年"奋斗目标历史交汇点上召开的一次重要会议，会议将坚持全过程人民民主写入全国人大组织法，更好发挥人民代表大会的主要民主渠道作用。各有关方面加强代表建议与部门工作的有机融合联动，进一步压实办理责任，完善工作机制，在建议办理工作中积极践行全过程人民民主。主要有以下几方面做法。

（一）中央领导同志高度重视，承办单位主要负责同志亲自部署过问，推动建议办理深入开展。习近平总书记参加十三届全国人大四次会议内蒙古代表团和青海代表团审议，同代表们深入交流，认真听取代表们提出的意见建议，并发表重要讲话。中办督查室专门就做好相关代表建议办理工作召开部署会议，提出工作要求，切实使人民当家作主更加有效地落实到国家政治生活和社会生活之中。栗战书委员长对有关承办单位认真负责办理代表建议的态度和作风给予高度肯定，并多次作出重要批示，强调做好代表建议办理工作，才能更好解决人民群众最关心最直接最现实的利益问题。

"一府一委两院"将办理代表建议作为吸纳民意、汇集民智的重要抓手，倾听人民意见建议，努力为人民服务。国务院领导同志主持召开常务会议，听取 2020 年建议办理情况汇报，强调对代表的意见建议要认真研究，将代表的真知灼见吸收转化为做好政府工作的硬招实招。国家监委领导同志强调要从发挥人民代表大会制度优势和功效的政治高度，切实增强做好代表建议办理工作的责任感和使命感。最高人民法院领导同志出席院建议交办会，要求把认真听取意见建议、办理建议转化为推动司法改革和人民法院工作发展的强大动力。最高人民检察院领导同志要求把办好建议作为一项重要政治任务，与代表座谈交流、听取意见建议。

各承办单位负责同志靠前指挥，亲自推动提升办理质效。中央组织部、退役军人事务部、海关总署、国际发展合作署、乡村振兴局主要负责同志主持召开会议，研究部署办理工作，坚持把加强组织领导作为做好建议办理工作的重要保障。司法部、审计署、铁路局、药监局、国家电网主要负责同志多次作出指示批示，要求办理好每一件代表建议，用实效取信于民。外交部、统计局、粮食和储备局、邮政局、国铁集团、云南省政府主要负责同志亲自审定工作方案，部署办理任务，统筹办理工作。中央台办主要负责同志先后10余次在主任办公会上听取办理工作情况汇报。科学技术部、交通运输部、全国妇联主要负责同志亲自带队走访调研，上门听取意见。财政部主要负责同志直接担任部服务代表工作领导小组组长，全力服务和保障代表依法履职，在部内形成了建议工作与业务工作"两手抓、共促进"的良好氛围。

（二）提升工作效率，持续推进建议办理全流程信息化。栗战书委员长指出，信息化平台为代表履职提供了新的途径和渠道，要在实践探索中进一步完善发展。今年以来，常委会办公厅积极做好全国人大代表工作信息化平台的运行保障工作，努力推动信息化平台改进优化和推广使用。一是着力完成信息化平台的部署推广工作。目前，大部分承办单位负责代表建议的综合协调部门已接入信息化平台，相关工作人员也开通使用了政务微信。同时面向100余家有关承办单位、部分代表开展了多次系统培训，对部分承办单位适时开展了专项培训。二是积极应用信息化平台政务微信功能。银保监会、人力资源社会保障部、自然资源部等先后通过政务微信召开10余次视频会议，共60余人次代表线上参会，这一方式便捷、高效、灵活，强化了代表参与实践，得到了代表的认可。全国人大华侨委、国家机关事务管理局、国家电网等及时申请使用政务微信并加入工作群组，充分利用政务微信与代表建立联系。三是推进代表建议工作提质增效。共青团中央、全国人大财经委、人力资源社会保障部、生态环境部、体育总局、能源局、湖南省政府等积极利用信息化平台接收交办建议、上传办理情况，与有关方面建立多种方式的沟通联络。

（三）注重沟通联系，努力把办理过程做细、做深、做优。各承办单位高度重视与代表建立沟通联系的"直通车"，把沟通交流贯穿于办理工作全过程。一是做细沟通制度。司法部详细记录每件主办建议的沟通及采纳情况，随正式答复逐级审批。文化和旅游部对未沟通的答复退回重办，并安排专人对沟通情况进行抽查核实。广东省政府建立经办处室、综合部门、省政府办公厅"三级沟通"机制。中央宣传部、中央编办、人民银行、广电总局、医保局、港澳办等将沟通作为建议办理工作的硬杠杠，确保商得深入、办得满意。二是做深线下座谈调研。中央组织部、公安部、国资委、烟草局、铁路局、贸促会、河北省政府等，积极开展调研、走访、座谈，进一步理清思路、明确方向，确保办理答复和采取措施的针对性。工业和信息化部与代表沟通550余次，其中面对面沟通40余次、实地调研20余次。税务总局与代表沟通约320次，其中登门拜访等约20次。海关总署等发挥垂直领导体制优势，委托代表所在地直属单位负责同志面对面听取代表意见建议。三是做优线上沟通方式。中央统战部、全国人大

外事委、常委会法工委、农发行、三峡集团、军委国防动员部等
与代表通过政务微信、短信电话、微信邮件、视频会议等多种渠
道加强同代表沟通交流。中央纪委国家监委每次电话沟通前都认
真准备书面提纲。证监会选派业务经验丰富的同志与代表深入交
流，沟通的有效性显著提高。

（四）抓住关键环节，做好重点督办建议工作。一是全国人
大有关专门委员会严格履行督办职责。全国人大教科文卫委、环
资委、社会委等组织召开重点督办建议工作推进会、座谈会、网
络视频会，委员会主要负责同志参加会议，听取有关汇报，充分
交流研讨，提出工作要求。监察司法委、农业农村委等通过调研
走访，推进重点督办建议事项落实。教科文卫委、社会委结合常
委会执法检查进行座谈调研，推动问题解决。民委、财经委详细
制定督办工作方案，主动加强沟通联系，参与调查研究，确保取
得实实在在的办理效果。二是牵头办理单位抓好办理落实。最高
人民法院、最高人民检察院、教育部、自然资源部、住房城乡建
设部分管负责同志主持召开重点督办建议专题座谈会，当面听取
代表和有关单位的意见建议。民政部、农业农村部、国家卫生健
康委、中医药局等多次实地走访、开展调研，深入了解有关情
况，与代表和有关部门充分交流研讨。最高人民检察院邀请相关
代表参加企业合规经营有关论坛，进一步丰富了重点督办建议办
理方式。文化和旅游部同有关代表开展 7 次调研活动。应急管理
部召开专题会议研究相关议题 13 次，开展专题调研 23 次。乡村
振兴局在疫情影响下，仍分赴 4 省完成一半以上相关建议实地调
研。三是参加办理单位密切配合，形成办理合力。工业和信息化
部分管负责同志组织召开 3 次重点督办建议办理工作座谈会，收
到良好反响。水利部、能源局、文物局等组织座谈调研，听取意

见建议。民航局、嘉兴市高度重视代表建议，就代表建议开展专题调研并与代表面对面沟通，推进建议办理工作，取得了很好效果。

（五）提升制度化、规范化水平，推动建议办理程序优化完善。一是注重深化分析研究。交通运输部连续 7 年组织开展专项分析，就存在问题提出解决举措。国家卫生健康委从建议原文中摘编重要意见建议，编发工作专刊供有关方面参阅。二是完善建议办理规程。中央网信办、国家民委、国资委、药监局不断完善建议办理程序，规范办理工作。财政部在深入调研的基础上，制定《关于加强和改进服务全国人大代表工作的实施意见》，从 10 个方面提出了 39 条措施，推动服务代表和建议办理工作更加务实有效。三是健全答复审核机制。全国人大农业农村委、民政部、证监会、中科院、知识产权局注重改进答复文风，努力把问题说清说实说透。中央政法委严格规范复文格式，准确标明相关信息。商务部严格审核把关，对不符合办理要求的答复，坚决退回重办。国家安全部、退役军人事务部、辽宁省政府、上海市政府等主办、协办建议均由分管省部级领导逐件审定。四是创新内部管理机制。水利部建立跟踪督办机制，将主办、协办建议全部列为部督办事项，通过闭环管理倒逼各级责任人重视建议办理工作。农业农村部对已办理的查效果，对正办理的查进度，对没办理的查原因，既督过程，又督结果。市场监管总局严把时间要求，8 月份完成全部 648 件建议办理工作。中央党校、常委会港澳基本法委、常委会预算工委、工程院、气象局、社保基金理事会、作协、侨联、北京冬奥组委、青海省政府等虽然建议办理量较小，但仍能全面认真按相关要求做好工作。

（六）做好建议办理"后半篇"文章，扎实推进代表建议答复承诺事项跟踪落实工作。有关承办单位对答复中向代表作出的承诺、提出的措施安排和工作计划，紧抓不放、持续用力，努力畅通代表建议落地见效"最后一公里"。一是密切跟踪督办。中央网信办制定工作进度表，实行"挂图作战"，建立销号管理制度，确保承诺事项按时完成、落在实处。文物局将台账分送相关司室，作为督查和计划制定的重要依据。二是抓好工作落实。林草局主动邀请代表实地调研国家公园承诺事项落实情况。广东省政府会同省人大常委会有关工作机构，到省相关承办单位督促检查上年答复承诺解决事项进展和落实情况。三是及时沟通反馈。最高人民法院、住房城乡建设部等积极开展承诺解决事项二次反馈，及时向代表通报工作进展和落实情况。银保监会对成立以来的答复承诺事项全部完成滚动督办，破除办理落实的"中梗阻"。

三、办理成效更加聚民智、惠民生，努力为群众办实事解难题，真正体现民有所呼、我有所应

十三届全国人大四次会议期间代表提出的建议已经全部办理完毕并答复代表。各有关方面结合开展党史学习教育特别是"我为群众办实事"活动，认真办理代表建议，积极回应民生关切。聚焦推动中央重大决策部署落地见效，努力通过高质量办理工作助力经济社会高质量发展，把人民代表大会制度优势转化为治理效能。

（一）围绕加强基本民生保障，增进民生福祉，改善人民生活。

一是推动治理规范学科类校外培训。教育部结合相关代表建议办理，会同有关部门研究制定《关于进一步减轻义务教育阶段学生作业负担和校外培训负担的意见》，全面规范校外培训行为，由中共中央办公厅、国务院办公厅正式印发。其后出台 14 个配套文件，明确校外培训学科类和非学科类范围，健全防范化解培训机构劳动用工风险机制。印发《关于支持探索开展暑期托管服务的通知》，引导支持地方积极探索开展暑期托管服务工作，解决学生暑期"看护难"问题。国庆期间，部署各地严防学科类机构开班，假期内全国共检查校外培训机构70765 家，发现违规开展学科类培训机构 718 家，取缔证照不全的黑机构 414 家。为持续抓好落实，教育部指导地方有关部门依法开展专项整治，发现处理了一批校外培训违规案例，并公布了部分典型案例。

二是支持和规范发展新就业形态。人力资源社会保障部在深入调研和吸收采纳各方意见的基础上，起草了《关于维护新就业形态劳动者劳动保障权益的指导意见》，经国务院同意印发。代表们关心的强化新就业形态劳动者职业伤害保障，放开灵活就业人员在就业地的参保户籍限制等问题均在其中作出规定。市场监管总局采纳相关建议，督促有关平台不断提升外卖送餐员权益保障水平，会同相关部门印发《关于落实网络餐饮平台责任 切实维护外卖送餐员权益的指导意见》，对保障外卖送餐员正当权益提出全方位要求。全国总工会结合多位代表建议，启动"新就业形态劳动者入会集中行动"，针对新就业形态劳动者灵活分散的特点，采取用人单位"单独建"、龙头企业"牵头建"、行业协会"推动建"等方式，最大限度将新就业形态劳动者组织到工会中来。目前，网约车、外卖配送、货运、快递等 4 个重点行业相关头部企业均已建会。邮政局积极采纳相关代表建议，联合 6 部门印发《关于做好快递员群体合法权益保障工作的意见》，为保障快递员权益提供政策保障。

三是健全多层次社会保障体系。民政部结合重点督办建议办理工作，牵头起草《关于推进基本养老服务体系建设的指导意见》，把解决农村养老薄弱问题作为推进基本养老服务体系建设的主攻方向；印发《"十四五"积极应对人口老龄化工程和托育建设实施方案》，优化提升养老托育服务有效供给。住房城乡建设部认真研究相关代表建议，指导地方贯彻落实《关于加快发展保障性租赁住房的意见》，加快发展保障性租赁住房，继续做好公租房保障，稳步推进棚户区改造，因地制宜发展共有产权住房。中央台办结合建议办理工作，要求各地稳妥有序做好在大陆台胞接种新冠病毒疫苗工作，截至10月15日，已有16.5万余名在大陆台胞接种疫苗，累计接种逾31.5万剂次。

（二）围绕实施创新驱动发展战略，加强基础研究，完善科技创新体制机制。工业和信息化部针对加快关键核心技术攻关的建议，梳理集成电路、数控机床等产业链图谱，形成关键核心技术攻关任务清单，组织安排一批专项项目重点攻关；针对加快推动工业互联网发展应用的建议，发布《工业互联网创新发展行动计划（2021—2023年）》，遴选600余个工业互联网关键技术产品重点项目、258个工业互联网创新应用和解决方案标杆，上线156个标识解析二级节点，推动26项工业互联网平台标准立项研制与应用推广。科学技术部研究制定构建社会主义市场经济条件下关键核心技术攻关新型举国体制的文件，支持企业承担国家科技计划项目、建设国家级科技创新基地和平台。着力加计扣除企业研发费用，将企业研发费用加计扣除比例从50%提高至75%，今年将制造业企业研发费用加计扣除比例进一步提升至100%。知识产权局结合有关建议办理，推动167家知识产权纠纷调解组织、1094 名调解员入驻人民法院调解平台，组织各地办理一批无资质专利代理行政处罚案件。

（三）围绕完善社会主义市场经济体制，强化反垄断和防止资本无序扩张，优化民营企业发展环境。市场监管总局结合重点督办建议办理，从完善制度规则、加强反垄断执法、推进公平竞争审查和深化国际合作 4 个方面全面强化平台监管。加大反垄断执法力度，对阿里巴巴"二选一"行为处罚，立案调查美团实施"二选一"等平台经济领域涉嫌垄断案。全面落实公平竞争审查制度，公布《公平竞争审查制度实施细则》，完成平台经济、半导体、原料药等 16 个行业市场竞争状况评估，多措并举强化竞争政策实施。针对代表们提出的相关建议，税务总局切实减轻纳税人缴费人申报负担，推行财产和行为税 10 税合并申报，对 6 项税务证明事项实行告知承诺制，推行增值税、消费税及附加税费申报表整合。民政部研究吸纳关于加强社会组织管理的意见建议，积极推进《社会组织登记管理条例》出台，开展专项行动，推动各级行业协会商会减轻企业负担约 49.9 亿元，惠及企业约 130.5 万家。商务部结合升级农村零售业态的建议，推进县域商业体系建设，印发《商务部等 17 部门关于加强县域商业体系建设　促进农村消费的意见》，召开全国农村商业建设工作现场会，部署县域商业体系建设工作。

（四）围绕推进国家治理体系和治理能力现代化，推进重点领域安全整治，完善公共法律服务体系。应急管理部结合建议办理，加强智慧消防建设，推广城市物联网消防远程监控建设，全国已有 41.8 万余家消防安全重点单位陆续接入，智能化评估消防安全风险，实现差异化监管。公安部针对代表建议反映较多的驾驶证考试、二手车交易、军人驾龄认定等问题，新推出"我为群众办实事"公安交管 12 项便利措施，惠及 3000 多万人次，减少群众企业办事费用 5 亿多元。最高人民检察院结合相关建议办理工作，会同 8 部门联合发布《关于建立涉案企业合规第三方监督评估机制的指导意见（试行）》，在"少捕慎诉慎押"同时，通过督促涉案企业作出合规承诺，促使企业合规守法经营。最高人民法院认真研究吸收有关代表建议，推进做好人民调解工作，截至 9 月，人民法院调解平台累计汇聚调解案件 2055 万件，其中，诉前调解成功案件 947.9 万件，平均调解时长 23 天。

（五）围绕全面实施乡村振兴战略，巩固提升脱贫攻坚成果，改善农村生产生活条件。乡村振兴局认真研究吸收相关代表建议，指导推动各地认真落实《关于健全防止返贫动态监测和帮扶机制的指导意见》，截至 9 月，全国共认定监测对象 511 万人，约 76% 的监测对象已消除风险；推动地方做好后续扶持工作，每个搬迁家庭至少有 1 名劳动力稳定就业。结合相关代表建议办理工作，农业农村部健全农作物种质资源保护体系，全面修订畜禽核心育种场生产性能测定技术规范，强化制种基地建设保障，制种大县奖励规模由 2020 年的 10 亿元提高到 20 亿元，连续支持 5 年；推动出台《国家黑土地保护工程实施方案（2021—2025 年）》《全国高标准农田建设规划（2021—2030 年）》；支持内蒙古河套灌区盐碱化耕地改良和高标准农田建设等工作，将内蒙古巴彦淖尔的盐碱耕地纳入退化耕地治理试验示范项目区。自然资源部深入研究相关代表建议，推动建立"田长制"，强化耕地和永久基本农田监测监管，严肃查处非农建设违法占用耕地等行为。此外，结合代表建议，财政部印发《农村环境整治资金管理办法》，明确相关资金延期实施至 2025 年，进一步促进农村环境质量改善；供销总社指导系统加快流通基础设施建设和现代流通方式应用，加强优质农产品供给，畅通工业品下乡和农产品进城双向通道。

（六）围绕实施区域重大战略，推动东北地区产业结构调整优化，支持革命老区振兴发展。国家发展改革委结合重点督办建议办理工作，印发《东北全面振兴"十四五"实施方案》《辽宁沿海经济带高质量发展规划》。2021 年安排中央预算内投资3.315 亿元，支持东北地区国家级新区、承接产业转移示范区建设；安排东北振兴前期工作补助 1 亿元，支持东北地区谋划推动重大项目前期工作。工业和信息化部认真研究相关代表建议，大力支持内蒙古大兴安岭国有重点林区通信网络覆盖，共计支持内蒙古呼伦贝尔市 123 个 4G 基站建设，并统筹考虑基站建设和 6年运维成本，将单站综合成本核定调高一档，补贴比例为 30%，中央财政补助资金 3321 万元。在充分吸纳代表建议并深入与代表沟通基础上，国家发展改革委会同有关部门出台《"十四五"特殊类型地区振兴发展规划》，明确了 12 个革命老区的规划范围和发展路径。水利部结合相关建议办理，会同财政部安排中央财政水利发展资金 9750 万元，支持福建省革命老区县、原中央苏区县小型水库建设。

（七）围绕绿色发展，推动碳达峰、碳中和相关政策的实施，促进人与自然和谐共生。国家发展改革委将加强顶层设计与问计于民统一起来，在《关于完整准确全面贯彻新发展理念做好碳达峰碳中和工作的意见》《2030 年前碳达峰行动方案》和《黄河流域生态保护和高质量发展规划纲要》的研究制定过程中积极吸收有关代表建议。生态环境部结合代表建议办理工作，印发《企业温室气体排放报告核查指南（试行）》等技术规范和碳排放权登记、交易、结算三项管理规则，建立全国碳排放权交易市场。交通运输部持续推进运输结构调整，实施绿色出行"续航工程"，集装箱铁水联运量两年平均增长超过20%，铁路电气化率提升至近73%。科学技术部认真研究吸纳代表建议，编制《科技支撑碳达峰碳中和行动方案》，推动钢铁工业低碳绿色、氢能关键技术攻关及应用等产业发展。国家林草局积极发掘代表建议作用，推荐将海南热带雨林国家公园列入首批国家公园名单，协调安排专项资金累计1.85亿元。

委员长、各位副委员长、秘书长、各位委员，2021年的代表建议办理工作基本完成。我们要深入学习贯彻习近平总书记关于坚持和完善人民代表大会制度的重要思想，全面贯彻落实中央人大工作会议精神，继续完善工作机制和方式方法，在代表建议工作中努力践行全过程人民民主，支持和保障代表更好依法履职、充分发挥作用。

五、第十三届全国人民代表大会第五次会议的代表议案、建议工作

（一）第十三届全国人民代表大会第五次会议秘书处关于代表提出议案处理意见的报告

第十三届全国人民代表大会第五次会议秘书处
关于代表提出议案处理意见的报告

（2022年3月10日第十三届全国人民代表大会第五次会议
主席团第三次会议通过）

十三届全国人大五次会议主席团：

本次会议上，全国人大代表坚持以习近平新时代中国特色社

会主义思想为指导，深入学习贯彻习近平法治思想和习近平总书记关于坚持和完善人民代表大会制度的重要思想，全面贯彻落实党的十九大和十九届历次全会、中央人大工作会议精神，坚持党的领导、人民当家作主、依法治国有机统一，依法向大会提出属于全国人民代表大会职权范围内的议案。根据大会主席团第一次会议决定的代表提出议案的截止时间，到3月8日12时，大会秘书处共收到代表提出的议案487件，其中，代表团提出的15件，30名以上的代表联名提出的472件。在这些议案中，有关立法方面的474件，有关监督方面的13件。

人民代表大会制度是实现全过程人民民主的重要制度载体。代表依照法定程序提出议案，是代表执行代表职务的重要形式，也是吸纳民意、汇集民智的重要渠道。会前，代表们通过参与全国人大常委会有关工作、专题调研、视察、走访、座谈、代表小组活动等多种形式，利用代表之家、代表联络站和基层立法联系点等多种平台，深入了解社情民意。会议期间，代表们共同酝酿讨论，认真修改完善议案。今年的代表议案，绝大多数为法律案。其中涉及制定法律的193件，修改法律的274件，编纂法典的6件，有关决定事项的1件。按照七个法律部门划分，涉及宪法相关法类19件、民法商法类55件、行政法类155件、经济法类105件、社会法类64件、刑法类39件、诉讼与非诉讼程序法类36件。内容主要集中在以下几方面：一是加强重要领域立法，提出制定突发公共卫生事件应对法、粮食安全保障法、黑土地保护法、能源法、危险化学品安全法、国家公园法以及碳达峰碳中和促进、耕地质量保护等方面的法律，修改传染病防治法、科学技术普及法、网络安全法、海洋环境保护法、对外贸易法等。二是推进新兴领域立法，提出制定数字经济、大数据、生物安全、社会信用等方面的法律。三是加强民生、社会领域立法，提出制定反电信网络诈骗法、社会救助法、学前教育法以及托育服务、养老服务等方面的法律，修改职业教育法、妇女权益保障法、残疾人保障法、治安管理处罚法、居民身份证法、消防法、药品管理法等。四是完善社会主义市场经济法律制度，提出制定农村集体经济组织法、期货和衍生品法、民事强制执行法等，修改反垄断法、反不正当竞争法、反洗钱法、公司法、企业破产法、保险法、信托法等。五是完善国家机构组织和职能立法，提出修改监督法、行政复议法、行政强制法，制定检察公益诉讼、行政程序等方面的法律。六是研究启动条件成熟领域法典编纂工作，提出编纂劳动法典、知识产权法典等。此外，还提出了修改刑法、刑事诉讼法、民事诉讼法、行政诉讼法的议案。

按照全国人民代表大会组织法和全国人民代表大会议事规则的规定，大会秘书处对代表提出的议案逐件认真分析研究，认为没有需要列入本次会议审议的议案。大会秘书处建议，将代表提出的议案分别交由全国人大有关专门委员会审议。其中，交由民族委员会审议1件，宪法和法律委员会审议123件，监察和司法委员会审议47件，财政经济委员会审议110件，教育科学文化卫生委员会审议73件，外事委员会审议1件，环境与资源保护委员会审议42件，农业与农村委员会审议27件，社会建设委员会审议63件。有关专门委员会对上述议案进行审议后，向全国人大常委会提出审议结果报告，经全国人大常委会审议通过后，印发第十四届全国人民代表大会第一次会议，同时向十三届全国人大代表作出反馈。

审议全国人民代表大会主席团交付的代表提出的议案，是全国人大各专门委员会的重要职责。十三届全国人大四次会议修改了全国人大组织法和全国人大议事规则，对专门委员会联系代表和议案审议工作提出新的要求。大会秘书处就代表议案审议和相关工作提出如下建议：

一、深入学习贯彻习近平法治思想和习近平总书记关于坚持和完善人民代表大会制度的重要思想，坚持党中央对立法工作的集中统一领导，全面贯彻落实中央人大工作会议精神，在确保质量的前提下加快立法工作步伐，加强重点领域、新兴领域、涉外领域立法，健全国家治理急需、满足人民日益增长的美好生活需要必备的法律制度，加快完善中国特色社会主义法律体系，以良法促进发展、保障善治。

二、坚持发展全过程人民民主，使发挥代表作用成为人民当家作主的重要体现，健全专门委员会联系代表工作机制，加强与提出议案代表的沟通，积极邀请代表参与立法调研、起草、论证、审议、评估和执法检查、专题调研等活动，充分听取、认真研究采纳代表提出的意见建议，及时向代表反馈议案交付审议情况和代表意见建议采纳情况。

三、坚持科学立法、民主立法、依法立法，发挥人大在立法工作中的主导作用，把审议代表议案与落实全国人大常委会立法规划计划结合起来，统筹推进立法重点工作任务，健全专门委员会牵头起草重要法律草案机制，对有关部门起草的法律草案提前介入、加强协调，发挥审议环节把关作用，实现立法政治效果、法治效果、社会效果最大化。

四、推进议案审议结果报告规范化，全面反映每件议案审议结果，注重反映围绕审议议案开展联系代表等工作情况，积极回应代表和群众关切，提升议案工作整体成效。

以上报告，请审议。

（二）全国人大常委会办公厅关于第十三届全国人民代表大会第五次会议代表建议、批评和意见办理情况的报告

全国人民代表大会常务委员会办公厅关于第十三届全国人民代表大会第五次会议代表建议、批评和意见办理情况的报告

——2022 年 12 月 28 日在第十三届全国人民代表大会

常务委员会第三十八次会议上

全国人大常委会副秘书长　郭振华

全国人民代表大会常务委员会：

现在，我代表常委会办公厅报告十三届全国人大五次会议期间全国人大代表提出的建议、批评和意见（以下简称建议）办理情况。

党的二十大报告强调，加强人大代表工作能力建设，密切人大代表同人民群众的联系。健全吸纳民意、汇集民智工作机制。全国人大常委会以习近平新时代中国特色社会主义思想为指导，认真学习宣传贯彻党的二十大精神，全面贯彻落实中央人大工作会议精神，推动代表建议工作更好接地气、察民情、聚民智、惠民生，充分发挥人大代表在发展全过程人民民主中的重要作用。栗战书委员长指出，代表议案、建议装着满满的民意，体现了我国社会主义民主不仅有完整的制度程序，而且有完整的参与实践，要认真听取、研究、吸纳代表提出的意见建议，推动代表建议转化为促发展、惠民生、暖民心的政策举措。各承办单位切实增强使命感、责任感，高度重视，认真负责，高质量做好代表建议办理工作。

一、统筹部署，扎实推进，顺利完成代表建议办理工作

十三届全国人大五次会议期间，2200 多位、将近 3/4 的代表提出对各方面工作的建议、批评和意见 9203 件，数量创历史新

高。4月1日，王晨副委员长出席代表建议交办会，对办理好今年代表建议作出部署、提出要求。中共中央办公厅、全国人大常委会办公厅、国务院办公厅有关负责同志出席会议并发言，就代表建议办理工作提出要求。按照全国人大组织法和代表法的有关规定，9203件建议统一交由208家承办单位研究办理。闭会期间，代表们通过代表工作信息化平台，依法提出代表建议146件，已按规定交由83家承办单位研究办理。代表们应邀列席常委会会议、参加列席代表座谈会、参与执法检查等活动提出的建议，以及常委会组成人员联系代表转交的代表建议，也及时交由相关单位研究办理。代表建议的交办、办理情况均逐一向代表通报。目前，今年的代表建议提、交、办工作顺利推进，圆满完成。

经归纳梳理，今年的代表建议主要有以下特点：一是重点突出。代表们紧扣当前经济社会发展重点工作和存在的薄弱环节，提出发展规划、科教文卫、社会及公共事务等领域的建议5411件，占建议总数的一半以上。代表建议还涉及稳定产业链供应链，加强和创新社会治理，贯彻新发展理念，构建新发展格局等重要内容。二是聚焦民生。代表们紧紧抓住人民最关心最直接最现实的利益问题，通过提出建议反映群众意愿和诉求，其中，776件涉及办好人民满意的教育，661件涉及推进健康中国建设，126件涉及保障妇女儿童合法权益。三是综合性强。需要多部门共同办理的达7751件、占比84.2%，较十二届五次大会增长约20个百分点。很多建议是代表结合调研实践提出，具有越来越强的现实意义。

为进一步突出重点、以点带面，增强代表建议办理实效，常委会办公厅围绕贯彻党中央重大决策部署，对代表反映比较集中的问题认真研究筛选，与有关专门委员会、承办单位沟通，确定了 22 项重点督办建议选题，涉及代表建议 243 件，交由水利部等 20 家单位牵头办理，全国人大 7 个专门委员会负责督办。

二、提高政治站位，压实办理责任，切实做到民有所呼、我有所应

2022 年是我国进入全面建设社会主义现代化国家、向第二个百年奋斗目标进军新征程的重要一年。党的二十大在这个关键时刻召开。各有关方面坚持对人民负责、受人民监督的宪法精神，认真办理每件代表建议，积极回应社会关切。主要有以下做法：

（一）以上率下，高位推动建议办理工作。习近平总书记参加代表团审议时，与代表们面对面深入交流，认真听取代表们的发言。相关代表建议由中共中央办公厅统筹研究、督促办理，架起中南海与人民群众的"连心桥"，对建议办理工作起到示范引领作用。国务院领导同志主持召开国务院常务会议听取代表建议办理情况汇报，要求以更高标准办理好建议，把代表真知灼见更好体现到政府工作中。国家监委领导同志强调要把建议办理工作作为重要政治任务，始终坚持人民立场，结合职能职责把每件建议办好办实。最高人民法院、最高人民检察院领导同志主持召开建议交办会，强调以求极致精神、下"水磨功夫"，将建议办理工作作为践行全过程人民民主的重要途径。各承办单位负责同志越来越多地参与建议办理工作。科技部、林草局、疾控局等单位主要负责同志带队座谈调研，充分听取代表意见建议。常委会法工委、国家发展改革委、国防科工局、证监会等单位主要负责同志召开专题会议，亲自动员部署。教育部、公安部、民政部、司法部、铁路局等单位主要负责同志要求用心用情，认真周密负责地做好办理工作。中宣部、常委会预算工委、市场监管总局、武警部队等单位主要负责同志审定办理工作方案，明确任务分工。广电总局、银保监会等单位主要负责同志认真审改答复意见。

（二）开门办理，加强与代表的全过程沟通联系。一是面对面调研座谈。财政部通过"网格化"服务代表、"接地气"走访调研，当面向代表反馈办理情况，听取代表意见。人力资源社会保障部要求确保10%比例的建议办理与代表当面沟通。退役军人事务部、中医药局、药监局、共青团中央等坚持走出去与请进来相结合，通过调研、座谈、走访等多种方式，与代表深入交流。二是点对点沟通衔接。中央编办、常委会港澳基本法委、教育部、自然资源部、国资委、气象局、军委装备发展部等主动靠前沟通服务，及时反馈解释答复内容。港澳办将沟通作为办理工作的硬性标准，并要求各承办司选出业务精、善沟通的干部与代表沟通，做到"先满意再答复"。三是屏对屏、端到端，通过全国人大代表工作信息化平台等密切联系。常委会办公厅按照"一件一群组"原则分别搭建9000多个政务微信群组，将代表建议办理与即时通讯功能结合，进一步完善了沟通方式、拓展了联系渠道。最高人民法院、最高人民检察院、全国人大华侨委、医保局、银保监会等通过全国人大机关政务微信组织视频会议和直播连线，得到了代表的认可。四是实打实优化沟通服务。税务总局认真梳理部分对税收工作起到重要作用的建议，制作办理反馈书，以感谢函形式当面送交代表。生态环境部寄送答复的同时附带部门门户网站网址和微信、微博二维码，粮食局将具体承办人姓名电话邮箱等通报代表，交通运输部邀请代表参加部内决策咨询、现场调研和专题座谈，进一步加强了沟通交流。

（三）突出效果，做好重点督办建议工作。在督办环节，全国人大教科文卫委、农业农村委等专门委员会连续多年组织相关单位调研座谈，深入分析研究，提出切实可行的工作措施。监察司法委、财经委、环资委把重点督办建议办理与立法监督工作有机结合，主动加强沟通联系，参与调查研究。民委、社会委详细制定督办工作方案，做好沟通协调和跟踪督办工作，确保取得实实在在的办理效果。在办理环节，国家卫生健康委、人力资源社会保障部、生态环境部、农业农村部等单位分管负责同志采取登门拜访、邀请调研等方式，着力推动建议办理。工业和信息化部、文化和旅游部、住房城乡建设部、人民银行等多次实地调查研究，深入了解情况。水利部就 8 件重点督办建议分别深入实地调研座谈，知识产权局累计组织 3 场座谈交流、2 次实地调研、1 次登门走访，文物局组织 4 次线上协商会，充分交流研讨，共商解决对策。此外，外交部、统计局、河北省人民政府等主动遴选部分建议作为内部重点，有针对性地强化督查督办，确保办理实效。

（四）建章立制，优化建议办理全流程管理和实效性评价。办前以制度促分析、立规范。国家发展改革委梳理代表提出的 6 方面 18 个领域重点关注问题，形成分析报告供司局研究参考。常委会法工委组织交流办理经验。国铁集团对建议办理 10 个步骤 30 个环节作出全流程规范。办中以制度强督办、提质量。中央统战部、国家卫生健康委、应急管理部、体育总局、证监会等强化审核机制，严把关口努力保证答复质量。科技部、自然资源部、全国妇联实行动态跟踪管理，确保按时办结、如期答复。司法部建立了协办建议提前办结制，湖南省人民政府要求主办协办单位负同等责任。中组部对涉及多项政策、多个部门、难度较大的建议组织集中研究答复口径。海关总署组建跨司局、跨层级的临时办理小组，共同探讨解决办法。办后以制度严考评、增效益。公安部、文化和旅游部、林草局等开展建议办理考核评议，表彰先进单位和个人，调动承办司局和人员积极性。财政部对已解决的承诺事项加强分析研判，拿出一揽子解决措施。商务部建立办理答复和公开同步审查机制，广东省人民政府制订建议办理公开办法，中央台办、乡村振兴局、民航局等加强建议办理宣传报道，进一步增强了代表建议工作的社会效益。发展研究中心、建设银行、中共四川省委、内蒙古自治区人民政府等虽然建议办理量较小，仍不打折扣、不降标准，认真细致做好办理工作。

三、以新发展理念统领代表建议工作，通过高质量办理助推高质量发展

各有关方面深入贯彻党的群众路线，坚持以人民为中心的发展思想，认真办理十三届全国人大五次会议期间代表提出的建议并答复代表，提高办理效率，抓好成果转化，进一步增强代表建议办理实效。

（一）积极吸纳代表意见，把代表的真知灼见转化为完善治理体系、提升治理效能的政策举措。知识产权局以重点督办建议办理为抓手，积极研究、累计采纳 13 项代表建议，出台相关政策措施 12 项，如《关于强化知识产权协同保护的意见》《国家知识产权局信用管理规定》等，完善信用管理制度，不断加大知识产权侵权行为惩处力度。针对提升涉外司法能力的建议，最高人民法院不断完善国际商事纠纷解决机制，加快推进涉外审判体系现代化，十三届全国人大常委会第三十七次会议听取并审议相关专项报告。最高人民检察院结合相关建议办理，开展严厉打击行业内幕泄露个人信息行为专项行动，会同有关部门修订《关于办理信息网络犯罪案件适用刑事诉讼程序若干问题的意见》，严密打击网络犯罪的刑事法网。文物局结合建议办理工作，积极与有关部门沟通，就切实推动文物考古职工野外工作津贴政策调整形成一致意见，同时积极推进央地合作，与地方政府签订协议，切实推动汉长安城大遗址保护利用。生态环境部结合相关办理工作，制定实施方案，推进农业面源污染治理监督指导。

（二）深入挖掘代表建议中的好思路、金点子，着力推动高质量发展。水利部积极研究代表建议的相关水利项目，将黄河宁夏段综合治理、鄱阳湖水利枢纽等列入今年重点推进前期工作的55项重大水利工程清单，将引大济岷、兴仁水库等纳入《"十四五"水安全保障规划》，积极支持引江补汉输水沿线补水工程建设。财政部参考代表提出的减税降费相关建议，扩大再担保业务规模，加快企业留抵退税政策实施进度，截至8月底共完成再担保业务规模2.29万亿元，预计2022年新增留抵退税约1.5万亿元，服务各类市场主体216万户，真金白银帮助企业减负纾困。工业和信息化部针对相关代表建议，制定制造业数字化转型行动计划，截至9月底，我国重点工业企业关键工序数控化率、数字化研发设计工具普及率分别达到57.2%和76.0%。国家发展改革委结合建议办理工作，印发支持革命老区振兴的多项专项政策，支持组建中国稀土集团并落户赣州，支持大别山、左右江等革命老区加强生态安全屏障体系建设。

（三）把办理代表建议同解决人民群众急难愁盼问题结合起来，回应人民期盼，增进民生福祉。住房城乡建设部结合5位代表关于支持老旧小区既有建筑加装电梯的建议，联合5部门印发通知，部署推动有条件的楼栋结合城镇老旧小区改造同步加装电梯，加快探索符合当地实际的加装电梯技术路径、政策机制。医保局结合代表反映的医保目录内谈判药品的问题，首次从国家层面提出将定点零售药店纳入医保药品的供应保障范围，与定点医疗机构形成谈判药品供应的"双通道",截至9月底,新版国家医保目录中谈判药品在全国19.6万家定点医药机构配备,其中定点医疗机构和定点零售药店分别为5.01万家、14.6万家。烟草局充分采纳代表连续多年提出的加强电子烟监管的建议,从立法层面加强电子烟管理并发布国家标准,构筑了可靠制度保障。人力资源社会保障部充分借鉴代表强化就业服务的建议,稳定脱贫人口务工规模,强化困难群众就业援助,相继出台《关于促进失业人员就业创业的通知》《加强企业招聘用工服务的通知》等,持续落实落细稳就业举措,积极推动就业服务更加专业高效。

四、深入贯彻落实"内容高质量、办理高质量",代表建议工作机制日臻完善

十三届全国人大期间,代表们忠实为民履职,依法行使职权,共提出大会期间建议42675件,闭会期间建议1075件,为党和国家事业发展提供了重要决策参考。全国人大常委会高度重视代表建议工作。栗战书委员长强调,提出议案和建议,是代表行使权利、依法履职的重要内容。对代表议案、建议工作,提出"内容高质量、办理高质量"和"既要重结果、也要重过程"的要求。在总结历届全国人大常委会特别是本届全国人大常委会代表建议工作经验和做法的基础上,十三届全国人大及其常委会先后修改全国人大组织法、全国人大议事规则和全国人大常委会议事规则,委员长会议制定《关于加强和改进全国人大代表工作的具体措施》,修改《全国人民代表大会代表建议、批评和意见处理办法》,代表建议工作机制不断健全,推动代表建议提出、交办、分析、督办、办理、沟通、反馈、答复、评价、公开全流程、各环节日趋规范化、机制化,充分彰显了全过程人民民主最广泛、最真实、最管用的特点和优势。

（一）建立代表提出建议前沟通机制。依法组织代表开展集中视察、专题调研等履职活动，深入基层、深入实际，听取人民群众意见。及时召开代表情况通报会，多种方式向代表推送、提供参考资料，积极协助代表在建议选题、酝酿过程加强同承办单位沟通，了解现行政策和工作举措，增强代表建议的针对性和可行性，努力通过"内容高质量"为"办理高质量"夯实基础。

（二）加强代表提出建议的履职培训机制。开展代表履职基础知识、应用知识学习培训，组织交流履职经验，编印《全国人大代表议案选编》和《全国人大代表建议选编》，为代表提出高质量建议提供借鉴。鼓励代表坚持问题导向，反映实际情况，一事一议、明确具体，提出建议注重质量不追求数量，对联名提出建议作出规范。今年大会代表单独提出建议的比例为82.2%，达到历史最高，五年来每次大会平均提高2.6个百分点。

（三）健全代表建议交办协调和综合分析机制。完善建议交办协调工作机制，保持交办意见的准确性、时效性。连续五年召开代表建议交办会，王晨副委员长、杨振武秘书长等常委会领导同志出席并部署办理工作。连续四年以常委会办公厅名义，采取一人一函方式逐一向代表反馈交办情况。积极做好代表建议综合分析、专项分析、办理答复分析，形成近30份满载民意民智的分析报告，送有关方面统筹研究，增强政策性针对性。承办单位强化综合分析，找准代表意见最集中、反映最突出的问题，有针对性地制定办理方案、推动改进工作。

（四）完善代表建议重点督办工作机制。不断增强重点督办建议的全局性、针对性和与中心工作的协同性，优化选题、办理和督办机制，共确定重点督办建议95项，涉及代表建议1210

件、较十二届增长 40.7%。鼓励承办单位确定内部办理重点。全国人大有关专门委员会加大调研和督办力度，承办单位加强组织协调、集中力量办理，有力推动了一批群众关心、社会关注的重点难点问题解决。

（五）优化代表建议办理协调管理机制。强化跟踪督办，加强与承办单位沟通联络，督促办理落实。组织四次代表建议办理工作座谈会，总结交流行之有效的经验做法，开展多次承办单位工作人员培训。协调推进相关承办单位密切配合、高效完成 3 万多件需多部门共同办理的代表建议。代表建议所提问题得到解决或计划逐步解决的占建议总数的 70% 以上。

（六）健全建议办理全过程沟通机制。建立人大代表、全国人大常委会办公厅、省级人大常委会、承办单位间沟通联系的"直通车"，通过信息化平台、政务微信增强同代表沟通交流的及时性、便捷性。推进承办单位在办前、办中、办后综合运用线上线下方式。加强与代表联系，加强同有关部门、地方、行业沟通，将建议办理从"有来有往"向"常来常往"转变，从"文来文往"向"人来人往"转变，办理过程中与代表的沟通率基本达到 100%。协同承办单位邀请代表开展建议办理调研、座谈、走访、视频会议等 200 余场次，重视调研、提高面商率成为新趋势。

（七）建立代表建议答复承诺事项跟踪落实工作机制。推进建立办理代表建议答复承诺解决事项台账，跟踪督办、滚动督办。承办单位努力兑现答复承诺，及时向代表通报落实情况，推动建议办理从"答复满意"向"结果满意"转变。一次大会至三次大会期间，共有 91 家承办单位作出 4276 件 B 类答复承诺解决事项，其中落实的 3834 件，占比达到 90%。

（八）有序推进完善代表建议及办理情况向社会公开机制。常委会办公厅每年向常委会报告代表建议办理情况，按规定向代表通报、向社会公开。积极稳妥推进答复公开工作，承办单位按照应公开尽公开原则公开建议办理结果和办理总体情况，主动接受社会监督。

（九）规范闭会期间代表建议工作机制。落实代表法关于闭会期间代表建议的规定，代表在大会期间和闭会期间提出的建议同等重视、同样办理。对列席常委会会议代表座谈会上代表提出的意见建议，常委会组成人员联系代表时转交的代表建议，即收即办、逐一通报，切实做到代表闭会期间建议办理无遗漏。五年间，代表闭会期间提出的建议数量较十二届翻了一番。

（十）推进代表建议全流程信息化保障机制。全国人大代表工作信息化平台于2021年部署试用，2022年2月正式启用，五次大会的9203件建议全部通过平台提交、批分、分析、交办，全流程向代表公开。相关单位扎实部署推广，通过平台接收交办，上传答复和协办意见等，积极用好信息化平台的工作场景。平台方便了代表、节约了资源、提升了效率。

（十一）扎实推进高质量办理代表建议的宣传表扬鼓励工作机制。杨振武秘书长主持编写的《我当代表为人民——人大代表议案建议故事》，受到广大代表、地方人大和社会公众的一致好评。研究起草《关于建立高质量办理代表议案建议宣传表扬鼓励工作机制的实施意见》，已经委员长会议审议通过。深入调研27家承办单位、省级人大常委会高质量办理代表议案建议宣传表扬鼓励工作的相关规范性文件。向各承办单位征集高质量办理代表建议的典型案例300余份并积极做好宣传工作，主流媒体开辟专栏刊发办理情况。

在全国人大常委会的有力领导下，在各有关方面的共同努力下，本届以来的代表建议工作取得了积极成效。在实践中，进一步加深了对代表建议工作的认识。人大代表来自人民、植根人民，始终同人民群众保持密切联系，忠实代表人民利益和意志，了解民情、反映民意、集中民智，对发现的具有共性、普遍性的突出问题，从法律制度、方针政策、工作措施等方面提出建设性的、有针对性的意见建议，以法治方式维护人民权益，增进人民福祉，当好党和国家联系人民群众的桥梁。有关国家机关、组织为人民服务、对人民负责，支持和保障代表依法履职，将代表建议作为国家机关吸纳民意、汇集民智的重要渠道，认真研究、充分沟通，通过办理代表建议推进科学决策民主决策依法决策，加强代表建议与部门工作的有机联动，完善政策举措、加强改进工作、回应社会关切，把人民当家作主具体地、现实地体现到实现人民对美好生活向往的工作上来。代表建议工作是全过程人民民主的生动实践，使发挥人大代表作用成为人民当家作主的重要体现。

我们清醒地认识到，代表建议办理工作还存在一些不足，与代表的期望还有不少差距。在今后工作中，要深入学习宣传贯彻党的二十大精神，全面贯彻落实中央人大工作会议精神，围绕"四个机关"建设，不断加强代表工作能力建设，不断加强和改进代表建议工作，更好发挥代表作用。

后记

作为国家出版基金项目"中国特色社会主义根本政治制度——人民代表大会制度纪实"中的一本,《人大代表工作纪实》如实记录全国人民代表大会代表工作,通过史料展现人大代表在履行宪法和法律赋予职责、不断推动国家发展和社会进步中的重要作用。我们本着严谨、细致的工作态度,广泛收集资料,严格筛选内容,精心设计知识架构,努力使书稿更具实用性和可读性。

在编写过程中,我们得到了许多专家、学者和同人的大力支持与帮助,解决了许多非常棘手的问题。北京联合大学杨积堂教授、周小华编审以及应用文理学院的祝蓉同学,协助我们做了大量的原始材料收集整理工作。在此,我们表示最衷心的感谢。同时,也要感谢出版社的领导和编辑,他们为保证本书的高质量出版付出了非常艰辛的努力。

需要特别指出的是,为了更好地保存原始资料,也更方便读者查询,原为本书第二章第二节的"历届全国人大代表名录"统一收入"人民代表大会制度纪实"数据库。

由于时间和资源的限制,本书难免存在疏漏和不足之处,我们真诚地欢迎读者在阅读过程中提出宝贵意见。最后,我们衷心希望这本工具书能够发挥其最大作用,成为大家学习、工作和生活的有力帮手。

　　我国的人民代表大会制度，是中国共产党领导人民在长期革命斗争中创造的一种新的政权组织形式。1949 年 9 月 29 日，中国人民政治协商会议第一届全体会议通过的《中国人民政治协商会议共同纲领》提出："中华人民共和国的国家政权属于人民。人民行使国家政权的机关为各级人民代表大会和各级人民政府。"人民代表大会制度由此确定。1949 年至 1954 年 8 月，从中国人民政治协商会议和地方各界人民代表会议向各级人民代表大会过渡。1954 年 9 月，第一届全国人民代表大会第一次会议召开，我国人民代表大会制度建立。至今，人民代表大会制度走过了 70 年，回顾这 70 年历程，从 1954 年到 1966 年人民代表大会制度全面确立并曲折发展；"文化大革命"的 10 年，人民代表大会制度遭受严重破坏；从粉碎"四人帮"特别是党的十一届三中全会开始，人民代表大会制度得到恢复和进一步健全，人大工作取得重大进展。党的十八大以来，我们党立足新的历史方位，深刻把握我国社会主要矛盾发生的新变化，积极回应人民群众对民主法治的新要求新期盼，着力推进国家治理体系和治理能力现代化，健全人民当家作主制度体系，加强基层政权建设，改进人大代表工作，人大工作取得历史性成就，人民代表大会制度更加成熟、更加定型。

《中国特色社会主义根本政治制度——人民代表大会制度纪实》丛书，则是尽可能通过整理历史文献的方式，记录和展现人民代表大会制度确立、曲折发展、不断健全、逐步成熟、完善定型的制度发展和人大工作全貌。项目实施过程，是回顾中国特色社会主义根本政治制度逐渐完善的过程，是汇集70年来历代人大工作者工作成就和艰辛探索的过程。同时，也是编写团队记录、整理、学习，以及勤奋耕耘的过程。该丛书具体构成和分工如下：

《人民代表大会制度引论》，万其刚著；《人民代表大会制度发展历程》，万其刚著；《人大选举制度和任免制度》，徐丛华著；《人大立法制度》，主编：张生，副主编：刘舟祺、邹亚莎、罗冠男；《人大代表工作制度》，章林、李跃乾、刘福军、王仰飞编著；《人大讨论决定重大事项制度》，任佩文、吴克非、王亚楠编著；《人大监督制度》，吉卫国著；《人大会议制度》，陈家刚、蔡金花、隋斌斌著；《人大对外交往工作》，王柱国、陈佳美思、庞明、刘亚宁编著；《人大自身建设》，唐亮、万恒易、梁明编著；《人大选举和任免工作纪实》，主编：任佩文，副主编：王亚楠；《人大代表工作纪实》，主编：任佩文，副主编：吴克非；《人大会议工作纪实（目录）》，主编：李正斌，副主编：高嵩；《人大立法工作纪实（目录）》，主编：曾庆辉，副主编：邱晶；《人大监督工作纪实（目录）》，主编：曾庆辉，副主编：邱晶。

上述作者分别来自全国人大、北京市人大、安徽省人大、兰州市人大、人民代表报、中国社会科学院法学所、北京联合大学、西安交通大学、西北师范大学、江西师范大学、中共广东省委党校等单位，既有一直从事人大制度研究的学者，也有长期从事人大工作的实务工作者。

限于出版篇幅，丛书暂未收录地方人大相关文献；同时，适应出版新形态的需要，部分工作纪实将目录纸质出版，具体内容同步以数据库方式出版。参与数据库编纂工作的人员有杨积堂、周小华、王维国、崔英楠、曾庆辉、邱晶、李正斌、高嵩、王柱国、陈佳美思、庞明、刘亚宁、任佩文、吴克非、王亚楠、刘宇、周悦、曹倩、赵树荣、姜素兰、王岩、魏启秀、沙作金、马磊、张新勇、李少军、喻思敏、钟志龙、王婷、邱纪贤、钮红然、祝蓉、陈敏、杨世禹、常晓璐、周义、王乔松、梅润生、杨娇、周鹏、李俊、杨蕙铭、徐博智、于淼、陈东红、冯兆惠、石亚楠等同志。丛书由杨积堂和吴高盛担任执行总主编并负责统稿。

"中国特色社会主义根本政治制度——人民代表大会制度纪实"是所有参与人员努力协作的成果，由于时间跨度大，内容交叉多，为了尽可能反映70年来人大工作的全貌，各部分作者之间反复进行沟通、协调，力求内容准确全面，同时尽可能避免重复。在编写过程中，每一位作者、编辑都倾尽全力，以高度的责任感和使命感投入工作，翻阅了大量文献资料，进行了深入研究与探讨。虽然我们已竭尽全力，但深知丛书一定存在不足之处，我们期待着读者的反馈与建议，以便在未来不断改进和完善。

在丛书即将出版之际，我们要特别感谢全国人大图书馆为文献查阅提供的帮助和支持，感谢北京联合大学人民代表大会制度研究所从选题策划到最终编写全过程给予的大力支持。中国民主法制出版社刘海涛社长、贾兵伟副总经理带领团队，对丛书编写、审读、编辑、出版的每一个环节给予严谨的指导和热忱的帮助，责任编辑张霞、负责数据库开发的翟锦严谨、敬业，在此一并表达敬意和感谢。

习近平总书记强调:"人民代表大会制度,坚持中国共产党领导,坚持马克思主义国家学说的基本原则,适应人民民主专政的国体,有效保证国家沿着社会主义道路前进。人民代表大会制度,坚持国家一切权力属于人民,最大限度保障人民当家作主,把党的领导、人民当家作主、依法治国有机统一起来,有效保证国家治理跳出治乱兴衰的历史周期率。人民代表大会制度,正确处理事关国家前途命运的一系列重大政治关系,实现国家统一高效组织各项事业,维护国家统一和民族团结,有效保证国家政治生活既充满活力又安定有序。"值此全国人民代表大会成立 70 周年之际,我们希望这套丛书能够为人民代表大会制度研究和实务工作的更好开展尽绵薄之力,把国家根本政治制度坚持好、完善好、运行好、宣传好,努力开创人大工作新局面。

编　者